人民文库 第二辑

当代视域中的马克思主义哲学

汪信砚｜著

人民出版社

出 版 前 言

1921年9月，刚刚成立的中国共产党就创办了第一家自己的出版机构——人民出版社。一百年来，在党的领导下，人民出版社大力传播马克思主义及其中国化的最新理论成果，为弘扬真理、繁荣学术、传承文明、普及文化出版了一批又一批影响深远的精品力作，引领着时代思潮与学术方向。

2009年，在庆祝新中国成立60周年之际，我社从历年出版精品中，选取了一百余种图书作为《人民文库》第一辑。文库出版后，广受好评，其中不少图书一印再印。为庆祝中国共产党建党一百周年，反映当代中国学术文化大发展大繁荣的巨大成就，在建社一百周年之际，我社决定推出《人民文库》第二辑。

《人民文库》第二辑继续坚持思想性、学术性、原创性与可读性标准，重点选取20世纪90年代以来出版的哲学社会科学研究著作，按学科分为马克思主义、哲学、政治、法律、经济、历史、文化七类，陆续出版。

习近平总书记指出："人民群众多读书，我们的民族精神就会厚重起来、深邃起来。""为人民提供更多优秀精神文化产品，善莫大焉。"这既是对广大读者的殷切期望，也是对出版工作者提出的价值要求。

文化自信是一个国家、一个民族发展中更基本、更深沉、更持久的力量，没有文化的繁荣兴盛，就没有中华民族的伟大复兴。我们要始终坚持"为人民出好书"的宗旨，不断推出更多、更好的精品力作，筑牢中华民族文化自信的根基。

人民出版社

2021 年 1 月 2 日

目　　录

下　篇　全球化、全球问题及
社会发展理论研究

导　论

现时代精神与马克思主义哲学

马克思曾经指出："任何真正的哲学都是自己时代精神的精华。"根据马克思的这一论述，我们要判断一种哲学是否具有当代性、判断它在一定时代是否具有生命力，就要看它是否保持着作为时代精神精华的地位。对于其他哲学是这样，对于马克思主义哲学也是如此。今天，深入考察和探讨现时代精神及其与马克思主义哲学的关系，对于我们正确看待马克思主义哲学、正确理解和回答马克思主义哲学是不是已经过时、马克思主义哲学要不要发展以及应该怎样发展等问题，是极为重要的。

时代精神也就是一定时代的本质特征，它是通过该时代的内容体现出来的。任何一个时代的内容都是多方面的，因此，对于时代精神或时代的本质特征可以从不同的方面来进行考察。与此相应，对于现时代精神与马克思主义哲学的关系也可以从不同的角度来说明。

首先，从历史大时代与小时代、时代精神与时代主题的关系来看，我们这个时代仍然是无产阶级反对资产阶级、社会主义逐步代替资本主义的时代；无产阶级反对资产阶级、社会主义逐步代替资本主义仍然是现时代精神或现时代的本质特征，作为这一时代精神精华的马克思主义哲学并没有过时。

无产阶级反对资产阶级、社会主义逐步代替资本主义，这是生活于19世纪的马克思主义哲学的创始人即马克思、恩格斯对自己时代精神所作的概括,马克思主义哲学也正是这一时代精神的集中反映。

20世纪初,根据时代内容发生的某些新变化,列宁在其有名的帝国主义论中对时代精神又作出了一个新的概括,即认为19世纪末、20世纪初人类社会进到了一个帝国主义与无产阶级革命时代。对此,列宁是这样论述的:第一,帝国主义是资本主义发展的最高阶段,是垄断的、腐朽的和垂死的资本主义,是无产阶级革命的前夜;第二,由于帝国主义的政治经济发展不平衡,争夺市场和原料、争夺投资场所和势力范围、争夺世界霸权和扼杀各弱小民族的帝国主义战争是不可避免的,而且会接连发生;第三,战争必然引起革命,并由此导致整个资本主义世界的崩溃,而帝国主义战争造成的恐惧、灾难和破产必然使现阶段的资本主义进到无产阶级社会主义革命的时代,并且这个时代已经开始;第四,这种革命是世界性的,它要求各国工人阶级结成紧密的联盟、采取一致的革命行动,而已经取得胜利的国家要为推翻国际资本主义承担最大的民族牺牲,否则一个国家的革命是不可能巩固的;第五,世界革命的条件不是一天天地,而是一小时一小时地成熟起来,胜利已经为期不远,参加共产国际成立大会的代表们也会看到世界苏维埃联邦共和国的成立。对于列宁的上述论述,我们应该作科学的分析。一方面,列宁是在无产阶级革命处于高潮时期作出上述论述的,以当时一些欧洲国家特别是俄国的形势而论是确有根据的,并且为十月革命的胜利所证实;另一方面,也应该承认,在今天看来,列宁的论述中确实存在着一些不符合实际的甚至空想的因素,其突出表现是他对帝国主义战争及其与无产阶级革命的关系的看法有些绝对,对资本主义的生命力、自我调节能力和发展潜力估计不足;对无产阶级革命力量和无产阶级在时代发展中的作用估计过高,对世界革命的进程及其胜利前景过分乐观;只强调了国际阶级斗争,而对民族国家的作用重视不够,认为资产阶级已经成为生产力进一步发展的障碍,等等。不过,尽管列宁的论述中存在着上述种种不准确、不科学的因素,但列宁对他所生活时代的本质特点的认识仍然是正确的,并且与马克思、恩格斯所作的概括是完全一致的,即认为时代精神仍然是无产阶级反对资产阶级、社会主义逐步代替资本主义。

当代以来,随着时代主题的转换和世界社会主义运动转入低潮,有些人提出,既然马克思自己就说过哲学是时代精神的精华,而我们今天所处的时代显然不同于马克思主义经典作家所处的时代,因此,创立于19世纪的马克思主义哲学自然也就过时了。这也就是所谓的马克思主义哲学过时论。要正确地看待这一问题,我们必须注意把握历史大时代与小时代、时代精神与时代主题的关系。

实际上,我们通常所讲的时代是一个非常相对的概念。就大的历史时代来说,我们今天与马克思、恩格斯所生活的时期属于同一个时代。这个时代有别于以往任何一个历史大时代的特点很多,诸如科学技术的飞速发展、社会物质财富的空前增长等等,但它最本质的特征还是无产阶级反对资产阶级、社会主义逐步代替资本主义。正如我们在上面所说的,这一时代的本质特征就集中地反映在马克思主义哲学中,马克思主义哲学也是适应这一时代需要、顺应历史进步要求而出现的。从马克思主义哲学诞生到现在,这一历史大时代已经经历了150多年,今后也还要持续相当长的时间。因此,马克思主义哲学仍然是我们时代精神的精华,马克思主义哲学并没有过时。但是,大的历史时代往往因时代主题的转换而区分为不同的历史时期或各个具体的时代,这也就是我们所说的小时代。一个历史大时代区别于另一个历史大时代的本质特点我们称之为时代精神,而一个历史小时代区别于另一个历史小时代的本质特点我们则称之为时代主题,也可以说,时代主题就是时代精神在历史大时代的各个不同的历史时期或小时代的具体表现。与马克思、恩格斯、列宁乃至毛泽东生活的具体时代或历史小时代相比较,我们今天的时代主题确已发生了很大的变化,它已不再是革命与战争,而是和平与发展。这一新的时代主题从世界范围来看突出地表现为伴随着东西方冷战的结束,两极格局已经终结,世界正朝着多极化方向发展;它在我国的具体内容,则是建设中国特色的社会主义的伟大实践已取得巨大成就并继续向纵深方向发展。而既然时代主题已发生了重大转换,那么,要使马克思主义哲学对于我们今天的实践发挥有效的指导作用,就必须概括时代精神中的新内容,发展马克思主义哲学。

其次，从人与世界关系的基本内容来看，我们这个时代又可以说是一个大科学、大实践的时代；大科学、大实践也是现时代精神或现时代的本质特征，它们的形成和出现既深刻地证实了马克思主义哲学，又内在地推动着马克思主义哲学的发展、催生着马克思主义哲学的当代形态。

根据马克思关于人类掌握世界的方式的论述，科学和实践都是人类把握世界的基本方式，也是人与世界关系的最基本内容。一定时代人类科学和实践的发展状况，也必然从一个重要的侧面反映出该时代精神或该时代的本质特征。

在当代，人类已进入了一个大科学的时代。当代的"大科学"是相对于历史上的"小科学"而言的。所谓小科学，是指 20 世纪以前尤其是 19 世纪 70 年代以前科学史上科学家个人出资并凭个人兴趣进行自由研究时代的科学。其实，当代大科学不仅区别于 20 世纪以前的近代科学，而且从整体上看与 20 世纪初期的科学也有明显的不同。当代科学之谓"大"，主要是因为它具有这样一些显著特点：一是当代科学研究的活动规模巨大、社会化程度空前提高。在当代，科学已经成为一种庞大的社会建制，甚至转变成了工业化社会的最重要的经济部门之一。二是当代科学体系出现了深度分化和高度综合的整体化特征。分化与综合历来都是人类科学发展的两种基本形式。但是，与历史上的情形不同，当代科学的分化已不再是像历史上曾经发生过的那样门类越分越细，而是在原有学科之间的空白地带、横截面或交叉点上产生了一系列新兴学科。这种深度分化的结果，使得原本彼此分隔的学科之间沟通和联系起来，从而使得当代人类科学体系出现了一种高度综合的趋势。三是当代科学的发展还表现出科学、技术、生产的一体化趋向。在当代，科学研究与技术开发已直接地融为一体，出现了科学的技术化和技术的科学化，而科学与技术关系的变化又使得科学研究走到了生产的前面，科学成果转化为产品的周期也越来越短，科学已成为社会生产力发展的关键因素。

与当代大科学的形成和发展密切相关，当代人类也已进入了一个大实践的时代。我们说当代人类实践是一种"大实践"，这主要表现在它的大技术、大规模和大效应上。与历史上的各个时期相比较，当代人类实践的技术中介系统堪称一种巨系统、大技术,它不仅结构复杂、形式多样,是一个以微电子技术为核心的庞大的高新技术群,而且作功巨大、效率惊人,将人类的体力和脑力放大了成千上万倍,同时还具有综合性强、发展速度极快等特点。当代人类实践的大技术决定了它的大规模。借助当代实践的大技术,一方面,当代人类已真正成为一个有机的整体,真正作为整体来生存、活动和发展,真正以类主体的身份来面对自然、改造自然和正视自身;另一方面,当代人类已把实践的客体扩大到了以往任何历史时期都无法比拟的范围。就对自然客体的改造而言,当代的实践活动已指向比从前远为广袤宏阔的自然界,不仅其足迹遍及地球上的各个角落并开始向遥远的太空进军,而且也已向微观世界和物质的更深层次挺进,正在探测和揭破基本粒子的内在结构。当代人类实践的大技术、大规模又进一步决定了它的大效应。在当代实践活动中,各种大技术的大规模应用,已经对人类社会活动的各个领域和方面都产生了巨大而深远的影响。在它的促动下,社会的经济生活、政治生活和文化生活正在经历着巨变,社会的产业结构、组织结构、管理结构以及人们的劳动方式、行为方式、思维方式和价值观念也都在发生转换。从总体上看,当代人类的社会生活正在向着高效、开放和丰富多样化的方向发展。问题在于,受当代大技术的大规模应用所决定,当代人类实践的大效应既有正面的也有负面的,而无论是正面的效应还是负面的效应都表现在人与自然、人与社会以及人与自身等人与世界关系的各个方面。究其原因,乃是因为技术本是一把双刃剑,它既能为人类带来幸福,也能为人类带来灾难,这在当代各种高新技术的应用中表现得尤为明显。也正因如此,当代人类实践中出现了一系列严峻的问题。

当代人类大科学、大实践的形成和发展,有力地证明了马克思主义哲学的科学性,特别是证实了马克思主义哲学的科学观和实践观。当代大科学和大实践乃是人类科学和实践历史发展的产物,它们是由历史上的科学和实践发展而来的,是人类科学和实践发展的一个新的阶段。马克思主义科学观关于科学是一种社会活动、是社会总劳动的特殊部分、是推动历史前进的有力杠杆,也是人类哲学思维发展的现实基础和推动力量的观点,马克思主义实践观关于实践是人类把握世界的最基本方式、是人类所特有的对象性的物质活动或感性活动、是全部人与世界关系的基础,也是人类哲学思维应有的立足点的观点,正确地揭示了人类科学和实践的一般本质、基本特点及其在人与世界关系中的特殊地位,它们对于当代大科学和大实践仍然是适用的。也就是说,在当代大科学、大实践形成和发展的背景下,马克思主义科学观和实践观仍然是正确的。但是,另一方面,当代大科学和大实践毕竟是人类科学和实践发展史上划时代的重大事件,它们有着历史上的科学和实践所不具有的一系列全新的特点。在这种情况下,为了保持马克思主义科学观和实践观的当代性,同时也为了规范和促进当代人类科学和实践的合理化健康发展,我们必须发展马克思主义的科学观和实践观,建构马克思主义科学观和实践观的当代形态。由于马克思主义的实践观是整个马克思主义哲学的理论基石,马克思主义的科学观在马克思主义哲学中也占有极其重要的地位,因此,对当代大科学和大实践进行深入的考察,建构马克思主义科学观和实践观的当代形态,必将极大地丰富和发展整个马克思主义哲学,催生和锤炼出马克思主义哲学的当代形态。

再次,从人与世界关系的基本特点来看,我们这个时代还可以说是一个全球化的时代。全球化同样也是现时代精神或现时代的本质特征,它有力地证实了马克思主义的历史观,也要求我们在马克思主义哲学研究中大力强化人类意识。

所谓"全球化",是指人类从以往各个地域、民族和国家之间彼此分隔的原始闭关自守状态走向全球性社会的变迁过程。全球化并不是当代才有的事情,其发端可远溯至15世纪的地理大发现。在近代,全球化主要表现为资本主义的对外扩张和世界性发展,其标志是资本主义世界体系的形成。进入20世纪以后,全球范围内各个地域、民族和国家之间的政治经济文化联系更加密切,人们之间全球性的社会交往也日益频繁。尤其是帝国主义瓜分世界和重新瓜分世界的两次世界大战、两次世界大战之间爆发的世界性的经济危机以及战后素有"世界政府"之称的联合国的成立等一系列人类历史上前所未有的大事变,使得人类永远告别了从前那种彼此相互隔离的社会状态,宣告了一个全球性社会的初步形成。

当代以来,随着和平与发展成为时代的主题以及新技术革命的飞速发展,人类社会的全球化又出现了一系列新的特点。一是全球化的进程加速化。在当代,科学技术成果的广泛应用空前地缩短了人们之间的时空距离,整个地球已成为一个名副其实的村落,全球范围内各个地域、民族和国家之间政治、经济、文化的互动以及信息、商品、资金、人员的流动越来越频繁、速度越来越快。二是全球化的内容多样化。它不仅包括交通全球化、信息全球化,而且还包括政治、经济和文化生活全球化、科技全球化、竞争全球化、观念全球化等许许多多的方面。三是全球化的方式内在化。与历史上的各个时期都不同,当代人类社会全球化的方式越来越内在化,当代人类的全球性社会也正在向着更加有机化和高度组织化的方向发展。四是全球化的效应双重化。一方面,当代的全球化空前地改善了人类生存和发展的条件,极大地推动了人类社会的进步。当代的全球化浪潮为世界上各个地区、民族和国家的社会经济发展都提供了前所未有的机遇,特别是为一些后发国家的现代化创造了极其有利的外部环境。事实上,第二次世界大战以来人类社会的全球化进程与世界的现代化进程是一个一体化的过程。同时,当代的全球化也为人们的社会活动及其创造能力的发挥提供了无限广阔的范围和空间,为人的全面发展创造了以往未曾有过的有利条件。另一方面,当代人类社会的全球化也在人与自然、人与社会以及人与自身等人与世界关系的各个方面都带来了一系列的全球性问题,它们又使整个人类的生存和发展陷入了严重的困境,并以否定的方式促进了人类共同利益的形成。

当代人类社会的全球化,有力地证实了马克思主义的历史观,特别是证实了马克思主义的世界历史理论。近代,面对刚刚开始涌动的人类社会的全球化浪潮,马克思和恩格斯就已敏锐地觉察到了人类历史正在向世界历史转变,并由此科学而系统地阐述了他们的世界历史理论。马克思和恩格斯指出,不断扩大商品销路的需要驱使资产阶级开辟了世界市场,它使每一个国家的生产以及这些国家的每一个人的消费都成为世界性的了,以往自然形成的那种地域性、民族性的自给自足和闭关自守的孤立状态已被各民族的普遍交往和相互依赖所代替。"各个相互影响的活动范围在这个发展进程中越是扩大,各民族的原始封闭状态由于日益完善的生产方式、交往以及因交往而自然形成的不同民族之间的分工消灭得越是彻底,历史也就越是成为世界历史。"①应该说,当代波涛汹涌的全球化浪潮证明马克思主义的世界历史理论是极有预见性的。不过,在马克思和恩格斯生活的 19 世纪,尽管人类历史向世界历史的转变已经是"可以通过经验证明的行动,每一个过着实际生活的、需要吃、喝、穿的个人都可以证明这种行动"②,但当时人类社会全球化的发展程度毕竟还是有限的。当代的全球化所表现出来的一系列新的特点,特别是它带来了一系列全球性问题,从而以否定的形式促进了人类共同利益的形成,内在地要求我们丰富和发展马克思主义的世界历史理论乃至整个马克思主义哲学,尤其是要求我们在马克思主义哲学研究中大力强化人类意识,即自觉关注深深地困扰着当代人类的各种全球性问题,深刻反思这些全球性问题的复杂成因和多重价值意蕴,努力探寻使当代人类走出目前面临的生存和发展困境的途径,从而自觉地维护人类的共同利益。这种人类意识与马克思主义的阶级意识并不矛盾。马克思、恩格斯当年在创立马克思主义哲学的时候,曾反复强调要将自己的理论诉诸无产阶级的革命实践、诉诸无产阶级变革旧世界的解放斗争,并认为无产阶级只有首先解放全人类才能最后真正解放自己。因此,当马克思、恩格斯把指导无产阶级的革命实践设定为自己理论的根本任务时,其所表达的实质上是对整个人类的前途和命运的深刻关切。这也表明,无产阶级的阶级利益与全人类的利益、无产阶级的阶级意识与人类意识是完全一致的。在今天,无产阶级解放全人类并最后解放自己的历史任务还远未完成,但它却以变化了的形式蕴藏于当代各种全球性问题的解决和克服过程之中。这是因为,要真正克服和解决当代的各种全球性问题、捍卫和维护人类的共同利

---

① 《马克思恩格斯选集》第 1 卷,人民出版社 1995 年版,第 88 页。
② 《马克思恩格斯选集》第 1 卷,人民出版社 1995 年版,第 89 页。

益,就必须从根本上消除导致这些全球性问题的社会根源,消灭至今仍然在不断地强化着这些全球性问题的不合理的社会关系和社会制度。从这一方面看,在马克思主义哲学研究中大力强化人类意识,能够使马克思主义哲学为无产阶级解放全人类并最后解放自己的伟大事业作出新的历史贡献。

上　篇

现时代与马克思主义哲学的反思

现时代与马克思主义哲学的关系问题或马克思主义哲学的现代性问题，是近年来马克思主义哲学研究中讨论得最多的问题之一。然而，在对这一问题的解答上，不少人常有一种说不清、道不明而又挥之不去的情结，那就是为了论说马克思主义哲学的现代性，为了举证马克思是我们的"同时代人"，总是希求在马克思主义哲学与现代西方哲学之间、在马克思与现代西方哲学家之间建立起某种亲缘关系，并常常为发现某个现代西方哲学家"表扬"马克思的"微言大义"而喜不自胜。其实，这种思考方式一开始就面临着合法性危机，因为将马克思主义哲学现代性的裁决权交付给现代西方哲学家是没有任何根据的。马克思主义哲学从来都没有、也决不应指望被现代西方哲学引为"同路人"，相反，从其诞生之日起马克思主义哲学就一直面临着形形色色的诘难和挑战。正是在应对这些诘难和挑战的过程中，马克思主义哲学显示出了非凡的理论生机与活力。究其根本原因，就在于马克思主义哲学反映了时代的本质特点，适应了时代发展的需要。今天，解答马克思主义哲学的现代性问题，唯一正确的立足点也只能是时代的特点和需要，特别是人类实践和科学的现当代发展。也只有深刻地反思现时代，特别是人类实践和科学的现当代发展，并由对时代的反思进到对马克思主义哲学理论的反思，我们才能在当代条件下丰富和发展马克思主义哲学，充分地展现马克思主义哲学的现代性。

一

实践的时代发展与马克思主义实践观的当代形态

实践是人类能动地把握世界的一种基本方式,是全部人与世界关系的最本质的基础,也是马克思主义哲学最根本的对象。密切关注人类实践的发展,深入研究和把握不同历史时期人类实践的特点,正确回答发展着的实践中涌现出来的新的问题,始终是马克思主义哲学作为时代精神之精华的根本保证。在历史上,对实践的合理理解和对实践观的合理建构,曾是马克思和恩格斯发起和实现哲学史上伟大革命变革的重要契机和关键所在。从此以后,科学的实践观便成为马克思主义哲学理论体系的重要组成部分和核心内容之一。然而,马克思主义哲学对实践的理解不是一蹴而就的,马克思主义哲学的实践观不是一成不变的,它们必须随着人类实践的发展和对实践的认识的深化而不断发展。与马克思和恩格斯所处的历史时期相比较,当代人类实践在内容、形式和功能等方面都出现了许多新的时代特点,它们标志着人类实践的发展已经进入了一个全新的历史时期。今天,注目于人类实践的时代性发展,对当代人类实践的性质和特点及其哲学意蕴作出正确的理解和阐释,并由此发展马克思主义的实践观、建构马克思主义实践观的当代形态,是推进和发展整个马克思主义哲学的基本理论前提和极其关键的一步。

（一） 实践的现代发展和当代特点

现代实践是人类实践发展的一个全新的历史阶段,它建立在同以往任何历史时期相比都更加先进的科学技术基础上。从根本上说,现代人类实践是现代科学技术革命的产物,现代科学技术已成为现代实践的依托和灵魂。正是在现代科学技术的武装和制导下,现代人类实践的性质已发生了根本的变化,实现了由实践的经验型向非经验型即科学型、知识型和信息型的转化,并最终形成了独具特色的当代人类大实践。

1. 人类实践的现代发展

作为人类能动地探索和改造世界的客观物质活动,实践是由诸多要素和环节构成的复杂系统,并表现为作为主体的人以各种技术手段为中介作用于客体的动态过程。之所以说人类实践是一个复杂的系统,是因为作为它的基本构成要素的主体、客体和技术中介本身也都是一些有着多种构分的系统(子系统),并且它们之间以及它们与外部环境之间以极其多样化的形式相互关联着,使人类实践系统呈现为一种由诸多因素以多种形式相互作用所展开的动态网络体。在复杂的人类实践系统结构中,技术中介系统包括工具、手段、方法等是一个关键性的要素,它有效地制导着实践系统中其他要素即主体和客体作为"子系统"的系统质以及实践系统诸要素的联系结合形式,从而决定着人类实践活动的方式、规模和水平。一句话,技术中介系统的发展状况决定着人类实践的基本性质。

在历史上,人类实践的技术中介系统已经经历了几次大的变革,而技术中介系统的每一次变革,都导致了实践活动的方式、规模和水平的飞跃性变化。

以手工工具为物质标志和核心的手工性技术是人类实践最早的技术

中介系统。在人类漫长的原始社会、奴隶社会和封建社会里,手工工具不仅是手工业的唯一工具,而且广泛地使用于农业和畜牧业之中。就其功能而言,手工工具乃是人的手、脚等自然肢体的延长。无论是早期人类社会粗笨的石斧、石刀、弓箭和木棒,还是后来的青铜器和铁器工具,其作用都是用来传导、放大和强化人的自然力。这种手工性的技术中介系统,决定了古代人类实践活动方式的个体性和分散性。一方面,在手工工具的操作中,劳动者各自使用自己的工具从事劳动,工具是他发挥自己的自然力的物质手段,劳动基本上是以个体的方式来进行的,无论是一个农夫使用一把锄头生产粮食,还是一个猎人利用一支标枪捕获野兽,情况都是如此。另一方面,在古代社会,除了中世纪末期出现的工场手工业之外,劳动者基本上是在行业分工的情况下进行着分散的小规模的劳动活动,劳动者之间的社会交往严格地局限于家族和行业内部。因此,在技术中介系统发展的手工性技术阶段上,人类实践的规模还极为狭小,人类征服自然和改造社会的能力和水平也十分低下,整个社会生活尚处于一种封闭、落后的自然经济状态。

由封建社会进入资本主义社会以后,特别是伴随着18世纪下半叶震撼世界的第一次工业技术革命的爆发和蒸汽机的广泛使用,人类实践的技术中介系统发生了一次重大的变革,以机器为主要物质标志和核心的机械性技术取代了早先的手工性技术的主导地位。与手工工具不同,机器是由动力机、传动机和工作机构成的复杂工具系统,它魔术般地放大了人的手、脚、眼、耳乃至肠、胃等等的功能,极大地提高了人类征服自然界的能力。机器不仅可以充当千里眼、顺风耳,而且具有类似肠胃的消化功能,它吞食着大量的煤、石油等能源,通过传动机,将其转化为比自然力量强大千万倍的工业力量。机器的运转代替了人的部分体力劳动,使人从笨重的体力劳动中获得了巨大的解放。由手工性技术中介系统向机械性技术中介系统的转变,对近代人类的实践活动产生了深远的影响。在它的驱动下,社会化的大生产发展起来,形成了以大工业、大矿业和运输枢纽为核心的星罗棋布的大城市;人们之间的社会交往冲破了地域和民族的狭隘界限,打破了自然经济条件下人类分散生活、相互隔绝的封闭状态,出现了世界性的政治、经济和文化联系;劳动方式发生了巨大变化,千百万的劳动者集中起来随着机器而运转,服从单调、呆板的工业生产活动节奏,单个工人在整个劳动组织中有如庞大的机器体系中的一个小小的螺丝钉;社会物质财富成几倍、几十倍地增长,机器运转通过大规模地驱使人的自然力和自然界的自然力为生产服务,在不断扩大的范围内迅速发展社会生产力和提高劳动效率。机器劳动的这种业绩,曾使近代的一些思想家陶醉于人类对自然的"征服",甚至萌动着"肢解"自然的僭妄,例如洛克就曾宣称:"对自然的否定,就是通往幸福之路。"

19 世纪中叶以后,尤其是 20 世纪以来,人类实践的技术中介系统的发展又出现了新的历史性的变化。随着作为近代第二次工业革命主要成果的电力技术的广泛应用,机器大工业生产获得了一种方便、廉价且比蒸汽动力大得无法比拟的新的动力,人类原有的机械性技术的威力被空前地放大和增强。从 20 世纪开始,电力生产的规模日益扩大,电力技术的发展更趋迅速,它不仅在社会原有的产业部门中得到了更加广泛的应用,有效地促进了生产过程的机械化,而且还促使了一系列新技术和新工业领域的诞生,推动了材料、工艺、照明、通信、广播等技术的高速发展,特别是促动了自动控制技术的产生和发展。电力技术构成了 20 世纪以来机械文明的重要动力源,同时也是 20 世纪以来人类实践技术中介系统发展的火车头。

更为重要的是,20 世纪以来人类实践技术中介系统赖以形成和发展的基础实现了彻底的置换。作为古代人类实践中介系统的手工性技术是完全建立在经验基础上的,因为在古代手工工具的操作中,技术的流传靠的是师传徒承的经验传授,技术发展的状况取决于劳动者经验的积累,而所谓技术本身也就是经验的程序化运用,在这里,劳动者"范围有限的知识和经验是同劳动本身直接联系在一起的,并没有发展成为同劳动相分离的独立的力量"①。近代的机械性技术的基础已发生了某种变化,它不再是纯粹经验性的技术,而是同时也内含着某些科学知识,因为"工业革

---

① 《马克思恩格斯全集》第 47 卷,人民出版社 1979 年版,第 570 页。

命初期的发明——采用自动纺织机器——主要应归功于一些没有受过教育的工匠,不过,一举解决了关键性的动力问题的伟大发明蒸汽机却至少可以部分地归功于科学"①。但是,近代机器劳动中的科学知识与劳动者处于一种分离和对抗状态,一方面,机器在某种意义上成为科学知识的应用,它通过在自身中发生作用的各种自然力的运动规律而表明具有自己的"灵魂";另一方面,对于操作机器、从事直接劳动的广大工人来说,科学知识却成为外在的异己的力量,他们站在机器旁边,必须高度紧张地活动着自己的某一器官,不断地重复着完全经验性的操作工作。因此,近代的技术中介系统乃至整个近代人类实践的性质是半科学、半经验型的。与历史上的各个时期根本不同,现代人类实践的技术中介系统已经被高度科学化了,科学特别是现代科学构成了现代实践技术中介系统的强大基础。

应该说,现代人类实践技术中介系统基础上的这一重大变化可追溯至近代第二次工业技术革命中电力技术的产生。在近代第一次工业技术革命中,虽然新技术的发明需要一定的科学知识,但科学理论的创立毕竟是落后于技术的发明的,例如蒸汽机技术的发展和蒸汽机的生产使用就先于蒸汽机的科学理论——卡诺循环理论以及后来的热力学第二定律。与此不同,在第二次工业技术革命中,科学理论已走到了技术发明的前面,电力技术就是在科学理论指导下的技术发明和创造。从奥斯特发现电流的磁效应到出现电动机,从法拉第发现电磁感应到制成发电机,从法拉第、麦克斯韦的电磁理论到赫兹实验再到无线电,都无不证明了这一点。不过,在近代第二次工业技术革命中,既有的科学理论和在它指导下发明创造的技术之间的关系基本上还是外在的,即科学理论、原理自身并没有变成技术,只是技术的物质手段以及由这种物质手段决定的技术活动体现着该科学原理。在现代,科学与技术、科学研究与技术开发则已融为一体,研究直接地是为了开发,开发本身也就是研究。因此,如果说古代的手工性技术属于一种纯粹经验性的技术,近代的机械性技术属于一

---

① ［英］J. D. 贝尔纳:《科学的社会功能》,陈体芳译,商务印书馆1982年版,第64页。

种半科学、半经验的技术，那么，作为现代人类实践中介系统的技术则可以被恰如其分地称为科学技术或科学化的技术。

现代技术中介系统的科学化给现代人类实践带来了深刻的影响。与现代实践技术中介系统的科学化相伴随的，是实践主体的知识化和实践活动过程的信息化。现代技术的科学化向劳动者提出了越来越高的要求，并有效地促进了劳动者思维和智力的发展。在现代社会中，不仅技术的发明和创造已经与科学研究融为一体，而且技术的应用和操作也必须建立在对技术过程的有关原理知识的深刻理解的基础上，因而在许多发达国家中知识型工业技师的人数与日俱增。与此相应，在现代实践活动过程中，知识的生产、积累、传播和运用，信息的采集、接收、筛选和利用，占有越来越重要的地位。人们常把现代生产中的许多部门称为"知识工业"、"以科学为基础的工业"或"信息产业"，这种工业或者不需要大量的能源，或者不需要大量的材料，而主要是通过运用一定数量的信息和科学知识，就可以创造出大量的社会财富。这正如美国著名经济学家波得·德鲁克所说："知识生产力已成为生产力、竞争力和经济成就的关键因素。知识已成为最主要的工业，这个工业向经济提供生产所需要的重要中心资源。"①所有这些都说明，在现代技术中介系统科学化的索引下，现代人类实践最终实现了由经验型向科学型、知识型和信息型的转化。

2. 人类实践的当代特点

从现代实践技术中介系统的纵深发展来看，20世纪电力技术的迅速进步和技术基础的科学化，从40、50年代开始结出了巨大的硕果，引发了近现代史上第三次工业技术革命，诞生了以电子计算机为主要物质标志和核心的当代高新技术体系，这是人类实践技术中介系统历史发展过程中具有划时代意义的新的里程碑。如果说历史上的手工工具曾延长了人

---

① ［美］奈斯比特：《大趋势——改变我们生活的十个新方向》，梅艳译，中国社会科学出版社1984年版，第15页。

的自然肢体,蒸汽机、电力等进一步放大了人的体能、部分地解放了人的体力劳动,那么,电子计算机的问世则开辟了一个智力解放的新时代。由于电子计算机具有信息存贮、运算、记忆、判断、推理等功能和高速、精确等特点,因而它能够代替人的部分脑力劳动,使人类的智力获得了空前的解放。电子计算机本身就是人类技术史上最伟大的创举,同时它又被作为一种智能型的工具广泛地运用于当代技术的发展中。如果没有电子计算机,要解决当代技术研制和开发中各种繁难复杂的计算问题,要实现当代技术的发展,是根本不可想象的。人们之所以把当代新技术革命中诞生的一系列技术称之为高新技术,就是因为它们不仅是一些高度科学化的技术,而且也是一些高智能化的技术,电子计算机这种智能型的工具在这些技术的发展中有着举足轻重的地位。

与历史上的各个时期相比,包括电子计算机等在内的当代人类实践技术中介系统堪称一种巨系统、大技术。作为当代实践中介系统的技术之谓"大",主要是因为它具有以下几个方面的特点。

第一,结构复杂、形式多样。正如近代机械性技术的产生并不意味着古代的手工性技术的消失一样,当代新技术革命也并不等于对人类过去技术成就的完全否定。除占主导地位的各种高新技术之外,手工性技术和机械性技术同样也包括在当代人类实践的技术中介系统之中。因此,如果说古代的技术中介系统仅具单相技术结构、近代的技术中介系统也还只有双相技术结构的话,那么,当代的技术中介系统则有着远为复杂的三相技术结构。问题在于,手工性技术和机械性技术是经过变革以后以全新的形式而与各种高新技术一起并存于当代人类实践技术中介系统之中的,三者之间有着极为复杂的相互作用关系。例如,电子计算机的充分发展引起了机器或机械性技术的革命,出现了智能机器,一方面,智能机器应用于工业生产,导致了生产过程的自动化,使近代机器劳动中工人的经验操作转化为一种智能性操作,工人已不再是生产过程的主要当事人,而是作为生产过程的监督者和调节者同自动装置发生关系;另一方面,智能机器应用于各种新技术的研制,又反过来成为各种高新技术进一步发展的强大物质手段。仅就当代高新技术的内部构成来看,其形式也是多样化的。在当代人类实践技术中介系统中,已经崛起了一个由微电子技术、信息技术、空间技术、激光技术、生物技术、海洋技术、新通信技术、新能源技术、新材料技术等等构成的庞大的新技术群。

第二,作功巨大、效率惊人。当代的各种高新技术本身都是适应当代人类处理各种巨型问题的实际需要而产生的,因而它们都具有作功巨大、高效多用途的特点。据估算,世界上现有计算机完成的工作量,如果单纯用人脑和双手去计算处理,竟需要上万亿人,这意味着电子计算机已把人类的智能放大了成千上万倍。另一方面,电子计算机本身的工作效率也在迅速提高。在电子计算机的武装下,当代的各种高新技术已创造了一个又一个的人间奇迹。例如,空间技术已把人造卫星送入了太空,生物技术已取得了人工生命的创举,新材料技术已能在分子水平上设计制造人们所需要的各种性质的材料,新能源技术则使人类有可能在今日各种天然能源日益枯竭的情况下获得新的替代能源,等等。同时,当代高新技术的功能之大也体现在其用途的广泛上,如激光技术在工业、农业、精密测量和探测、通讯与信息处理、医疗、军事等一系列领域都引起了重大的突破。

第三,综合性强、发展速度极快。当代人类实践的技术中介系统越来越表现出其有机整体性,不仅其中不同相位的技术结构之间相互作用着,而且各种高新技术及其内部的诸要素之间也存在着引人注目的互渗关系,从而使每一种高新技术都成为一种综合性技术。例如,当代的空间遥感技术,实际上是电子技术、信息技术、通信技术、材料技术、激光技术乃至生物技术最新发展成果的综合体现。与此相应,当代各种高新技术的发展速度也极其快捷。从1945年世界上第一台电子计算机"埃尼阿克"(ENIAC)问世算起,在短短的几十年间,电子计算机已经历了四代的发展,目前正处于第五代计算机的研制阶段,并已取得某些重要进展。在新材料技术方面,当代质轻节能高效材料层出不穷,特别是非金属材料技术的发展更为迅速。据统计,目前全世界非金属原材料的总产值已超过金属原材料产值的50%—60%。有人甚至预言,21世纪将成为新的"石器时代"。

当代人类实践的大技术决定了它的大规模。当代的大技术作为当代人类实践系统的一个构成要素或基本环节，已经引起了整个实践系统运作规模的跃迁，无论是其中的实践主体和客体，还是实践活动的社会形式，都发生了空前的变化。在此以前，虽然从理论上说类主体也是实践主体的一个基本类型，但在实际的实践活动中人类作为主体的意义还是非常有限的，只能从历史的无限发展的角度来加以理解。与此不同，当代的信息技术、传感技术和通信技术已把地球上各个地区、各个角落的人们紧密地联系在一起，不同国家、民族和不同种族、肤色的人群在越来越高的程度上实现了对各种政治、经济和文化信息的共享，人们之间全球性的社会交往在频度、速度和深度上都达到了前所未有的水平。这些表明，在当代实践中，人类已真正成为一个有机的整体，真正作为整体来生存、活动和发展，真正开始以类主体的身份来面对自然、整治社会和正视自身。同样，借重于当代的大技术，当代人类已把实践的客体或对象域扩大到了以往任何历史时期都无法比拟的范围。就对自然客体的探索和改造而言，一方面，当代的实践活动已指向比从前远为广袤宏阔的自然界，不仅将触角伸遍了地球上的各个地方，包括深奥宽阔的海洋、人烟不及的沙漠和冰雪覆盖的南极大陆，而且已开始了向过去可望不可及的遥远太空进军；另一方面，当代的实践活动也已向微观世界和物质的更深层次挺进，正在探测和揭破基本粒子的内部结构以及"夸克"的奥秘。至于当代人类实践中社会和人自身作为客体的内涵和外延的变化就更为明显。当人类已真正作为一个整体或共时态意义上的类主体来生存、活动和发展时，其所面对和处理的也必定是全球范围内普遍性的社会问题和人性问题。与实践主体和客体方面的变化相适应，当代人类实践的社会形式特别是社会分工与协作的形式也出现了许多新质特点。虽然近代工业生产劳动已有了严密的分工与协作，但这种分工与协作还只是建立在不同劳动职能和工作岗位的基础上的，它使工人们在并列着的工作机器上劳动，并使"较多的工人在同一时间、同一空间（或者说同一劳动场所），为了生产同种商品，在同一资本家的指挥下工作"①。与此不同，在当代以自动化的流水

---

① 《马克思恩格斯全集》第23卷，人民出版社1972年版，第358页。

线作业为标志的大机器生产中,劳动的分工与协作是建立在高度专业化基础上的,其规模远远超出了不同劳动者之间关系的范围。今天,一个大型企业,往往有许多中小企业为它服务,它们共同组成一个分工与协作集团。例如,为美国通用汽车公司提供零部件、原材料及进行工艺处理的企业就多达四万多家。不仅如此,目前跨国公司利用不同国家和地区发展经济方面的优势,分别生产产品的各种零部件或进行不同工序的加工,然后集中装配;或者实行专业化的生产分工,互相提供零部件;或者不同的企业分工协作,进行联合生产。可以说,当代人类实践已经进入了一个全球分工、全球协作的新阶段。

当代人类实践的大技术、大规模进一步决定了它的大效应。在当代实践活动中,大技术的大规模应用,已经对人类社会活动的各个领域和方面都产生了巨大而深远的影响。在它的促动下,社会的经济生活、政治生活和文化生活正在经受着巨变,社会的产业结构、组织结构、管理结构以及人们的劳动方式、行为方式、思维方式和价值观念都已出现了显著的变化。就产业结构的变化而言,当代各种高新技术的应用不仅促进了一系列新兴产业的崛起和传统产业的革新,而且还导致了第三产业的大发展和信息产业(第四产业)的独立。例如,在美国,早在 1956 年"白领工人"的人数就超过了"蓝领工人";1980 年,服务业的总产值在国民生产总值中占据了首要地位。近些年来,随着计算机科学技术、信息技术、自动化技术、通信技术和微处理技术的迅速发展和广泛应用,西方一些主要资本主义国家的信息产业发展极快,无论是从业人数还是其销售额都呈递增趋势。社会产业结构的发展,直接导致了人们的劳动方式的变革,特别是使得社会生产中体力与脑力支出的比例发生了根本性的逆转,并最终确立了脑力劳动在整个社会生产过程中的主导地位。据统计,体力与脑力的支出比对古代个体的手工劳动方式来说是 9∶1,对近代机械化的劳动方式来说是 6∶4,而对当代自动化的劳动方式而言则是 1∶9。与社会经济生活的上述新特点相适应的,是社会政治生活的多元化、民主化以及社会文化生活的丰富多样化。当代社会生活的这些变化又对人们的精神世界产生了深刻的影响,有力地改变了人们的思维方式和价值观念。在当代,人们的思维方式越来越表现出综合性、动态性、信息性、创造性和面向未来的特点,而珍惜时间和信息,尊重知识和人才则已成为社会占主导地位的价值观念。正是基于这样一些事实,西方的一些未来学家认为当代人类已经进入了一个"后工业社会"、"信息社会"或"技术社会"。虽然这些理论概括本身存在着这样那样的缺陷,但它们确实从不同的侧面并在不同的程度上反映了当代大实践的形成和发展所带来的深刻的社会变革。问题在于,受当代大技术的大规模应用所决定,当代人类实践的大效应既有正面的也有负面的,而无论是正面的效应还是负面的效应都表现在人与自然、人与社会以及人与自身等人与世界关系的各个方面。究其原因,乃是因为技术本是一把双刃剑,它既能为人类带来幸福,也能给人类造成灾难,这在当代各种高新技术的应用上表现得尤为突出。例如,原子能技术的开发,使人类获得了一种重要的新能源,但它同时也使世界和平和人类安全面临着严重威胁;微电子技术的诞生和发展,使人类的智力获得了前所未有的解放,促进了社会生产效率和管理水平的大幅度提高,但也带来了各种利用电子计算机进行的高智能犯罪;各种高新技术的发展及其广泛应用,创造了巨大的物质财富,带来了新的经济繁荣,并提供了新的就业机会,但与之相伴随,又出现了严重的"结构性"、"技术性"和"信息性"失业,出现了人口膨胀、粮食不足、资源枯竭、环境恶化以及人的心态失衡和个性扭曲等众多棘手问题,而这些问题又进一步引发了当代世界各种更为复杂的社会问题和人性问题。当代实践中大技术的大规模应用所带来的正负双重大效应,特别是各种高新技术的应用所导致的消极社会后果,已经在今天引起了人们的普遍关注,成为举世瞩目的全球性问题。

总之,当代人类实践已经出现了许多新的时代特点,而大技术、大规模以及大效应是其最基本、最本质的方面。这些本质特点表明,当代人类实践在 20 世纪以来实践科学化和知识化的方向和道路上又迈出了具有决定意义的一步,当代人类已经步入了一个大实践的历史时期。

（二）马克思主义实践观及其当代发展

马克思主义实践观是人类哲学史上唯一真正科学的实践观,它在整个马克思主义哲学体系中具有极其重要的理论地位。从历史上看,科学实践观的确立是马克思主义哲学诞生的理论前提,它为马克思主义哲学提供了最坚实最根本的基础。而科学实践观的每一步发展,同时也意味着马克思主义哲学的重大发展。今天,面向当代大实践,建构马克思主义实践观的当代形态,也是我们发展马克思主义哲学的时代性课题。

1. 马克思主义实践观的创立和历史发展

马克思主义实践观产生于 19 世纪 40 年代,它是马克思、恩格斯在科学技术进步、机器大工业生产蓬勃发展和无产阶级革命浪潮日趋高涨的时代条件下,在批判地吸收以往人类哲学思维的合理内容,特别是在批判地改造黑格尔和费尔巴哈实践观的基础上进行新的理论创造的伟大成果。科学的实践观是马克思主义哲学新质特征的集中体现,也是全部马克思主义哲学的理论基础、精髓和核心内容。它的确立,使马克思主义哲学同一切旧的哲学从本质上区别开来,从而实现了人类哲学史上最伟大的变革。

马克思、恩格斯经过一系列艰苦的理论探索之后,在《1844 年经济学——哲学手稿》、《关于费尔巴哈的提纲》和《德意志意识形态》等著作中较为系统地阐发和表述了科学实践观的基本观点。根据这些著作,特别是《关于费尔巴哈的提纲》这一"包含着新世界观天才萌芽的第一个文件"中的有关论述,可以看出,由马克思、恩格斯提出和创立的科学实践观具有以下几个方面的基本内容。

第一,实践是人类把握世界的一种基本方式,是人类所特有的对象性的物质活动或感性活动。马克思、恩格斯在批判地改造黑格尔和费尔巴哈的实践观的过程中,首先正确地揭示了实践的本质,确定了科学的实践范畴。他们认为,一方面,实践是人类所特有的对象性活动,它以现实的人为主体并以包括人在内的客观世界为活动客体,它对象化着人的各种本质力量,包含了人类所特有的各种特征,如有意识有目的有计划的自主性、能动的创造性、与人的社会关系相联系的社会历史性等等,因而它与动物的本能活动有着根本的不同;另一方面,作为人类把握世界的一种基本方式,实践又是人的物质活动或感性活动,它以生产劳动为基本形式,具有物质的、客观的、感性的性质,因而它又区别于人类对世界的观念把握方式,区别于人的精神或观念活动,如认识、理论活动等等。马克思主义哲学的实践范畴就是这两个方面的统一,它构成了马克思主义实践观的核心,并使马克思主义实践观从根本上区别于黑格尔的唯心主义实践观和费尔巴哈的旧唯物主义实践观。黑格尔在一定程度上看到了实践的自主性、能动性和社会性,但他所谓的实践实际上是抽象的理念活动,而不是现实的人的客观物质性活动。与此相反,费尔巴哈虽然强调实践是一种客观的、感性的活动,却又不懂得实践的自主性、能动性和社会性,把人的实践与动物消极适应环境的本能活动混为一谈。因此,无论是黑格尔还是费尔巴哈都没有正确理解人的实践,只有马克思主义哲学才真正揭示了实践的本质,形成了科学的实践范畴。

第二,实践是全部人与世界关系的基础。马克思、恩格斯运用科学的实践范畴考察了人与世界关系的各个方面,揭示了人与世界关系形成和发展的奥秘,得出了一系列重要结论。首先,实践是人与自然对立统一的基础。在历史上,费尔巴哈也曾试图对人与自然的关系作出唯物主义的说明,但他对人与自然关系的理解是非历史的、抽象的,他把人与自然的关系只看作是两个自然物之间的关系,亦即自然界同自身的关系。与此不同,马克思、恩格斯吸收了黑格尔关于劳动中介性的思想,认为人是通过实践同自然界发生关系的,实践既是人类借以从自然界分化独立出来的根本力量,也是人与自然统一的基础。他们指出,人类正是通过改造自然界的生产实践才使自己同动物区别开来。而人类产生以后,又必须通过生产实践不断地从自然界获取生活资料,否则,人类就根本无法生存下去。马克思、恩格斯在批评费尔巴哈看不到人通过实践对自然界的变革作用时,还提出了生产实践是"整个现存感性世界的非常深刻的基础"的著名论断,从"人化自然"的角度进一步说明了人与自然在实践基础上的统一。其次,实践也是人与社会关系的基础。马克思、恩格斯指出,生产实践表现为人与自然的关系,也表现为人与人之间的社会关系,因为人们只有以一定的方式结合起来并相互交换其活动,才能进行物质生产。人类其他的各种社会活动、社会关系乃至人类的全部社会生活都是建立在物质生产实践基础之上的,离开了物质生产实践,人类社会就不可能存在下去,更谈不上进一步的发展,因此,"社会生活在本质上是实践的"①。在物质生产实践中,"正象社会本身生产作为人的人一样,人也生产社会"②。在马克思、恩格斯看来,实践不仅是人与社会关系形成的基础,同样也是人与社会关系发展的决定力量,正如马克思所说:"环境的改变和人的活动的一致,只能被看作是并合理地理解为变革的实践。"③最后,实践还是人与自身关系的基础。马克思、恩格斯认为,人通过实践,既改造了客观世界,同时也改造了人类自身。一方面,人类在实践活动中形成了自己特殊的本质。实践在创造人、使人类从自然界分化独立出来的同时,也就造就并印证了人类特有的本质。马克思、恩格斯指出,人类的特殊本质并不是人的自然生命和动物本质,也"不是单个人所固有的抽象物,在其现实性上,它是一切社会关系的总和"④。而一切社会关系都是建立在生产实践基础之上的,"因此,正是在改造对象世界中,人才真正地证明自己是类存在物"⑤。另一方面,人类通过实践也不断地扩大着自己的本质力量。在马克思、恩格斯看来,人的五官感觉的形成和发展,人的智力和思维能力的进步以及人本身从片面到全面的发展,其根源都深植于人

---

① 《马克思恩格斯选集》第1卷,人民出版社1995年版,第60页。
② 《马克思恩格斯全集》第42卷,人民出版社1979年版,第121页。
③ 《马克思恩格斯选集》第1卷,人民出版社1995年版,第59页。
④ 《马克思恩格斯选集》第1卷,人民出版社1995年版,第60页。
⑤ 《马克思恩格斯全集》第42卷,人民出版社1979年版,第97页。

类改造客观世界的实践活动之中。总之,马克思、恩格斯通过考察人与自然、人与社会以及人与自身关系的形成和发展,全面地展示了实践在人与世界关系中的基础地位。

第三,实践也是人类哲学思维应有的立足点。马克思、恩格斯在正确理解实践的本质及其在人与世界关系中的重要地位的基础上,进一步阐发了实践观点的哲学方法论意义,指出哲学思维应将实践作为自己的立足点。这包括两方面的意思。其一,实践是哲学思维应有的出发点。既然实践是全部人与世界关系的基础,那么以人与世界的关系作为自己反思的整体性对象的哲学思维就应从实践出发去说明人与世界的关系,去理解包括人对世界的认识及其真理性在内的各种哲学问题,并通过实践来验证和发展自己的理解,因为"凡是把理论导致神秘主义的神秘东西,都能在人的实践中以及对这个实践的理解中得到合理的解决"①。据此,马克思总结了哲学史上的经验教训,指出在人与世界的关系问题上之所以旧唯物主义看不到人的能动性而唯心主义又只是抽象地发展了能动的方面,其根源就在于二者都没有从现实的人的实践出发去理解人与世界的关系。其二,实践也是哲学思维应有的落脚点或归宿,这是实践作为人类哲学思维应有立足点的更为重要的方面。在马克思、恩格斯看来,哲学思维研究人与世界的关系,其根本目的是为了改造人与世界的关系,使之更加合理和完善,而由历史上的实践所造成的人与世界关系上的不合理状态只能通过实践的进一步发展来消除,因此,哲学思维必须诉诸实践。然而,以往的唯心主义哲学家仅停留于理论上的空谈,旧唯物主义哲学家也只是诉诸对事物的感性直观,他们都没有把诉诸实践看作自己理论的根本任务,正如马克思所说:"哲学家们只是用不同的方式解释世界,而问题在于改变世界。"②与此不同,鉴于近代资本主义制度下人与世界关系的不合理状态,马克思、恩格斯把诉诸无产阶级推翻资本主义制度的革命实践看作自己哲学的历史使命。为了表明自己与旧哲学家的区别,他

---

① 《马克思恩格斯选集》第 1 卷,人民出版社 1995 年版,第 60 页。
② 《马克思恩格斯选集》第 1 卷,人民出版社 1995 年版,第 61 页。

们还把自己称为"实践的唯物主义者",认为"对实践的唯物主义者即共产主义者来说,全部问题都在于使现存世界革命化,实际地反对并改变现存的事物"①。因此,他们反复强调自己哲学的全部理论都要付诸实践,指导实践,变为群众的行动,化作对世界进行革命改造的物质力量。

马克思主义实践观自产生以后就一直处于不断丰富和发展的过程中。由于科学的实践观在马克思主义哲学中具有基础性的核心地位,所以一百多年来马克思主义哲学的每一步重大发展几乎都同时伴随着科学实践观的发展并以后者为理论先导。即使是在马克思、恩格斯那里,科学的实践观也未停止它的发展。如果说作为科学实践观诞生标志的《关于费尔巴哈的提纲》还只是"包含着新世界观的天才萌芽的第一个文件",《德意志意识形态》也还只是马克思主义哲学基本原则的第一次较为系统的表述的话,那么,马克思主义哲学体系的全面展开,马克思和恩格斯后来对一系列重大哲学问题的分析和阐述,同时也就是科学实践观的运用。在这种运用的过程中,马克思主义实践观不仅经受了检验,而且也得到了丰富和完善。例如,恩格斯曾系统地论述了劳动在从猿到人转变过程中的决定作用,在实践形式方面把科学实践作为一种独立的形式提了出来,并且多次强调实践是对不可知论最好的驳斥、是检验真理的标准,等等。

在帝国主义和无产阶级革命的新时代,基于无产阶级革命实践的现实需要,列宁着重从认识论上发展了马克思主义实践观,明确指出实践的观点应该是认识论的首要的基本的观点。他不仅表达了主体和客体、精神和物质的"交错点=人的和人类历史的实践"②的深刻见解,提出了"实践高于(理论的)认识,因为它不仅具有普遍性的品格,而且还具有直接现实性的品格"③的著名论断,论述了实践基础上认识的辩证运动和发展,而且还深化了马克思、恩格斯关于实践是检验真理的标准的观点,在

---

① 《马克思恩格斯选集》第 1 卷,人民出版社 1995 年版,第 75 页。
② 《列宁全集》第 55 卷,人民出版社 2017 年版,第 239 页。
③ 《列宁全集》第 55 卷,人民出版社 2017 年版,第 183 页。

强调"如果把实践标准作为认识论的基础,那么我们就必然得出唯物主义"①的同时,揭示了实践标准的确定性和不确定性。这些都是列宁对马克思主义实践观的新贡献。

列宁之后,毛泽东同志在把马克思主义的普遍真理同中国革命的具体实际相结合的过程中,为了解决中国革命实践中主观与客观、认识与实践、理论与实际的统一问题,又进一步丰富和发展了马克思主义实践观。毛泽东在马克思主义实践观中首次提出了"社会实践"的概念,把实践规定为"主观见之于客观的东西",认为实践具有生产斗争、阶级斗争和科学实验三种主要形式,系统地阐明了实践作为认识基础的全面含义,突出强调了主观与客观、认识与实践、理论与实际的"具体的历史的统一",并指出知行的统一是达到主客观统一的途径。此外,他还创造性地把马克思主义实践观具体化为党的思想路线和群众路线。所有这些,也都为马克思主义实践观增添了新的理论内容。

上述表明,马克思主义实践观之所以是人类哲学史上唯一真正科学的实践观,不仅在于它批判地吸收了以往人类哲学思维的积极成果,在哲学方法论上实现了对旧哲学实践观的合理超越,更为重要地还在于它的理论根基深植于人类实践特别是无产阶级革命实践及其历史发展之中。正是通过对不同历史时期人类实践时代特点的哲学把握,并为了适应不同历史时期无产阶级革命实践的时代需要,马克思、恩格斯创立和深入阐发了马克思主义实践观,而列宁和毛泽东则进一步丰富和发展了马克思主义实践观。

2. 马克思主义实践观的当代发展

在今天看来,马克思主义实践观仍然是一种科学的实践观,它的上述内容仍然是正确的。即使是在将来,马克思主义实践观及其基本内容也不会过时。因为马克思主义实践观如实地反映了人类实践的客观本性及

---

① 《列宁选集》第2卷,人民出版社2012年版,第100页

其在人与世界关系中的实际地位,体现了按照客观事物的本来面目来理解事物而不附加任何外来成分的唯物主义哲学的基本原则,这些都是不会因为时间的推移而有所改变的。我们今天提出发展马克思主义实践观的问题,决不意味着认为马克思主义实践观的基本内容已经过时,恰恰相反,它是以坚持马克思主义实践观的基本观点、承认和肯定马克思主义实践观及其基本内容的科学性为前提的。如果否认了马克思主义实践观的科学性,那么实质上也就否定了马克思主义哲学本身,更谈不上马克思主义实践观的发展了。

然而,事情还有另一方面。承认马克思主义实践观基本内容的正确性,并不意味着它已穷尽了人类实践的各个方面;肯定马克思主义实践观的科学性,也不等于说它不需要随着人类实践的发展和对实践的认识的深化而不断充实、发展。马克思主义经典作家从来都不把自己的哲学包括他们的实践观看作是一个最终完成了的绝对封闭性体系,他们一贯强调自己的理论的开放性,强调自己的全部理论都要随着人类实践和科学认识的发展而发展。马克思主义实践观的科学性与开放性非但不相矛盾,反而是相互依存、高度一致的,其中,科学性是它的开放性的前提和基础,开放性是它的科学性的重要内涵、表现和保障。如果无视马克思主义实践观的开放性,否认它随着人类实践的时代性发展而不断得到充实、丰富和完善的必要性和可能性,马克思主义实践观也就不成其为科学的实践观。

当代大实践的形成和发展,是人类实践发展史上具有划时代意义的重大事件,也是当代发展马克思主义实践观的现实基础。这一基础既不同于马克思和恩格斯创立科学实践观的基础,也不同于列宁和毛泽东发展马克思主义实践观的基础。在马克思、恩格斯所处的时代,人类实践的基本性质还是半科学、半经验的,实践还未完成由经验型向科学型、知识型的转化。因此,在创立科学的实践观的时候,他们主要是立足于近代人类实践,正确揭示了实践的一般本质和实践在全部人与世界关系中的基础地位,阐明了实践观点的哲学方法论意义,而没有事实上也不可能预见到 20 世纪以来人类实践的全部具体发展、特别是当代实践的特殊性质。

与马克思、恩格斯有所不同,列宁和毛泽东生活于人类实践日趋科学化、知识化的20世纪。不过,在发展马克思主义实践观上,理论家和革命家的双重身份使他们把主要的关注点放在当时无产阶级革命实践中亟待解决和回答的各种问题上,虽然他们关于这些问题的论述带有鲜明的时代特色,但毕竟他们对现代人类实践总体性质的变化涉猎较少。更为重要的是,列宁和毛泽东在进行实践观上新的理论创造的时候,当代大实践的一系列特点尚未充分表现出来,因而他们同样也不可能全面把握到当代大实践的特殊性质。而今天,当代大实践不仅业已形成和出现,而且日益深入发展,它已成为马克思主义实践观必须予以正视和深入研究的重大课题。可以说,当代大实践的形成和发展,既使当代马克思主义实践观发展的必要性比以往任何时候都更加突出和明显,也为马克思主义实践观的当代发展提供了前所未有的机遇。

当代发展马克思主义实践观的主题,是立足于当代大实践,建构马克思主义的实践观的当代形态。所谓立足于当代大实践,不仅是指应将当代大实践作为当代发展马克思主义实践观的客观依据,而且还意味着当代发展马克思主义实践观的根本目的就在于通过对当代大实践的合理理解来规范和促进当代大实践的合理化健康发展。所谓建构马克思主义实践观的当代形态,则是指为了达致和实现对当代大实践的合理理解,我们在考察当代大实践时必须确立起与当代大实践的特殊性质相适应的大视野、大观念、大思路、大方法,因为当代大实践中涌现出来的都是一些大问题,它们只有借助于哲学实践观上的大视野、大观念、大思路、大方法才能予以理解和回答。因此,立足于当代大实践,建构马克思主义实践观的当代形态,也就是要在马克思主义实践观中自觉运用大视野、大观念、大思路、大方法来透视当代大实践,对当代大实践的大技术、大规模和大效应的哲学意蕴及其对当代人与世界关系的各个方面所产生的深刻影响进行全方位的整体性反思,从而丰富马克思主义实践观的内容,推进当代大实践的合理化健康发展。

值得着重指出的是,在马克思、恩格斯所处的时代,虽然当代大实践还远未形成和出现,但随着机器大工业的产生和发展,当时的人类实践在规模和效应等方面已表现出了空前扩大的趋势。正是基于对这一趋势的深刻洞察,马克思、恩格斯在创立和阐发科学实践观的过程中事实上已经确立起了考察人类实践的大视野、大观念、大思路、大方法,这突出体现在他们关于近代人类实践特别是机器大工业的发展对于人与世界关系所产生的广泛而深刻的影响的分析和论述上。首先,在人与自然的关系上,马克思、恩格斯在充分肯定近代人类实践在利用自然方面所取得的巨大业绩的同时,也明确地看到了近代实践中人类对自然资源的掠夺性开发在世界上许多地区所造成的对自然生态的破坏,并因此而告诫人类必须注意协调自身与自然界的关系,尤其是必须学会正确估计自己的行为对自然界的长远影响。恩格斯指出:"我们不要过分陶醉于我们人类对自然界的胜利。对于每一次这样的胜利,自然界都对我们进行报复。每一次胜利,起初确实取得了我们预期的结果,但是往后和再往后却发生完全不同的、出乎预料的影响,常常把最初的结果又消除了。……因此我们每走一步都要记住:我们统治自然界,决不像征服者统治异族人那样,决不是像站在自然界之外的人似的,——相反地,我们连同我们的肉、血和头脑都是属于自然界和存在于自然之中的。"[1]其次,在人与社会的关系上,马克思、恩格斯深入地分析和阐述了伴随着机器大工业的发展而来的人类历史的重大转折,即人类历史开始向世界历史转变。马克思、恩格斯指出,大工业不仅创造了前所未有的交通工具,而且促进了各民族分工的发展和世界市场的形成,从而导致了各民族的普遍竞争和普遍交往。而世界范围内的普遍交往,消灭了以往自然形成的各个国家、各个民族的原始闭关自守状态,使得"每个文明国家以及这些国家中的每一个人的需要的满足都依赖于整个世界"[2],其结果是"地域性的个人为世界历史性的、经验上普遍的个人所代替"[3]。同时,"大工业到处造成了社会各阶级间相同的关系,从而消灭了各民族的特殊性",它使得每一民族同其他民族

---

① 《马克思恩格斯选集》第4卷,人民出版社1995年版,第383—384页。
② 《马克思恩格斯选集》第1卷,人民出版社1995年版,第114页。
③ 《马克思恩格斯选集》第1卷,人民出版社1995年版,第86页。

的变革都有着紧密依存的关系,因此,大工业"首次开创了世界历史"①。再次,在人与自身的关系上,马克思尖锐地揭露了资本主义条件下普遍存在着的劳动异化,指出近代资本主义机器大工业生产使得产生于历史上人类自发分工条件下的异化劳动达到了登峰造极的状态。马克思认为,只有通过无产阶级革命,推翻资本主义制度,才能消除包括劳动异化在内的人的种种异化现象,实现人性的复归和合理重建。所有这些,都表明马克思主义实践观已内在地含蕴着一种大视野、大观念、大思路、大方法。当然,这并不是说建构马克思主义实践观当代形态的理论任务业已完成。要建构马克思主义实践观的当代形态,还必须具体地运用这种由马克思、恩格斯确立的大视野、大观念、大思路、大方法来考察当代大实践,并将当代大实践中的问题提升为哲学问题加以研究和把握。在这里,我们既要看到马克思主义实践观已为我们今天考察当代大实践提供了必要的方法论基础,也要明确看到当代大实践与马克思主义实践观当代形态之间的内在相关性:一方面,只有立足于当代大实践,马克思实践观当代形态的提出和阐发才有根据和意义;另一方面,也只有依据马克思主义实践观的当代形态,我们才能真正从哲学层面上理解当代大实践。

当代大实践与马克思主义实践观当代形态之间的内在相关性,又进一步决定了马克思主义实践观的当代形态与马克思主义实践观之间的逻辑承续性。当代大实践是人类实践历史发展过程中的一个新阶段,它记载和累积着人类实践历史发展的全部成就。作为人类实践发展的一个特定阶段,当代大实践是由历史上以往的实践发展而来的,二者之间并无本质上的区别,它们都是人类能动地把握世界的一种特殊方式。而作为人类实践发展的一个全新阶段,当代大实践又有着历史上以往的实践所不具备的特殊性质。因此,马克思主义实践观的对象域与当代发展马克思主义实践观的对象域之间的关系是一般与特殊的关系,立足于当代大实践的马克思主义实践观的当代形态,既内在于马克思主义实践观,又是马

---

① 《马克思恩格斯选集》第 1 卷,人民出版社 1995 年版,第 114 页。

克思主义实践观在当代条件下的逻辑延展。

在这里,尤其值得我们注意的是不要产生这样一种误解,似乎在历史上诞生和发展的马克思主义实践观只适用于理解和阐释以往的人类实践,而随着当代大实践的形成和发展,我们需要一种与过去的马克思主义实践观根本不同的马克思主义实践观的当代形态。这种看法表面看来并不一般地否认马克思主义实践观的科学性,也不一般地否认马克思主义实践观发展的必要性和可能性,但由于它看不到人类实践发展的历史连续性和不同时期人类实践本质上的一致性,看不到马克思主义实践观关于实践的本质、地位以及实践观点的哲学方法论意义的正确揭示的普适性,因而它在割裂历史上诞生和发展的马克思主义实践观与马克思主义实践观当代形态之间的内在联系的同时,既否认了马克思主义实践观的科学性,也否认了马克思主义实践观发展的必要性和可能性。事实上,既然当代大实践与历史上以往的人类实践并无本质的区别,我们就应该运用马克思主义实践观来考察当代大实践,因为马克思主义实践观正确地揭示了人类实践的普遍本质及其在全部人与世界关系中的基础地位,合理地阐发了实践观点的哲学方法论意义,它的基本理论对人类实践发展的任何阶段都具有普适性;而既然当代大实践是人类实践发展的一个全新阶段,那么,为了把握当代大实践的特殊性质,我们又应该把马克思主义实践观发展到一种新的形态。因此,可以说,马克思主义实践观的当代形态既是依据马克思主义实践观对当代大实践的哲学反思,又是在反思当代大实践的过程中对于马克思主义实践观的时代性发展。

总之,当代发展马克思主义实践观不仅是必要的也是可能的,对当代大实践的哲学反思既以马克思主义实践观当代形态的建构为理论前提,又内在地促动着马克思主义实践观当代形态的出现。如果说当年科学实践观的确立曾是马克思和恩格斯创立马克思主义哲学的契机和关键所在,那么,马克思主义实践观当代形态的建构也必将促成马克思主义哲学的重大发展。

（三）马克思主义实践观的当代形态

如上所述,马克思主义实践观的当代形态是在当代大实践形成和发展条件下的马克思主义实践观,是立足于当代大实践对马克思主义实践观的时代性发展,是依据马克思主义实践观对当代大实践特殊性质的哲学反思,是自觉运用马克思主义实践观的大视野、大观念、大思路、大方法对当代大实践及其形成和发展的复杂意蕴的哲学透视。

马克思主义实践观的当代形态,不仅内在地包容着马克思主义实践观的既有理论内容,而且还应具有以下几个方面的基本规定。

1. 马克思主义实践观的当代形态是关于当代大实践的全球意识

受当代大技术的性质所决定,当代大实践的空间特性是全球规模和全球效应。与此相适应,作为对当代大实践的哲学透视,马克思主义实践观的当代形态也就是一种关于当代大实践的全球意识,它要求我们从全球的观点来把握当代大实践及其对当代人与世界关系的深刻影响。当代大实践是当代人与世界关系的基础,当代大实践的全球性质意味着当代人与世界的关系已在全球范围内展开和实现。当代大实践的全球规模和全球效应实即人与世界关系的全球规模和全球效应,它具体表现在当代人与世界关系的各个方面。

在人与自然的关系上,当代大实践的全球规模和全球效应突出地表现为各种全球问题的形成。当代人与自然关系上的全球问题,包括人口膨胀、粮食短缺、资源枯竭、环境污染以及世界性的经济危机等等,它们构成了一个巨大的问题群落,并已在全球范围内引起了人们日益广泛和深切的关注。从哲学上看,这些全球问题具有双重的意蕴。一方面,它们表明当代人类作为一个整体在利用和改造自然方面已经达到了全球控制的程度,这是人类自产生以来就一直企盼而只有在当代才实现的目标;另一方面,它们又意味着人与自然的对立和冲突已升级到全球水平,这则是人类所始料不及,因而成为全球问题作为人与自然关系上的当代问题而引人关注的主要之点。而无论是上述哪一个方面,都根源于当代实践大技术的特殊性质,其中,前一方面是人类借助当代大技术所取得的巨大的成就,而后一方面则是当代大技术的误用所招致的恶果。因此,当代人与自然关系上的全球问题的双重意蕴实际上是由当代大技术及其应用的双面性决定的。

在人与社会的关系上,当代大实践的全球规模和全球效应则表现为历史向世界历史的转变,表现为世界历史的形成。人类历史走向世界历史的进程肇始于近代机器大工业的发展和资本主义的世界性扩张,但真正意义上的世界历史却是当代大实践的产物。正是借助于当代的各种信息技术、传感技术和通信技术,当代世界上的各个区域、民族和国度的人们才真正内在地、有机地和紧密地联成一个整体,形成了全球分工、全球协作、全球通信等全球性政治经济文化联系,从而促成了并标志着历史向世界历史的转变。但是,世界历史的形成并没有消除各个区域、民族和国度之间的政治经济文化差异,更不意味着世界大同的出现。与当代世界文明的一体化进程相伴随的,是各个地区、民族和国家的多样化的发展,其中不仅充斥着改革与守旧、现代性与传统、正义与邪恶、和平与反和平、渗透与反渗透等对立力量的较量,而且还存在着各种复杂的阶级矛盾、民族矛盾和国度矛盾,它们时常引发出一系列的地区冲突、种族冲突、国家冲突,甚至在一定范围内还导致了激烈的战争。在当代社会的全球大系统中,这些看似局域性的矛盾和冲突却有着全球性的影响,它们往往导致世界范围内的政治经济文化大波动,成为当代人类面临的严峻的社会问题。

在人与自身的关系上,当代大实践的全球规模和全球效应又表现为人性问题在全球范围内的凸现。人性即人的社会性,它包括人的类特性和人的个性这两个基本的方面。人的类特性是为所有的人所共有并为人类所独有的那些因素和方面,它在与"非人"的存在物的比较和相互作用中得到肯定和展现。人的个性则是为每一个个体所独有而与他人相区别的那些因素和方面,它在与他人和社会的比较和相互作用中得到确证和实现。人的类特性与人的个性是相互影响、相互制约的,其中,个性是类特性的基础,只有丰富的个性才能造就丰富的类特性;类特性是个性的背景和参照,它使个性得以展示和实现。相应地,人性的实现也必须是人的类特性与人的个性的和谐统一和协调发展。这两个方面中的任何一个方面出了问题,都会影响人性的合理实现。当代实践大技术的全球性应用,在有力地冲击人与自然和人与社会的关系的同时,也对人性的实现产生了深刻的影响。一方面,它促成了人的类特性的全球展示、全球实现,带来了人类主体性和人类本质力量的全球性强化;另一方面,它又以极其曲折和多样的方式导致了当代人的心态失衡和个性扭曲,造成甚至加剧了当代人的本质异化、信仰危机、道德失范以及举世关注的人权和人道等一系列问题。与当代人与自然关系上的全球问题相类似,上述后一方面也是人性问题作为一个当代问题而引人关注的主要之点。今天,这些人性问题已不是个别或局域性的现象,而是一种普遍的广泛的社会现象,已成为一类新的全球性问题。

从全球观点来看待当代大实践,我们尤其要把握住当代大实践对当代人与世界关系的影响在全球范围内的整体相关性,当代马克思主义实践观的全球观点内在地包含着整体观点。当代大实践在当代人与世界关系上引发的一系列问题,本身都具有整体性特征,其中的每一个问题都包含着大量的因素、涉及诸多方面。因此,即使仅从人与世界关系的某个单一层面上看,当代大实践所造成的各种问题之间也是内在相关的,每一个问题的形成、发展或解决都与其他问题有着错综复杂的关系。例如,人与自然关系上的各种全球性问题之间就是相互影响的:人口的增长需要增加相应的粮食,粮食的增长需要增加经济投资和耗费更多的资源,资源开发又会加重环境压力,而环境污染、生态失衡则又会影响人口和粮食的增长,如此等等。如果从当代大实践对当代人与世界关系各个方面的影响之间的关系来看,这种整体相关性就更加明显和突出。就当代大实践的正面效应而言,当代人类对自然的全球控制与当代世界历史的形成实际上是同一个问题的两个方面,因为当人类作为一个整体而在全球范围内与自然相抗衡的时候,它必然以社会内部的全球性组织和整体性协调为条件;而当代人类对自然的全球控制和当代世界历史的形成,也正是人的类特性的全球展示、全球实现以及人类主体性和人类本质力量的全球性强化的具体表现。就当代大实践的负面效应而论,情况也不例外。当代人与自然关系上的各种全球问题与当代人类社会内部的各种复杂矛盾和冲突之间有着千丝万缕的联系,它们往往互为因果、相互制约。而当代人与自身关系上出现的严重而又广泛的人性问题,则不过是当代人与自然、人与社会关系上的对立、矛盾和冲突以曲折的方式渗入人性内部的结果,是它们在人性实现问题上的折射和表现。

2. 马克思主义实践观的当代形态是关于当代大实践的未来意识

受当代大技术的特殊性质所决定,当代大实践的时间特性对未来的影响空前加重。与这一特性相适应,马克思主义实践观的当代形态又是一种关于当代大实践的未来意识,它要求我们在考察当代大实践时要着眼于它对人与世界关系未来发展的长远影响。

正如当代大实践的全球规模和全球效应具有双面意义一样,当代大实践对人与世界关系未来发展的影响也是双重的。当代大实践特别是它的大技术的广泛应用在当代人与世界关系的各个方面所引发的一系列问题如果得不到有效的控制和解决,必将在未来造成各种灾难性的后果。就当代人与自然关系上的各种全球问题而言,罗马俱乐部的研究报告表明,目前世界经济的指数增长速度将导致全球资源在 100 年内枯竭,从而造成地球生态系统的全面瓦解;而如果维持世界现有的人口增长率和消耗速度不变,那么,由于粮食短缺或者由于资源枯竭,或者是由于污染严重,世界工业生产能力又将会发生突然的和无法控制的崩溃。在当代人与社会关系上的各种复杂矛盾中,也潜伏着种种严重的危机。虽然当代世界的各种矛盾包括阶级矛盾、民族矛盾、国度矛盾、国内矛盾以及全球性的南北矛盾所引发的无数冲突和战争目前还被各种力量限制在一定范围和级别之内,但这些矛盾不仅没有得到解决,而且还与各种全球问题交织在一起不断发展。这些矛盾一旦被进一步激化,目前的各种局域性冲突和战争一旦升级,特别是足以数十次毁灭地球的核打击一旦实施,其后果将不堪设想。至于当代人与自身关系上的各种人性问题的未来意蕴,就更是不言自明。如果这些人性问题得不到合理解决,人类将失去其存在的价值,完全沦为技术理性的工具,变成没有信仰、没有责任、完全受非理性驱动的畸形怪物,成为马克斯·韦伯笔下的"没有情欲的色鬼"或卡尔·曼海姆所形容的"没有灵魂的机器",而这无疑又会使当代人与自然、人与社会关系上的冲突和矛盾发展到登峰造极的地步。

另一方面,当代大实践的发展趋势中也内存着消解人与世界关系上的矛盾和冲突,以及使人类在未来走出目前面临的种种困境的可能性。1975 年 10 月,美国化学家格伦·西博格在第 11 届诺贝尔年会上所作的《科学发展的新路标》的讲演中指出,科学技术的进步和发展,对于未来解决人口过剩、能源危机、环境污染等全球性问题将起主要作用。近 20 年来,当代大技术的"绿化"即走优化环境的发展道路所取得的一系列成果,有力地证实了西博格的预言。例如,20 世纪 80 年代以来悄然兴起的生态工业和生态农业,在解决生态环境问题方面已经显示出了巨大的优越性。虽然目前看得见的"绿化"技术还限于生态工程领域,但它无疑已为协调人与自然的关系展示了光明的前景。当代大实践的发展不仅可以通过协调人与自然的关系、克服各种全球问题来缓和当代人类社会的各种矛盾和冲突,而且也有希望在一定程度上直接化解这些矛盾和冲突。仅就原子能技术在军事上的应用而言,虽然核打击是世界和平的严重威胁,但它同时也是世界和平的重要保障,正是由于它的巨大威慑力量,当今世界上发生冲突和战争的各方表现出了极大的克制,并且一些国家已开始由过去的核军备竞赛转向了核裁军。而如果人们能够"把技术的物质奇迹和人性的精神需要平衡起来"[①],把高情感引入当代大技术的"绿

---

① [美]奈斯比特:《大趋势——改变我们生活的十个新方向》,梅艳译,中国社会科学出版社 1984 年版,第 39 页。

化"中去,那么当代大实践的发展也是可以帮助解决当代世界的人性问题的。

当代大实践特别是它的大技术对未来的双重影响,也已引起了人们的深切关注,并在不同的人那里分别形成了技术发展的悲观主义和技术发展的乐观主义两种截然相反的态度。同是基于当代大技术所蕴含的巨大潜力,悲观主义者为人类描绘了一幅阴森惨淡的未来图景,而乐观主义者却为人们展示了更加光明灿烂的明天。

当代马克思主义实践观的未来意识,既不是一种盲目的乐观主义,也不是一种消极的悲观主义。马克思主义实践观的当代形态及其未来意识是建立在深沉的历史意识的基础之上的。当代人与世界关系上的各种全球问题、社会问题和人性问题都具有长期性特征,它们之所以会延伸和影响到未来,就是因为它们在历史上经历了一个长时间跨度的形成过程,只不过当代大实践使它们空前升级和加剧罢了。例如,当代人与自然关系上的各种全球问题,就产生于近代以来的工业技术文明进程中。早在100多年前,马克思就曾看到了处于形成过程中的这类问题:"在我们这个时代,每一种事物好像都包含有自己的反面。我们看到,机器具有减少人类劳动和使劳动更有成效的神奇力量,然而却引起了饥饿和过度的疲劳。财富的新源泉,由于某种奇怪的、不可思议的魔力而变成贫困的源泉。技术的胜利,似乎是以道德的败坏为代价换来的。随着人类愈益控制自然,个人却似乎愈益成为别人的奴隶或自身的卑劣行为的奴隶。甚至科学的纯洁光辉仿佛也只能在愚昧无知的黑暗背景上闪耀。"[①]正因为这些问题是在长期的历史过程中形成的,所以解决起来也就特别地困难,正所谓积重难返。即使现在完全弃绝当代大技术或者像事实上已经发生的那样开始注意对当代大技术的"绿化",这些问题在短期内也不可能从根本上得到解决,甚至还会在一定程度上继续发展或恶化。

但是,人们也不应该从这些问题及其对未来的影响上得出悲观主义的结论,因为它们并不意味着世界末日的到来。当代人与世界关系上的

---

① 《马克思恩格斯选集》第 1 卷,人民出版社 1995 年版,第 775 页。

种种问题和困境既非上帝的作弄,亦非当代大实践的必然结果,而是人类自己制造的困境。当代人与世界关系上出现的问题中有许多是由于技术的误用所致,而技术不过是人类的发明创造物,它本身可以从善也能够作恶,关键在于人怎样用它。技术的误用,既有人类认识上的原因,也有人类社会制度方面的原因。从认识方面的原因看,由于上述人与世界关系上的各种问题具有长期性特征,它们的影响在短期内往往难以表现出来,这在客观上容易导致人们对自己行为后果的短视。就人与自然的关系而言,近代以来科学技术在人类利用和改造自然的过程中所显示出来的神奇力量,逐渐使人们产生了一种错觉,仿佛人类是大自然的绝对主宰,可以任意地宰制和奴役自然、尽情地享受自然的丰盛贡物,而丝毫不必顾忌自己的行为后果。在这种虚妄观念的驱动下,人们利用手中掌握的各种技术手段向大自然展开了残暴的征战,肆意地摧残和掠夺自然的状况愈演愈烈,以致到了无以复加的地步。而"如果说我们需要经过几千年的劳动才多少学会估计我们的生产行为的较远的自然影响,那么我们想学会预见这些行为的较远的社会影响就更加困难得多了"①。而人们对技术应用后果的短视及其对人与世界关系所造成的消极影响,又被社会制度方面的缺陷进一步强化了。关于这一点,恩格斯曾经指出:"到目前为止的一切生产方式,都仅仅以取得劳动的最近的、最直接的效益为目的。那些只是在晚些时候才显现出来的、通过逐渐的重复和积累才产生效应的较远的结果,则完全被忽视了。……在西欧现今占统治地位的资本主义生产方式中,这一点表现得最为充分。支配着生产和交换的一个个资本家所能关心的,只是他们的行为的最直接的效益。"②在当代资本主义制度下,新的科技成果更是被少数资本家所垄断,为了追求超额利润和达到种种自私的目的,他们经常置社会公德于不顾,一次又一次地利用当代大技术去干危害人类的事情。既然技术的误用主要源于人类自身观念认识上的局限和社会制度的藩篱,那么只要人类冲破这些局限和藩篱,技术

---

① 《马克思恩格斯选集》第 4 卷,人民出版社 1995 年版,第 384 页。
② 《马克思恩格斯选集》第 4 卷,人民出版社 1995 年版,第 385 页。

的误用及其所导致的后果就是可以避免的,当代大技术的发展对于协调未来人与世界关系的可能性也是可以转化为现实的。至于当代世界各种更为复杂的社会问题和人性问题,只要发生矛盾冲突的各方能够为了人类的共同利益而努力求同存异,只要当代人类能够从已经付出的昂贵代价中吸取教训、携手探索,它们在未来也总归是可以得到解决的。

3. 马克思主义实践观的当代形态是关于当代大实践的人类意识

同样受当代大技术的特殊性质所决定,当代大实践的价值特性是主体性效应与反主体性效应惊人地同步增强。由于当代大实践的全球性质及其对未来的深远影响,这里所谓的主体就既不是特定的个体,也不是特定的人群,而是整个人类。与此相适应,马克思主义实践观的当代形态又是一种关于当代大实践的人类意识,它要求我们自觉地从人类的观点来看待当代大实践及其未来发展。

所谓从人类的观点来看待当代大实践,其实质是要从人类生存和发展的高度来看待当代大实践对人与世界关系的深刻而长远的影响。当代大实践的全球规模和全球效应的双面意义、当代大实践对人与世界关系未来发展的双重影响的价值意蕴在于:一方面,作为当代人类把握世界的一种基本方式,当代大实践以其特有的大技术空前地扩大、增强和展示了人类的本质力量,为人类的生存和发展创造了过去根本无法料想的有利条件和极其广阔的前景;另一方面,作为当代人与世界关系的基础,当代大实践的大技术又对当代人与世界关系的各个方面产生了巨大的冲击,从而对人类的生存和发展造成了各种现实的和可能的严重威胁,当代人与世界关系上的困境和危机实际上是人类生存和发展的困境和危机。正是这两个方面,构成了当代大实践的主体性效应和反主体性效应的基本内涵和表现。因此,如何强化当代大实践的主体性效应,避免或消除其反主体性效应,使当代大实践合理化健康发展亦即朝着有利于人类生存和发展的方向发展,也就成为当代大实践及其发展中突现出来的最为根本性的问题。对这一问题作出马克思主义的回答,是我们在当代发展马克思主义实践观的根本理论旨趣,也是我们建构马克思主义实践观当代形态的根本任务。显然,如果说当代马克思主义实践观的全球意识和未来意识主要是对于当代大实践及其对人与世界关系的影响"是如何"和"将如何"的描述性说明的话,那么,当代马克思主义实践观的人类意识则是在这种描述性说明的基础上对于当代大实践及其未来发展"应如何"的规范性把握。

从人类的观点来看待当代大实践、规范和促进当代大实践的合理化健康发展,也就是要达到和实现人与世界关系的和谐统一。具体言之,在人与自然的关系上,要实现当代大实践的合理化健康发展,就必须重新反省和评价近现代工业技术文明所实际依据的关于人与自然关系的理论,从根本上消解当代人与自然的尖锐对立和冲突,在人的自然化与自然的人化的双向运动中谋求和实现人与自然的共生共荣、和谐发展。在人与社会的关系上,要实现当代大实践的合理化健康发展,则必须透析在当代历史向世界历史转变过程中人类社会内部出现的一系列错综复杂的关系和矛盾,有效地处置当代世界各种严峻的社会问题,促进人类社会的持续协调发展。在人与自身的关系上,要实现当代大实践的合理化健康发展,又必须认清和消除当代各种严重而又广泛的人性问题的根源,寻求理性与非理性和谐与统一的途径,促使人性的合理实现和健全发展。此外,无论是在上述哪一个层面上,要实现当代大实践的合理化健康发展,还必须正确认识当代大实践赖以形成和发展的主体性动力,合理运用当代大实践已经创设的各种主体性条件。马克思主义实践观的当代形态对于当代大实践合理化健康发展问题的这种规范性把握,将会对马克思主义哲学关于人与自然、人与社会以及人与自身关系的理论产生全面而深刻的影响,使马克思主义哲学的自然观、历史观以及关于人的理论从不同角度直接切入当代人与世界关系中的根本性要害问题,从而能够更加有效地以哲学的方式帮助当代人类处理自身与外部世界的关系。

值得指出的是,当代马克思主义实践观的人类意识并不是一种抽象的人类观念或抽象的人性论,马克思主义实践观的当代形态用以考察和规范当代大实践及其发展的人类观点并不排斥无产阶级的阶级观点。马克思、恩格斯当年在创立科学的实践观的时候,曾反复强调要将自己的理论诉诸无产阶级的革命实践、诉诸无产阶级变革旧世界的解放斗争,并认为无产阶级只有首先解放全人类才能最后真正解放自己。因此,当马克思、恩格斯把帮助和指导无产阶级的革命实践设定为自己理论的根本任务时,其所表达的实质上是对人类前途和命运的深刻关切。这也表明,无产阶级的阶级利益与全人类的利益、无产阶级的阶级观点与人类观点是完全一致的。更为重要的是,在今天,无产阶级解放全人类并最后解放自己的历史任务还远未完成,但它却以变化了的形式藏蕴于当代大实践的合理化健康发展问题之中。这是因为,要真正克服和解决当代人与世界关系上的种种对立、矛盾和冲突,要实现当代大实践的合理化健康发展,就必须从根本上消除导致这些对立、矛盾和冲突的社会根源,消灭产生或强化这些对立、矛盾和冲突的不合理的资本主义制度。因此,当代马克思主义实践观的人类观点内在地包含着无产阶级的阶级观点。将马克思主义实践观的当代形态诉诸当代人类实践、诉诸当代大实践的合理化健康发展,必将为无产阶级解放全人类并最后解放自己的伟大事业作出新的历史贡献。

二

科学的时代发展与马克思主义
科学观的当代形态

科学是人类能动地把握世界的又一基本方式,是人类实践最为重要的发动因素和制导力量,也是人类哲学思维极其重要的基础。科学的发展,一方面反映并推动着实践的进步,另一方面又要求和必然促进哲学的发展。恩格斯早就指出,随着自然科学领域中的每一个划时代的发现,唯物主义也必然要改变自己的形态。马克思和恩格斯正是立足于当时科学发展的最高成就,并从中提升出具有时代意义的哲学问题,实现了哲学形态的变革和发展,创立了自己的新唯物主义哲学体系。100 多年来,随着人类实践在广度和深度、内容和形式上的发展,人类科学以几何级数加速度地发展起来,形成了具有鲜明时代特色的当代大科学体系。今天,关注人类科学的时代性发展,提升和概括当代大科学的哲学意蕴,建构马克思主义科学观的当代形态,也是推进和发展马克思主义哲学的重要前提和当然内容。

(一) 科学的现代发展和当代特点

现代科学是人类科学史上的一个伟大丰碑,它创造了人类能动地认识世界的一个又一个奇迹。这些奇迹既是以往人类科学发展的累积性成就,也是现代人类实践发展的必然结果。科学与实践历来是相互作用、相互促进的。一方面,科学通过物化为技术、转化为劳动者的智力和应用于人与世界关系的协调等途径有力地推动着人类实践的发展;另一方面,人类实践的发展又不断地产生出新的技术需求,不断地向科学提出新的研究课题,并把更加优越的物质条件和更加强大的物质技术手段贡献给科学,这一拉一推又有力地推动着科学的进步。在现代,科学与实践的这种相互作用在促成人类实践由经验型向科学型、知识型和信息型转化的同时,也促成了人类科学由经验科学向理论科学的转化。也正是在这种相互作用下,当代人类不仅进入了一个以大技术、大规模、大效应为标志的大实践的历史时期,而且也创造了具有鲜明时代特色的大科学体系。

1. 科学的现代发展

科学是人类对世界的一种观念把握方式,是人类能动地认识自然、社会以及人自身的成果和结晶,它是知识形态的东西。但是,并非任何形态、任何性质的知识都属于科学的范畴。在人类的知识体系中,不仅存在着非科学的知识形态,而且也还有许多与科学的本性相悖谬的东西。人类科学的发展,既是一个与人类观念地把握世界的其他方式和非科学的知识形态相揖别的过程,也是一个不断地涤除其中的谬误、不断地提升自己把握世界的真度、广度和深度的过程。

现代科学是由人类历史上的科学发展而来的。自从人类开始以科学的方式把握世界以来,人类科学至今已经经历了三个不同的发展阶段。

在古代,人类的科学还处于极其原始、极不发达的状态和水平。在对自然的认识上,古代的科学主要表现为人们在日常生产和生活中积累起来的实用经验知识,它附着于劳动者的生产劳动技能之上,只是在数学、天文学、力学等少数领域中才达到了总结经验定律、反映自然规律的水平。如果说古代也曾有过某种自然科学理论的话,那就是充满思辨和臆测的自然哲学,它尚未从古代包罗万象的哲学中分化出来。至于古代人类关于人文社会现象的认识,则更是远未达到科学的水平。一方面,古代人类关于人文社会现象的认识主要采取了神话和史鉴的形式,其中不仅充满了虚构、夸张和臆测的成分,具有随意性、自发性、直观性和笼统性等特点,而且还往往带有强烈的宿命论色彩;另一方面,虽然古代的一些社会历史哲学理论中也曾包含着某些具有进步意义的社会政治观点和伦理道德思想,但由于当时生产规模的狭小和社会生活的相对停滞状态,特别是由于剥削阶级的偏见和被剥削阶级的历史局限性,也还根本不可能形成关于人文社会现象的科学理论。因此,古代人类对世界的科学把握方式尚未从常识的、哲学的、神话的把握方式中分化独立出来,那时严格意义上的科学还未产生和出现,有的只是萌芽状态的科学。

从 16 世纪开始,随着资本主义的产生并为了适应资本主义发展的需要,人类的科学开始了从人类观念地把握世界的其他方式中分化独立出来的进程,并取得了长足的进步。一方面,"资产阶级为了发展工业生产,需要科学来查明自然物体的物理特性,弄清自然力的作用方式"①。为了适应这种需要,自然科学在经过中世纪的漫长黑夜之后终于在血与火的搏斗中挣脱了宗教神学的枷锁,在近代开始走上了独立发展的道路。另一方面,资产阶级反封建的革命斗争也需要以一定的人文社会理论作为自己的精神武器,资本主义的发展需要以某种关于社会历史现象的认识和解释作为一般的理论前提和导引,而作为资产阶级的对立面和必然伴生物的无产阶级也需要从对社会历史发展的理解中来认清自己受苦受难的原因、表达自己的阶级愿望,这些又促动了近代人类对人文社会现象的认识和探索,使其摆脱了古代那种面向过去的神话和史鉴形式,开始了对人类社会的历史、现实和未来等各个方面的理论思考。正是由于这两个方面的原因,人类的科学在近代得到了迅速的发展。恩格斯在谈到当时自然科学方面的情形时曾说:"科学的发展从此便大踏步地前进,而且很有力量,其发展势头可以说同从其出发点起的距离(时间距离)的平方

---

① 《马克思恩格斯选集》第 3 卷,人民出版社 1995 年版,第 706 页。

成正比。"①不过，直到 19 世纪初，近代科学从总体上来说还处于经验科学阶段。这一时期的自然科学，其主要特征是运用实验手段和经验归纳方法来分门别类地考察各种自然现象，收集经验材料，发现经验定律。哥白尼的日心说、开普勒的行星运动定律、伽利略的惯性定律、牛顿的万有引力定律、哈维的血液循环理论等等，都是这一时期经验自然科学的伟大成果。就当时人们对人文社会现象的认识而言，其主要特征则是以人类的理性为基本尺度，多方位地展开了对历史、现实和未来的理性批判、理性建构、理性探讨和理性阐释。法国启蒙学者、复辟时代的历史学家和黑格尔等人的历史学说、英国的古典政治经济学理论以及英、法的空想社会主义理论，就是这一时期人们思考和探索人文社会现象的有代表性的理论。值得指出的是，上述资产阶级思想家对于人文社会现象的思考和探索虽然是在"理性"的名义下进行的，但囿于他们狭隘的阶级视野和当时历史条件的局限，也由于人文社会现象的特殊复杂性，他们的这些思考和探索并未得出科学的人文社会理论，只是为科学的人文社会理论的产生积累了大量的资料。因此，在近代中期以前，虽然人类的科学认识从整体上看已获得了长足的进步和发展，但其中人们对人文社会现象的认识远远滞后于对自然现象的认识，甚至根本还未取得科学的形态。换句话说，在这一时期，虽然自然科学已从自然哲学中分化出来，走上了独立发展的道路，但人文社会科学在很大程度上仍然包容于社会历史哲学之中。

19 世纪以后，特别是 20 世纪以来，人类的科学进入了全面发展和空前繁荣的时期。所谓全面发展，就是说这一时期不仅自然科学发生了革命性的变化，而且人文社会科学的面貌也得到根本性的改观。而所谓空前繁荣，则是指这一时期的人类科学从整体上已经发展到了理论科学的阶段，并在此基础上出现了突飞猛进的势头，取得了前所未有的惊人成就。

近代经验自然科学的充分发展，到 19 世纪已经积累了大量的实证材料，在各个领域中都出现了较大的理论综合，并形成了一些贯通若干领域

---

① 《马克思恩格斯选集》第 4 卷，人民出版社 1995 年版，第 263 页。

的科学原理,如能量守恒和转化定律、电磁感应定律、细胞学说以及生物进化论等等,它们标志着19世纪的自然科学已从搜集材料的阶段进到了整理材料的阶段,由经验科学发展到了理论科学。恩格斯在总结19世纪自然科学发展的特点时指出:"经验的自然研究已经积累了庞大数量的实证的知识材料,因而在每一研究领域中系统地和依据其内在联系来整理这些材料,简直成为不可推卸的工作。同样,在各个知识领域之间确立正确的关系,这也是不可推卸的。于是,自然科学便走上理论领域。"①不过,19世纪的理论自然科学仍然停留于对宏观物体低速运动规律的认识上,其对物种进化的研究也只停留在表型的范围内,就这一点而论,它与此前的经验自然科学并无区别,二者都属于近代经典自然科学的范畴。

19世纪理论自然科学的进一步发展,终于引发了世纪之交的现代自然科学革命,它使人类对自然界的认识由宏观领域扩展到了微观和宇观领域,从而实现了由经典自然科学向非经典自然科学的转化。现代自然科学的这一革命性变化是从物理学中开始的。19世纪末20世纪初,各种放射性现象、电子以及化学元素转化事实的发现,有力地冲击了经典物理学理论,推翻了原子是物质的最后微粒、不可再分的传统观念,打开了认识原子的大门。接着,爱因斯坦相继提出了狭义相对论和广义相对论,冲破了经典物理学的时空观;普朗克提出了量子假说,批判了能量连续的传统理论。20世纪20年代,一批青年物理学家如德布罗意、海森堡、薛定谔等人提出了"物质波"概念,发现了电子的"波粒二象性",建立了量子力学的理论体系。随后,非经典物理学的这些理论成就迅速地向各个学科、各个领域扩展和发散,取得了一系列的重大成就,特别是使现代生物学对生命现象的研究深入到了分子水平,并由此破译了生物遗传密码。与此同时,现代物理学对物质结构层次的认识不断深化,继卢瑟福等人发现原子核之后,人们又相继地发现了质子、中子,并进而深入基本粒子内部,探讨基本粒子的结构,提出了许多基本粒子的理论模

---

① 《马克思恩格斯选集》第4卷,人民出版社1995年版,第284页。

型。在另一个相反的方向上,现代天文学也不断地向宇宙深处挺进,在宇观世界中发现了许多新奇的天体和物质的新奇特性,如宇观世界的等离子态、中子星、黑洞以及超新星爆发、活动星系核等剧烈现象。所有这些,都标志着 20 世纪以来的理论自然科学已达到了一个全新的水平。

在自然科学由经验科学发展到理论科学、由经典科学进到非经典科学的同时,人文社会科学也很快起步、迅速发展。首先是 19 世纪,在人类对人文社会现象的认识上发生了两件具有革命意义的重大事件。其一是马克思主义的产生,它使人类对人文社会现象的认识真正变成了一门科学。19 世纪近代社会化大生产的充分发展和无产阶级作为独立的政治力量登上历史舞台,在客观上已使人类有可能对社会历史和各种人文社会现象的本质和发展规律作出正确的解释,于是产生了马克思主义。唯物史观和剩余价值理论的创立,标志着人文社会科学发展中的根本变革,从此,人们能够对经济、政治、法律、艺术、道德、宗教等各种人文社会现象进行科学的分析。这一点,正如普列汉诺夫所说:"马克思在社会科学中所进行的革命,可以和哥白尼在天文学中所完成的革命比美。"①其二是普遍开展了对人文社会现象的实证研究,它使得人文社会科学终于从社会历史哲学中分化独立出来。18 世纪末 19 世纪初,资产阶级革命已基本完成,社会发展处于相对稳定时期。为了适应当时社会巩固、改革、完善和发展的需要,人们将近代经验自然科学的一些实证方法移植和运用于对人文社会现象的认识,对各种社会现实问题开展了大规模的调查研究,并建立了一系列的社会情报机构和统计学会。在这种情况下,各门人文社会科学学科迅速分化发展,形成了包括经济学、政治学、法学、历史学、地理学、人类学、民族学、语言学、实验心理学和社会学等在内的门类众多的人文社会科学体系。因此,19 世纪的人文社会科学已经取得了作为相对独立的学科的地位,进入了与 16 至 18 世纪的自然科学的发展水

---

① [俄]普列汉诺夫:《无政府主义和社会主义》,王荫庭译,生活·读书·新知三联书店 1980 年版,第 22 页。

平大体相当的"经验科学"阶段。

如果说人文社会科学的独立和发展在近代曾大大落后于自然科学，那么，进入 20 世纪以后，它不仅迅速地实现了自身的理论化、系统化，进入了理论科学阶段，而且很快取得了与自然科学相当的重要地位。特别是第二次世界大战以来，人文社会科学迅速地走到了当代科学的前沿，在相当一些领域中取得了带头学科的地位，"成了公众最注意和最寄予希望的科学"①。现代人文社会科学的这种迅猛发展，既是现代人类实践需要推动的结果，也与它自身研究方法上的转向密切相关。一方面，现代人文社会科学越来越注重把对研究对象的定性分析发展到定量分析。据统计，在 1900 年至 1965 年期间人文社会科学方面的 62 项重大贡献中，定量的问题或发现占总数的三分之二，占 1930 年以来重大成就的六分之五。另一方面，现代人文社会科学研究已由以往主要移植和借鉴自然科学的研究方法转向了建构和运用适合自己的特殊研究对象的人文社会科学方法，并实施了大规模的社会实验和社会工程。这两个方面的转向，不仅使现代人文社会科学内部发生了进一步的分化，并在分化的基础上形成了一系列贯通人文社会科学各学科的理论和方法原理，形成了门类更加齐全和更具内在统一性的人文社会科学学科体系，而且也使人文社会科学能更加准确、深入地发现和把握研究对象的本质和规律，从而能够在现代社会生活中发挥着巨大的作用。例如，弗洛伊德等人的"心理分析和精神心理学"、乔姆斯基等人的"结构语言学"、凯恩斯的经济学理论、冯·诺伊曼等人的"对策论"、沃尔德的"统计决策理论"、布莱克特等人的"运筹学与系统分析"以及萨缪尔逊等人的"计量经济学"等等，都曾对政府的决策、社会的改良和发展起过非常积极的作用，并在当代的社会生活中仍有广泛和深刻的影响。所有这些都说明，现代人文社会科学的发展已经结束了过去自然科学一花独放的局面，它正在变成像自然科学一样的"硬"科学。

---

① ［英］丹尼尔·贝尔:《第二次世界大战以来的社会科学》，范岱年等译，中国社会科学院情报研究所 1982 年版，第 23—24 页。

2. 科学的当代特点

20 世纪自然科学和人文社会科学的高速、深入发展,终于在 40、50 年代彻底地改变了科学的传统形象,形成了世所瞩目的当代大科学体系。对此,美国耶鲁大学科学史教授普赖斯在 1962 年曾说:"由于当今的科学大大超过了以往的水平,我们显然已经进入了一个新的时代,那是清除了一切陈腐却保留着基本传统的时代。不仅现代科学硬件如此光辉不朽,堪与埃及金字塔和欧洲中世纪大教堂相媲美,且用于科学事业的人力物力的国家支出也骤然使科学成为国民经济的主要环节。现代科学的大规模性、面貌一新且强而有力使人们以'大科学'一词来美誉之。"①当代"大科学"是相对于"小科学"而言的。通常认为,所谓小科学,从狭义上说,是指 17 世纪英国皇家学会时期的科学;从广义上讲,则是指 20 世纪以前尤其是 19 世纪 70 年代以前科学史上"个人自由研究"时代的科学。这种意义上的"小科学"的特点是:科学家自己拥有科研经费,自己可以制造仪器设备;科研选题全凭科学家个人的兴趣爱好,研究的目的不是把科学知识应用到生产上,而且认识自然的奥秘;科学研究主要采取了科学家个体活动的方式。其实,当代大科学不仅区别于 20 世纪以前的近代科学,而且从整体上看与 20 世纪初期的科学也有明显的不同。可以说,当代大科学既是人类科学发展的历史性成就,也是当代大实践制导下的时代产物,它具有多方面的显著特点。

首先,当代大科学研究的活动规模巨大、社会化程度空前提高。

人类科学的发展早已结束了那种凭个人的兴趣爱好而进行"自由研究"的个体活动方式。在当代,科学已经成为一种庞大的社会建制,甚至转变成了工业化社会的最重要的经济部门之一。当代大实践向科学研究提出的许多重要课题,如生态环境系统的保护、高新技术的开发、太空实

---

① [美]D. 普赖斯:《小科学、大科学》,宋剑耕、戴振飞译,世界科学出版社 1982 年版,第 2 页。

验和探索等等,都是一些巨型课题,要解决它们需要多学科、跨领域、"多兵种"和"大兵团"的联合攻关,尤其是需要自然科学与人文社会科学的通力协作,需要庞大的科技队伍和严密的组织管理。所以,日本科学家汤浅光朝说:"所谓大科学,就是具有新质的庞大研究机构,以新的管理进行研究的科学。"①当代大科学的组织规模上的这种变化在 20 世纪 30 年代已初见端倪,美国田纳西河流域综合开发计划的实施、德国 V-2 导弹计划的执行等都表明了这一点。40 年代,美国以制造原子弹为目标的"曼哈顿计划"已初步展示了大科学的风采,它动用了 15000 名科学家和工程技术人员,涉及数百个单位,历时近 5 年。但若与 60 年代美国的"阿波罗登月计划"相比较,"曼哈顿计划"又还算不了什么。"阿波罗登月计划"的参加人员多达 42 万人,共动员了 120 多所大学和实验室以及 2 万多个社会部门,前后历时近 10 年。从 80 年代开始实施的美国的"星球大战计划"、日本的"第五代计算机计划"、欧洲经济共同体的"尤里卡计划"以及苏联东欧的"科技进步综合纲要"等四大科技计划,更是充分地显示了当代大科学组织规模的庞大。

当代大科学的活动规模意味着科学活动已成为一种重要的社会职业。在当代社会中,从事科学活动人员的数量及其在全部就业人口中的比例空前增长。仅就人们从自然科学发展的角度所作的统计来看,1800年全世界只有 1000 名科学家,1850 年增加到 1 万名,1900 年达到 10 万名,1950 年上升到 100 万名,1970 年已突破 320 万名,90 年代初则已逾800 万名。在美国,1930 年至 1968 年间的总就业人数只增加了 60%,而其中自然科学研究人员却增长了 900%,技术人员也增长了 450%。如果把当代人文社会科学的飞速发展和规模庞大的研究队伍也考虑进去,那么当代社会中科学活动的从业人数及其增长速度就更加惊人。

当代大科学的活动规模还意味着科学研究已进入了国家规划和国际合作阶段。当代大科学研究课题的巨型化,使得科学研究的费用急剧增

---

① ［日］汤浅光朝:《解说科学文化史年表》,张利华译,科学普及出版社 1984 年版,第141 页。

长。例如,上述美国20世纪40年代的"曼哈顿计划"曾耗资十几亿美元,而60年代的"阿波罗登月计划"耗资则高达300亿美元。如此巨额的科研费用,只有依靠国家和政府的力量才有可能筹措和支撑。不仅如此,当代大科学研究往往具有极高的技术难度并须运用各种尖端、复杂的仪器设备和技术手段,其所需要的人力、物力和财力有时甚至超过了单个国家所具有的负担能力,因而必须建立跨国科研组织,开展国际性的科研合作。另外,有些重大的科研课题涉及多国甚至全球各国的共同利益,需要各国联合研究。例如,50年代就有66个国家的科学家联合进行了"国际地球物理年"的考察活动,60年代和70年代又组织了"国际太阳宁静年"和"太阳峰年"的国际合作考察,80年代则有100多个国家和地区参加了"全球大气研究计划第一次全球实验"的研究活动。

总之,当代大科学的巨大活动规模已使它成为高度社会化的事业。当代大科学的研究,再也不能像皇家学会时代那样用甜甜蜜蜜的语言鼓动几个科学精英去个人奋斗,再也不能指靠几个牛顿式的科学天才来解决所有的科学难题,它需要组织数百万的科学大军,使用价值数以百亿计的实验技术装备,调动庞大的图书情报系统,调节和管理巨额的资金和复杂的劳动结构系统。所有这些,都是过去任何一个时代所不能比拟的。

其次,当代大科学体系出现了深度分化和高度综合的整体化特征。

现代人文社会科学的突飞猛进并迅速走到当代大科学的前沿,促进了也标志着当代大科学体系的深度分化和高度综合。由于这种深度分化和高度综合,不仅形成了自然科学、人文科学和社会科学这三大主导学科群和每一主导学科群中的基础学科、技术学科及应用学科等三大层次,而且还形成了联接这三者内部诸学科和横贯这三者之间的一系列新兴学科,从而形成了多方面多层次的庞大有序并具有整体化特征的当代大科学体系。目前,具有如此特征的当代大科学体系已成为由5000门左右纵横交错的学科构成的复杂网络。

应该说,分化和综合在人类科学发展的任何一个历史阶段上都是存在着的。所谓分化,也就是科学研究向着更加专门化、精细化、微观化的方向发展;所谓综合,则是指各种具体科学研究之间在对象、规范和方法等方面的相互交叉、渗透、借鉴和移植。从历史上看,分化和综合的相互转化是人类科学发展的一种基本形式。但是,当代大科学发展中分化与综合的关系与以往相比较发生了根本的变化。当代科学的分化,已不再是像历史上曾经发生过的那样门类越分越细,新分化出来的研究对象也不再是原来某一母学科研究对象的一部分,而是在原有学科之间的空白地带、横截面或交叉点上产生了一系列新兴学科。这一分化的结果,使人们在更深的层次上发现了事物、现象之间更深刻的联系,提出了从更高的程度和水平上综合把握客观对象的必要性和可能性,因而它不仅没有导致各门学科之间的进一步分离,反而在以往彼此隔离的学科之间架起了桥梁,成为当代科学综合的最重要条件和不可分割的方面。因此,当代大科学的分化与综合是相关发生、相辅相成的,分化的深度与综合的高度在程度上和水平上是互为条件、内在相关的。正是在深度分化和高度综合的一体化运动中,当代大科学体系展示了自己的整体化特征。作为当代大科学深度分化和高度综合一体化运动结果的各种交叉学科、边缘学科、横断学科和综合学科,不仅产生于自然科学、人文科学和社会科学这三大主导学科群内部,而且也出现于这三大主导学科群之间,它们以各种方式把人类在不同领域中的科学知识更加紧密地联系起来,把对人、对社会和对自然的认识更加内在地沟通起来,把人文科学、社会科学和自然科学更加有机地连为一体。当代系统科学,包括信息论、系统论、控制论、耗散结构理论、协同学、突变论等,作为一种具有明显的跨域性、横断性和方法性的学科,更是集中地体现着当代大科学体系的整体化特征。

再次,当代大科学的发展表现出科学、技术、生产的一体化趋向。

当代大科学不仅在规模和体系方面出现了许多时代性特点,而且其社会作用也空前提高。当代大科学体系的深度分化和高度综合所表现出来的巨大生机和活力,其根源深植于当代大实践的时代需要;而当代社会之所以舍得把大量的人力、物力和财力投入科学活动,乃是因为科学研究具有巨大的社会效益和经济效益,社会能从科学活动中得到慷慨的回报。在当代,科学、技术、生产这三者之间的关系已发生了质的变化,在"科学—技术—生产"这一过程中科学已成为一个主导环节,科学、技术、生产已越来越趋于一体化。

在人类历史上的一个相当长的时期内,科学的发展与技术的进步、科学革命与技术革命在很大程度上是相互分离的。进入 20 世纪以后,这种情况逐渐发生了变化。20 世纪中叶以来,科学与技术的相互联系、相互作用更是明显加强。作为当代大科学重要标志的几个大工程或计划,几乎都以解决某种技术问题为目标,这是颇为耐人寻味的。它意味着当代科学研究与技术开发已直接地融为一体,意味着当代科学技术化与技术科学化已进到了一个新的水平。人们把始于 20 世纪 40、50 年代的"第三次技术革命"即当代"新技术革命"称之为"科学技术革命",就是当代科学与技术一体化趋势的反映。

当代科学与技术关系上的变化又促进了并标志着科学与生产之间关系的变化。苏联著名哲学家凯德洛夫曾用拖驳船的比喻说明过科学与生产的关系。在很长一段历史时期中,生产犹如旧式拖轮在前面带动科学发展。当代的科学技术革命,则使科学走到了生产的前面并促动着生产的发展,就好像新式推轮在后面有力地推动驳船前进一样。在当代,科学与技术的结合使得科学成果转化为产品(商品)的周期越来越短。统计资料表明,20 世纪以前从科学的发明到投产往往需要几十年甚至上百年的时间,在当代这一周期已大大缩短,它一般不会超过 5 年,甚至更短。例如,原子能利用从发现原子核裂变到第一个原子反应堆只用了 3 年,激光从实验室发明到工业应用仅用了 1 年,而近些年来在微型计算机领域仅隔几个月就有新一代产品问世。

当代科学、技术、生产的一体化,使得科学已成为社会生产力发展的关键因素。在当代,生产力的提高主要依赖新技术的应用,而新技术的出现又依赖科学上的重大突破。这种循环是以科学为起点的。当代以信息技术、新能源技术、新材料技术、生物技术、空间技术、海洋技术等为主要内容的新技术革命,就是以科学的突破性进展为先导的,它正在将社会生产力推进到一个崭新的水平。

（二）马克思主义科学观及其当代发展

马克思主义哲学历来关注人类科学的发展，注重提升和概括科学研究新成果的哲学意蕴。作为人类能动地把握世界的一种基本方式，科学既是马克思主义哲学研究对象的一个重要方面，又是马克思主义哲学及其发展的重要基础。如果没有对科学的正确理解和对当时科学发展最高成就的哲学把握，没有对科学观的合理建构，马克思、恩格斯当年要实现哲学上的革命变革也是不可能的。今天，根据当代大科学的实际发展来充实和完善马克思主义哲学对科学的理解，建构马克思主义科学观的当代形态，必将促进马克思主义哲学从内容到形式的整体更新，促成马克思主义哲学的当代发展。

1. 马克思主义科学观的创立和历史发展

马克思主义科学观是马克思、恩格斯全部理论创造的一个有机组成部分，是他们所创立的马克思主义哲学的重要内容之一。马克思、恩格斯在其毕生的理论生涯中，不仅曾以极大的热情、投入巨大的精力来研究各种人文社会科学和自然科学的理论问题，而且在一系列著作中从哲学的高度对科学这一人类能动地把握世界的基本方式进行了深入的探讨。其中，马克思所撰写的《1844 年经济学—哲学手稿》、《政治经济学批判大纲（草稿）》、《机器、自然力和科学的应用》、《资本论》、《剩余价值史》以及恩格斯所撰写的《英国状况：十八世纪》、《政治经济学批判大纲》、《反杜林论》、《自然辩证法》等著作，集中地反映了他们的科学观念。综观这些著作中的有关论述，我们可以把马克思、恩格斯关于科学的基本观点概括为以下几个方面。

第一，科学是一种社会活动，是社会总劳动的特殊部分。马克思、恩格斯认为,科学本质上是人的一种社会性的活动,这不仅是因为科学活动的主体总是社会性的人,而且还因为科学从一开始就是由社会实践特别是由生产决定的。社会生产的需要是推动科学发展的根本动力,古代是这样,近代同样如此。"如果说,在中世纪的黑夜之后,科学以意想不到的力量一下子重新兴起,并且以神奇的速度生长起来,那么,我们要再次把这个奇迹归功于生产。"①"社会一旦有技术上的需要,这种需要就会比十所大学更能把科学推向前进。"②同时,社会生产还为科学研究提供了必要的技术手段、物质条件和大量的经验材料。在马克思、恩格斯看来,科学研究虽然是由作为个体的科学家来进行的,但它本质上仍是社会协作的过程,是社会总劳动的一部分。正如马克思所指出:"一般劳动是一切科学工作,一切发现,一切发明。这种劳动部分地以今人的协作为条件,部分地又以对前人劳动的利用为条件。"③当然,科学研究中的协作在不同的时代有其不同的性质和规模,科学活动的社会化程度是随着科学的发展而不断提高的。

第二,科学是推动历史前进的有力杠杆。马克思、恩格斯不仅揭示了科学的社会本质,而且还通过把科学置于社会发展的历史过程中加以全面的考察,揭示了科学的多方面的巨大社会功能。恩格斯曾说:"在马克思看来,科学是一种在历史上起推动作用的、革命的力量。"④"没有一个人能像马克思那样,对任何领域的每个科学成就,不管它是否已实际应用,都感到真正的喜悦。但是,他把科学首先看成是历史的有力的杠杆,看成是最高意义上的革命力量。而且他正是把科学当做这种力量来加以利用,在他看来,他所掌握的渊博的知识,特别是有关历史的一切领域的知识,用处就在这里。"⑤

科学是推动历史前进的有力杠杆,最为突出地表现为科学是一种社

---

① 《马克思恩格斯选集》第4卷,人民出版社1995年版,第280页。
② 《马克思恩格斯选集》第4卷,人民出版社1995年版,第732页。
③ 《马克思恩格斯全集》第25卷,人民出版社1974年版,第120页。
④ 《马克思恩格斯全集》第19卷,人民出版社1963年版,第375页。
⑤ 《马克思恩格斯全集》第19卷,人民出版社1963年版,第372—373页。

会生产力。科学的发展有力地推动着社会生产的发展。马克思、恩格斯认为,当科学是以知识的形态存在的时候,它还是"一般社会生产力"。但是,科学这种知识形态的"一般社会生产力"能够转化为"直接的生产力"。在马克思看来,在生产力的结构中包括以下几个要素:(1)劳动力,主要是工人的平均熟练程度;(2)劳动工具,它的效能;(3)劳动对象,它的规模和使用率;(4)自然资源,它的丰富程度;(5)管理,生产过程的社会结合,它的组织;(6)科学,它的发展水平和它在技术上的应用程度。其中,科学是一个关键因素,因为它能够渗透到生产力的其他要素中,改变它们的质与量。而科学由一般社会生产力向直接生产力的转化,就是通过向生产力的其他要素的渗透来实现的。

马克思、恩格斯指出,科学成为生产力发展的关键因素,是在近代开始明显地表现出来的。这是因为,在近代,"自然科学本身⎰自然科学是一切知识的基础⎰的发展,也象与生产过程有关的一切知识的发展一样,它本身仍然是在资本主义生产的基础上进行的,这种资本主义生产第一次在相当大的程度上为自然科学创造了进行研究、观察、实验的物质手段。由于自然科学被资本用作致富手段,从而科学本身也成为那些发展科学的人的致富手段,所以,搞科学的人为了探索科学的实际应用而互相竞争。另一方面,发明成了一种特殊的职业。因此,随着资本主义生产的扩展,科学因素第一次被有意识地和广泛地加以发展、应用并体现在生活中,其规模是以往的时代根本想象不到的"①。也正因如此,所以资产阶级在争得自己的阶级统治地位还不到 100 年的时间里,它所创造的生产力比过去世世代代所创造的生产力的总和还要多、还要大。

科学是推动历史进步的有力杠杆,还表现在科学的发展在促动社会经济发展的同时,必然改变人们的社会关系、社会结构,从而推动着社会的变革。在马克思、恩格斯看来,科学向直接生产力的转化必然对全部社会生活产生重大的影响。"固定资本的发展表明,一般社会知识,已经在多么大的程度上变成了直接的生产力,从而社会生活过程的条件本身在

---

① 《马克思恩格斯全集》第 47 卷,人民出版社 1979 年版,第 572 页

多么大的程度上受到一般智力的控制并按照这种智力得到改造。"①马克思在考察工艺史后指出，火药、指南针、印刷术是预告资产阶级社会到来的三大科学技术发明，其中，火药把骑士阶层炸得粉碎，指南针打开了世界市场并建立了殖民地，而印刷术则变成了为精神发展创造必要前提的最强大的杠杆。恩格斯认为，科学是一种彻底革命的精神力量，它为了自己的生存和发展必然要不断地向各种旧思想、旧传统、旧权威挑战；而在科学的猛攻下，一个又一个部队放下了武器，一个又一个城堡投降了，直到最后，自然界全部无限的领域都被科学所征服，而且不再给造物主留下一点立足之地。因此，科学革命实际上是整个社会革命的一部分，它必然推动社会的经济、政治和思想文化领域的变革，不仅改变社会的物质生产方式和物质生活方式，而且改变整个社会的精神生活和精神面貌。

马克思、恩格斯认为，科学作为一种社会活动总是在一定社会关系中进行的，科学对历史进步的推动作用是通过科学的应用来实现的，而科学应用的目的、性质和后果要受到社会关系特别是生产关系的制约。在资本主义社会里，科学"被资本用作致富手段"，科学的应用处处打上了资本的"印记"，资本为了生产过程的需要而"利用学科、占有科学"。因此，在资本主义条件下，科学与劳动处于分离状态，科学成为凌驾于劳动之上的一种"异己的、敌对的和统治的力量"。正如马克思所说："只有资本主义生产才第一次把物质生产过程变成科学在生产中的应用，——变成运用于实践的科学，——但是，这只是通过使工人从属于资本，只是通过压制工人本身的智力和专业的发展来实现的。"②可见，在资本主义社会中，科学对社会历史进步的推动作用还受到很大的限制。

第三，科学也是人类哲学思维发展的现实基础和推动力量。恩格斯指出："从笛卡尔到黑格尔和从霍布斯到费尔巴哈这一长时期内，推动哲学家前进的，决不像他们所想象的那样，只是纯粹思想的力量。恰恰相反，真正推动他们前进的，主要是自然科学和工业的强大而日益迅猛的进

---

① 《马克思恩格斯全集》第46卷（下），人民出版社1980年版，第219—220页。
② 《马克思恩格斯全集》第47卷，人民出版社1979年版，第576页。

步。在唯物主义者那里,这已经是一目了然的了,而唯心主义体系也越来越加进了唯物主义的内容"①。恩格斯尤其强调科学与唯物主义哲学之间的内在本质联系,认为正是自然科学的发展才使得按照自然界的本来面目来了解自然界而不附加任何外来成分的唯物主义成为可能,而科学的发展又不断地证实了唯物主义哲学的正确性。他还指出,随着自然科学领域中每一个划时代的发现,唯物主义也必然要改变自己的形式。如果说 18 世纪的机械唯物主义是当时"科学和哲学结合的结果"的话,那么 19 世纪的科学特别是自然科学的三大发现则必然导致马克思主义的辩证唯物主义。"由于这三大发现和自然科学的其他巨大进步,我们现在不仅能够说明自然界中各个领域内的过程之间的联系,而且总的说来也能说明各个领域之间的联系了,这样,我们就能够依靠经验自然科学本身所提供的事实,以近乎系统的形式描绘出一幅自然界联系的清晰图画。"②而"现代唯物主义"即马克思主义哲学就是对自然科学最新成就的概括和对自然界这种辩证联系的反映。

马克思、恩格斯之后,列宁在新的历史条件下丰富和发展了马克思主义科学观。在《唯物主义与经验批判主义》一书中,列宁深入地分析和揭示了 19 世纪末 20 世纪初自然科学革命中"物理学危机"的实质及其哲学意义,认为所谓的"物理学危机"并不说明物理学本身不再是科学,而是说明一部分物理学家面对物理学的新发现及其对经典物理学理论的冲击,由于不懂得辩证法、不懂得相对真理与绝对真理的辩证关系而在理论思维方面发生了危机,即他们对物理学理论的客观性产生了怀疑和动摇,甚至从相对主义走向了唯心主义。列宁指出,唯心主义在物理学家中的抬头,是自然科学发展中的暂时现象,是科学史上暂时的疾病期,它多半是由于一向确定的旧观念骤然崩溃而引起的发育上的暂时的疾病。随着自然科学的发展,这种发育上的疾病必将被物理学的基本精神所消除。"物理学的唯物主义基本精神,正如整个现代自然科学的唯物主义基本

---

① 《马克思恩格斯选集》第 4 卷,人民出版社 1995 年版,第 226 页。
② 《马克思恩格斯选集》第 4 卷,人民出版社 1995 年版,第 246 页。

精神一样,将克服所有一切危机,但是必须以辩证唯物主义去代替形而上学唯物主义。"①同时,列宁认为,要继承马克思的事业,"就应当辩证地研究人类思想、科学和技术的历史"②。为此,他还留下了关于哲学家与科学家结成联盟的理论遗训。此外,在领导创建世界上第一个社会主义国家的过程中,列宁还极为重视科学技术在生产发展和社会进步中的地位和作用,提出了"共产主义就是苏维埃政权加全国电气化"③的著名论断。所有这些,都是列宁对马克思主义科学观的具体运用和发展。

毛泽东也为马克思主义科学观作出了新的理论贡献。与马克思、恩格斯和列宁一样,毛泽东也极为关注自然科学的最新进展,并作出了许多深刻的哲学概括。他从唯物辩证法的基本观点出发,提出了物质无限可分性的理论,认为人们对物质世界的认识是无穷无尽的,并由此批判了现代物理学研究中的形而上学观点。他还把唯物辩证法用于分析科学研究领域区分的根据,认为人类科学可分为自然科学和社会科学这两大门类,而"科学研究的区分,就是根据科学对象所具有的特殊的矛盾性。因此,对于某一现象的领域所特有的某一种矛盾的研究,就构成某一门科学的对象"④。毛泽东在领导中国社会主义建设的过程中,同样也十分强调科学技术对于经济建设的重要性。他指出,科学技术这一仗一定要打好,而且必须打好;不搞科学技术,生产力就无法提高。中国落后的原因之一就是科学技术落后,要成为社会主义强国,不能走老路,必须尽量采用先进技术。⑤ 毛泽东的这些论述,无疑也丰富了马克思主义科学观的理论宝库。

总之,马克思、恩格斯立足于 19 世纪以前人类科学的历史发展和最新成就,对科学的本质、功能及其与哲学的关系进行了深入的探讨和正确的说明,从而创立了马克思主义的科学观,而列宁和毛泽东则在新的历史

---

① 《列宁选集》第 2 卷,人民出版社 2012 年版,第 208 页。

② 《列宁全集》第 38 卷,人民出版社 1959 年版,第 154 页。

③ 《列宁全集》第 31 卷,人民出版社 1958 年版,第 468 页。

④ 《毛泽东选集》第 1 卷,人民出版社 1991 年版,第 309 页。

⑤ 参见《毛泽东著作选读》下册,人民出版社 1986 年版,第 848—849 页。

条件下进一步丰富和发展了马克思主义科学观。

2. 马克思主义科学观的当代发展

马克思、恩格斯所创立的马克思主义科学观是人类思想史上的一个伟大理论创造,它第一次使科学这一特殊的社会历史现象和人类精神生活现象得到了正确的理解和说明。100 多年来,马克思主义科学观显示了巨大的理论解释力和无穷的生命力。即使是在今天,马克思主义科学观的上述内容也仍然是我们理解当代大科学唯一正确的出发点,并构成了我们在把握当代大科学的过程中发展马克思主义科学观的必要理论前提。

人类科学的现当代发展,有力地证实了马克思主义科学观的上述内容。虽然马克思、恩格斯创立和提出马克思主义科学观的立足点是近代18、19 世纪的科学,但他们对科学的本质、功能及其与哲学思维之间的关系的揭示却具有普适意义,因而同样也适合对于现当代科学的理解。首先,马克思、恩格斯所揭示的科学的社会本质在现当代科学的发展中变得更加明显,当代大科学的巨大活动规模和空前的社会化程度就是有力的证明。事实上,科学活动在任何情况下都是一种社会活动,但科学的社会本质在不同的时代有着不同的表现形式。从历史上看,科学研究中的社会协作在 18 世纪已经达到了一定的规模,正如马克思所说:"如果有一部批判的工艺史,就会证明,十八世纪的任何发明,很少是属于某一个人的。"①当代大科学研究的巨大组织规模,就是从 18、19 世纪科学研究的社会协作形式发展而来的。其次,马克思、恩格斯所揭示的科学的社会功能在现当代科学的应用中表现得更加突出。在当代,科学这种知识形态的生产力不仅仅是可以转化为直接的生产力,而是事实上已经成为"第一生产力"。社会经济的发展,社会生产率的提高,已在越来越高的程度上取决于科学技术的进步。与此同时,当代科学的发展和科学成果的应

---

① 《马克思恩格斯全集》第 23 卷,人民出版社 1972 年版,第 409 页脚注 89。

用也引起了人们的社会关系、社会生活的全面的变革,它不仅对传统的社会结构包括社会的组织结构、产业结构、就业结构等产生了巨大的冲击,改变了传统的城乡关系、工农关系以及脑力劳动与体力劳动的关系,改变了人们的劳动方式、行为方式和生活方式,而且也变革了人们的思维方式,使人们的精神世界发生了巨变。仅就科学与宗教的关系而言,如果说近代还是恩格斯所说的那样在科学的猛攻之下各种宗教节节败退,那么当代的各种宗教则已这样那样地披上了科学的外衣。可以说,当代社会已经是一个高度科学化的社会,是一个在科学的制导下飞速发展的社会。所有这些,都是科学作为推动历史进步的有力杠杆的当代表现。再次,马克思、恩格斯关于科学与哲学内在联系的分析和论断也一再为现当代科学和哲学的发展所证实。现当代科学的发展,在不断更新人类哲学思维的科学基础的同时,也向哲学研究提出了一系列十分紧迫的课题,从而为哲学理论的发展提供了更加内在的动力。进入 20 世纪以后,特别是当代以来,不仅出现了各种名目繁多的直接以科学为反思对象的科学哲学理论,而且人类哲学思维在整体上也更加关注科学的发展,更加注重从不同的侧面对科学进行各种前提性的批判。与此同时,马克思主义哲学自身也在总结和概括科学研究新成果的过程中不断地得到发展。例如,正是通过对世纪之交的"物理学危机"的哲学透视,列宁对马克思主义哲学作出了创造性的贡献。

另一方面,人类科学的现代发展,特别是当代大科学的形成和发展,也提出了发展马克思主义科学观的内在要求。我们说人类科学的现当代发展有力地证实了马克思主义科学观的既有内容,决不等于说马克思主义哲学对科学的理解已经一劳永逸地完成了,决不意味着马克思主义科学观的既有内容已经穷尽了人类科学的一切方面和未来发展。事实上,作为马克思主义哲学的一个有机组成部分,马克思主义科学观如同整个马克思主义哲学一样,是一个动态的、开放的理论系统,它要随着人类科学的时代发展和人们对科学的理解的深化而不断发展。

当代大科学的形成和发展构成了我们在当代发展马克思主义科学观的现实基础。前述当代大科学的一系列时代特点表明,当代大科学不仅区别于马克思、恩格斯所处时代的科学,而且从整体上看与 20 世纪初的科学也有明显的不同。虽然当代大科学的形成和发展证实了马克思主义科学观的既有内容,但当代大科学决不仅仅是近代 18、19 世纪的科学单纯时间上的延展,当代大科学与小科学之间也并不只有量的规定性的区别。诚然当代大科学与小科学都属于人类对世界的科学把握方式,它们区别于人类对世界的其他把握方式,具有一些共同的本质特点。也正是由于马克思、恩格斯正确地揭示了这些本质特点,所以我们说当代大科学的形成和发展进一步地证实了他们所创立的马克思主义科学观。但是,科学作为人类把握世界的一种基本方式的这些本质特点在近代的小科学那里往往还只是初露端倪,而在当代大科学中却已发展到了极致。由于这种发展,当代大科学获得了不同于小科学的一种新质规定性。例如,我们说马克思、恩格斯所揭示的科学的社会功能在当代科学的应用中表现得更加突出,其根据之一就是当代大科学这种知识形态的生产力不仅像马克思、恩格斯所指出的那样可以转化为直接的生产力,而且事实上已成为"第一生产力"。在这里,科学从可以转化为直接的生产力到事实上已成为"第一生产力",就是一种质的飞跃,这种质的飞跃是以科学与生产之间关系的根本性变化为前提的。正如前述,在马克思、恩格斯所生活的时代,科学的发展从总体上看是滞后于生产的,科学与生产的关系主要表现为生产决定科学,二者相互作用的主导模式是生产—技术—科学。在当代,科学与生产的关系发生了根本性的逆转,科学已走到了生产的前面,并成为生产发展的决定性因素,科学与生产相互作用的主导模式已变更为科学—技术—生产。正是在这种情况下,科学在当代已上升到"第一生产力"的重要地位。可见,在当代大科学形成和发展的时代条件下,即使是在马克思主义科学观的既有内容得到了证实的意义上来说,马克思主义科学观也需要得到进一步的丰富和发展。

更为重要的是,当代大科学还表现出了许多小科学根本不曾具有的特殊性质,这些特殊性质也是马克思主义科学观的既有内容所未曾涵盖的。在这些特殊性质中,有两个方面尤其值得我们注意。其一,在当代大科学的深度分化与高度综合的过程中,人文社会科学获得了小科学时代根本不曾有过的社会地位。在马克思、恩格斯所处的 19 世纪,各门人文社会科学学科刚刚从社会历史哲学中分化出来,人文社会科学的发展尚处于起步阶段,并且人文社会科学之作为一门科学的基础还是由马克思、恩格斯所奠定的。虽然马克思曾经预言过"自然科学往后将包括关于人的科学,正象关于人的科学包括自然科学一样:这将是一门科学"①,但这在当时毕竟还未成为现实。因此,马克思、恩格斯在创立马克思主义科学观的时候,他们关于科学的本质、功能及其与哲学思维之间的关系的有关论断主要是立足于自然科学发展的历史事实而作出的。即使是处于 20 世纪之初的列宁,也只是看到了自然科学向社会科学的单向渗透。他曾写道:"大家知道,从自然科学奔向社会科学的强大潮流,不仅在配第时代存在,在马克思时代也是存在的。到 20 世纪,这个潮流是同样强大,甚至可说更加强大了。"②而在当代自然科学与人文社会科学相互渗透的趋势日益加强、人文社会科学获得了长足发展并迅速走到当代大科学前沿的情况下,马克思主义科学观则必须调整自己的科学概念,对人文社会科学的特殊性质和独特功能作出合理的理解和正确的说明。其二,随着当代大科学活动规模的跃迁和社会功能的空前放大,科学应用的社会后果和科学活动的社会责任问题空前地凸现出来,这也是小科学时代未曾有过的现象。早在 20 世纪 30 年代,罗素在其《科学观》一书中就曾敏锐地洞察到了大科学时代的一些问题。罗素写道:"科学增加我们的力量能为善亦能为恶,因此更需要抑制破坏的冲动。所以,如其要科学的世界存留,则人们不可不变成比现在来得温柔些。"③他还指出,科学家不仅要"认清他们的知识对社会应负的责任",而且"感到对社会事业比往昔更负起大部分的责任,是一种义务"④。罗素在当代大科学尚处于萌动时期就有如此见识,那么,在当代大科学充分发展并一次又一次地告诫人们"巨大的力量意味着重大的责任"的情况下,马克思主义科学观就更应关

---

① 《马克思恩格斯全集》第 42 卷,人民出版社 1979 年版,第 128 页。
② 《列宁全集》第 25 卷,人民出版社 1988 年版,第 43 页。
③ [英]罗素:《科学观》,王光煦、蔡宾牟译,商务印书馆 1935 年版,第 186 页。
④ [英]罗素:《科学观》,王光煦、蔡宾牟译,商务印书馆 1935 年版,第 202 页。

注科学活动如何为人类的幸福服务的问题。总之,从当代大科学的特殊性质来看,马克思主义科学观更需要进一步丰富、完善和发展。

当代发展马克思主义科学观的根本任务,就是立足于当代大科学,建构马克思主义科学观的当代形态。所谓立足于当代大科学,不仅是指应将当代大科学作为发展马克思主义科学观的客观依据,而且还意味着当代发展马克思主义科学观的根本目的就在于通过对当代大科学的合理理解来规范和促进当代大科学的未来发展。所谓建构马克思主义科学观的当代形态,则是指为了实现对当代大科学的合理理解,我们必须在马克思主义科学观中确立起与当代大科学的时代特点相适应的大视野、大观念、大思路和大方法。当代大科学是由历史上的小科学发展而来的,它一方面将小科学也同样具有的人类科学的一些共同本质特点发展到极致,另一方面又形成了自身所独有的许多特殊性质,前述当代大科学的一系列时代特点就是这两个方面的统一,它们只有借助于哲学科学观上的大视野、大观念、大思路和大方法才能得到合理的理解和解释。因此,立足于当代大科学,建构马克思主义科学观的当代形态,其实质就是在马克思主义科学观中自觉运用大视野、大观念、大思路和大方法来理解当代大科学。这样,马克思主义科学观的当代形态,既是依据马克思主义科学观对当代大科学的哲学反思,又是在反思当代大科学的过程中对于马克思主义科学观的时代性发展。而通过对当代大科学的哲学反思,马克思主义科学观的当代形态不仅将深化马克思主义哲学关于科学的原有理解,丰富和拓展马克思主义科学观的既有内容,而且还将为全部马克思主义哲学理论注入新的生机和活力,促进马克思主义哲学形态的整体更新和时代性发展。

（三）　马克思主义科学观的当代形态

马克思主义科学观的当代形态,是当代大科学形成和发展条件下的马克思主义科学观,是依据马克思主义科学观对当代大科学的哲学反思,是立足于当代大科学对马克思主义科学观的时代性发展。

除了马克思主义科学观的既有理论内容以外,马克思主义科学观的当代形态还应该具有以下一些新的基本规定。

1. 马克思主义科学观的当代形态是关于当代大科学的系统观

当代大科学深度分化和高度综合的整体化特征,突显了当代大科学体系的系统性质。与此相适应,马克思主义科学观的当代形态也就是一种关于当代大科学的系统观,它要求我们调整原有的科学概念,自觉地运用系统的观点来把握当代大科学的学科体系及其内在构成。

马克思主义科学观的当代形态作为关于当代大科学的系统观,是建立在当代系统科学的基础之上的。当代系统科学包括系统论、控制论、信息论、耗散结构理论、协同学、突变论、超循环理论、微分动力学、混沌理论以及运筹学等等,本身就是当代大科学的重要内容,也是当代大科学深度分化和高度综合的整体化特征的集中体现。系统科学的最显著特点是强调研究对象的有机整体性,把研究对象作为一种系统来考察,从部分与整体、部分与部分、整体与环境的相互关系、相互作用中把握系统运动和变化的规律,并注重运用整体上最优的方法来解决问题、实现系统运行的目标。哲学的系统观就是对当代系统科学的概念、理论和方法进行高度抽象和概括的产物。著名科学家钱学森曾经说过:"系统学的建立也会有助于明确系统的概念,即系统观。""系统观将充实科学技术的方法论,并为马克思主义哲学的深化和发展提供素材。这也就是说人的社会实践汇总、提炼到系统科学的基础科学——系统学,又从系统学通过一座桥梁——系统观,达到人类知识的最高概括——马克思主义哲学。"①而在马克思主义哲学中自觉运用系统观来考察当代大科学体系,也就构成了马克思主义科学观的当代形态的一个重要本质规定。

---

① 钱学森:《再谈系统科学的体系》,载《系统工程的理论与实践》1981年第1期。

　　用系统的观点来理解当代大科学体系,首先必须从横向上完整地把握当代大科学的门类结构和复杂图景。长期以来,我们所使用的"科学"概念一直是自然科学的代名词,而人文社会科学则被自觉不自觉地排斥在科学范畴之外。时至今日,不少人对于人文社会科学的科学性仍然存有疑虑,有的人甚至断言人文社会科学永远也不能成为像自然科学那样的"标准"意义上的科学。显然,这样一种科学概念与当代大科学的实际情况是极不相称的。当代大科学之为大科学,最重要的标志就在于它是包含了自然科学、人文科学和社会科学等多种具体分支科学在内的完整的、有机的科学体系。人文社会科学不仅事实上已经成为当代大科学体系中不可分割的内在组成部分,而且在解决当代大实践中人与自然、人与社会以及人与自身关系等方面出现的各种重大问题上发挥着越来越重要的作用,扮演着不可替代的角色。

　　更为重要的是,当代大科学体系的发展正在使马克思当年的预言变为现实,当代自然科学、人文科学和社会科学等三大学科门类及其内部诸学科之间的界限已变得越来越模糊,它们正在综合为一种创造性的知识整体,正在成为"一门科学"。在当代大科学深度分化和高度综合的过程中产生的一系列新兴学科,如环境科学、能源科学、生态科学、信息科学、空间科学、海洋科学以及科学学、未来学、管理学、情报学等等,我们很难在传统的学科门类中准确地确定它们的位置,因为它们根本就不能定位于任何一个界限分明的学科,甚至也不属于单纯的自然科学或人文社会科学,而是自然科学、人文社会科学及其内部诸学科之间相互交叉、相互渗透的产物。也正是在这种意义上,我们说人文社会科学在当代已走到了科学发展的前沿并取得了与自然科学相当的重要地位。因此,任何否定或怀疑人文社会科学的科学性的企图或倾向,都会妨碍对于当代大科学体系的整体把握。

　　用系统的观点来理解当代大科学体系,还必须从纵向上完整地把握当代大科学内部的不同构成层次。在我国,在过去的一个相当长的时期内,人们不仅把科学仅仅归结为自然科学,而且还把自然科学研究视为单纯获取关于自然界的知识的活动。近些年来,由于科技成果的应用对社会生产发展的促进作用越来越明显，一些人又转而把科学等同于技术，把科学研究等同于技术开发。这样一些科学概念与当代大科学的客观本性也是相悖谬的。早在1970年，经济合作与发展组织的《科学活动与技术活动的计算》一文就曾把当代大科学研究区分为三个不同的层次：(1)基础研究(基础科学)。它是"旨在增加科学、技术知识和发展新的探索领域的任何创造性活动，而不考虑任何特定的实际目的"。就是说，基础研究是一种创造性研究，其目的主要是获得新的科学知识和新的技术知识，而不是实际应用。(2)应用研究(技术科学)。这也是创造性研究，但它的目的不是获得新的知识，而主要是把科学理论发展到可以应用的形式，使理论具备直接为人类实践服务的可能性。(3)技术发展或实验发展(应用技术)。这也称为开发研究，"它凭借从研究或实验中所获得的知识，用它指导生产新的材料、产品和设计、建立新的工艺系统和服务，并从本质上去改善已经生产或建立的那些材料、产品和设计"。值得指出的是，当代大科学体系中的每一个学科门类都具有从基础科学到技术科学和应用技术的不同层次，自然科学是如此，人文社会科学也不例外。通常认为，在人文社会科学中，基础科学主要有政治学、经济学、法律学、社会学、伦理学、历史学、语言学、心理学等；技术科学有人才学、立法学、工业经济学、社会心理学等；应用技术则有管理技术、教育工程、工业布局、工业统计、市场分析、社会调查等。不管这一区分是否得当，当代人文社会科学已经发展出了它们的技术学科和应用技术则是不容否定的。如果考虑到当代大科学体系中的其他许多技术科学和应用技术都是在自然科学与人文社会科学的相互渗透中形成和发展起来的，这一点就更加明确。所以，无论是把科学仅仅归结为以获取理论知识为目的的基础科学，还是把科学等同于技术科学甚或应用技术，都只是抓住了当代大科学体系的某一个别层次，都没有达到对当代大科学体系的整体把握。

总之，作为关于当代大科学的系统观，马克思主义科学观的当代形态要求我们从整体上把握纵横交错的当代大科学体系，做到自然科学与人文社会科学并重，基础科学、技术科学和应用技术并举。

2. 马克思主义科学观的当代形态是关于当代大科学的产业观

当代大科学研究的巨大活动规模和空前的社会化程度,特别是当代大科学发展中所表现出来的科学、技术、生产的一体化趋向,表明当代大科学已成为工业化社会的支柱性产业之一。与此相适应,马克思主义科学观的当代形态又是一种关于当代大科学的产业观,它要求我们把当代大科学作为一种特殊的社会产业来认识,破除科学的社会功能问题上的各种小科学观念。

当代大科学与社会的其他产业的区别在于它属于一种知识产业或信息产业。科学活动是人类的一种精神生产活动,科学研究是一种知识生产过程,它的产品是各种以理论形态和技术形态存在的知识。科学知识也是一种劳动产品,它除了内禀的学术价值外,还具有一定的使用价值和交换价值。但是,科学知识这种产品与物质产品有很大的不同。在使用价值上,科学知识不像物质产品那样会因消费而消失,它不仅可以被反复运用,而且还会在"消费"过程中再生。科学知识使用价值的这种不灭性和再生性又进一步带来了它的馈赠性,就是说,科学知识一旦被生产出来,人们使用它便无须再费分文。在交换价值上,科学知识也不像物质产品那样服从劳动量与时间的线性关系,它的价值不能用社会必要劳动时间来度量,因为社会根本不可能对科学发现或发明规定出必要劳动时间。此外,科学知识也不像物质产品那样可以批量制造。科学知识是独一无二的,重复的科学研究、生产已有的科学知识则毫无意义。当然,科学知识的生产与物质产品的生产一样也需要具备一定的生产力。当代科学研究的巨大活动规模,当代社会在科学研究上投入的巨大人力、物力和财力,促成了并标志着当代大科学产业的形成,也促进了科学生产力和科学知识的加速增长。据英国技术预测专家詹姆斯·马丁测算,人类的科学知识在 19 世纪是每 50 年增加一倍,20 世纪中叶是每 10 年增加一倍,70 年代每 5 年增加一倍,而 90 年代大约每 3 年就增加一倍。据统计,近 50 年来,人类社会创造的知识比过去 3000 年的总和还要多。所有这些,都是那种把科学研究看作是科学家个人的兴趣和爱好的小科学观念所无法理解和解释的。

当代大科学产业不只是一个具有特殊性质的产业,而且还是一个具有特殊重要性的产业,它为当代社会输送着极其宝贵的大量知识资源。在当代,科学技术的发展状况已成为一个国家综合国力的集中体现。随着当代科学、技术、生产的一体化,以脑力劳动为主的知识密集型生产已经逐步取代了劳动密集型生产和资本密集型生产,产品或商品的价值越来越取决于其科学技术含量。据估算,以每公斤产品的出厂价格计算,如果设定钢为1,那么钢筋则为1.3,小汽车为5,彩电为30,计算机为1000,集成电路则高达2000。电子计算机存储器所用的原料比相同重量的铁锅还便宜,但通过科学的加工,其售价竟相当于相同重量的白金。与此相应,科技成果的应用在社会经济增长中的作用越来越大,这在欧美经济发达国家国民生产总值的增长中表现得尤为突出。20世纪初,科技进步因素在国民生产总值增长中所占的比例还只有大约5%—20%,50年代开始上升到50%,进入80年代则达到60%—80%。80年以来,发达国家的劳动生产率平均每年增长3%,其中四分之三是依靠科技因素来实现的。可见,当代社会物质财富的增加,主要不再是通过增加劳动力或资金,而是依赖科学技术的进步。因此,在当代社会生产力的发展中,在国家与国家之间的经济竞争中,科学技术起着决定性的作用,正如美国著名经济学家波得·德鲁克所说:"知识生产力已成为生产力、竞争力和经济成就的关键因素。知识已成为最主要的工业,这个工业向经济提供生产所需要的重要中心资源。"[1]同时,科学技术的发展状况也已成为一个国家政治实力和军事实力的表现。第二次世界大战以来各种核武器的制造和军备竞赛,充分地显示了一个国家的科技力量是它的军事力量的最重要构成部分,从而使科学与政治的结合达到了登峰造极的地步。在当代,一个国家的强弱,它在世界政治舞台上的地位,在很大程度上取决于它的科技发

---

① ［美］奈斯比特:《大趋势——改变我们生活的十个新方向》,梅艳译,中国社会科学出版社1984年版,第15页。

展水平。相应地,对于当代世界的各个国家来说,大力发展科学技术已不仅仅是一种社会经济战略,而且也是一种政治战略。20 世纪 60 年代美国的"阿波罗登月计划"的制订和实施就已充分地说明了这一点。1957年苏联第一颗人造卫星上天,震动了美国各界,甚至造成了美国政府的信仰危机。当时的白宫科学委员会成员、著名物理学家 E.特勒警告说,美国在一场比珍珠港事件更重要和意义更大的战斗中失败了。为了奋起直追,美国在 60 年代制订并实施了"阿波罗登月计划",终于在 1969 年把阿波罗号飞船送上了月球,实现了人类第一次在月球上行走的梦想,完成了"管理上的革命",重振了美国的国威。

　　当代大科学产业的形成也对社会精神文化的发展产生了深远的影响。科学本身是人类文化系统中的一个特殊子系统,它对人类文化的发展历来具有十分重要的基础性和制导性作用。科学的文化属性和文化特征不仅表现在科学活动的产品即科学知识上,而且还表现在生产这种产品即科学探索和求知活动所必须具备的科学精神上。科学精神是人们在科学活动中应当具有的意识和态度,是科学工作者所应有的信念、意志、气质和品质的总称。科学精神的内容极为丰富,求实精神、创新精神、怀疑精神、协作精神、自由探索和争鸣的精神以及为真理而献身的精神等等,都是其最基本的方面。在历史上的一个相当长的时期内,科学对人类文化的基础性和制导性作用主要是通过科学知识的传播和应用而表现出来的,至于科学精神,它主要是在科学界内部作为科学探索和求知活动所必须遵循的传统、规则或指导原则而起作用。与此不同,当代大科学产业不仅空前强化了科学知识的文化意义,而且也使科学精神广为传播并日渐深入人心。不仅如此,随着当代人文社会科学的崛起及其社会地位的空前提高,强调人的尊严和价值、关心人的生存和发展、关注人类社会的前途和命运等人文社会科学所特有的科学精神也已成为当代人类文化不可分割的重要内容。在当代,是否尊重科学知识、服从科学规律和具备科学精神,已成为衡量不同个体、集团乃至民族的智慧和文化发展水平的重要标尺。

3. 马克思主义科学观的当代形态是关于当代大科学与人类社会的协调发展观

当代大科学成果的应用,既为人类社会的未来展示了光明的前景,也为人类社会的发展带来了一系列问题。在当代,科学与社会的协调发展已成为一个重大的时代课题。马克思主义科学观的当代形态必须关注这一问题,并相应地建立自己关于当代大科学与人类社会的协调发展观。

在当代大科学体系中,科学与技术是密切地结合在一起的,我们很难在它们之间划出一道明确界限。也正是通过与技术的内在结合,当代大科学不仅直接地作用于当代人类实践,而且使当代人类实践成为一种高度科学化的实践。因此,前述当代人类实践中大技术的大规模应用所带来的正负双重效应,同时也就是当代大科学应用的双重效应。其中,当代大技术的应用在当代人与世界关系的各个方面所引发的一系列问题包括当代的各种全球性问题,也就是当代大科学的应用所带来的消极社会后果。当代大科学的应用所带来的这些问题已对当代人类社会及其未来发展构成了严重的威胁,这也是当代大科学与人类社会的协调发展作为一个重大的时代课题而引人注目的主要之点。

对科学应用的消极社会后果或负效应的关注,在历史上曾促使了卢梭等人对科学进行的道德上的谴责,在当代则直接导致了科学悲观主义甚至反科学主义思潮。早在第一次世界大战后,欧洲就曾出现过一种"科学破产论"。对此,梁启超曾作过生动形象的介绍:"当时讴歌科学万能的人,满望着科学成功,黄金世界便指日出现。如今功总算成了,一百年物质的进步,比从前三千年所得还加几倍,我们人类不惟没有得着幸福,倒反带来许多灾难。好像沙漠中失路的旅人,远远望见个大黑影,拼命往前赶,以为可以靠他向导,那知赶上几程,影子却不见了,因此无限凄惶失望。影子是谁? 就是这位'科学先生'。欧洲人做了一场科学万能的大梦,到如今却叫起科学破产来。"①这种科学破产论虽然很快销声匿迹了,但在第二次世界大战后却以更大的势头重又兴起,并终于演变成一股反科学主义思潮。第二次世界大战濒临结束时日本广岛和长崎的原子弹爆炸,那冉冉升起的蘑菇云和四处飘散的放射性尘埃,在将几十万无辜平民推向死亡线上的同时,也开始动摇了公众对科学的信念,给人们的道德心理投下了一层无法挥去的阴影。与此同时,世界各地相继发生的因科学在工业中的应用而导致的环境公害事件、与现代医学发展密切相关的全球人口剧增、核军备竞赛、电子装置作为社会控制工具的实际使用和可能利用、美国在东南亚战争中所使用的化学武器、因分子生物学进展所引起的遗传工程的潜在危险等等,这一切使公众对科学应用后果的忧虑和戒心与日俱增,也是反科学主义者们的主要论据。问题在于,当代的反科学主义并不是一般地关注科学应用的消极社会后果,而是把这些消极社会后果完全归罪于科学本身,主张用"完全刹车"的办法即通过阻止科学技术的进步来解决当代世界的各种全球性环境问题、社会问题和人性问题。

马克思主义科学观的当代形态深切关注当代大科学成果应用所带来的巨大负效应,但它并不是一种科学悲观主义,更不同于反科学主义的论调。科学悲观主义和反科学主义把科学应用的负效应完全归罪于科学本身是没有道理的,而其弃绝科学的主张更是完全错误的。在马克思主义科学观的当代形态看来,当代人与世界关系上因科学的应用而产生的一系列问题并不是科学应用的必然后果,科学应用所带来的消极社会后果也不是科学本身的过错。爱因斯坦在谈到科学与战争的关系时曾经说过:"科学是一种强有力的工具。怎样用它,究竟是给人带来幸福还是带来灾难,全取决于人自己,而不取决于工具。刀子在人类生活上是有用的,但它也能用来杀人。"②事实上,科学应用所带来的种种消极社会后果是由科学成果的不合理运用所导致的。诚然,这种不合理运用也有属于

---

① 梁启超:《科学万能之梦》,载《时事新报》1920 年 3 月号。
② 《爱因斯坦文集》第 3 卷,许良英等译,商务印书馆 1979 年版,第 56 页。

人类科学认识本身尚不完善方面的原因,但由这一方面的原因导致的科学应用的消极后果也只能通过进一步发展科学认识去克服。例如,人类要最终解决环境污染和生态失衡这样的难题,在具体做法上还得借重于新的科学技术。值得指出的是,当代人文社会科学在克服科学技术应用所带来的各种消极社会后果、防止和避免科学技术的不合理运用上,正在发挥着越来越重要的作用,这也正是人文社会科学在当代得到迅速发展并取得前所未有的重要社会地位的根本原因。

马克思主义科学观的当代形态以乐观主义的态度来看待当代大科学的形成和发展,但是也不赞同那种夸大科学作用的科学至上主义或科学万能论。上述的科学悲观主义和反科学主义是作为历史上的科学至上主义或科学万能论的对立面而出现的,但即使是在当代,后者也并没有完全绝迹。在当代的科学至上论或科学万能论看来,当代科学的发展不仅能够克服科学应用所带来的各种消极社会后果,而且能够帮助解决当代人类社会的一切问题,甚至能够帮助消除资本主义社会的弊端、拯救资本主义制度的危机,使人类社会进入一个普遍富裕和幸福的时代。

马克思主义科学观的当代形态认为,科学并不是万能的,万能的东西不是科学。单纯依靠科学的发展,并不能保证人类社会的普遍富裕和幸福,甚至也不能克服科学应用的消极社会后果。科学成果的不合理应用,不仅有属于科学认识本身尚不完善方面的原因,更重要的还有属于科学利用的社会机制特别是社会制度不健全方面的原因。在当代,要从根本上克服科学应用的消极后果、防止和避免科学成果的不合理运用,还必须从根本上变革不合理的资本主义私有制度。

总之,在马克思主义科学观的当代形态看来,只有进一步完善人类科学认识本身,健全科学利用的社会机制,才能消除当代大科学应用所带来的负效应或消极的社会后果,实现当代大科学与人类社会的协调发展。

三

从人文学科的视角看哲学

在当前我国的哲学研究中,人们在所谓的"回归学术"的名义下时常表露出这样一种倾向,即不是从现实对象或问题本身出发而是像早已为恩格斯所批判的那样从原则出发来讨论哲学问题,热衷于用西方形而上学传统来诠释所有的哲学概念,甚至沉迷于到西方哲学的源头中去寻觅一切哲学问题的答案。这一倾向突出地表现在人们对于什么是哲学这一问题的解答上,以致于今天我们许多人对这一问题的理解仍然停留在古代哲学或近代哲学的水平上。作为对这一倾向的反拨,我们拟从哲学的实际境遇亦即从人文学科的视角对什么是哲学这一问题作一探索。

(一) 一个基本而又困难的问题

那么,什么是哲学呢?这个问题对于研究哲学的人来说是一个最基本的问题,但同时又是一个最困难的问题。说它最基本,是因为只要我们谈论哲学这个概念或讨论某个哲学问题,就必然要以对哲学的某种理解为前提,就必然预先设定了我们对于什么是哲学这个问题的某种解答。否则,我们就会连自己都不清楚我们到底在言说着一些什么东西。说它最困难,是因为古往今来人们在这一问题上从来都没有、也永远不可能取得完全一致的意见。套用英国社会学家安东尼·吉登斯的话说,在哲学领域,如果说存在着有争议的概念并且要给最有争议的概念颁奖的话,那么,哲学概念自身就会当之无愧地名列第一。西方人喜欢把研究哲学或常作哲学思考的人称为 philosopher,汉语中通译为"哲学家"。其实,按照中国人的语言文化习惯,这样翻译是不太妥当的,至少是不贴切的。philosopher 泛指所有搞哲学的人,他可能是一个哲学家,但也可能就是分工细密的现代社会中规模庞大的哲学专业队伍中的普通一员。尤其是根据中国的文化传统,成名成家是一件了不得的事情。一个人要真正成为一个哲学家,首先必须形成自己富有个性特色的哲学观,而哲学观的核心就是对于什么是哲学这个问题的解答。从某种意义上说,一个哲学派别之成为一个哲学派别,也首先在于其对什么是哲学这个问题有着不同于其他派别的独到理解。如果我们把哲学史看作是由不同的哲学家和哲学派别的思想构成的逻辑链环,那么,我们也可以说,一部哲学史也就是人们对于什么是哲学这个问题继续不断地作出不同理解的历史。这样看来,要给什么是哲学这个问题作出一个大家一致同意的、确定的、最终的解答,是根本不可能的。因此,有人说,要想让哲学家出丑,最好的办法莫过于问他什么是哲学这个问题。

什么是哲学这个问题本身也是一个哲学问题,并且是一个最具基础性的哲学问题。也正因如此,一些重要的哲学或哲学史教材首先就会对这个问题作一番辨析。黑格尔的《哲学史演讲录》、文德尔班的《哲学史教程》、罗素的《西方哲学史》等都莫不如是。例如,罗素的《西方哲学史》上卷"绪论"的开篇就曾试图通过哲学、神学和科学的划界来回答"什么是哲学"的问题。他说:"哲学,就我对这个词的理解来说,乃是某种介乎神学与科学之间的东西。它和神学一样,包含着人类对于那些迄今仍为确切的知识所不能肯定的事物的思考;但是它又象科学一样是诉之于人类的理性而不是诉之于权威的,不管是传统的权威还是启示的权威。一切确切的知识——我是这样主张的——都属于科学;一切涉及超乎确切知识之外的教条都属于神学。但是介乎神学与科学之间还有一片受到双方攻击的无人之域;这片无人之域就是哲学。"①罗素对什么是哲学这个问题的回答是深刻的,但并不是清晰、精准的,因为读了上述这段话,我们好象明白了一些什么,但又好象仍然还不知道到底什么是哲学。连罗素这样的大哲学家都只能做到如此程度,这说明什么是哲学这个问题的确难于回答。不过,在我看来,这个问题难于回答、不同的人对于这个问题有不同的答案,并不说明哲学玄妙莫测、无法理解,恰恰相反,它本身就是哲学的特殊性质的体现。换句话说,正是哲学的特殊性质,决定了人们很难对什么是哲学这个问题提供一种一劳永逸的答案。从某种意义上说,这也正是哲学的魅力之所在。

（二）人文学科与科学的分野

哲学是一门学问,这是毫无疑问的。但是,有些人为了强调哲学是一门学问、是一门真正的学问,竟这样那样地断言哲学是一门科学,如说马克思主义哲学是最高的科学或关于自然、社会和思维的最一般规律的科学,那就大谬不然了。即使是在我们这个社会生活的各个方面已被科学所彻底改造、科学已成为人类文明的主旋律的现代社会里,科学也并是任何人为事物的恰当标准。例如,如果一首诗写得"很科学",那么它决不会是一首好诗;而像李白"日照香炉生紫烟,遥看瀑布挂前川。飞流直下三千尺,疑是银河落九天"这样的名篇佳句却一点也不科学。其实,学问并不必定是科学,也根本没有必要为了表明哲学是一门重要学问而牵强附会地把哲学说成是科学。恰恰相反,为了说明哲学是一门重要学问,为了阐释哲学这门学问的特殊性质,首先必须明确哲学与科学的根本区别。

作为一门学问,哲学属于人文而不属于科学。根据我国现行的学术体制和学科分类,我们习惯于把所有的学科分为人文社会科学（文科）与

---

① ［英］罗素:《西方哲学史》上卷,何兆武、李约瑟译,商务印书馆 1963 年版,第 11 页。

自然科学(理工科)两大类,这种分类是相当混乱的。这种分类的问题主要有三个方面:一是它把人文也视为科学,并称之为"人文科学";二是它认为所谓的"人文科学"与社会科学是一类的东西,有时甚至把"人文科学"完全并入社会科学;三是它认为社会科学比较接近于所谓的"人文科学"而区别于自然科学。

实际上,人文之学与科学是有根本区别的。今天,我们所谓的"人文科学"的英文对应词是"humanities",而"humanities"根本就不属于科学(science),相反,从某种意义上说,它还是与科学(science)相对待的东西。从西方古典时代以来,"humanities"主要包括哲学、史学、语言文学、艺术等等,《简明不列颠百科全书》中文版将它翻译为"人文学科",这是比较准确的。该书指出:"人文学科是那些既非自然科学也非社会科学的学科的总和。一般认为人文学科构成一种独特的知识,即关于人类价值和精神表现的人文主义的学科。"①在人文学科之外,自然科学也好,社会科学也罢,则都属于科学(science),也就是说,社会科学是比较接近于自然科学而区别于人文学科的。那么,humanities 与 science、人文学科与科学(包括自然科学和社会科学)到底有些什么区别呢? 在我看来,这种区别主要有以下三个方面。

第一,旨趣不同。一切科学,包括自然科学和社会科学,其目的都是要揭示对象的性质和规律、获取关于对象的尽可能普遍的知识,其所要回答的主要是对象"是什么"、"怎么样"、"为什么"等问题。与此不同,人文学科的根本目的不是要获取关于对象的知识,而是要探寻人的生存意义、人的价值及其实现问题,并由此表达某种价值观念和价值理想,从而为人的行为确立和提供某种价值导向,其所要回答的主要是对象"应如何"的问题。可以说,科学是一种纯粹的知识体系,一切科学都是一种"物学";而人文学科则是建立在一定知识基础上的价值体系,一切人文学科都是一种"人学"。科学(包括自然科学和社会科学)也研究人,但它们并不把人当作人来看待,而是把人当作一种"物"即当作一种完成了的

① 《简明不列颠百科全书》第6卷,中国大百科全书出版社1986年版,第760页。

存在物或既成的事实性存在来研究,致力于发现支配人这种事实性存在的社会的、文化的、心理的甚或生物学的规律,因而它们对人的研究与对别的存在物的研究并没有本质的不同。与此不同,人文学科不是把人当作一种"物"、当作一种既成的事实性存在来看待,而是把人真正当作人即当作一种始终未完成的存在物来研究。可以这样说,科学研究和人文学科的研究都是要探寻某种东西,其中,科学研究所要探寻的是某种既成的事实,如电子、光谱、细胞、人的生理或心理活动特点和规律等等,它所要探寻的东西本身是确定可寻的,一旦探寻到了这种东西,一项具体的科学研究的任务即告完成;人文学科的情况则很不相同,它所要探寻的东西从一开始就注定是找不到的,或者说,先前的探寻者总是以为他们找到了而后来的探寻者却总是认为先前的探索者并未找到或并未完全找到。但是,这丝毫也无损于人文学科及其研究的重要性,人文学科及其研究的重要性也不在于其探寻的结果而在于其探寻的过程。这是因为,人文学科所要探寻的东西是人的生存意义或人的价值,而人的生存意义、人的价值并不是现成地摆在什么地方而等待我们去发现的,而是在人文学科的探寻过程中不断地被开掘出来的、不断地生成着的。正是通过对于人的生存意义、人的价值的永无止境的开掘和追问,人文学科不断地从新的方面、新的高度展示出人不同于任何其他存在物的始终未完成状态。

当然,人文学科也会研究物、研究各种事实性存在的性质和规律。例如,语言学非常重视研究语言的结构和功能及其发展规律,文学艺术一向注重运用写实手法,史学历来讲究对史料的考证,而近代以来的思辨的历史哲学则一直孜孜不倦地致力于历史规律的探索。但是,人文学科决不满足于、决不止于发现对象的性质和规律,而总是要进一步追问如此这般的对象、对象如此这般的性质和规律对人的生存和发展、对人的价值及其实现有何意义。

第二,致思方向不同。对于科学与人文学科在致思方向上的区别,新康德主义弗莱堡学派的代表人物之一李凯尔特曾作过说明。李凯尔特把人文学科称为"文化科学"并分析了它与自然科学的区别。他认为:"自然科学是'抽象的',目的是得到一般规律,人文研究是'具体的',它关心个别和独特的价值观。"①李凯尔特有时又把人文学科称为"历史科学"。他说:"有一些科学,它们的目的不是提出自然规律,甚至一般说来也不仅仅是要形成普遍概念,这就是在最广泛的意义上而言的历史科学。这些科学不想缝制一套对保罗和彼得都同样适合的标准服装,也就是说,它们想从现实的个别性方面去说明现实,这种现实决不是普遍的,而始终是个别的。而一旦对个别性进行考察,自然科学概念就必定失去其作用。因为自然科学概念的意义恰恰在于它把个别的东西作为'非本质的'成分排除掉。历史学家可能引用歌德关于普遍的东西的话:'我们利用普遍的东西,但是我们不喜欢普遍的东西,我们只喜欢个别的东西。'"②

李凯尔特的上述看法是有道理的。就致思方向而言,因为要发现一般规律,自然科学在研究对象时总是致力于"抽象化"或"普遍化",也就是说,它总是致力于把个别事实归结为某种规律的作用和表现,并把特殊规律提升为一般规律,从而抽象出越来越普遍的规律、获取关于对象的越来越普遍的知识。例如,在人类历史上,人们关于各种运动形式之间的关系的科学认识曾先后形成了三个判断:(1)摩擦是热的一个源泉。这是一个个别判断,它反映了摩擦可以生热这样一个事实。(2)一切机械运动都能借摩擦转化为热。这是一个特殊判断,它反映了一种特殊的运动形式(机械运动)在特殊情况下(经过摩擦)转变为另一种特殊的运动形式(热)的性质。(3)在每一种情况的特定条件下,任何一种运动形式都能够而且不得不直接或间接地转变为其他任何运动形式。这是判断的最高形式,即普遍判断。恩格斯说:"有了这种形式,规律便获得了自己的最后的表现。我们可以通过新的发现为规律提供新的证据,赋予新的更丰富的内容。但是,对于如此表述的规律本身,我们已不能再增添什么。在普遍性方面——其中形式上和内容上都是同样普遍的——这个规律已不可能再扩大了:它是绝对的自然规律。"③自然科学是如此,社会科学也

---

① 《简明不列颠百科全书》第6卷,中国大百科全书出版社1986年版,第760页。

② [德]H. 李凯尔特:《文化科学和自然科学》,涂记亮译,商务印书馆1986年版,第50页。

③ 《马克思恩格斯选集》第4卷,人民出版社1995年版,第335页。

不例外。政治学、经济学、法学、社会学等等社会科学学科都旨在发现支配某一社会生活领域的尽可能普遍的规律,并力图用这种普遍规律去解释个别的社会事件。在 19 世纪后期这些学科刚刚独立的时候,为了获得成为"科学"的入门券,这些学科甚至还不得不服从自然科学的"科学"标准,并大量借用自然科学的方法。20 世纪以后,特别是当代以来,各门社会科学逐渐形成了与自己的独特研究对象相适应的研究方法,但在致力于探索和发现支配本学科研究对象的普遍规律、获取关于本学科研究对象的本质和规律的普遍知识这一点上,却没有任何变化。如果一定要说有什么变化,那就是它们比以往做得更好。美国学者卡尔·多伊奇等人曾作过一个统计:在 1900 年至 1965 年期间社会科学方面的 62 项重大贡献中,定量的问题或发现占总数的三分之二,占 1930 年以来重大成就的六分之五。丹尼尔·贝尔由此断言:"社会科学正在变成像自然科学一样的'硬'科学。"①因为正是有了这种定量的研究,社会科学能够更加准确、深入地发现和把握对象的本质和规律,从而能够在现代社会生活中发挥着巨大的作用。例如,弗洛伊德等人的"心理分析和精神心理学"、乔姆斯基等人的"结构语言学"、凯恩斯的经济学理论、冯·诺伊曼等人的"对策论"、沃尔德的"统计决策理论"、布莱克特等人的"运筹学与系统分析"以及萨缪尔逊等人的"计量经济学"等等,都曾对政府的决策、社会的改良和发展起过非常积极的作用,并在当代的社会生活中仍有广泛和深刻的影响。与一切科学的致思方向不同,人文学科在研究对象时总是致力于"具体化"或"个别化",它强调和珍视各种个别的东西、富有个性特色的东西、独特的东西的价值,并借此来开掘人的生存的丰富意义。例如,用科学的眼光来看人,人必然被抽象为无差等的"类",不同人之间的这样那样的差异总是被当作毫无意义的东西而忽略不计的;而用人文学科的眼光来看人,人总是具体的、个别的、有着不同境遇和生存状态的个体。即使是高度抽象的哲学理论,其对人的研究也仍然体现出"具体化"

---

① [美]丹尼尔·贝尔:《第二次世界大战以来的社会科学》,范岱年等译,中国社会科学院情报研究所 1982 年版,第 2 页。

或"个别化"的致思方向。例如,马克思曾说:"人的本质不是单个人所固有的抽象物,在其现实性上,它是一切社会关系的总和。"①对于马克思的这一论述,与人们通常所作的理解不同,我认为马克思在这里不是要回答、并没有回答、事实上也不可能回答什么是人的本质的问题,因为只有对于那些业已完成的存在物或既成的事实性存在我们方可追问它们的本质是什么,而"什么是人的本质"或"人的本质是什么"这类知识论的提问方式是根本不适合于人这种始终未完成的存在物的,也就是说,既然人是一种始终未完成的存在物,那么,我们就不能将其作为一种既已完成的、其本质已定型的事实性存在来对待。正是由于深刻地洞察到了人是一种始终未完成的存在物,所以马克思在这里并没有去追问或试图回答什么是人的本质的问题,而只是提出了考察人的本质的根本途径和方法:现实的人的本质是在一定社会关系中生成并由一定社会关系决定的,因此,要了解一个人的本质,就必须考察其所置身于其中的全部社会关系。显然,马克思在对人的研究上的致思方向就是"具体化"或"个别化"。哲学研究是这样,文学、艺术、史学的研究也都莫不如此。总之,"抽象化"或"普遍化"与"具体化"或"个别化"是一切科学(包括自然科学和社会科学)与人文学科在致思方向上的重要区别。

英国著名学者斯诺在他的名著《两种文化》一书中分析科学文化与人文文化的对立和区别时认为,科学文化是历时的,人文文化是共时的,它们"一种是积累的、组合的、集合的、共意的、注定了必然穿越时间而进步。另一种是非积累的、非组合的,不能抛弃但也不能体现自己的过去"②。他指出:"到 2070 年我们也不能说,任何活着的人都比莎士比亚更了解莎士比亚的体验,这样做也是愚蠢的。而那时一个像样的 18 岁的物理系学生将比牛顿懂得更多的物理学。"③斯诺的结论是,科学文化的

---

① 《马克思恩格斯选集》第 1 卷,人民出版社 1995 年版,第 60 页。

② [英]C.P. 斯诺:《两种文化》,纪树立译,生活·读书·新知三联书店 1994 年版,第 123 页。

③ [英]C.P. 斯诺:《两种文化》,纪树立译,生活·读书·新知三联书店 1994 年版,第 122 页。

进步是谁都不会怀疑的,而"人文文化没有内在的进步"①。斯诺否认人文文化的进步性是错误的,但他却提出了这样一个重要问题:科学(包括自然科学和社会科学)研究总是致力于"抽象化"或"普遍化",科学的发展表现为其所获得的关于事物的性质和规律的知识越来越普遍,因而科学的进步性是显而易见的;人文学科的研究总是致力于"具体化"或"个别化",它们只有在表达了一种独特的价值观念、价值理想时才会受到人们的重视,因而在时间系列中先后出现的人文学科理论之间是不可比较的,既然如此,那么人文学科的进步性何以可能? 显然,这个问题是由人文学科独特的致思方向引起的。我认为,就历史上人文学科领域中的每一重要理论或思想都表达了一种独特的价值观念、价值理想而言,它们在人类思想史上都占有不可替代的地位,因而都永远不会过时;但就各门人文学科研究在不断地从新的方面、新的高度开掘出人的生存意义、探寻到人的价值而言,各门人文学科又都在不断地实现着历史性的进步。

第三,思维方式不同。各门科学都以探寻对象的性质和规律、获取关于对象的知识为己任,这样一种旨趣决定了一切科学的思维方式都必然是实证的。例如,你要探索金属的导电性,要揭示水的沸点或冰点,要弄清商品流通和交换的规律等等,你就必须进行实证的研究,并用实验或实证材料来说服人们相信你的研究结论。与此不同,人文学科的旨趣在于表达一定的价值观念或价值理想,因而它的思维方式不可能是实证的,其中,尤其是哲学的思维方式是非实证的。人文学科中那些体现出某种人文精神的命题往往看起来是一些事实命题(作为对事实的描述,事实命题的典型特点是可以用"A 是 P"的句式来表达),而实际上却是一些价值命题(作为对某种价值观念或价值理想的表达,价值命题的典型特点是可以用"A 应该是 P"的句式来表达)。例如,普罗塔哥拉的"人是万物的尺度"、克罗齐的"一切历史都是当代史"、丹纳的"艺术是一种既高雅而又通俗的东西"等等命题,都莫不如此。这些价值命题既不能从事实

---

① [英]C. P. 斯诺:《两种文化》,纪树立译,生活·读书·新知三联书店1994年版,第122页。

命题中推导出来,也不可能用经验来予以验证,它们都是非实证的。

当然,我们说一切科学的思维方式都是实证的,并不是说自然科学与社会科学的实证性或可证实度都是一样的。自然科学的命题都是价值中立的事实命题,它们原则上都是可实证的;与此不同,虽然社会科学的命题也是事实命题,但由于这些命题所意指的社会事物往往与研究者之间存在着这样那样的利益关涉,因而这些命题在多数情况下并不完全是价值中立的,其实证性实际上比自然科学命题要低得多。不过,社会科学家们常常倾向于为他们所提出的社会科学命题的价值中立性作辩护,因为价值负荷的存在毕竟会损害社会科学命题的科学性,它们本身是社会科学命题不完善的表现。按照其总的旨趣和致思方向,社会科学命题必然会不断地趋向于价值中立,不断地提高其实证性或可证实度。

(三) 哲学不同于其他人文学科的规定

我们说人文学科的思维方式是非实证的,这并不意味着各门人文学科的思维方式都是一样的。虽然各门人文学科的根本旨趣是相同的,都是要揭示人的生存意义、探索人的价值及其实现途径,但它们的思维方式也是很不相同的。其中,文学和艺术是表达性或"显示"性的,关于这一点,鲁迅先生说得好:"悲剧将人生的有价值的东西毁灭给人看,喜剧将那无价值的撕破给人看"[①]。语言学和历史学是理解性的,也正因如此,严格说来,解释学(准确地说,应该叫作诠释学)即关于理解的学问和技巧仅仅与语言和历史相关;而哲学则是反思性的。从思维方式上看,反思性是哲学区别于各门科学和其他各门人文学科的根本特征。也只有深究哲学思维方式的反思性,才能明确哲学不同于其他人文学科的本质规定。

那么,什么是"反思"呢? 在哲学史上,黑格尔是最先意识到哲学在

---

① 《鲁迅全集》第 1 卷,人民文学出版社 1981 年版,第 192—193 页。

思维方式上的反思性特点并对之作过明确论述的哲学家。在黑格尔那里，"反思"一词有两层不同的含义：一是"纯思"，即对思想的思想，它"以思想的本身为内容，力求思想自觉其为思想"①；二是"后思"，即跟随在事实后面的反复思考，正如黑格尔所说："哲学的认识方式只是一种反思，——意指跟随在事实后面的反复思考。"②当黑格尔把反思理解为纯思时，他不过是要强调哲学所研究的一切都是人的思想的产物；而当他把反思指认为后思时，其要义则在于强调哲学是思想中所把握到的时代，而一个时代的哲学只有在这个时代成熟之时才会出现。在国内哲学界，人们往往没有注意到黑格尔所说的反思一词的两层含义的内在联系，因而要么单纯地强调反思即纯思，要么单纯地强调反思即后思。然而，单独地看，黑格尔对作为哲学的认识方式或思维方式的反思的这两种解释都是很成问题的：首先，把反思指认为哲学的思维方式，并把反思看作只是一种纯思即对思想的思想，虽然是黑格尔哲学所必然得出来的结论，但它与哲学发展的历史事实是相违背的；其次，把反思理解为后思，而认为后思即跟随在事实后面的反复思考，只是对反思所作的常识性理解，或者说只把握到了反思的最初级的含义。如果只在后思的意义上来理解哲学的反思，我们并不能从思维方式上把哲学与其他人文学科（如史学）区分开来，甚至也不能把哲学与各门科学区分开来，因为这些学科也都常常要跟随在事实后面反复思考。问题的关键在于：哲学到底是怎样跟随在事实后面反复思考的呢？ 只有作如是进一步的追问，我们才有可能明确哲学反思的真正含义。综观黑格尔对反思一词的运用，特别是依据哲学思维的本性对黑格尔所说的"反思"的第一层含义进行一种唯物主义的改造，我认为，哲学反思的最本质含义当是"反观"，但这种"反观"决不仅仅是对思想的思想，而是从人与世界的关系、特别是从人的对象性活动及其结果来反观人自身，包括人这种特殊存在物的性质、地位、作用、能力、生存方式、生存状态等等，以便求得人的生存自觉和人的价值的充分实现。这

---

① ［德］黑格尔：《小逻辑》，贺麟译，商务印书馆1980年版，第39页。

② ［德］黑格尔：《小逻辑》，贺麟译，商务印书馆1980年版，第7页。

是因为,人的性质、地位、作用、能力、生存方式、生存状态等总是投射或表现于一定的人与世界的关系之中,特别是投射或表现于人的对象性活动及其结果之中;只有从反射着、反映着、映现着、表现着人的性质、地位、作用、能力、生存方式、生存状态等的人与世界的关系、特别是人的对象性活动及其结果来反复不断地反观人自身,才能实现对人的生存意义、人的价值及其实现问题的哲学把握。顺便指出,人们通常说哲学的研究对象是人与世界的关系,就任何哲学理论都绕不开人与世界的关系,都必须通过对人与世界关系的研究来解决自己面临的特定问题而言,这种说法无疑是正确的。但是,当我们这样说时,切不可忘记哲学反思的上述含义,切不可忘记哲学研究人与世界的关系乃是为了研究人本身,特别是人的生存意义、人的价值及其实现问题。

总之,前述人文学科与科学的三个方面的区别表明了各门人文学科不同于自然科学和社会科学的共同规定性,其中,第三个方面又体现了哲学区别于其他人文学科的特殊规定性,它们共同构成了我们对什么是哲学这一问题的理解和解答。如果一定要给哲学下一个定义,那么,我们可以按照属加种差的定义方式说,哲学是一门特殊的人文学科,是旨在表达某种价值观念和价值理想的人学,是以反思的方式对人的生存意义、人的价值及其实现问题的理性把握。

四

人学与哲学的本真关系

在国内哲学界,许多人认为,人学就是关于人的哲学。表面看来,这一命题似乎是不言自明的,因为顾名思义人学就是关于人的学问,而哲学界对人学的研究自然属于一种哲学研究。然而,这一表面上看来不成问题的命题实际上是很成问题的,它至少隐含着两个理论上的陷阱:其一,似乎人学只是哲学理论内容的一部分,似乎还存在着别的不是关于人的哲学或存在着研究与人无关的东西的哲学;其二,似乎人学只是哲学的一种形态,似乎还存在着非人学的哲学形态。事实上,在近年来的人学研究中,有不少人都由确认"人学就是关于人的哲学"这样一个命题而自觉不自觉地掉入了上述两个理论陷阱,或者主张人学是哲学的一个分支学科或部门哲学,或者主张人学是哲学的一种新的形态即当代形态,从而都误解了人学与哲学的关系。那么,人学与哲学之间到底是一种什么关系呢?下面拟从两个方面对这一问题作一辨正。

(一) 哲学就是人学

人学与哲学的关系问题,从更广泛的意义上说,也就是人学的学科定位问题,至少是人学的学科定位问题的一个重要方面。弄清了人学的学科定位,人学与哲学的关系也就相应地得到了澄清。而人学的学科定位,并不是一个至今悬而未决、有待于今天我们来确定的问题。在西方学术传统中,人学早已有了明确的学科定位。关于这一点,我们可以通过有关英文词汇的词源学考察来加以说明。

就我所知,与我们所谓的人学相关的英文词汇主要有三个,这就是 Human Studies、Human Science 以及 Humanities。这三个英文词汇也是国内的一些人学研究者曾经提到过的,有人还曾指出它们就是"人学"在英文中的对应词。不过,从大量的英文论著来看,这三个词汇的意指是很不一样的,并且它们之间具有一种层层相包蕴的关系。

这三个英文词汇中,Human Studies(人的研究)的外延最广,它泛指一切关于人的研究,包括不同学科从不同角度对人的研究,如生物学、生理学、心理学、人类学、社会学、语言学、历史学、哲学等以不同方式对人的不同方面的研究。例如,西方学者 Abram Kardiner 和 Edward Preble 曾写过《他们研究了人》(*They Studied Man*)这样一本书,其所列举的西方思想史上在对人的研究上有重大影响的 10 位思想家中,就既有生物学家达尔文、人类学家弗雷泽和马林诺夫斯基、社会学家杜尔凯姆,也有心理学家弗洛伊德和哲学家斯宾塞。因此,就所涉学科部类而言,Human Studies 即人的研究,既可以是人文学科的,也可以是社会科学的,还可以是自然科学的。

Human Science(人的科学)在涵盖的范围上较 Human Studies 略为窄一些,并被包含在 Human Studies(人的研究)之中。就其来源而言,这个词可以追溯到 17 世纪意大利思想家维柯的"新科学"(Scienza Nuova)。在《新科学》这部著作中,维柯宣称要创立一种"新科学"即"人类社会的科学。这种科学在'民族世界'这个主题上要做到伽利略和牛顿等人在'自然世界'所已做到的成绩"①。维柯的"新科学"既包括语言学、文学、历史学和哲学等人文学科,也包括政治学、法学等社会科学学科。秉承维柯所开创的传统,19 世纪的德国哲学家狄尔泰也有同样的雄心,他给自

① [意]维柯:《新科学》(上),朱光潜译,商务印书馆 1989 年版,第 35 页。

己规定的任务是要从认识论和方法论上证明他称之为"Geisteswissen-schaften"的科学能够像自然科学关于自然界的知识那样确凿可靠。狄尔泰明确地把他所说的这种"科学"与"自然科学"相对待，并指出这种"科学"包括哲学、历史学、政治学、法学、政治经济学、神学、文学、艺术等。①在英语世界中，维柯—狄尔泰传统所要开创和论证的这种不同于自然科学并与自然科学相对待的"科学"，普遍地被理解和翻译为"Human Science"。例如，美国维柯思想研究专家利昂·庞帕(Leon Pompa)非常确定地用"Human Science"来指称维柯的"新科学"(Scienza Nuova)，②而狄尔泰哲学研究专家雷蒙·J.贝塔佐斯(Ramon J. Betanzos)则直接把狄尔泰的名著 *Einleitung in die Geisteswissenschaften* 翻译为 *Introduction to the Human Science*（《人的科学导言》），并给该书的英译本加上了这样一个附题："一种为社会和历史研究奠置基础的尝试"(An Attempt to Lay a Foundation for the Study of Society and History)。由此可以清楚地看出，Human Science 这个词的意指大体上相当于我们通常所说的"人文社会科学基础学科"（不包括那些实证性和应用性的社会科学学科），即人文社会科学领域中的"人的研究"(Human Studies)。

与 Human Studies（人的研究）和 Human Science（人的科学）相比较，Humanities 的含义最确定，其范围也最窄，它只是"人的科学"(Human Science)的一部分，仅指语言学、文学、艺术、历史学、哲学等学科或这些学科所作的"人的研究"(Human Studies)。Humanities 一词通常被翻译为"人文科学"，但最好是把它译为"人文学科"。人文学科虽然也属于"人的研究"，但它与一些自然科学（如生物学、心理学等）和社会科学（如政治学、经济学等）对人的研究很不相同。这种不同主要有两个方面：第一，主题不同。社会科学和某些自然科学虽然也研究人，但它们是把人当作一种成就了的事实来研究，所要探寻的是支配人的行为或活动的社会的、文化的、心理的甚或生物学的规律；而人文学科则把人看作一种未完

---

① 　Wilhelm Dilthey, *Introduction to the Human Science：An Attempt to Lay a Foundation for the Study of Society and History*, Wayne State University Press, Detroit, p. 77, 1988.

② 　Leon Pompa, *Vico：A Study of the"New Science"*, Cambridge, 1990.

成的存在物,其所关注的是人的生存及其意义、人的价值及其实现。因此,人文学科与以发现规律为己任的科学无关,它也根本不应被称为"科学",在对人的研究上它的主题不是"事实"而是"价值"。《简明不列颠百科全书》的"人文学科"(Humanities)条目写道:"人文学科是那些既非自然科学也非社会科学的学科的总和。一般认为人文学科构成一种独特的知识,即关于人类价值和精神表现的人文主义的学科。"①第二,方法不同。在对人的研究上,因为企求发现一般规律,所以自然科学和社会科学使用的是"抽象化"或"普遍化"方法,人被抽象为无差等的"类";而人文学科则使用"具体化"或"个别化"方法,它珍视各种个别的、独特的价值,并借此来开掘人的生存的丰富意义。②

上述分析表明,Human Studies(人的研究)包含着 Human Science(人的科学),而后者又进一步包含着 Humanities(人文学科)。这样,无论是从各自的内涵看,还是就三者之间的关系而言,Human Studies(人的研究)、Human Science(人的科学)和 Humanities(人文学科)都不是国内人学研究者们通常所说的"人学"(关于人的哲学)的英文对应词。事实上,人们通常所说的这种"人学"根本就没有也不可能有什么英文对应词。视人学为"关于人的哲学"的人们也许觉得不可理解,为什么有着如此丰富的人学思想资源的西方世界或英语世界(二者在学术思想方面是共通的)竟然会没有与他们所谓的这种"人学"相对应的专门性词汇。其实,道理很简单:在西方学术传统中,根本就不可能有这样的专门性词汇。这倒不是说西方学术传统不重视人学或其中没有人学,而是因为按照西方学术传统,Human Studies(人的研究)、Human Science(人的科学)以及 Humanities(人文学科)都是不同意义上的人学。因此,作为人文学科之一,哲学与人学的关系,不在于人学是关于人的哲学,而在于哲学就是人学,正如其他人文学科如文学、史学等等都是人学一样。

值得特别指出的是,"人学就是关于人的哲学"与"哲学就是人学"这

---

① 《简明不列颠百科全书》第6卷,中国大百科全书出版社1986年版,第760页。
② 参见[德]H. 李凯尔特:《文化科学和自然科学》,涂记亮译,商务印书馆1986年版,第48—55页。

两个命题并不是等价的。二者的根本区别在于,根据"哲学就是人学"这一命题,人学决不是哲学的一个分支学科或部门哲学,恰恰相反,哲学倒是人学的一个分支学科或部门人学。事实上,按照西方学术传统,人学历来都是一种综合性学科或跨学科研究,其所涉学科范围比哲学要广泛得多。今天,也只有通过多学科特别是诸人文学科的通力合作,我们才能切实建设好当代中国的人学。

(二) 哲学是一种反思的人学

哲学就是人学,但哲学又确非一般的人学。作为人学,哲学不仅以其所属的人文学科的共有特点区别于人学或"人的研究"(Human Studies)中的其他非人文学科,而且也以其自身所特有的反思性区别于其他人文学科。如果说"哲学就是人学"这一命题的根据在于人学的学科定位和诸人文学科的共有特点,那么,基于哲学这一人文学科的个性特征,我们则可以提出另一个能使人学与哲学的关系得到进一步彰显的命题:哲学是一种反思的人学。

包括哲学在内的各门人学之为人学,就在于它们都以人为其根本性的主题。就其实质而言,人学是人或人类的一种自我意识,即人对于自身区别于他物的性质、作用、地位以及由此形成的人与他物的关系的意识。不过,诸人学学科达致这种人的自我意识的研究方法或思维特点是很不一样的。其中,各门以人为研究对象的自然科学和社会科学属于人对于自身作为一种事实性存在的属性、特点和规律的探寻,虽然这些学科对于人正确地认识自身是绝对必要的,并因此在人学中占有极其重要的地位,但从研究方法或思维特点上看,它们对人的研究与自然科学对物的研究并没有什么实质性的不同,就是说,它们都带有实证性的特点。与此不同,各门人文学科则属于人作为价值主体的自我反省和自我追问,虽然这些学科有时也会涉及事实甚至规律,但它们并不止于事实或规律,而总是要进一步追问这等事实或那般规律对人的生存有何价值或意义,这种价值或意义决不是能够通过实证方法予以确定的。有人曾说,实证科学和人文学科都是要探寻某种东西,其中,实证科学所要探寻的东西(如原子等)本身是确定可寻的,一旦探寻到了这种东西,一项具体的实证科学研究的任务即告完成;人文学科的情况则很不相同,它所要探寻的东西从一开始就注定是找不到的,或者说原先以为找到了但后来证明并未完全找到。但是,这也丝毫无损人文学科的重要性,人文学科的重要性也不在于它探寻的结果而在于探寻的过程。这是因为,人文学科所要探寻的这种东西正是人的生存意义或人的价值,而人的生存意义、人的价值本来就是在人文学科的探寻过程中不断地被开掘出来的。正是通过对于人的生存意义、人的价值的无止境的开掘和追问,人文学科不断地从新的方面、新的高度展示出人不同于任何其他存在物的始终未完成状态。当然,在这一过程中,诸人文学科也都表现出不同的思维特点,其中,文学和艺术是表达性或"显示"性的,语言学和历史学是理解性的,而哲学则是反思性的。从思维方法上看,反思性是哲学区别于各门实证性的人学和其他各门人文学科的根本特征。

哲学是一种反思的人学,那么,什么是"反思"呢? 在国内哲学界,人们往往将反思等同于后思,把反思简单地解释为跟随在事实后面的反复思考,并常引黑格尔的论述来支持这一解释。其实,后思即跟随在事实后面的反复思考只是对反思所作的常识性理解,或者说只是反思的最初级的含义。如果只在后思的意义上来理解哲学的反思,我们并不能从思维方法上把哲学与其他人文学科(如历史学)区分开来,甚至也不能把哲学与自然科学区分开来,因为这些学科也都常常要跟随在事实后面反复思考。问题的关键在于:哲学到底是怎样跟随在事实后面反复思考呢? 只有作如此进一步的追问,我们才有可能明确哲学反思的真义。诚然,黑格尔在《小逻辑》中确曾说过:"哲学的认识方式只是一种反思,——意指跟随在事实后面的反复思考。"①但是,即使是在黑格尔那里,后思也不是反

---

① [德]黑格尔:《小逻辑》,贺麟译,商务印书馆 1980 年版,第 7 页。

思的唯一意指,甚至也不是反思最主要的意指。对此,贺麟先生当初在翻译《小逻辑》一书时就有明细的说明。他在该书中译本的"新版序言"中说:"反思(Reflexion),在《大逻辑》和《小逻辑》里出现得很多,特别在本质论开始后几节内,'反思'一词出现得更多。此词很费解。过去我的译法也不一致。现在经过初步摸索,认为'反思'这个字有(1)反思或后思(nachdenken),有时也有'回忆'或道德上的'反省'的意思;(2)反映;(3)返回等意义(德文有时叫 sich reflektiert 或 sich zurückreflektiert)。另外'反思'一词与下面(4)(5)(6)诸词的意义有密切联系:(4)反射(Reflex)、(5)假象(Schein)、(6)映现或表现(erscheinen)。列宁也指出,黑格尔论'反思性的种类'……非常晦涩;又指出'怎么翻译呢? 反思性? 反思的规定? 译反思是不合适的'(第38卷,第139页)。足见'反思'一词的烦难,因此务请读者从上下文联系去了解'反思'一词的意义和译法。"①综观黑格尔对反思一词的运用,特别是依据哲学思维的本性,我认为,哲学的反思除了后思这种最初级的含义外,还有一种更重要的深层含义,这就是反观,即从人与世界的关系,特别是从人的活动及其结果来反观人自身,包括人这种特殊存在物的性质、地位、作用、能力、生存方式、生存状态等等,以便求得人的生存自觉和人的价值的充分实现。这是因为,人的性质、地位、作用、能力、生存方式、生存状态等总是投射或表现于一定的人与世界的关系之中,特别是投射或表现于人的对象性活动及其结果之中;只有从反射着、反映着、映现着、表现着人的性质、地位、作用、能力、生存方式、生存状态等的人与世界的关系,特别是人的对象性活动及其结果来反复不断地反观人自身,才能实现对人的哲学把握或哲学层面上的人的自我意识。顺便指出,人们通常说哲学的研究对象是人与世界的关系,就任何哲学理论都绕不开人与世界的关系、都必须通过对人与世界关系的研究来解决自己面临的特定问题而言,这种说法无疑是正确的。但是,当我们这样说时,切不可忘记哲学反思的上述含义,切不可忘记哲学研究人与世界的关系乃是为了研究人本身。

---

① [德]黑格尔:《小逻辑》,贺麟译,商务印书馆1980年版,第xxi页。

哲学是一种反思的人学,意味着哲学的不同形态实即反思的人学的不同形态。那些主张人学是哲学的一种新的形态即当代形态的人认为,传统哲学形态如古代的本体论哲学和近代的认识论哲学都是漠视人的,只有当代哲学才把人的问题作为哲学思考的中心和主题,才真正开始走向人学。这种看法是不符合哲学发展的历史实际的,它没有用历史的眼光来看待哲学的历史发展。其实,作为一种反思的人学,哲学迄今所经历的任何一种历史形态都是以人作为自己思考的中心和主题的,只不过受各自时代历史条件的决定,不同历史形态的哲学思考人的角度、重心或关注的中心问题有所不同罢了。在这一点上,即使是古代的本体论哲学也不例外。古代本体论哲学的根本旨趣是探求存在于一切现象背后并作为一切现象之根据的某种超验的、绝对的本体,这种旨趣表面上看来的确是无关乎人的,甚至是敌视人的,因为在它看来,即使是现实的人及其活动也是由某种外在的本体决定的。然而,古代哲学为什么会去追求这种超验的、绝对的本体呢?只要我们作如是进一步的追问,事情就会变得明了。亚里士多德说得好:哲学"起于对自然万物的惊异"①。面对纷繁复杂、变动不居的自然事物,古代人类充满了惊异和恐惧。正是这种惊异和恐惧,促使古代哲人去探寻那种他们坚信隐藏在纷繁复杂、变动不居的自然事物背后、能够统摄万物并且是万变中之不变者的本体,以便对自然万物作出一种统一的理解,由此消释人们心中的惊异和恐惧,使人们确立起最基本的生存信念。因此,古代的本体论哲学决不是一种漠视人的哲学形态,而是古代人类生存能力极低情况下一种特殊形态的反思的人学,其旨趣非但不是敌视人的,反而是要为人的生存及其意义找寻一种原初的理性支点,而这正标志着哲学作为人的自我意识的最初觉醒。至于近代的认识论哲学,其人学性质就更不待言了。认识本身就是人的一种主体性活动,并且是近代最能表现人的本质力量的活动。借助于科学理性之光,近代哲学从人的认识活动、特别是从人的认识能力来反观人的生存及其意义、人的价值及其实现,把古代本体论哲学中觉醒的人的自我意识推

---

① [古希腊]亚里士多德:《形而上学》,吴寿彭译,商务印书馆 1959 年版,第 5 页。

进到了一个全新的高度。当然,与古代的本体论哲学和近代的认识论哲学相比较,当代哲学确有它的特殊之处:它既不再像古代的本体论哲学那样希图通过证明人与世界统一于某种超验的本体来构筑人的生存信念,也不再像近代的认识论哲学那样力求通过彰显人的认识能力来论说人的独特价值,而更多地是立足于当代人所面临的生存危机,即立足于现实中人与世界之间不统一或不和谐关系、人的理性和能力的不合理运用及其导致的各种否定性结果,来探寻人的生存意义和人的价值的实现途径。显然,当代哲学与传统哲学的差别,仅仅是反思的人学内部的差别,而不是人学与非人学的差别。如果说当代哲学是贴近当代人真实的生存境况的话,那么,我们同样有理由说,古代的本体论哲学和近代的认识论哲学同样也是贴近古代人和近代人真实的生存境况的。

五

马克思主义哲学与价值哲学

马克思主义哲学与价值哲学的关系是怎样的？关于这一问题，国内学术界有三种截然不同但却都很有代表性的观点：第一种观点认为，价值哲学历来都是哲学的一个研究领域即哲学的分支学科或部门哲学，而马克思主义哲学同样也有自己的价值哲学；第二种观点认为，原生形态的马克思主义哲学中是没有专门的价值哲学的，价值哲学是在马克思主义哲学创立后产生的一个哲学流派，它在一个相当长的时期内是处于马克思主义哲学的理论视野之外的，但马克思主义哲学实际上为我们研究价值问题提供了基本的立场、观点和方法；①第三种观点认为，虽然价值哲学产生于19世纪中叶的哲学变革，但它有广义和狭义之分，其中，狭义的价值哲学即作为一个哲学流派的价值哲学的创始人是新康德主义者洛采（Rudolf Hermann Lotze，1817—1881），而广义的价值哲学即作为一种新的哲学理念和哲学立场的价值哲学的创立者，不仅有洛采，还有马克思。②

不难看出，上述三种观点都是以各自对价值哲学的不同理解为前提的，其中，有的把价值哲学理解为一种分支哲学或部门哲学，有的把价值哲学理解为一个哲学流派，还有的把价值哲学理解为一种新的哲学理念

---

① 参见王玉梁：《马克思主义哲学与价值哲学》，载《价值论与伦理学论丛》第1辑，湖北人民出版社2002年版。

② 参见冯平：《重建价值哲学》，载《哲学研究》2002年第5期。

和哲学立场,它们正是从这些对价值哲学的不同理解出发而得出其关于马克思主义哲学与价值哲学之关系的不同看法的。在我看来,尽管持上述观点的人中也有人试图区分广义的价值哲学与狭义的价值哲学,但他们所理解的价值哲学实际上都只是一种狭义的价值哲学。而如果仅仅满足于这样一种对价值哲学的狭隘理解,必然会误解价值哲学乃至全部哲学的本性,从而也必然会误解马克思主义哲学与价值哲学的本真关系。

（一）哲学只有作为价值哲学才是可能的

"价值哲学"本身是一个充满陷阱的概念,必须小心地加以使用。价值哲学的确有狭义与广义之分。狭义的价值哲学(Philosophy of Value)只是哲学的一个研究领域或分支学科,它以价值概念和各种专门的价值问题为研究对象。价值哲学之成为哲学的一个独立研究领域或分支学科,当归功于产生于19世纪中后期的作为一种哲学流派的价值论(Axiology,又译"价值学"),而后者又是与洛采、里奇尔、尼采、布伦塔诺、迈农、艾菲尔斯等一大串名字联系在一起的。《简明不列颠百科全书》称:"价值学(Axiology)"是"对于最为广义的善或价值的哲学研究。它的重要性在于:1.扩充了价值一词的意义;2.对于经济、道德、美学以至逻辑方面的各种各样的问题提供了统一的研究,这些问题以往常常是被孤立开来考虑的"①。值得注意的是,上述这些人在他们的论著中曾使用过"价值论"、"一般价值论"或"价值理论"等概念,但并没有把他们的学说和理论称为"价值哲学"。只是由于这一流派对价值概念和各种价值问题进行了集中的、统一的研究,引起了人们对价值概念和价值问题作专门研究的重视,并使得20世纪20年代以后出现了一系列以"价值哲学"为题的著作,因而它客观上促成了价值哲学这一哲学分支学科的独立。就此而论,作

---

① 《简明不列颠百科全书》第4卷,中国大百科全书出版社1985年版,第306页。

为一种哲学流派的价值论的确为哲学的发展作出了重要贡献。但是,若像某些论者那样说它将人类生活的价值问题提升为哲学的核心问题,从而提供了一种新的哲学理念和哲学立场、引起了一场哲学变革,那就未免太夸大其词了。其实,哲学于价值问题并不陌生,反倒历来都以对价值问题的探讨为自己的核心内容。哲学本身就是一种广义的价值哲学,哲学也只有作为一种价值哲学才是可能的。从真正广义的价值哲学的角度来看问题,一切哲学皆为价值哲学;在"哲学"前面加上"价值"这一定语,既未给"哲学"增添点什么,也未使它减少点什么。

"价值"是一个只与人类及其活动有涉的关系范畴,价值问题是一个专属人类生活中的问题。价值范畴所标示的是对象对人的意义,亦即客体的存在、属性或功能对主体需要的满足关系,这种意义关系是唯有对人才存在的。马克思曾说:"凡是有某种关系存在的地方,这种关系都是为我而存在的;动物不对什么东西发生'关系',而且根本没有'关系';对于动物来说,它对他物的关系不是作为关系存在的。"[1]从常识的观点看,动物与其周围的事物或某一动物与其他动物之间似乎也有某种客观的关系,如空间上的并存关系、同类关系等等。但实际上,所有这些关系都只有对人而言才存在。动物与其他事物之间是未分化的,对象对动物而言根本就不是对象,因而对动物来说也就不存在任何性质的关系,当然也不存在什么价值关系。与动物不同,人不仅能在思想和意识中把自身与外物区别开来,能够明确地区分自身的需要与需要的对象,而且还能使自己为满足需要而进行的活动变成自己的意志和意识的对象,因此,对人而言处处都存在着价值关系,人的活动也总是表现为对价值的自觉追求。所以,马克思说:"有意识的生命活动把人同动物的生命活动直接区别开来。正是由于这一点,人才是类存在物。"[2]

人类活动与动物活动的这一重要区别,是有其深刻的文化人类学根源的。动物活动的典型特征之一,就在于它的直接性。为了保存自己,动

---

[1] 《马克思恩格斯选集》第 1 卷,人民出版社 1995 年版,第 81 页。
[2] 《马克思恩格斯全集》第 42 卷,人民出版社 1979 年版,第 96 页。

物也会对来自环境的刺激作出某种形式的应答，但这种应答必定在时间上直接伴随着刺激，并且总是以同样的方式进行的。我们通常所谓的动物"本能"，不外就是这样一些固定的连续行为。因此，一切动物，包括最高等的动物类人猿都"生活在一个狭小的世界中，在空间上限于它的感觉的范围之内；在时间上则局限于眼前，也许间或会产生一种预感的萌芽与意念的闪烁"①。而当我们步入人类活动领域时，情况就大不相同了。在最简单和最原始的形式中，人类行为就具有一种间接性特征。"这一行为方式上的变化最明显不过地表现在人类向工具使用转变的过程中。因为，人类要发明工具，就必须使其视野超出他的直接需要的领域之外。当他制作工具时，他的行为不是只根据一时冲动或只根据当下之急需，不是为一种实际的刺激所推动，他尚顾及一些可能的需要，以及为满足这些可能的需要而预先需要准备的手段。工具所要服务的目的本身包含着一特定的'预见'。这一动力不仅是来自眼前的压力，相反，它也属于未来，而这个未来之'预示'是所有人类行为之特征。"②因此，与动物世界根本不同，人类世界"不仅由当下构成，而且也由过去和将来构成"③。值得指出的是，过去、现在（当下）和未来这三个时间向度对于人类活动的意义是根本不同的，其中，过去和现在都是既成的现实，只有未来才是尚未确定的、可选择的，才属于一个充满多种可能性的领域。正因为未来充满了多种可能性，所以人们面对未来就必然会提出一个"应该"的问题，就必然要为自己的活动确立一定的目的，而目的就是人们对于那种与自身的需要最相符合的可能性"应该"成为现实的确认。在未来这个时间向度上，人们实现目的的活动亦即依循"应该"而进行的活动就是一种价值创造活动，人们对目的或"应该"的追求就是对价值的自觉追求。

哲学是关于人与世界关系的学问，是对于人与世界的关系及其未来发展的理性反思和理性自觉。哲学也是人类观念地把握世界的一种基本

---

① ［美］L. A. 怀特：《文化的科学》，沈原等译，山东人民出版社1988年版，第46页。
② ［德］恩斯特·卡西尔：《人文科学的逻辑》，沉晖等译，中国人民大学出版社1991年版，第63页。
③ ［美］L. A. 怀特：《文化的科学》，沈原等译，山东人民出版社1988年版，第46页。

方式,但它与人类观念地把握世界的其他理性方式即科学有着重大的区别,它们的理论旨趣迥异,并因此而在思维方式上也根本不同。一切科学,无论是自然科学还是社会科学,其目的都在于把握对象的客观规律,形成关于对象客观规律的知识。为了达到这一目的,一切科学研究都必然以事实为其中心关注点,都属于关于对象是什么(对象的本质、属性、关系、状态、原因及发展趋势等是什么)问题的研究。科学也研究人及人与世界的关系,包括人与自然的关系(如环境科学)、人与人的关系(如社会学、经济学)以及人与自身的关系(如心理学),但作为科学研究的对象,人及人与世界的关系与别的自然事物和社会事物并没有本质的区别,就是说,科学对人及人与世界关系的研究也始终是立足于事实层面的,是一种关于对象实然状态的研究,即关于对象是什么问题的研究。科学研究也会涉及对象的过去、现在和未来等时间向度,但对科学研究而言,它们都只是事实的不同时间向度,是对象的不同"是"态。例如,关于对象的未来,科学研究仅限于揭示出对象的客观发展趋势或种种可能性。因此,虽然在科学、特别是社会科学是否价值中立的问题上人们之间存在着极大的分歧和广泛的争论,但我们至少可以说,科学研究的根本旨趣在于揭示事实,在于回答对象是什么的问题。也正因如此,科学研究可以使用并且也只能使用实证的方法。与此不同,哲学是对作为主体的人与作为对象的世界之间的关系的研究,其目的是要从总体上教导人们如何驾驭和处理人与世界的关系。为了实现这一目的,哲学研究必然以价值、以对象对人的意义为其中心关注点,哲学研究本质上属于关于人与世界的关系应该如何问题的研究。人是通过自己的活动与世界发生关系的,全部人与世界的关系都是由人的活动建构起来的,人与世界关系的应然状态也必须通过人的自觉活动去实现,就此而言,哲学对人与世界关系的研究也就是对人的活动的研究。为了理解人与世界的关系,为了说明人的活动,哲学当然也要研究人和世界本身,甚至也要研究支配人和世界的一些普遍性的规律,但哲学对人与世界及其普遍规律的研究决不止于事实本身,而总是要进一步追问如此这般的事实对于人的生存和发展有何意义。在时间向度上,哲学本质上是面向未来的。尽管哲学研究也必然会涉及人与世界关系的过去和现在,但哲学对人与世界关系实然状态的探索,终究是为了回答人与世界的关系在未来这个时间向度上应该如何的问题。总之,虽然哲学研究贯注着尊重事实的理性精神,虽然哲学理论也需得到经验事实的支撑,但哲学研究总是以探究和发现价值、对人与世界的关系或人类活动应该如何的问题作出回答为根本旨趣的。正是在这个意义上,我们说哲学本身就是一种广义的价值哲学,哲学只有作为一种价值哲学才是可能的。也正因如此,哲学的思维方式不可能是实证的,而只能是反思的和批判的。

（二）旧哲学作为价值哲学的缺陷

哲学本身是一种广义的价值哲学,意味着哲学产生和发展的历史也就是广义价值哲学产生和发展的历史。换句话说,如果我们能够突破对价值哲学的狭隘理解的话,我们就会发现,价值哲学并非晚至 19 世纪以后才出现,而是与哲学本身共始终的。

在哲学即广义价值哲学这一点上,即使是古代哲学,情况也不例外。古代哲学执著于探求那种存在于一切现象背后并作为一切现象之根据的超验的、绝对的本体或本原,乃是为了对纷繁复杂、变动不居的自然万物作出统一的理解,以便消释古代人类对外部世界所特有的那种惊异和恐惧,使人们确立起最基本的生存信念,从而能够从容、泰然地面对外部世界。中世纪的哲学和近代哲学也基本上是沿着古代哲学的思路向前探索的,只不过人们用以对世界作出统一理解的根本原则不再是"本原",而是"上帝"或"理性"（或"理性"的别名,如"绝对精神"等）。并且,与古代哲学一样,中世纪的哲学和近代哲学用"上帝"或"理性"来对世界作出统一理解的目的,也仍然是要对人与世界的关系或人类活动应该如何的问题提供某种解答。当然,近代哲学与古代哲学有很大的差异。例如,有人认为,古代哲学是一种本体论哲学,而近代哲学则属于一种认识论哲学。但是,即使把近代哲学视为一种认识论哲学,它同样也不是游离于广义的价值哲学之外的。认识本身就是人与世界关系的一种表现形式,近代哲学对人的认识活动,特别是对人的认识能力("理性")的探讨,其目的在于规范人们的认识活动、促进科学认识的深入发展,使其更好地满足近代人类实践的需要,因而它更加鲜明地体现了哲学以对人与世界的关系或人类活动应该如何问题的探讨为核心内容的广义价值哲学性质。

不过,在马克思主义哲学产生以前,旧哲学对各个时代人与世界关系或人类活动所面临的价值问题的探讨是存在着严重缺陷的。对此,18世纪的休谟已有所觉知。休谟曾说:"在我所遇到的每一个道德学体系中,我一向注意到,作者在一个时期中是照平常的推理方式进行的,确定了上帝的存在,或是对人事作了一番议论;可是突然之间,我却大吃一惊地发现,我所遇到的不再是命题中通常的'是'与'不是'等连系词,而是没有一个命题不是由一个'应该'或一个'不应该'联系起来的。这个变化虽是不知不觉的,却是有极其重大的关系的。"①他指出,如何能够从"是"过渡到"应该",即如何能够从事实判断过渡到价值判断,是需要作出论述和说明的,但以往人们并没有作出这种论述和说明。"我相信,这样一点点的注意就会推翻一切通俗的道德学体系。"②休谟的这一批评完全适用于以往的各种哲学理论。尽管各种旧哲学都力图为人与世界的关系或人类活动应该如何的问题提供某种解答,但它们都普遍地陷入了如何从"是"过渡到"应该"、从事实判断过渡到价值判断的困境,它们都没有说明、事实上也无法说明这种过渡是如何可能的,因为从"是"到"应该"、从事实判断到价值判断根本就没有逻辑通道,就是说,任何人都不可能从"是"合乎逻辑地过渡到"应该"或从事实判断合乎逻辑地推导出价值判断。"是"与"应该"、事实判断与价值判断之间逻辑链环的缺失构成了旧哲学作为广义价值哲学的意义的极限,它使得旧哲学作为广义价值哲学的性质和种种理论上的努力如此不被信任,以致人们认为19世纪以前的西方哲学史上根本就未曾有过什么价值哲学,亦即认为价值哲学是19世

---

① [英]休谟:《人性论》,关文运译,商务印书馆1980年版,第509页。
② [英]休谟:《人性论》,关文运译,商务印书馆1980年版,第510页。

纪中叶以后才产生的。

旧哲学之所以出现并无法解决如何从"是"过渡到"应该"、从事实判断过渡到价值判断这样一个难题,其根本原因由马克思作了深刻揭示。马克思认为,以往的一切哲学都只是在以不同的方式解释世界。也就是说,旧哲学在理论本性上属于一种"解释世界"的哲学,它们都致力于探寻某种能够对世界作出统一解释、终极解释的最根本的原则,并把这种根本原则或者归结为"本原",或者归结为"上帝"或者"理性"。而当旧哲学致力于这样那样地对世界作出统一解释、终极解释时,它们实际上已偏离甚至放弃了哲学的本务,实际上是在进行一种特殊意义上的科学研究,其所得出的种种结论实际上都是一些臆想的、并没有事实根据的事实判断。旧哲学这种"解释世界"的理论本性通常被人们称为"哲学的知识论立场"。这种哲学的知识论立场,把哲学视为具有最大的普遍性和概括性的知识体系,亦即把哲学视为关于整个世界的普遍规律的知识系统。于是,哲学就成了构成全部科学之基础的、具有最大普遍性的科学,成了"科学的科学"。因此,虽然旧哲学也以探究和回答人与世界的关系或人类活动应该如何的问题为根本旨趣,但其"解释世界"的理论本性却是与这一根本旨趣相悖谬的,就是说,旧哲学"解释世界"的理论本性决定它最多只能回答世界是什么的问题,而根本无法解决人与世界的关系或人类活动应该如何的问题。不过,旧哲学并不懂得这一点。在旧哲学看来,"解释世界"的根本原则必然同时也是规范世界的根本原则,因而只要发现了"解释世界"的根本原则,也就自然而然地能够回答人与世界的关系或人类活动应该如何的问题、得出关于人与世界的关系或人类活动应该如何问题的种种结论。关于这一点,我们可以从黑格尔的"凡是现实的都是合理的,凡是合理的都是现实的"这一名言中看得很清楚。正如恩格斯所指出的,在黑格尔看来,"思维和存在的同一性要得到证实,人类就要马上把他的哲学从理论转移到实践中去,并按照黑格尔的原则来改造整个世界。这是他和几乎所有的哲学家所共有的幻想"①。

---

① 《马克思恩格斯选集》第 4 卷,人民出版社 1995 年版,第 225 页。

（三）马克思主义哲学在价值哲学发展中的变革

与各种旧哲学根本不同，马克思主义哲学在理论本性上属于一种"改变世界"的哲学。马克思指出："哲学家们只是用不同的方式解释世界，而问题在于改变世界。"①从"解释世界"到"改变世界"的转变，是哲学理论本性的根本变化，也是哲学即广义价值哲学发展过程中的重大变革。

从"解释世界"到"改变世界"的转变，意味着哲学主题的根本转换。哲学主题是哲学探讨的核心问题，它从根本上制导着哲学的提问方式，并由此鲜明地体现着哲学的理论本性。古代哲学的主题是世界的统一性问题，古代哲学的典型问题是"世界的本原是什么"，古代哲学通过对这一问题的回答而直接对世界的统一性问题作出断言。随着哲学的认识论转向，近代哲学不再直接对世界本身作出断言，而是对关于世界的认识或思想何以真的是关于世界的认识或思想的问题作出断言。近代哲学的主题是认识或思想的客观性问题，其典型问题是"认识或思想的普遍必然性的基础或根据是什么"。而无论是古代哲学对世界本身的断言，还是近代哲学对关于世界的思想的客观性的断言，都只是一种关于事物实然状态的断言，都没有也不可能超越事实判断的范围。作为"改变世界"的哲学，马克思主义哲学的主题则是现存世界或人与世界关系的合理化问题。正如马克思所说："对实践的唯物主义者即共产主义者来说，全部问题都在于使现存世界革命化，实际地反对并改变现存的事物。"②而对于现存世界或人与世界关系合理化问题的回答，也就是对于人与世界的关系或

---

① 《马克思恩格斯选集》第 1 卷，人民出版社 1995 年版，第 61 页。
② 《马克思恩格斯选集》第 1 卷，人民出版社 1995 年版，第 75 页。

人类活动应该如何问题的回答。因此,马克思主义哲学直接面对人的生活世界,直接切入人类生活中的根本价值问题即人与世界的关系或人类活动应该如何的问题,从而有效地突破了旧哲学所面临的如何从"是"过渡到"应该"、从事实判断过渡到价值判断的难题。

从"解释世界"到"改变世界"的转变,也意味着哲学思维方式的根本转换。马克思指出:"人的思维是否具有客观的[gegenständliche]真理性,这不是一个理论的问题,而是一个实践的问题。人应该在实践中证明自己思维的真理性,即自己思维的现实性和力量,自己思维的此岸性。关于思维——离开实践的思维——的现实性或非现实性的争论,是一个纯粹经院哲学的问题。"①对于马克思这段广为人知的论述,以往人们只是从认识论上加以理解和解释,即认为它阐明了实践是检验真理的标准的观点。其实,马克思的这一论述是针对旧哲学,特别是近代哲学的思维方式而发的。近代哲学的主题是认识或思想的客观性问题,也就是"人的思维是否具有客观的真理性"问题。从解释世界的要求出发,近代哲学把这一问题当作是一个纯粹理论问题,并且仅仅局限于理论的范围内来讨论这一问题,因而不仅根本无法解决这一问题,而且还使得这一问题成为"一个纯粹经院哲学的问题"即无意义的问题,因为人们只有超出理论的范围即在实践中才能证明自己的认识、思想或思维的客观真理性,也只有在实践中才能展示出具有客观真理性的认识、思想或思维的价值和意义。因此,马克思这一论述的意义决不仅仅局限于认识论,而是提出和确立了一种全新的哲学思维方式,即"改变世界"的哲学所必然要求的实践观点的思维方式。正是通过运用这种实践观点的思维方式,马克思主义哲学透辟地论述了现存世界或人与世界关系的合理化这一人类生活中的根本价值问题。在马克思看来,实践不仅是解决认识、思想或思维的客观真理性问题的根本立足点,而且也是全部人类生活的奥秘之所在。"社会生活在本质上是实践的。凡是把理论导致神秘主义的神秘东西,都能在人

① 《马克思恩格斯选集》第1卷,人民出版社1995年版,第55页。

的实践中以及对这个实践的理解中得到合理的解决。"①实践是人类活动的基本形式，作为一种高度有目的的活动，它是人类基于对现实的不满足并依循关于未来"应该"如何的理想而进行的活动，是人类永不停息地追求价值、创造价值、将价值理想不断地转化为现实的过程。实践也是全部人与世界关系的基础，现存的人与世界关系的种种不合理状态说到底都是以往的不合理实践的结果，而理想的人与世界关系或人与世界关系的应然状态也必须通过实践的合理化、革命化才能实现。因此，现存世界的合理化问题、人与世界的关系或人类活动应该如何的问题，归根到底也就是人类应该如何实践的问题。

从"解释世界"到"改变世界"的转变，还意味着哲学功能的根本转换。我们说旧哲学是解释世界的哲学而不是改变世界的哲学，并不意味着旧哲学从未想到过要改变现存世界、毫无变革现实的意愿。事实上，近代的许多哲学家都曾对宗教和现存社会进行过猛烈的批判，表现出变革现实的强烈愿望。但是，这些哲学家给自己提出的任务是如何去理解和说明现存的东西，而不是回答改变现存世界的实践活动所提出的问题。他们至多也只是致力于改变人们的意识或观念，即致力于以某种新的方式去理解和说明现存世界。"这种改变意识的要求，就是要求用另一种方式来解释存在的东西，也就是说，借助于另外的解释来承认它"，尽管他们"满口讲的都是'震撼世界的'词句，却是最大的保守派"。② 因此，旧哲学尽管也有探究现存世界的合理化或人与世界关系应该如何问题的意愿，甚至也曾为这一问题提供了某种答案，但由于其解释世界的理论本性，它们只能或者像前述那样堕入于现存世界无关痛痒的、关于"应该"的空洞说教，或者沦落到单纯为现存世界辩护的境地，从而失去了哲学作为广义价值哲学引导人类生活前进的功能。与此不同，作为"改变世界"的哲学，马克思主义哲学自觉地探讨人类应该如何实践的问题，并立足于"革命的实践"，努力"在批判旧世界中发现新世界"。马克思主义哲学的

---

① 《马克思恩格斯选集》第 1 卷，人民出版社 1995 年版，第 60 页。
② 《马克思恩格斯选集》第 1 卷，人民出版社 1995 年版，第 66 页。

价值追求,其现存世界或人与世界关系合理化的价值指向,亦即共产主义的价值理想,是引领人类生活不断前进的精神向导和激发社会进步的不竭动力。

总之,作为一种"改变世界"的哲学,马克思主义哲学比以往任何哲学都更加鲜明地体现了哲学的根本旨趣,更充分地体现了哲学作为广义的价值哲学的性质。正是在这种意义上,我们说马克思主义哲学在价值哲学发展中实现了一次重大变革。

六

马克思的"自由个性"概念

在《资本论》第一手稿即《经济学手稿》(1857—1858 年)中,马克思曾提出了人的发展的"三阶段"说,把人的历史发展过程区分为"人的依赖关系"、"以物的依赖性为基础的人的独立性"和"自由个性"三个阶段,并由此把"自由个性"视为人的发展的理想状态。在近年来国内学术界的人学研究中,人们极为重视马克思的这一思想,并曾这样那样地论及过"自由个性"概念。但是,人们对马克思的"自由个性"概念却存在着诸多的误解,其中,有人把"自由个性"等同于"个性自由",有人把"自由个性"归结为人的自由发展,还有人把"自由个性"理解为人的全面发展。有鉴于此,有必要对在马克思的人学思想中具有特殊重要性的"自由个性"概念作一专门论析。

(一)"自由个性"与"个性自由"

"自由个性"和"个性自由"是两个既内在相关却又很不相同的概念。虽然马克思未曾明确地使用过"个性自由"概念,但从马克思的有关论述看,这一概念与他用来概括人的发展的理想状态的"自由个性"概念有着明显的区别。一些人把这两个概念加以混同,势必误读马克思的人学思想,特别是马克思关于人的发展的理论。

"自由个性"和"个性自由"都与"自由"和"个性"这两个概念相关。因此,要明确"自由个性"与"个性自由"的区别,首先必须对"自由"和"个性"这两个概念作一辨析。

按照美国学者摩狄曼·J. 阿德勒的说法,"自由"向来都是西方思想中的"大观念"之一。西方思想史上有关自由的论著和学说可谓汗牛充栋,人们在"什么是自由"这一问题上的歧见如此之多,以致于近代的孟德斯鸠就曾说过:"没有一个词比自由有更多的涵义,并在人们意识中留下更多不同的印象了。"①阿德勒在综合各种关于自由的学说的基础上,概括了出三种形式的自由,即"天生的自由"、"后天自由"和"环境自由",其中,以"环境自由"最为重要。而所谓环境自由,也就是环境允许人"按照自己的欲求去行动",亦即人能够按照自己的意愿行事。② 这种意义上的自由最为受到近代思想家们的重视。例如,洛克在《政府论》中把这种人能够按照自己的意愿行事的自由视为人的一种不可剥夺的自然权利,而密尔在其著名的《论自由》一书中则说:"唯一实称其名的自由,乃是按照我们自己的道路去追求我们自己的好处的自由。"③马克思继承了近代的这一自由概念,并对其作了明确的论述。马克思指出:"有意识的生命活动把人同动物的生命活动直接区别开来。正是由于这一点,人才是类存在物。或者说,正因为人是类存在物,他才是有意识的存在物,也就是说,他自己的生活对他是对象。仅仅由于这一点,他的活动才是自由的活动。"④这就是说,人的活动的自由就在于他能把自己的活动作为自己的意识和意志的对象,从而能够控制自己的活动、按照自己的意志行事。在这里,问题的关键不在于人是否想按照自己的意志行事,而在于环

---

① [法]孟德斯鸠:《论法的精神》(上册),张雁深译,商务印书馆1961年版,第153页。
② 参见[美]摩狄曼·J. 阿德勒:《六大观念:真、善、美、自由、平等、正义》,陈珠泉、杨建国译,团结出版社1989年版,第144—153页。
③ [英]约翰·密尔:《论自由》,许宝骙译,商务印书馆1959年版,第14页。
④ 《马克思恩格斯全集》第42卷,人民出版社1979年版,第96页。

境是否允许人按照自己的意志行事。人们只有积极地改造环境,从而控制自己的生存条件,才能真正获得自由。"劳动尺度本身在这里是由外面提供的,是由必须达到的目的和为达到这个目的而必须由劳动来克服的那些障碍所提供的,但是克服这种障碍本身,就是自由的实现,而且进一步说,外在目的失掉了单纯外在必然性的外观,被看作个人自己自我提出的目的,因而被看作自我实现,主体的物化,也就是实在的自由,——而这种自由见之于活动恰恰就是劳动。"①总之,在马克思那里,自由是指人的活动的一种特定状态,即人的活动的自主状态。

个性即作为个体的人的特性,它是相对于人的类特性而言的,并与人的类特性一起构成人的社会性的两个基本方面。人的类特性是为所有的人所共有并为人类所独有的规定性,它在与"非人"的存在物的比较和相互作用中得到肯定和展现。构成人的类特性的最本质的方面是劳动。马克思指出:"一个种的全部特性、种的类特性就在于生命活动的性质,而人的类特性恰恰就是自由的自觉的活动。"②作为"自由的自觉的活动",劳动集中地体现了人作为一个"类"的社会性。人的个性则是为每一个个体所独有而与他人相区别的规定性,它在与他人和社会的比较和相互作用中得到确证和实现。人的个性是人的社会性的具体表现,"个性是每个单个的人具有的社会在他身上培养出来的特征和品质的总和的体现者"③。也正因如此,在阶级社会里,人的个性总是受到阶级关系的决定、打上了阶级性的鲜明烙印。"各个人的出发点总是他们自己,不过当然是处于既有的历史条件和关系范围之内的自己,而不是玄想家们所理解的'纯粹的'个人。然而在历史发展的进程中,而且正是由于在分工范围内社会关系的必然独立化,在每一个人的个人生活同他的屈从于某一劳动部门以及与之相关的各种条件的生活之间出现了差别。这不应当理解为,似乎像食利者和资本家等等已不再是有个性的个人了,而应当理解

---

① 《马克思恩格斯全集》第46卷(下),人民出版社1980年版,第112页。

② 《马克思恩格斯全集》第42卷,人民出版社1979年版,第96页。

③ [苏]格·里·富尔曼诺夫:《历史唯物主义——普通社会学原理》,王荣宅、左少兴译,北京大学出版社1987年版,第128页。

为,他们的个性是由非常明确的阶级关系决定和规定的。"①

　　根据关于"自由"和"个性"概念的上述辨析,现在我们可以对"自由个性"与"个性自由"这两个概念及其关系作一阐述。个性自由是人的自由的一种特定形式,是指个人在社会生活中能够自主地进行自我选择和自我设计,或者说是指社会生活允许人们自主地追求自身区别于他人的特异性。虽然马克思未曾明确地使用"个性自由"概念,但他却多次论及过"个人自由",而"个人自由"与"个性自由"大体上同义,至少"个人自由"是包含"个性自由"的。在马克思看来,个人自由是个人活动的自主状态,即人们摆脱了自己的生存条件完全受偶然性支配的状态,它意味着从前完全受偶然性支配的人们的生存条件在一定程度上受到了人们的自觉控制,"这种在一定条件下不受阻碍地利用偶然性的权利,迄今一直称为个人自由"②。马克思还把完全受偶然性支配即没有个人自由的个人称为"偶然的个人",并将其与"有个性的个人"即获得了某种个人自由或个性自由的个人区别开来,"有个性的个人与偶然的个人之间的差别,不是概念上的差别,而是历史事实。在不同的时期,这种差别具有不同的含义"③。而这种差别之所以曾在历史上不同时期存在,是因为在以往的阶级社会中"个人自由只是对那些在统治阶级范围内发展的个人来说是存在的,他们之所以有个人自由,只是因为他们是这一阶级的个人"④。在马克思看来,个人自由或个性自由有其历史的规定性,它是随着历史进步而不断发展的,而其全面、充分的实现只有在未来的共产主义社会才有可能。与"个性自由"不同,"自由个性"所标示的则是人的个性发展的最高境界,在这种境界中,人们已经完全控制了自己的生存条件,人的个性极其丰富,构成人的个性的各种因素包括人的体力、智力、才能、兴趣、品质等等都得到全面发展。作为人的个性发展的最高境界,自由个性也就是人的发展的理想状态,而具有自由个性的人也就恩格斯所说的"自由的

---

① 《马克思恩格斯选集》第1卷,人民出版社1995年版,第119页。
② 《马克思恩格斯选集》第1卷,人民出版社1995年版,第122页。
③ 《马克思恩格斯选集》第1卷,人民出版社1995年版,第122页。
④ 《马克思恩格斯选集》第1卷,人民出版社1995年版,第119页。

人"："人终于成为自己的社会结合的主人，从而也就成为自然界的主人，成为自身的主人——自由的人。"①显然，要达致自由个性这种人的个性发展的最高境界或人的发展的理想状态，需要具备诸多的条件，而人的个性自由只是其中之一。换言之，个性自由只是人的发展过程中迈向自由个性的一个台阶，是人的自由个性实现的一个基本前提。诚然，没有个性自由，人的自由个性这一人的发展的理想状态就永远也无法实现。但是，如果将个性自由与自由个性加以混同、把自由个性归结为个性自由，就会迷失人的发展的目标和方向。

（二）"自由个性"与人的自由发展

作为人的个性发展的最高境界和人的发展的理想状态，"自由个性"不仅有别于"个性自由"，而且也区别于人的自由发展。如果说人的个性自由是人的自由个性实现的一个基本前提，那么，人的自由发展则是通达人的自由个性的路径。

在马克思那里，所谓人的自由发展，主要是指个人的自由发展或人的个性的自由发展，亦即人们在不受外在目的的规定和其他外力左右的情况下自主地发展自己的体力、智力、才能、兴趣、品质等等。人的自由发展与人的个性自由之间有着本质的内在统一性。我们说个性自由是人的自由个性实现的基本前提，首先是因为它是人的自由发展的根本条件。人的个性自由，说到底就是人们发展自己的个性的自由。因此，如果说自由个性是人的发展的理想状态，那么，个性自由和人的自由发展都是通达这种理想状态所不可或缺的要件。不过，在对人的发展状态的揭示上，人的个性自由和人的自由发展是有分别的。其中，人的个性自由侧重于说明社会生活为个人的自主发展所提供的可能性空间，而人的自由发展则主

---

① 《马克思恩格斯选集》第3卷，人民出版社1995年版，第760页。

要表征着在这种可能性空间中人的发展的自主状态。

马克思对个人自由发展的强调和关注,是有其广阔的历史背景和深刻的理论原因的。在马克思看来,人是通过劳动从自然界中分化独立出来的,而作为人的"有意识的生命活动",劳动是一种"自由的自觉的活动",它与动物的生命活动有着根本的区别,并由此构成人的"类特性"、"类本质"或"类生活"。因此,相对于动物而言,能够从事"有意识的生命活动"即劳动生产的人类生来就是一种自由的存在物,人类通过劳动而不断发展的历史也应该是人类自由发展的历史。然而,这种自由发展在人类个体身上并没有得到实现,因为在私有制条件下,对于人类个体来说,劳动已由作为人的"类特性"、"类本质"或"类生活"的"自由的自觉的活动"异化为一种由必需和外在目的规定要做的、束缚人的自由发展的活动,即变成了仅仅是维持人的肉体生存的手段。"异化劳动,由于(1)使自然界,(2)使人本身,他自己的活动机能,他的生命活动同人相异化,也就使类同人相异化;它使人把类生活变成维持个人生活的手段。第一,它使类生活和个人生活异化;第二,把抽象形式的个人生活变成同样是抽象形式和异化形式的类生活的目的。"①马克思指出,这种异化劳动在资本主义私有制下发展到了登峰造极的状态,在那里,"劳动对工人说来是外在的东西,也就是说,不属于他的本质的东西;因此,他在自己的劳动中不是肯定自己,而是否定自己,不是感到幸福,而是感到不幸,不是自由地发挥自己的体力和智力,而是使自己的肉体受折磨、精神遭摧残。因此,工人只有在劳动之外才感到自在,而在劳动中则感到不自在,他在不劳动时觉得舒畅,而在劳动时就觉得不舒畅。因此,他的劳动不是自愿的劳动,而是被迫的强制劳动。因而,它不是满足劳动需要,而只是满足劳动需要以外的需要的一种手段。劳动的异化性质明显地表现在,只要肉体的强制或其他强制一停止,人们就会象逃避鼠疫那样逃避劳动"②。马克思认为,要从根本上扬弃异化劳动,消除个体与类的对立和矛盾,把人

---

① 《马克思恩格斯全集》第 42 卷,人民出版社 1979 年版,第 96 页。
② 《马克思恩格斯全集》第 42 卷,人民出版社 1979 年版,第 93—94 页。

的"类特性"、"类本质"或"类生活"还给人,从而真正保证和充分实现个人的自由发展,就必须消灭资本主义私有制,而"代替那存在着阶级和阶级对立的资产阶级旧社会的,将是这样一个联合体,在那里,每个人的自由发展是一切人的自由发展的条件"①。可见,马克思对个人自由发展的关注是与他对资本主义社会的深刻批判和对未来理想社会的追寻与建构联系在一起的。

私有制是异化劳动产生和不断受到强化的根本原因,异化劳动对人的自由发展的束缚实质上是以私有制为根本特征的社会关系对人的自由发展的限制。在未来社会中,异化劳动的扬弃意味着私有制的消灭和全新的社会关系的形成,它必将为人的自由发展提供无限广阔的可能性空间。正是依据人们之间社会关系的历史性变化对人的自由发展的影响,马克思把人的历史发展过程区分为三个阶段,并认为它们同时也是人类社会发展的三大形态。

一是"人的依赖关系"阶段。"人的依赖关系(起初完全是自然发生的),是最初的社会形态,在这种形态下,人的生产能力只是在狭窄的范围内和孤立的地点上发展着。"②在这一阶段上,人们之间的社会关系"表现为人的限制即个人受他人限制的那种规定性"③。这种"人的依赖关系"的最初表现形式是个人对血族群体(原始氏族、部落)的依赖关系,马克思说它"完全是自然发生的",是因为在人类社会初期,由于生产力发展水平极其低下,个人独立于群体便无法生存。因此,"我们越往前追溯历史,个人,从而也是进行生产的个人,就越表现为不独立,从属于一个较大的整体"④。进入奴隶社会和封建社会后,"人的依赖关系"又相继地表现为奴隶对奴隶主、农奴对领主的人身依附关系,人们"只是作为具有某种[社会]规定性的个人而互相交往,如封建主和臣仆、地主和农奴等等,

---

① 《马克思恩格斯选集》第1卷,人民出版社1995年版,第294页。
② 《马克思恩格斯全集》第46卷(上),人民出版社1979年版,第104页。
③ 《马克思恩格斯全集》第46卷(上),人民出版社1979年版,第110页。
④ 《马克思恩格斯选集》第2卷,人民出版社1995年版,第2页。

或作为种姓成员等等,或属于某个等级等等"①。所有这些表明,在"人的依赖关系"阶段即前资本主义社会中,个人还没有获得对他人的独立性,从而也还根本谈不上有什么个性自由和人的自由发展。

二是"以物的依赖性为基础的人的独立性"阶段。"以物的依赖性为基础的人的独立性,是第二大形态,在这种形态下,才形成普遍的社会物质变换,全面的关系,多方面的需求以及全面的能力的体系。"②作为社会形态来看,这一阶段也就是资本主义社会。在这一阶段上,人们摆脱了早先的那种人身依附关系,并由此获得了对他人的独立性。然而,这种人的独立性却是"以物的依赖性为基础的",人们之间的社会关系"表现为物的限制即个人受不以他为转移并独立存在的关系的限制","各个人看起来似乎独立地⋯⋯自由地互相接触并在这种自由中互相交换",但却陷入了"物的依赖关系"之中,而"物的依赖关系无非是与外表上独立的个人相对立的独立的社会关系,也就是与这些个人本身相对立而独立化的、他们互相间的生产关系"③。可见,在"以物的依赖性为基础的人的独立性"阶段即资本主义社会中,一方面,人身依附关系的解除和个人对他人独立性的获得,为人的个性自由和人的自由发展提供了某种可能,这是人的历史发展过程中的一个重大进步;另一方面,"物的依赖关系"的存在,又意味着人的独立性仅仅是一种"外表上"的独立性,它使得人的个性自由和人的自由发展远没有得到实现。

三是"自由个性"阶段。"建立在个人全面发展和他们共同的社会生产能力成为他们的社会财富这一基础上的自由个性,是第三个阶段。第二个阶段为第三个阶段创造条件。"④在这一阶段上,人们之间的社会关系表现为"他们共同的生产能力成为他们的社会财富",亦即人们共同地占有他们的生产能力,其所对应的社会形态是共产主义社会,即所谓的"自由人联合体"。"它是各个人的这样一种联合(自然是以当时发达的

① 《马克思恩格斯全集》第 46 卷(上),人民出版社 1979 年版,第 110 页。
② 《马克思恩格斯全集》第 46 卷(上),人民出版社 1979 年版,第 104 页。
③ 《马克思恩格斯全集》第 46 卷(上),人民出版社 1979 年版,第 110—111 页。
④ 《马克思恩格斯全集》第 46 卷(上),人民出版社 1979 年版,第 104 页。

生产力为前提的），这种联合把个人的自由发展和运动的条件置于他们的控制之下。"①因此，在这一阶段上，个人不仅摆脱了"人的依赖关系"，而且也最终摆脱了"物的依赖关系"，从而完全控制了自己的生存条件、获得了充分的个性自由，并通过充分的自由发展而达到了自由个性这一人的发展的理想状态。

上述马克思关于人的历史发展的"三阶段"说，充分地表明了"自由个性"与人的自由发展之间的关系：自由个性是人的个性发展的最高境界或人的发展的理想状态，而以个性自由为前提的人的自由发展则是实现自由个性的基本途径。从"人的依赖关系"到"以物的依赖性为基础的人的独立性"再到"自由个性"这一人的历史发展过程，是限制人的自由发展的社会关系不断得到改造的过程，从而也是人的自由发展不断进到新的阶段和水平的过程。

（三）"自由个性"与人的全面发展

正如不能把"自由个性"等同于"个性自由"和人的自由发展一样，我们也不能简单地把"自由个性"理解为人的全面发展，因为根据马克思关于人的历史发展的"三阶段"说，"自由个性"是"建立在个人全面发展和他们共同的社会生产能力成为他们的社会财富这一基础上的"。在马克思的这一表述中，构成人的"自由个性"之实现基础的有两个方面：一是"个人全面发展"，二是"他们共同的社会生产能力成为他们的社会财富"。其中，第二个方面讲的是未来共产主义社会中人们之间社会关系的历史性变化，我们在上文中已经指出，它实际上是个人自由发展得以可能的社会条件。因此，根据马克思的这一表述，"自由个性"的实现应该完整地理解为个人的自由而全面的发展或全面而自由的发展。也正因如

---

① 《马克思恩格斯选集》第 1 卷，人民出版社 1995 年版，第 121 页。

此,马克思称未来的共产主义社会是"以每个人的全面而自由的发展为基本原则的社会形式"①。

正如马克思关于人的历史发展第三阶段的表述所表明的那样,马克思所说的人的全面发展也主要是指个人的全面发展或人的个性的全面发展,即构成人的个性的各种因素包括人的体力、智力、才能、兴趣、品质等各个方面都得到充分发展。而在构成人的个性的各种因素中,马克思尤其强调个人能力的全面发展。他说:"全面发展的个人……,也就是用能够适应极其不同的劳动需求并且在交替变换的职能中只是使自己先天的和后天的各种能力得到自由发展的个人来代替局部生产职能的痛苦的承担者。"②马克思还把个人能力的全面发展与人的自由个性的实现直接联系起来,认为"要使这种个性成为可能,能力的发展就要达到一定的程度和全面性"③。显然,马克思在这里所说的个人的全面发展或个人能力的全面发展,并不是指个人终将成为无所不能的全能的人,而是强调个人能力的多方面发展对于造就其丰富的个性的重要性。因此,马克思所谓的人的全面发展,实际上主要是指个人个性的充分发展,特别是个人能力的多方面发展。

马克思对个人全面发展的强调,同样也是基于对人的历史发展过程中个体与类的矛盾的深切关注。就其本来意义而言,人的全面发展应该是人类整体的全面发展与每个个体的全面发展的有机统一。然而,从历史上看,自原始社会末期脑力劳动与体力劳动的分离直到资本主义社会,人类整体的全面发展与个体的全面发展之间一直存在着尖锐的矛盾或对立。那种自发的、强制性的、固定的社会分工,使得人类整体的才能得到了加速的、较全面的发展,但这是以绝大多数社会个体片面的、畸形的发展为代价的。虽然个体与类的这一矛盾或对立在人的历史发展过程的特定阶段上是必然的、不可避免的,但它毕竟是人的发展过程中应该予以克服的状态。而要克服个体与类的这一矛盾或对立、达到人的发展的理想

① 《马克思恩格斯全集》第 23 卷,人民出版社 1972 年版,第 649 页。
② 《马克思恩格斯全集》第 43 卷,人民出版社 2016 年版,第 515 页。
③ 《马克思恩格斯全集》第 46 卷(上),人民出版社 1979 年版,第 108 页。

状态,关键在于实现个人的全面发展,而后者又是以消灭旧式分工为首要前提的。马克思说:"'人'类的才能的这种发展,虽然在开始时要靠牺牲多数的个人,甚至靠牺牲整个阶级,但最终会克服这种对抗,而同每个个人的发展相一致。"①在未来的共产主义社会里,随着旧式分工的消灭,随着社会成员能够自由地变换工种和从一个生产部门转到另一个生产部门,人类整体的全面发展与个体的全面发展终将完全统一起来。

要克服人的历史发展过程中个体与类的矛盾或对立,实现个人的全面发展,除消灭旧式分工外,还必须具备其他诸多的条件,而所有这些条件归结到一条,就是必须实现个人的自由发展。换句话说,个人的全面发展是以其自由发展为前提的。

首先,没有个人的自由发展,个人的全面发展即使可能,那也决不是个人或人的个性的充分发展。马克思指出:"在发展的早期阶段,单个人显得比较全面,那正是因为他还没有造成自己丰富的关系,并且还没有使这种关系作为独立于他自身之外的社会权力和社会关系同他自己相对立。留恋那种原始的丰富,是可笑的,相信必须停留在那种完全空虚之中,也是可笑的。"②"在这里,无论个人还是社会,都不能想象会有自由而充分的发展,因为这样的发展是同[个人和社会之间的]原始关系相矛盾的。"③

其次,从历史上看,包括旧式分工在内的限制个人全面发展的各种因素首先是作为限制个人自由发展的因素起作用的,个人不能得到全面发展首先是因为他们不能得到自由发展。例如,在旧式分工的情况下,个人之所以只能片面地发展,就是因为其根本无法自由地发展。"只要分工还不是出于自愿,而是自发的,那末人本身的活动对人说来就成为一种异己的、与他对立的力量,这种力量驱使着人,而不是人驾驭着这种力量。"④再如,个人的全面发展以社会生产力的高度发展为前提,因为在生

---

① 《马克思恩格斯全集》第 26 卷 Ⅱ,人民出版社 1973 年版,第 124—125 页。

② 《马克思恩格斯全集》第 46 卷(上),人民出版社 1979 年版,第 109 页。

③ 《马克思恩格斯全集》第 46 卷(上),人民出版社 1979 年版,第 485 页。

④ 《马克思恩格斯全集》第 3 卷,人民出版社 1960 年版,第 37 页。

产力不发达的情况下根本就无法设想各个人的自由发展。"作为过去取得的一切自由的基础的是有限的生产力;受这种生产力所制约的、不能满足整个社会的生产,使得人们的发展只能具有这样的形式:一些人靠另一些人来满足自己的需要,因而一些人(少数)得到了发展的垄断权;而另一些人(多数)经常地为满足最迫切的需要而进行斗争,因而暂时(即在新的革命的生产力产生以前)失去了任何发展的可能性。"①而在制约个人自由发展并由此制约个人全面发展的各种因素中,最典型的是可供人们自由支配的时间。个人发展的全面程度历来都受制于其所能够支配的自由时间,而自由时间不过是可用于个人自由发展的时间。

再次,在未来的共产主义社会中,个人自由发展的充分实现必然带来个人的全面发展。对此,马克思、恩格斯写道:"个人的全面发展,只有到了外部世界对个人才能的实际发展所起的推动作用为个人本身所驾驭的时候,才不再是理想、职责等等,这也正是共产主义者所向往的。"②这里所谓"外部世界对个人才能的实际发展所起的推动作用为个人本身所驾驭",就是指个人才能的自由发展。我们说人的自由发展是实现人的自由个性的基本途径,就在于个人的自由发展首先是实现个人全面发展的基本途径。而当个人的自由发展达到了这样的程度,即个人的全面发展已成为现实或全面的个人已经形成和出现,那就意味着人的自由个性的最终实现。

总之,在马克思那里,"自由个性"既不同于"个性自由",也不同于人的自由发展或人的全面发展,但它们之间又有着本质的内在联系。其中,"个性自由"是"自由个性"实现的基本前提,人的自由发展是"自由个性"实现的基本途径,而人的全面发展则是"自由个性"实现的最切近的基础。作为人的个性发展的最高境界和人的发展的理想状态,"自由个性"应该被完整地理解为在个性自由的基础上而达致的个人自由而全面的发展。

---

① 《马克思恩格斯全集》第3卷,人民出版社1960年版,第507页。
② 《马克思恩格斯全集》第3卷,人民出版社1960年版,第330页。

七

马克思的"人的本质"概念

在《关于费尔巴哈的提纲》(以下简称《提纲》)第六条中,马克思通过对费尔巴哈"人的本质"观的批判阐明了他自己对这一问题的看法:Aber das menschliche Wesen ist kein dem einzelnen Individuum inwohnendes Abstractum.ist es das ensemble der gesellschaftlichen Verhältnisse.①这段出现在"新世界观的天才萌芽的第一个文献"中的论述,被公认为马克思关于"人的本质"的经典表述。准确理解和把握马克思这一经典表述的含义,是回答马克思"人的本质"观、马克思与费尔巴哈对人的本质的不同理解、马克思关于人的本质(类特性)的不同提法间的关系等一系列重大理论问题的基本前提。而这个前提又必须以对马克思在这一表述中所使用的概念进行准确考辨为前提。因此,有必要详细考察这一经典表述中的"在其现实性上"、"一切社会关系"、"总和"等关键概念的确切含义,并在此基础上阐明隐藏在这一表述背后的马克思新唯物主义对费尔巴哈直观唯物主义的超越。

---

① Marx:*1) ad Feuerbach*,*MEGA2* Ⅳ/3,Akademie Verlag 1998,S.20-21.

（一）什么是"在其现实性上"

如果不算民国时期和新中国成立初期出版的十三个版本①，由中央编译局编译的《提纲》中译本一共有四种，分别是载于《马克思恩格斯全集》第 3 卷（1960 年版）的译本、载于《马克思恩格斯选集》第 1 卷（1972 年版）的译本、载于《马克思恩格斯选集》第 1 卷（1995 年版）的译本和载于《马克思恩格斯文集》第 1 卷（2009 年版）、《马克思恩格斯选集》第 1 卷（2012 年版）的译本。

在这四个译本中，马克思直接谈到"人的本质"这一概念的那句话的译文如下。

译本一："但是，人的本质并不是单个人所固有的抽象物，实际上，它是一切社会关系的总和。"②

译本二："但是，人的本质并不是单个人所固有的抽象物。在其现实性上，它是一切社会关系的总和。"③

译本三、四："但是，人的本质不是单个人所固有的抽象物，在其现实性上，它是一切社会关系的总和。"④

经过比对，这几个译本的最大的差异是：In seiner Wirklichkeit 是译为"实际上"（1960 年版）还是"在其现实性上"（1972 年及以后的版本）。如果再把视线往前延伸，我们就会发现，在 1955 年由苏联外国文书籍出

---

① 参见北京图书馆马列著作研究室编：《马克思恩格斯著作中译文综录》，书目文献出版社 1983 年版，第 166—167 页。

② 《马克思恩格斯全集》第 3 卷，人民出版社 1960 年版，第 7 页。着重号为引者所加。

③ 《马克思恩格斯选集》第 1 卷，人民出版社 1972 年版，第 18 页。着重号为引者所加。需要说明的是，按照该书第 19 页的说明，这篇译文所对应的乃是经过恩格斯 1888 年修改后的刊行稿而不是马克思写于 1845 年的手稿。而恩格斯的确对第六条中的这句话进行了改动，这一点下文将会进一步展开。

④ 《马克思恩格斯文集》第 1 卷，人民出版社 2009 年版，第 501 页；《马克思恩格斯选集》第 1 卷，人民出版社 2012 年版，第 135 页。着重号为引者所加。

版局出版的《马克思恩格斯文选(两卷集)》中采用的也是类似于 1972 年及以后版本的"就其现实性来说"①。也就是说,新中国成立以来这一短语的中译大致上经历了从"就其现实性来说"(1955 年)到"实际上"(1960 年)再回到"在其现实性上"(1972 年及以后)的变化。

但是,即使是在 1972 年后,"在其现实性上"的译法仍然受到过质疑。朱光潜先生在 1980 年曾撰文认为:"用'在其现实性上'译 in seiner Wirklichkeit 这个日常口头语,死扣字面,就显得笨拙可笑。一般人民大众会说'其实'或'实际上',全句话可译为'人的本质(中文不轻易用代词)其实就是(注意'就'这个虚词)一切社会关系的总和。'"②我们认为,朱先生的这一理解的主要问题是,把马克思斟字酌句写就的"包含着新世界观的天才萌芽的第一个文献"中的用语当成了"一般人民大众"的"日常口头语"。须知,尽管《提纲》是马克思供自己以后研究所用因而"根本没有打算付印"的笔记,但它在用词上极其考究。这里仅举一例。《提纲》第一条中所述的旧唯物主义的缺点——没有把感性等等理解为"感性的人的活动"(sinnlich menschliche Thätigkeit)③——在第五条中采取了另一种表述。马克思在写下费尔巴哈没有把"感性"理解为"感性的……"(sinnlich)之后,又将这个副词删去④,改为了"人的感性的活动"(menschlich sinnliche Thätigkeit)⑤这一我们现在看到的表述。⑥ 因此,与

---

① 《马克思恩格斯文选》第 II 卷,苏联外国文书籍出版局 1955 年版,第 403 页。

② 朱光潜:《对〈关于费尔巴哈的提纲〉译文的商榷》,载《社会科学战线》1980 年第 3 期。

③ Marx,*1*) *ad Feuerbach*,*MEGA2* IV/3,Akademie Verlag 1998,S.19.恩格斯在刊行稿中改为"人的感性的活动"(menschliche sinnliche Thätigkeit),参见"*Marx über Feuerbach*",Version von F. Engels von 1888,*MEGA2* I/30,Akademie Verlag 2011,S.792.此外,*MEGA2* 的编辑人员在此书第 794 页的《恩格斯对马克思文本的修改一览表》(*Verzeichnis der Änderungen von Engels am Text von Marx*)中,把马克思原文中的"sinnlich menschliche Thätigkeit"误写为"sinnlich menschliche Tätigkeit"。

④ 参见 *MEGA2* IV/3,Akademie Verlag 1998,S.499.

⑤ Marx,*1*) *ad Feuerbach*,*MEGA2* IV/3,Akademie Verlag 1998,S.20.

⑥ 按照 *MEGA2* 的判读,恩格斯在刊行稿中把马克思所写的"menschlich sinnliche Thätigkeit"改为"menschlich-sinnliche Thätigkeit"。参见"*Marx über Feuerbach*",Version von F. Engels von 1888,*MEGA2* I/30,Akademie Verlag 2011,S.793.不过,*MEGA2* 编辑人员在第 796 页的《恩格斯对马克思文本的修改一览表》中没有提及这一改动。而 *MEW* 则将马克思的原文亦判读为"menschlich-sinnliche"(参见 *MEW*,Bd.3,Dietz Verlag Berlin 1978,S.6),故不存在改动的问题。

第一条中"感性"作为副词来修饰作为形容词的"人的"不同,在第五条中,"人的"是作为副词来修饰作为形容词的"感性的"。这两者之间的细微差别以及马克思此番改动的意味不是这里要讨论的问题,我们只要知道他不是任意用词这一点就可以了。再回到第六条上来,如果仅仅把 in seiner Wirklichkeit 理解为"其实"或者"实际上",那么这一短语就成为事实上可有可无的了。例如,恩格斯在整理修改马克思的手稿时,就在《提纲》第七条中加上了"实际上"(in Wirklichkeit)的字眼,因此,马克思所写的"……而他所分析的抽象的个人,是属于一定的社会形式的"①便成了"……而他所分析的抽象的个人,实际上是属于一定的社会形式的"②。也就是说,按照这样的理解,当马克思使用 in seiner Wirklichkeit 这个短语时,无非是强调费尔巴哈关于"人的本质"的说法是成问题的,"实际上"它是另一种东西。

但是,马克思的意思并非是在一种错误的理论外寻找一种正确的理解,而是指出了解答"人的本质"问题的思路:离开了"其现实性"(seiner Wirklichkeit),不要谈论"它"(es)。"它"指代"人的本质"这一点一般没有引起什么疑问,而在"其现实性"中的"其"究竟是指什么的问题上,争议就出现了。舒远招教授曾经作了如下的分析。

"在其现实性"(德文 in seiner Wirklichkeit)这个表述中的"其"字,是对德文 sein(由于后面接阴性名词,前面又有支配第三格的介词,所以词尾有变,成了 seiner)一词的中译。而德文 sein 的意思是"它的"或"他的"。这个"它"或"他"到底是什么呢? 是上一句中前面部分的 das menschliche Wesen(人的本质),还是上一句中后面部分的 das einzelne Individuum(单独的个人,由于跟 innewohnen 搭配,所以 das einzelne Individuum 中的定冠词 das 变为第三格,einzeln 也有词尾变化)? 如果指"人的本质",那么,sein 就应该翻译为"它的",因为 Wesen 是个中性名词;如果指

---

① 《马克思恩格斯文集》第 1 卷,人民出版社 2009 年版,第 501 页。

② 《马克思恩格斯文集》第 1 卷,人民出版社 2009 年版,第 505 页。着重号为引者所加。参见 *Verzeichnis der Änderungen von Engels am Text von Marx*, *MEGA2* I/30, Akademie Verlag 2011,S.796.

"单独的个人",按照德文词性,由于 Individuum 也为中性名词,所以 sein 同样该翻译为"它的",但是,"单独的个人"毕竟首先指人,按照中文,"人"不是物,那么,"单个人"的物主代词可以是"他的"吗？中译文用"其"字来翻译 sein,回避了这个 sein 到底应该被翻译为"它的"或"他的"这个语法问题。更重要的是,中译文没有明确地告诉读者,这个"其"到底是指"人的本质",还是指"单独的个人"(简称"单个人")？或者,这个"其"实际上就是指人(Mensch)？根据上下文来理解,这个"其",依我看来应该就是指"人"(Mensch),说人的本质在其现实性上是一切社会关系的总和,是说人的本质,在人的现实性上,是一切社会关系的总和。于是,in seiner Wirklichkeit 这个表达,就应该被当作 in menschlicher Wirklichkeit 来理解……①

我们认为,舒教授此番分析的内容是不全面的、结论是可疑的。首先,单单从语法上看,sein 所可能指代的名词除了舒教授所提到的中性名词 Wesen、中性名词 Individuum 之外,还可能指最接近这一物主代词的中性名词 Abstractum。而舒教授在结论中所认定的被指代词——阳性名词"Mensch"——甚至根本没有出现在整个第六条之中,因而也不太可能成为被指代的对象。其次,尽管舒教授声称这个"其""实际上就是指'人'"、"应该就是指'人'"、"in seiner Wirklichkeit 应该被解读成 in menschlicher Wirklichkeit",甚至直接使用了"马克思所说的 die menschliche Wirklichkeit"的说法,他还是不能回避"在马克思的德文稿本中,并没有直接使用过这个词"的问题。再次,舒教授也认同此句话中的 es 指代的是"上一句中前面部分的 das menschliche Wesen"的观点,②而没有认为它指代的是"上一句中后面部分的 das einzelne Individuum"或者是"上一句

---

① 参见舒远招:《"nicht"、"die menschliche Wirklichkeit"、"die menschliche Gesellschaft"——马克思〈关于费尔巴哈的提纲〉中几个德文词的理解和翻译》,载《湖南师范大学社会科学学报》2009 年第 3 期。

② 朱光潜先生在他的"建议校改译文"中直接用"人的本质"代替了"它"。朱光潜:《对〈关于费尔巴哈的提纲〉译文的商榷》,载《社会科学战线》1980 年第 3 期。

中后面部分的"Abstractum,那么,为什么又要到遥远的第二条中①去寻找
sein 的指代对象(Mensch)、把"其现实性"理解为"人的现实性",而不考
虑一下 sein 与 es 指代同一个对象,即 Wesen,从而把"其现实性"理解为
"本质的现实性"这种可能性呢?最后,马克思在讲完了"其现实性"之后
接下来的一句话就提到了"这种现实的本质"(dieses wirklichen Wesens),
这不正好与上一句话中的"其现实性"即"本质的现实性"相呼应吗?所
以,在我们看来,马克思在这里谈到的"其现实性"并不是舒教授所理解
的"人的现实性",而是指"本质的现实性"。"本质的现实性"或"现实的
本质"是与"本质的抽象性"或"抽象的本质"相对立的,马克思在"其现
实性"这个短语中所表达的与其说是对"人的现实性"的界定(按照舒教
授的说法),不如说是对抽象谈论"人的本质"问题的做法的拒斥——除
非"在人的本质的现实性上",不要谈论什么"人的本质"问题。

从这个意义上说,朱光潜先生因把马克思斟字酌句的遣词视为"日
常口头用语"而将《提纲》的这一句译为"人的本质实际上就是社会关系
的总和"的做法,恰恰就是被马克思拒斥的对"人的本质"问题的谈论方
式:没有"在其现实性上"谈论问题,因而根本没有触碰到"这种现实的本
质"本身。

(二) 什么是"一切社会关系的总和"

那么,人的本质"在其现实性上"究竟是什么呢?答曰:das ensemble
der gesellschaftlichen Verhältnisse。对于这个短语,中央编译局编译的四
个译本及 1955 年由苏联外国文书籍出版局出版的《马克思恩格斯文选
(两卷集)》中的译法均为:"一切社会关系的总和"。我们接下来将分析,

---

① 马克思在第三条中的确使用了该词,然而是它的复数形式,"daß die Umstände v.den
Menschen verändert",参见 Marx,1) *ad Feuerbach*,*MEGA2* Ⅳ/3,Akademie Verlag 1998,S.20.

这个简单的短语中包含了怎样丰富的信息。

首先，"一切社会关系的总和"中的"一切"到底该如何理解？马克思在原文中写的是 Verhältnis（"关系"）的复数形式 Verhältnisse 即"种种关系"或"诸关系"，再加上对"诸关系"的限定词 gesellschaftlich"社会的"，连起来即为"社会的诸关系"，若考虑到汉语习惯，我们可以把它表述为"社会关系"这个复数专名。事实上，在相当长的时期内，gesellschaftlichen Verhältnisse 的中文译法就是如此。《提纲》的第一个中译本的译者林超真（1929 年）采用的就是"社会关系"的译法："在其真实状态中，人性乃是社会关系之总和。"①此外，彭嘉生（1929 年）译本（"在其现实性上它是社会关系底总体"②）、杨东莼与宁敦伍（1932 年）译本（"人的本质，在他的现实界中，是社会的关系之总和"③）、张仲实（1937 年）译本（"人类本质在它的现实性上，乃是社会关系的总体"④）和曹真（1949 年）译本（"人的本质实在是社会关系之总和"⑤）均作了这样的处理。另一种译法"社会的诸关系"或者"种种社会关系"也是不少译者采用的译法：如程始仁（1935 年）译本（"就它的现实性说呢，它是社会的诸关系的总体"⑥）、郭沫若（1938 年）译本（"在其现实性中，人的本质是社会的诸关系之总汇"⑦）、克士（1941 年）译本（"在它的现实上，它是各种

---

① 马克思：《费儿巴赫论纲要》，载恩格斯：《宗教·哲学·社会主义》，林超真译，上海亚东图书馆 1929 年版，第 370 页。

② 马克思：《费尔巴哈论纲》，载恩格斯：《费尔巴哈论》，彭嘉生译，上海南强书局 1929 年版，第 129 页。

③ 马克思：《费儿巴赫论纲原稿译文》，载恩格斯，蒲列哈诺夫注释：《机械论的唯物论批判》，杨东莼、宁敦伍译，昆仑书店 1932 年版，第 173 页。

④ 马克思：《费尔巴哈论纲》，载恩格斯：《费尔巴哈论》，张仲实译，上海生活书店 1937 年版，第 86 页。

⑤ 马克思：《费儿巴赫论纲要》，载恩格斯：《费儿巴赫》，曹真译，文源出版社 1949 年版，第 64 页。

⑥ 马克思：《关于傅渥耶巴赫的论纲》，载河上肇辑：《辩证法经典》，程始仁译，上海亚东图书馆 1935 年版，第 25 页。

⑦ 马克思：《费尔巴哈论纲（依据原有手稿）》，载《德意志意识形态》，郭沫若译，言行出版社 1938 年版，第 33 页。

社会关系的总体(集合体)"①)以及周建人(1948年)译本("实在它是社会的诸关系之综合体"②)。值得注意的是,"一切社会关系的总和"这一经典译法的第一次出现,是在上文提到过的1955年由苏联外国文书籍出版局出版的署名"集体翻译 唯真校订"的《马克思恩格斯文选(两卷集)》中③。唯真在这一《文选》于1958年由人民出版社重印的"重印后记"中指出,本书在翻译过程中参阅了"张仲实译……《费尔巴哈与德国古典哲学的终结》(一九五四版)"④。然而,尽管1954年版的张仲实译本与上文提到的1937年版译本相比有一些改动,但在把gesellschaftlichen Verhältnisse译为"社会关系"这一点上并无二致:"人的本质在其现实性上,乃是社会关系的总合。"⑤由此可以得出结论,目前的经典译法并非参阅前人译文的结果,而是当时中国的编译人员"纪涛、杜章智、张企、屈洪、尤开元五人在苏联同志乌拉洛娃和索洛维也夫直接协助下集体译出"时所确定的译文,它一直沿用至今。其实,"一切社会关系的总和"的经典译法——正如"在其现实性上"一样——后来也受到过质疑。比如说,由"成仿吾小组"校译的译文就是"在其现实性上,它是社会关系的总和"⑥。再后来,上文中提到的朱光潜先生"建议校改译文"中即用"社会关系的总和"⑦替代了"一切社会关系的总和"的说法。此外,英文版的《马克思恩格斯全集》采用的译文为"the social relations"⑧,亦无对"一

---

① 马克思:《费尔巴哈论纲原稿》,载《德意志观念体系》,克士译,珠林书店1941年版,第110页。其中,"总体"两字下的着重号为译者所加。

② 马克思:《费尔巴哈论纲》,载E.朋司选辑《新哲学手册》,周建人译,大用图书公司1948年版,第22页。

③ 马克思:《关于费尔巴哈的提纲》,《马克思恩格斯文选(两卷集)》第Ⅱ卷,苏联外国文书籍出版局1955年版,第403页。

④ 唯真:"重印后记",《马克思恩格斯文选(两卷集)》第Ⅱ卷,人民出版社1958年版,第544页。

⑤ 马克思:《费尔巴哈论提纲》,载《费尔巴哈与德国古典哲学的终结》,张仲实译,人民出版社1954年版,第74页。

⑥ 马克思:《关于费尔巴哈的提纲》,载《路德维希·费尔巴哈和德国经典哲学的结局》,成仿吾小组校译,中国人民大学出版社1978年版,第44页。

⑦ 朱光潜:《对〈关于费尔巴哈的提纲〉译文的商榷》,《社会科学战线》1980年第3期。

⑧ Karl Marx, *Theses on Feuerbach*, *MECW*, Vol.5, p.4.

切"的暗示。

其次是关于"总和"①(ensemble,又译"总体"②、"总汇"③、"集合体"④、"综合体"⑤、"总合"⑥)一词的。首先需要说明的是,在恩格斯的刊行稿中,他对这个词有一个细微的修改:把马克思所写的" das ensemble"改成了"das Ensemble"。众所周知,在德文正字法中,名词首字母大写是重要的书写规范。从这一细微的改动我们可以看出,马克思在谈论"人的现实本质"的时候使用的并不是德文名词而是一个外来词(法文词),而恩格斯在发表的时候为了使之适应德文的书写习惯而将首字母大写了。撇开恩格斯的改动不谈,这里需要注意的是,马克思为什么不使用德文中表示"总和"的词而偏偏选择了外来词呢?

这无非有以下几种可能:其一,马克思一般说来特别喜欢使用外来词,至少是在表示"总和"这个意思时特别喜欢使用外来词;其二,马克思在写作《提纲》时,受到了费尔巴哈或者其他什么人的影响而使用了这个外来词,或者说他们当时在谈论"人的本质问题"时普遍就是这么用词的;其三,ensemble 这个词是马克思特别喜欢使用的,这个词大量地出现

---

① 马克思:《费儿巴赫论纲要》,载恩格斯著《宗教·哲学·社会主义》,林超真译,上海亚东图书馆 1929 年版,第 370 页;马克思:《费儿巴哈论纲原稿译文》,载恩格斯著、蒲列哈诺夫注释《机械论的唯物论批判》,杨东莼、宁敦伍译,昆仑书店 1932 年版,第 173 页;马克思:《费儿巴赫论纲要》,载恩格斯著《费儿巴赫》,曹真译,文源出版社 1949 年版,第 64 页;马克思:《关于费尔巴哈的提纲》,《马克思恩格斯文选(两卷集)》第 Ⅱ 卷,苏联外国文书籍出版局 1955 年版,第 403 页;以及中央编译局诸版本。

② 马克思:《费尔巴哈论纲》,载恩格斯著《费尔巴哈论》,彭嘉生译,上海南强书局 1929 年版,第 129 页;马克思:《关于傅渥耶巴赫的论纲》,载河上肇辑《辩证法经典》,程始仁译,上海亚东图书馆 1935 年版,第 25 页;马克思:《费尔巴哈论纲》,载恩格斯著《费尔巴哈论》,张仲实译,上海生活书店 1937 年版,第 86 页。

③ 马克思:《费尔巴哈论纲(依据原有手稿)》,载《德意志意识形态》,郭沫若译,言行出版社 1938 年版,第 33 页。

④ 马克思:《费尔巴哈论纲原稿》,载《德意志观念体系》,克士译,珠林书店 1941 年版,第 110 页。

⑤ 马克思:《费尔巴哈论纲》,载 E.朋司选辑《新哲学手册》,周建人译,大用图书公司 1948 年版,第 22 页。

⑥ 马克思:《费尔巴哈论提纲》,载《费尔巴哈与德国古典哲学的终结》,张仲实译,人民出版社 1954 年版,第 74 页。

在马克思的著作中以至于没有什么特别的意义;其四,马克思在《提纲》中有意识地选择了这样一个外来词。让我们逐一分析。

第一,是马克思一般说来总是特别喜欢使用外来词,至少是在表示"总和"这个意思时特别喜欢使用外来词吗? 并不是。

首先,李卜克内西在其回忆录中明确表示,马克思非但不是特别喜欢使用外来词,恰恰相反,"他(指马克思——引者注)憎恨滥用外国字"①。

其次,德文中有表示"总和"的词,马克思也使用这些词。比如说,马克思在《德意志意识形态·费尔巴哈章》和《〈政治经济学批判〉序言》里关于历史唯物主义的两次"经典表述"中都使用了表示"总和"之意的德文词。

一次是在《费尔巴哈章》中:"历史的每一阶段都遇到一定的物质结果,一定的生产力总和(eine Summe),人对自然以及个人之间历史地形成的关系,都遇到前一代传给后一代的大量生产力、资金和环境……。每个个人和每一代所遇到的现成的东西:生产力、资金和社会交往形式的总和(Diese Summe),是哲学家们想象为'实体'和'人的本质'的东西的现实基础……"②显然,Summe 作为"哲学家们"(注意这个贬义词)所想象出来的"人的本质"的现实基础是不能与马克思所认同的"人的现实本质"划上等号的,而且它乃是"数学上的加总"之意。

另一次是在《〈政治经济学批判〉序言》中:"法的关系……根源于物质的生活关系,这种物质的生活关系的总和(Gesammtheit),黑格尔按照18 世纪的英国人和法国人的先例,概括为'市民社会'……这些生产关系的总和(Gesammtheit)构成社会的经济结构,即有法律的和政治的上层建筑竖立其上并有一定的社会意识形式与之相适应的现实基础。"③在这一处"经典表述"中,马克思连续使用 Gesammtheit 一词(最新正字法写为

---

① ［德］威廉·李卜克内西:《忆马克思》,载《回忆马克思恩格斯》,人民出版社 1973 年版,第 44 页。

② 马克思、恩格斯:《德意志意识形态》,《马克思恩格斯文集》第 1 卷,人民出版社 2009 年版,第 544—545 页及 *MEGA2* Ⅰ/5,De Gruyter Akademie Forschung 2017,S.46。

③ 马克思:《〈政治经济学批判〉序言》,《马克思恩格斯文集》第 2 卷,人民出版社 2009 年版,第 591 页及 *MEGA2* Ⅱ/2,Dietz Verlag Berlin 1980,S.100。

Gesamtheit）来指称生活关系或生产关系的全部，但是，这种"总和"与"人的现实本质"似乎也不太一样，因为正如马克思紧接着指出的那样——它们作为"生产的经济条件"是"物质的、可以用自然科学的精确性指明的"①。

第二，是因为马克思在写作《提纲》时，受到了费尔巴哈或者其他人的影响而使用了这个外来词吗？也不是。

首先，让我们考察一下马克思针对的对象费尔巴哈。是费尔巴哈在谈论"人"的时候用到了这个词吗？并非如此。不仅费尔巴哈在谈论"人"的问题的时候没有使用过（对于他来说也是外来词的）ensemble，而且在《关于哲学改造的临时纲要》中，在《未来哲学原理》中，乃至于在《基督教的本质》中，费尔巴哈一次都没有使用过这个词。因此，马克思在《提纲》中用 ensemble 来说明"人的现实本质"的原因不能到费尔巴哈那里去寻找。

其次，在谈论马克思对费尔巴哈批判的问题上，有一个人是万万不能忽略的，他就是莫泽斯·赫斯。无论马克思在"类本质"的问题上如何"误读"了费尔巴哈又如何"误读"了赫斯，他在 1845 年对待费尔巴哈哲学的态度"突然发生 180 度的大转变"的原因，根据"已有的文本和文献学事实只能支持如下判断"，那就是"受了赫斯的影响"，"马克思在《提纲》之前对费尔巴哈的认识与赫斯在《论德国的社会主义运动》和《晚近的哲学家》中对费尔巴哈思想的评价形成了鲜明的对照，而《提纲》中的思想则与后者非常接近"。② 对此，广松涉讲得更分明："若用一句话概括其性质，这由十一条组成的《提纲》，是宣告马克思从'费尔巴哈和赫斯之间的中立立场'，几乎完全过渡到赫斯立场的文书。"③

让我们进一步把目光聚焦到《提纲》第六条上来。根据广松涉的判

① 《马克思恩格斯文集》第 2 卷，人民出版社 2009 年版，第 592 页。

② 鲁克俭：《走向文本研究的深处：基于 MEGA2 的马克思文献学清理研究》，中国社会科学出版社 2016 年版，第 421—429 页。

③ ［日］广松涉：《早期马克思像的批判的再构成》，载［德］莫泽斯·赫斯：《赫斯精粹》，邓习议译，南京大学出版社 2010 年版，第 242 页。

断,提纲第六条对应了赫斯在《论德国的社会主义运动》一文中的如下论述:"费尔巴哈认为神的本质是人的本质,关于神的本质的真正的理论是关于人的理论,即神学是人学。——这是真理——但是,这不是全部真理。必须补充如下一点。即,人的本质是社会的本质,是为了同一目的的,为了完全同一的利益的各个个人的共同活动。"①显而易见的是,在这段话中,赫斯并没有使用 ensemble 这个对于他也是外来词的法文词。不仅如此,在《论德国的社会主义运动》和《晚近的哲学家》这两篇标志着赫斯对费尔巴哈哲学批判之完成以及直接促使马克思思想转变的文章中,赫斯均没有使用该词。另外需要注意的是,赫斯在上述引文中所使用的"各个个人"(der verschiedenen Individuen)不同于马克思在《提纲》第六条中所使用的"单个人"(dem einzelnen Individuum)。不过,还是在《论德国的社会主义运动》一文中,在被认为是"赫斯对费尔巴哈哲学所作的批判的要点"的论述中,赫斯的确将费尔巴哈哲学的"特殊缺陷"表述为"把只是作为类本质才属人的东西……归于作为单个个体的人(dem Menschen als einzelnen Individuum)"②。而马克思在《提纲》第六条中关于"人的本质不是单个人(dem einzelnen Individuum)所固有的抽象物"的说法中几乎逐字逐句重复了赫斯的这一论断。但是,即便如此,用 ensemble 来概括"人的现实本质"这一做法的发明权还是属于马克思而不是赫斯。

第三,是因为马克思特别喜欢使用 ensemble 这个词,它大量地出现在马克思的著作中以至于没有什么特别的意义吗?也不是。如果说李卜克内西的回忆只是凭他与马克思的接触感性地描述了后者的用词习惯的话,那么马克思对这个词的使用情况则完全验证了前者判断的准确性。

---

① Moses Hess, *Über die sozialistische Bewegung in Deutschland*, in *Sozialistische Aufsätze*, Welt-Verlag Berlin 1921, S.115.译文参照[日]广松涉:《早期马克思像的批判的再构成》和[日]良知力:《赫斯是青年马克思思想发展的坐标轴吗》,载[德]莫泽斯·赫斯:《赫斯精粹》,邓习议译,南京大学出版社 2010 年版,第 242、263—264 页。

② Moses Hess, *Über die sozialistische Bewegung in Deutschland*, in *Sozialistische Aufsätze*, Welt-Verlag Berlin 1921, S.107.参见侯才:《青年黑格尔派与马克思早期思想的发展》,中国社会科学出版社 1994 年版,第 143 页。

据我们的统计,除开本身就是用法文写的著作(如《哲学的贫困》)及摘抄的法文文献,除开署名为"马克思和恩格斯"的文章的一次使用(《英法对俄战争》,载于 1855 年 8 月 20 日的《新奥得报》第 385 期①),再除开《提纲》中的这一次使用外,马克思一共只在两个地方使用了 ensemble 这个词:分别是在 1849 年 2 月 10 日的《"科伦日报"的分工》②和 1878 年 9 月 17 日致燕妮的家书③中。并且,由于 ensemble 这个法文词兼有副词和名词的用法(《瓦里希德语词典》的解释为[frz., "zusammen; Gesamtheit"]),而马克思在给燕妮的信中使用的是该词的副词形式,所以结论是,马克思不仅没有大量使用 ensemble 这个词,恰恰相反,在以他个人的名字冠名的非法文文稿中,除了《提纲》第六条之外,该词的名词形式只出现过唯一一次。

第四,既然马克思对 ensemble 的使用既不是他在表示"总和"之意时的习惯用法,也不是来自费尔巴哈或者赫斯在阐述"人的本质"问题时惯常做法的影响,他甚至几乎从来不用该词,我们可以得出这样的结论:在《提纲》中,马克思是有意识地特意用了 ensemble 这个外来词来说明"人的现实本质"的。那么,ensemble 究竟是什么意思呢?《瓦里希德语词典》的解释是:Gesamtheit; alle Mitspielenden eines Theaterstückes; Gemein-schaft von Künstlern, die zusammen spielen od.musizieren, ohne dass einer als Star hervortritt; kleines Orchester (Musik ~), Gesangs-, Tanzgruppe (Gesan-gs ~ , Tanz ~); Spiel des Orchesters;〈Oper〉Gesang aller Beteiligten einer Szene④(总和;一出戏剧的全体参演者;由共同演奏或共同歌唱的许多艺术家——他们之中不存在某一位特别凸出的明星——组成的团体;小乐

---

① 中译为"交错",参见《马克思恩格斯全集》第 11 卷,人民出版社 1962 年版,第 555 页及 *MEGA2* Ⅰ/14, Akademie Verlag 2001, S.630.

② 中译为"协调",参见《马克思恩格斯全集》第 6 卷,人民出版社 1961 年版,第 310 页及 *MEW*, Bd.6, Dietz Verlag Berlin 1961, S.261.

③ 在一句俏皮话中。马克思在用德文写的信中夹杂了一句英文"只要风、天气和孩子的健康全都许可"(wind, weather, and the health of the child permitting-ensemble),其中的"全都"即是 ensemble,*MEW* 的编辑人员将其译为 gemeinsam。参见《马克思恩格斯全集》第 34 卷,人民出版社 1972 年版,第 321 页及 *MEW*, Bd.34, Dietz Verlag Berlin 1966, S.345.

④ 《瓦里希德语词典》,商务印书馆 2005 年版,第 414 页。

团;歌舞团;乐团演出;[歌剧]一个场景中全体参演者的合唱)。简言之,ensemble 与 Summe(数学上的加总)、Gesamtheit(泛泛而论的总和)之间的差别在于,它是"戏剧团和歌剧团全体成员及其合演、合唱"意义上的"总和"。因此,当马克思说"人的本质""在其现实性上"是"社会关系"的"总和"的时候,他把"人的现实本质"理解为"他们本身历史的剧中人物和剧作者"①所正在进行着的感性活动——他们在历史舞台上的创造性②合奏、合演和合唱。

如此一来,一方面,长期困扰理论界的问题——马克思在《提纲》第六条中和在《1844 年经济学哲学手稿》中对"人的本质"、"人的类特性"的两种提法的关系问题——就不再是问题了,因为这两处界定所表述的思想的一致已经无须多言:个人们的"自由的有意识的活动"③不就是这些个人们作为"他们本身历史的剧中人物和剧作者"在历史舞台上的创造性活动吗? 另一方面,让朱光潜先生感到颇为费解的一个问题——《提纲》第六条中马克思使用的"'内在的,无声的'究竟是什么意思,是形容什么的? 看原文也颇不易确定,可能指有内心活动而哑口无言,形容象一般动物的那种原始人所属的物种"④——也迎刃而解了:"无声的"(stumme)并不是"有内心活动而哑口无言"的"原始人物种",而正好是"合奏"、"合演"、"合唱"这种社会活动的反面。进一步说,在马克思把"人的本质""在其现实性上"理解为"他们本身历史的剧中人物和剧作者"(人是其所唱)的地方,费尔巴哈仍然停留在感性直观的范围内谈论"人的本质"问题,没有深入到"其现实性上",从而把"本质"理解为"类"、"一种内在的、无声的、把许多个人自然地联系起来的普遍性"(人是其所吃)。

<hr>

① 《马克思恩格斯文集》第 1 卷,人民出版社 2009 年版,第 608 页。
② "生产关系总合起来(in ihrer Gesamtheit)就构成所谓社会关系"。《马克思恩格斯文集》第 1 卷,人民出版社 2009 年版,第 724 页及 *MEW*,Bd.6,Dietz Verlag Berlin 1961,S.408.
③ 《马克思恩格斯文集》第 1 卷,人民出版社 2009 年版,第 162 页。
④ 朱光潜:《对〈关于费尔巴哈的提纲〉译文的商榷》,载《社会科学战线》1980 年第 3 期。

（三）"人是其所唱"对"人是
其所吃"的超越

费尔巴哈不满意抽象的思维而喜欢直观,他公开宣布他的新哲学是"光明正大的感性哲学"①,而这一感性哲学"与迄今为止的哲学具有本质上的区别,它是与人之真正的、现实的、整个的本质相适应的,正因为如此,所以是与一切由于沉迷于超乎人的、反人的和反自然的宗教和思辨之中而执迷不悟的人相抵触的"②。因此,与黑格尔将"人的本质,人"设定为"自我意识"③相抵触,费尔巴哈把人确立为"以自然为基础的现实的人"④,并用如下极端的方式规定人的"真正的、现实的、整个的本质":"人就是他所吃的那种东西"⑤。

在费尔巴哈那里,"人是其所吃"这个命题具有双重含义。

首先,"人是其所吃"表明人是感性的对象性存在物,"没有了对象,人就成了无"⑥。说一个东西是感性的对象性存在物,指的是这个东西在自身之外有感性对象存在。费尔巴哈说,"我所吃所喝的东西是我的'第二个自我',是我的另一半,我的本质"⑦,因为"我们只吃能吃的,只看能看到的,只触摸能触摸到的"⑧。我们在我们所能吃的东西上确认了这个对象的属于我们的性质,同时也确认了体现在这个食物对象上的我们所固有的本质。正是在这个意义上,费尔巴哈区分了"客体"和"对象"这两

---

① 《费尔巴哈哲学著作选集》上卷,商务印书馆 1984 年版,第 169 页。
② 《费尔巴哈哲学著作选集》下卷,商务印书馆 1984 年版,第 13 页。
③ 《马克思恩格斯文集》第 1 卷,人民出版社 2009 年版,第 207 页。
④ 《马克思恩格斯文集》第 1 卷,人民出版社 2009 年版,第 342 页。
⑤ ［苏］C.Ⅲ.加巴拉耶夫:《费尔巴哈的唯物主义》,涂纪亮、余传金译,科学出版社 1959 年版,第 111 页。
⑥ 《费尔巴哈哲学著作选集》下卷,商务印书馆 1984 年版,第 29 页。
⑦ 《费尔巴哈哲学著作选集》上卷,商务印书馆 1984 年版,第 530 页。
⑧ 《费尔巴哈哲学著作选集》上卷,商务印书馆 1984 年版,第 527 页。

个概念。他举例说,太阳是所有的行星共同的"客体",但是对于不同的行星来说,太阳的意义是不同的:"每个行星都各有自己的太阳。照亮着和温暖着天王星的那个太阳,对于地球来说就没有任何物理意义,只具有天文学上的、科学上的意义。"①作为地球的对象的太阳与作为天王星的对象的太阳"确是不同的"太阳,地球与太阳的关系是地球体现在太阳之上的与自身的自我关系。同样,我与作为我的对象的食物和水之间的关系也是自我关系,"如果我觉得渴,我也就感觉到我自己;……我觉得渴,因为在我之外的水是在我之内的我的本质的组成部分"②,"饥饿是我的身体对某一对象的公认的需要,这个对象存在于我的身体之外,是使我的身体得以充实并使本质得以表现所不可缺少的"③。其次,"人是其所吃"表明"人格性是跟血肉有着本质的联系的"④。费尔巴哈认为:"可喝的水,即能够成为血的组成部分的水是带有人的性质的水,是人的本质,正是因为人本身至少有一部分是具有含水的血和本质的含水的生物。"⑤因此我们"用我们的不懂美感的牙齿咬碎和咀嚼食物"是为了"把它正式消化,使它变为肉和血,把它的本质变为我们的本质"⑥。正是在这个意义上,费尔巴哈在评论"生理学家、狭义的自然科学家"摩莱肖特时说:"如果您愿意改善人民生活,您就给人民最好的食物,而不要说空话。"⑦但既然我们的牙齿是"不懂美感的",那么他拒绝将引起人与食物对象之间联系的原因归结为"本能"⑧,并且试图由此与摩莱肖特等纯粹自然科学的唯物主义者划清界限的努力也就没有更大的意义了。

　　在马克思看来,"人是其所吃"这一命题的双重含义意味着:一方面,"费尔巴哈与'纯粹的'唯物主义者相比有很大的优点,即他承认人也是

① 《费尔巴哈哲学著作选集》下卷,商务印书馆1984年版,第29页。
② 《费尔巴哈哲学著作选集》上卷,商务印书馆1984年版,第530页。
③ 《马克思恩格斯文集》第1卷,人民出版社2009年版,第210页。
④ 《费尔巴哈哲学著作选集》下卷,商务印书馆1984年版,第8页。
⑤ 《费尔巴哈哲学著作选集》上卷,商务印书馆1984年版,第530页。
⑥ 《费尔巴哈哲学著作选集》上卷,商务印书馆1984年版,第529页。
⑦ 　[苏]C.Ⅲ.加巴拉耶夫:《费尔巴哈的唯物主义》,涂纪亮、余传金译,科学出版社1959年版,第111页。
⑧ 《费尔巴哈哲学著作选集》上卷,商务印书馆1984年版,第531页。

'感性对象'"①;另一方面,费尔巴哈从血肉、吃喝生殖等生物性和生理性的方面来解释人这种感性对象的做法,并未真正克服"从前一切唯物主义的主要缺点",因为决定人的"真正的、现实的、整个的本质"的"不是它的胡子、它的血液、它的抽象的肉体,而是它的社会特质"②。由于费尔巴哈唯物主义的直观性质,由于他"停留在理论领域"、"把人只看做是'感性对象',而不是'感性活动'"③,他"至多也只能达到对单个人和市民社会的直观",根本无法找到作为历史运动而不是思想运动的个人解放的现实途径。

从这个意义上说,"人是其所唱"对"人是其所吃"的超越,绝不仅仅是马克思在关于人的本质问题上对费尔巴哈的超越,而是以合唱等等为基础即以感性活动为基础的新唯物主义对费尔巴哈直观唯物主义的超越。当马克思把"人的现实本质"理解为现实的个人们自己的合演、合奏和合唱的时候,理解为他们在历史舞台上的感性活动——而"整个历史也无非是人类本性的不断改变而已"④——的时候,他就在以下几个方面揭示了费尔巴哈直观唯物主义的"主要缺点"。

第一,在马克思看来,费尔巴哈由于其唯物主义的直观性质只能非历史地设定"抽象的——孤立的——人的个体"并且非历史地设定这些个体所固有的类本质。

马克思认为,直观唯物主义所能达到的"至高点"(das höchste)是对单个个体的直观。由于撇开了历史的进程,费尔巴哈以一种个人所固有的、先在于个人的类的本质作为前提:"人决不能越出他自己真正的本质","人自己意识到的人的本质究竟是什么呢?或者,在人里面形成类、即形成本来的人性的东西究竟是什么呢?就是理性、意志、心。……这就是作为人的人底绝对本质,就是人生存的目的。"⑤但是,他没有注意到的

---

① 《马克思恩格斯文集》第 1 卷,人民出版社 2009 年版,第 530 页。
② 《马克思恩格斯全集》第 3 卷,人民出版社 2002 年版,第 29 页。
③ 《马克思恩格斯文集》第 1 卷,人民出版社 2009 年版,第 530 页。
④ 《马克思恩格斯文集》第 1 卷,人民出版社 2009 年版,第 632 页。
⑤ 《费尔巴哈哲学著作选集》下卷,商务印书馆 1984 年版,第 37、27—28 页。

是,他所分析的个人、被他所直观到的个人、构成他所直观的市民社会和资本主义生产的基础和基本条件的——因而被他视为前提和假设而存在的——抽象的人的个体,实际上不是历史的起点,而是历史的结果,是"封建社会形式解体"和"16世纪以来新兴生产力"的产物,是属于作为这一历史运动的结果的、费尔巴哈自己生活于其中的社会形式的"德国人";而"类本质"(Gattungswesen)这一概念本身,也只是历史性地摆脱了自然联系的狭隘性的个人们之间的——由资本主义生产方式所必然要求的——"普遍的社会物质变换、全面的关系、多方面的需要以及全面的能力的体系"①所导致的"人越来越成为类存在物(Gattungswesen)"这一历史事实的观念表达。

不仅费尔巴哈作为前提的"抽象的人的个体"是属于一定社会形式的、历史的产物,而且甚至连这些个人的在他看来"不懂美感的牙齿"和"咀嚼的食物"也都是历史的产物。费尔巴哈正确地指出"人的感觉"、"感觉的人性"与"动物的感觉"、"感觉的动物性"之间的差别:"当我们用手或唇接触有触觉的东西时,我们不只感觉到石头和木头,不只感触到骨肉,我们还感觉到触觉;我们用耳朵不只听到流水潺潺和树叶瑟瑟的声音,而且还听到爱情和智慧的热情的音调。我们用眼睛不只是看见镜面和彩色幻相,我们还能看见人的视线。"②但他没有注意到人的感觉是历史地形成起来的:"五官感觉的形成是迄今为止全部世界历史的产物。"③所以,当费尔巴哈说人的胃不同于动物的胃的地方在于它的"普遍性",以至于一个长着狮子或马的胃的人"显然就不能再成其为人"的时候,④他忘记了,他所直观到的"人"所拥有的胃的普遍性只不过是这些摆脱了自然联系的狭隘性的人的普遍性(费氏所谓"自然地联系起来的普遍性")在食物形式上的表现而已,因而与人的普遍性一样是全部世界历史的产物。比方说,中国人的胃对辣椒的适应是以地理大发现为历史前

---

① 《马克思恩格斯全集》第30卷,人民出版社1995年版,第107页。
② 《费尔巴哈哲学著作选集》上卷,商务印书馆1984年版,第172页。
③ 《马克思恩格斯文集》第1卷,人民出版社2009年版,第191页。
④ 参见《费尔巴哈哲学著作选集》上卷,商务印书馆1984年版,第183页。

提的。

第二，在马克思看来，费尔巴哈"直观的唯物主义"以市民社会作为自己的立脚点，能够达到但也只能达到对市民社会的直观，无法洞悉市民社会本身的本质。

与几乎所有的理论家和哲学家一样，费尔巴哈自认为他的道德论是"绝对的"，是"适合于任何时代和任何情况的"，是"为一切时代、一切民族、一切情况而设计出来的"类似于"绝对命令"的东西。① 比方说，他要求每个个人都拥有"追求幸福的平等权利"。但是，这一要求事实上决不是产生于哲学家的头脑中的虚无缥缈的哲学空话和伦理命题，它本身是资产阶级这个"第三等级"在反对封建等级和特权的历史斗争中逐步确立起来的、要求冲破等级共同体的束缚和发展资本主义生产这一现实的物质利益要求的观念表达，这一观念最终随着资产阶级上升为社会的统治阶级而以法律的形式变成了获得合法地位的资产阶级意识形态。因此，费尔巴哈的道德论是"完全适合于现代资本主义社会的，不管他自己多么不愿意或想不到是这样"②。他之所以"想不到"这一点，是因为他直接是从自己的立足点——现代市民社会——出发来规定历史的，他不理解，这个市民社会不是"某种开天辟地以来就直接存在的、始终如一的"③提供给他直观的东西，恰恰相反，现代市民社会本身就是历史的产物。

前资本主义社会中的"市民社会"直接具有政治性质，也就是说，根本不存在独立于政治领域之外的社会领域、私人领域，所有的领域都是政治领域："在希腊人那里，市民社会是政治社会的奴隶。""在中世纪，财产、商业、社会团体和人都是政治的；……每个私人领域都具有政治性质，或者都是政治领域；换句话说，政治也就是私人领域的性质。""在那时，一般的市民社会等级和政治意义上的等级是同一的。中世纪的精神可以表述如下：市民社会的等级和政治意义上的等级是同一的，因为市民社会

---

① 参见《马克思恩格斯文集》第 4 卷，人民出版社 2009 年版，第 292、294 页。
② 《马克思恩格斯文集》第 4 卷，人民出版社 2009 年版，第 294 页。
③ 《马克思恩格斯文集》第 1 卷，人民出版社 2009 年版，第 528 页。

就是政治社会,因为市民的有机原则就是国家的原则。"①而消灭市民社会之政治性质的革命是以"封建主义"为对象的政治革命,"政治解放同时也是市民社会从政治中得到解放","政治解放一方面把人归结为市民社会的成员,归结为利己的、独立的个体,另一方面把人归结为公民,归结为法人"。② 前面已经讲到,费尔巴哈所直观到的抽象的人的个体纯粹是属于"一定的社会形式"即市民社会的个人,所以他所直观到的那些个人——作为"市民社会成员"而不是"抽象的政治人"而感性地直接存在的个人——的活动也具有市民社会的性质,即自私自利的经济性质。

正是在这个意义上,费尔巴哈写道:"直到今天,犹太人还不变其特性。他们的原则、他们的上帝,乃是最实践的处世原则,是利己主义,并且是以宗教为形式的利己主义","实践的直观,是不洁的、为利己主义所玷污的直观"。③ 也就是说,"对于实践",他"只是从它的卑污的犹太人的表现形式去理解和确定"④。马克思使用的"它的(ihrer,即"实践的"——引者注)卑污的犹太人的表现形式"这一短语表明,费尔巴哈所直观到的"卑污的犹太人的"自私自利的经商牟利活动的确是实践的一种表现形式,或者更确切地说,只有"卑污的犹太人的表现形式"才是"实践"在资本主义生产方式之下的表现形式。在这里,"卑污的犹太人的活动"还不仅是指把追逐金钱作为唯一目的的经商牟利活动,更确切地说,是指被已经主体化了的抽象劳动绑在其自我增殖的战车上的、把有限的个人生命投入到无限地为资本增殖服务之中去的具体劳动。换言之,在资本主义生产方式中,只有在卑污的犹太人的、异化了的表现形式之下的感性人的活动——能够被抽象劳动纳入其自我增殖的轨道中的具体劳动——才被承认为生产劳动。⑤ 费尔巴哈的问题不在于看到了实践在市民社会中的"卑污的犹太人的表现形式",而在于他由于其直观态度除了

---

① 《马克思恩格斯全集》第 3 卷,人民出版社 2002 年版,第 91、42、90 页。
② 《马克思恩格斯文集》第 1 卷,人民出版社 2009 年版,第 45、46 页。
③ 《费尔巴哈哲学著作选集》下卷,商务印书馆 1984 年版,第 146、235 页。
④ 《马克思恩格斯文集》第 1 卷,人民出版社 2009 年版,第 499 页。
⑤ 参见《马克思恩格斯文集》第 8 卷,人民出版社 2009 年版,第 520—528 页。

实践的这一种在市民社会中的特殊表现形式外不能理解实践的意义,他"只是"在这个层面上将实践"理解和确定"为"卑污的"(非"真正人的")和"犹太人的"(非普遍性的、非本源性的)活动。相反,在马克思看来,实践必须被理解和确定为——它在这些各种不同社会形态中的各种不同表现形式背后所共同体现的——真正人的、普遍的、本源性的、建构人化自然和人类社会的感性活动。作为直观唯物主义者的费尔巴哈无法了解实践活动(在马克思那里所具有的)建构并改变世界的那种"革命的"和"批判的"本体论意义。

最后,在马克思看来,费尔巴哈由于其唯物主义的直观性质在人的现实异化面前束手无策,无法找到摆脱这种异化、实现个人解放的现实途径。

既然费尔巴哈的直观对象是市民社会以及在其中被异化的个人们,那么他就不可避免地要直观到这些个人的"存在"完全不符合他们的"本质"的"不可避免的反常现象"。之所以说是反常现象,是因为在费尔巴哈看来,"存在"是对"本质"的肯定,某人的存在也就是他的本质,这种存在和本质的同一甚至在语言中就已经实现了,"只有在人的生活中,而且只有在不幸的,反常的情况之下,存在才会与本质分离"①。在面对这些"反常现象"时,费尔巴哈首先竭力使之生物学化,重新回到"人是其所吃"的老路上来"确立对现存的事实的正确理解"②,即"饥与渴是痛苦的感觉,是不健康的感觉,在这里那种统一被破坏了;没有喝的、没有吃的,我成了半个人而不是完整的人"③。

但是,人的完整性是可以用生物性来说明的吗? 有吃有喝就是完整的人吗? 动物式的、用"不懂美感的牙齿"进行吃喝和从事着动物式的生殖活动的人就是完整的人吗? 马克思直截了当地否定了这一点。费尔巴哈直观到的市民社会成员——"自由工人"④——作为感性的、肉体的存

---

① 《费尔巴哈哲学著作选集》上卷,商务印书馆1984年版,第157页。译文略有改动,"本质"(Wesen)一词原译为"实体"。

② 《马克思恩格斯文集》第1卷,人民出版社2009年版,第549页。

③ 《费尔巴哈哲学著作选集》上卷,商务印书馆1984年版,第530页。

④ 《马克思恩格斯文集》第1卷,人民出版社2009年版,第716页。

在物首先必须要活命,因而必须被他的胃统治,"如果世俗生活关系妨碍他满足自己的胃,那末他的胃就成为他的主人,吃饭的欲望就成为固定的欲望,而吃饭的想法就成为固定观念"①。为了满足吃饭的欲望,为了换取维持自己和子女的肉体生存所必需的生活资料,这些工人不得不参加强制劳动。因此,"这种劳动不是满足一种需要,而只是满足劳动以外的那些需要的一种手段","劳动这种生命活动、这种生产生活本身对人来说不过是满足一种需要即维持肉体生存的需要的一种手段"。② 也就是说,劳动的全部目的就是获得维持吃、喝、生殖(而且是最粗陋的吃、喝、生殖这些动物机能)所必需的最基本的条件。于是乎,一方面,人的自由活动变成了动物性的强制劳动,在这种劳动中自我折磨、自我否定、自我摧残、自我牺牲,"只要肉体的强制或其他强制一停止,人们就会像逃避瘟疫那样逃避劳动"③;另一方面,劳动所得也全部贡献给了动物性机能的舒畅。由于工人只有在不劳动时才感到快乐,只有在进行吃、喝、生殖等等动物本能时才享受到短暂的欢愉,由于人在这种欢愉中找到了自己,他感到自己是在自由活动,在动物性中,工人获得了"活动和享受"的统一。简言之,"人(工人)只有在运用自己的动物机能……的时候,才觉得自己在自由活动,而在运用人的机能时,觉得自己只不过是动物"④。动物般的奴役劳动变成了人的劳动,动物性的本能变成了人的享受;人的自由活动变成了动物般的奴役劳动,人的享受变成了动物性的本能享受。从这个意义上说,在费尔巴哈认为通过吃喝来消除饥渴、"人"就可以成为"完整的人"的地方,马克思看到的仍然是抽象的、片面的、单调的、异化的、作为"工人"的人。进而言之,由于费尔巴哈唯物主义的直观性质,他始终停留于理论的领域、把市民社会的成员作为"感性对象"来直观,当他在现实中面对穷苦人的生存状况时,只好一方面要求他们"平心静

---

① 《马克思恩格斯全集》第3卷,人民出版社1960年版,第286页。
② 《马克思恩格斯文集》第1卷,人民出版社2009年版,第159、162页。
③ 《马克思恩格斯文集》第1卷,人民出版社2009年版,第159页。
④ 《马克思恩格斯文集》第1卷,人民出版社2009年版,第160页。

气地忍受这种不幸"①,另一方面不得不求助于"最高的直观"和观念上的"类的平等化"②;相反,马克思把同样的这些个人们理解为他们的"感性活动",深入到他们自我生产的社会生活之中,说明他们此种生存状况根源于他们的感性活动的自我异化:"工人的毁灭和贫困化是他的劳动的产物和他生产的财富的产物。就是说,贫困从现代劳动本身的本质中产生出来。"③对于马克思而言,颠倒了的现状必须重新被颠倒过来,市民社会中的个人们必须从犹太精神中解放出来,人的世界即各种关系必须回归于人自身,而全部问题都在于使现存世界革命化,实际地反对并改变现存的事物,"无产者,为了实现自己的个性,就应当消灭他们迄今面临的生存条件,消灭这个同时也是整个迄今为止的社会的生存条件,即消灭劳动"④。

---

① 《马克思恩格斯文集》第 1 卷,人民出版社 2009 年版,第 549 页。
② 《马克思恩格斯文集》第 1 卷,人民出版社 2009 年版,第 530 页。
③ 《马克思恩格斯文集》第 1 卷,人民出版社 2009 年版,第 124 页。
④ 《马克思恩格斯文集》第 1 卷,人民出版社 2009 年版,第 573 页。

八

社会理想与人的全面发展

人的全面发展从来都不是、也永远不可能是一种完全成就了的事实，而只能是一种人们在永不停息地探求着、追寻着并在探寻过程中不断开掘其深度意蕴的社会理想。正是在对人的全面发展这种社会理想的探寻及其深度意蕴的开掘过程中，社会为人的全面发展提供了越来越大的可能性空间，而人的全面发展也在越来越大的程度上得到实现。

（一）人的全面发展：社会理想的核心内容

社会理想是人们对社会生活应然状态的观念建构，是人们根据其所确立的社会发展的总体价值目标并在对社会生活的实然状态进行批判性反思的基础上确立起来的。社会是由人组成的，人是社会生活的主体，社会的发展与人的发展总是互为条件，因此，作为关于社会生活应然状态的观念建构，任何社会理想都必然浸染着某种人文关怀，都必定这样那样地寄寓着人们对于人的全面发展的希冀和向往。从历史上看，对人的全面发展的追求构成了各个时代社会理想的核心内容。

古希腊哲学家柏拉图的《理想国》属于西方思想史上以理性形式建

构的第一个社会理想。从表面上看,柏拉图的社会理想与对人的全面发展的追求似乎是不相容的,因为他所设想的理想社会是一个等级森严、分工严密的社会。他认为,每个人的天性各不相同,适合于做不同的工作;如果一个人根据自己的天性在适当的时间内放弃别的事情,而只从事某一个方面的工作,那么他就能够做得又多又好。[①] 因此,在他的理想社会中,每个人都在国家里面执行一种最适合于他的天性的职能,即天生有统治才能的人专门从事统治,天生有军事才能的人专门从事辅助统治的工作,而天生有体力劳动能力的人则专门从事某种技艺,所有人都各司其职而互不相扰。如果仅仅就此而论,柏拉图社会理想关注的重心确乎在于人的"天性"的充分发展而不是人的全面发展。然而,柏拉图社会理想所包含的这种社会分工论归根到底是为统治者的特权的正义性作论证的,它并非不重视人的全面发展,只不过是将人的全面发展同样也作为一种特权赋予了统治者。这从柏拉图的教育理论中可以看得很清楚。在其理想社会中,柏拉图主张对儿童和青年男女普遍进行体育、军事、阅读和写作、神话和诗歌以及数学等方面的教育,并从中选出优秀者,对之进行较高深的科学教育,直到 30 岁;然后又从中选出最有才能的人,让他们在接受 5 年论辩术的教育后担负军事统率和国家管理方面的次一级的职务,考验他们到 50 岁;继之再从中挑选出最优秀的人,对之进行哲学训练,使之成为"哲学王",并由此造就出最高执政者。这样,柏拉图"理想国"的最高统治者,就是一个具有他所能设想出的多方面杰出才能的、全面发展的人。

如果说柏拉图的社会理想表现出他对奴隶主专制国家的赞誉和留恋,"他的理想国只是埃及种姓制度在雅典的理想化"(马克思语),那么,近代西方思想家们的社会理想则一般都浸染着资产阶级的人人生而平等的观念。与之相应,在近代西方思想家们所建构的理想社会中,人的全面发展已不再是少数统治者拥有的特权,而是全体社会成员的共同福祉。

---

① 参见[古希腊]柏拉图:《理想国》,郭斌和、张竹明译,商务印书馆 1986 年版,第59—60页。

在莫尔的"乌托邦"中，"宪法规定，在公共事业不受损害的前提下，所有公民在完成必要的体力劳动后，享有尽可能宽余的时间，用于精神的充实和开拓。乌托邦人认为，这才是人生快乐之所在"①。乌托邦人每天只需工作六小时，业余时间都由个人自由支配，但他们不把这种业余时间浪费在放纵无度或游荡懒散上，而是用来学习文化和研究科学或是钻研和提高自己的手艺。在康帕内拉的"太阳城"里，科技的应用大大地减轻了劳动的强度、提高了劳动的效率，人们每天劳动的时间缩短至 4 小时，"业余时间"比工作时间长得多。在业余时间里，人们可以自由地进行科学研究、技术发明或看书学习，包括研究和学习外国的语言、历史、风俗习惯、政治制度等等，也可以自由地参加各种形式的文化体育活动，使自己的兴趣和爱好得到充分的发展。19 世纪的空想社会主义者们在对资本主义社会的批判中更加自觉地追求人的全面发展的社会理想。圣西门设想的"实业制度"就是这一社会理想的体现，他把"实业制度"定义为使一切人得到最大限度的全体自由和个体自由的制度。在他的这一"为一切社会成员创造最广泛的可能来发展他们的才能"的理想社会中，人们吃得最好，穿得最漂亮，住得最舒适，能够随意旅游，其他各方面的需要也都能得到最大的满足。在博立叶的理想社会即"和谐制度"下，人们的劳动是自由劳动，他们不再终身被束缚在一种职业上，而是可以自由地从一种劳动转移到另一种劳动，可以经常自由调换工种，实行"短时工作"，甚至一个人在一天之内可以先后涉足多达 30 种的工作，并且每天的安排都能有所变化。在这种情况下，劳动已不再是谋生的需要而是变成了一种娱乐，激发人们劳动热情的也不是物质报酬而是竞赛和精神力量。而在欧文的理想社会即"公社"制度下，全体公社成员均按年龄而分为若干个组，不同年龄组的人从事着与其年龄和特长相适应的工作。这样，在欧文的理想社会中，每个社会成员在特定的年龄阶段都有平等的机会发挥自己某一方面的特长，并在经过各个年龄阶段后使自己各方面的才能都得到发展。

---

① ［英］托马斯·莫尔：《乌托邦》，宁津渡译，载《西方四大政治名著》，天津人民出版社1998 年版，第 168 页。

正是在批判地扬弃上述这些社会理想、特别是空想社会主义的社会理想的基础上，马克思、恩格斯建构了人类思想史上第一个科学形态的社会理想，即共产主义的社会理想。按照马克思、恩格斯的看法，人的全面发展是共产主义的最高原则，共产主义就是"以每个人的全面而自由的发展为基本原则的社会形式"①；人的全面发展也是共产主义社会的基本特征，"代替那存在着阶级和阶级对立的资产阶级旧社会的，将是这样一个联合体，在那里，每个人的自由发展是一切人的自由发展的条件"②。在未来的共产主义社会里，社会生产力获得巨大发展，社会的物质财富和精神财富充分涌流，从而"通过社会生产，不仅可能保证一切社会成员有富足的和一天比一天充裕的物质生活，而且还可能保证他们的体力和智力获得充分的自由的发展和运用"③；随着私有制被消灭，全部生产将集中在联合起来的个人手里，"他们共同的社会生产能力成为他们的社会财富"④，生产的目的不再是为了交换价值，而在于满足一切社会成员全面发展的需要；"社会生产力的发展将如此迅速，以致尽管生产将以所有的人富裕为目的，所有的人的可以自由支配的时间还是会增加。因为真正的财富就是所有个人的发达的生产力"⑤；以往自发形成的旧式分工已不复存在，劳动已不再是谋生的手段而是乐生的需要，人们可以自由地安排自己的时间和活动来"全面发展自己的能力"，"任何人都没有特殊的活动范围，而是都可以在任何部门内发展，社会调节着整个生产，因而使我有可能随自己的兴趣今天干这事，明天干那事，上午打猎，下午捕鱼，傍晚从事畜牧，晚饭后从事批判，这样就不会使我老是一个猎人、渔夫、牧人或批判者"。⑥ 马克思、恩格斯认为，这样一个人人都能得到全面发展的共产主义社会，是人的发展必将经历的一个历史形态，也是人类社会发展、特别是消灭私有制的必然结果。正如恩格斯所说："由社会全体成员

---

① 《马克思恩格斯全集》第 23 卷，人民出版社 1972 年版，第 649 页。
② 《马克思恩格斯选集》第 1 卷，人民出版社 1995 年版，第 294 页。
③ 《马克思恩格斯选集》第 3 卷，人民出版社 1995 年版，第 633 页。
④ 《马克思恩格斯全集》第 46 卷（上），人民出版社 1979 年版，第 104 页。
⑤ 《马克思恩格斯全集》第 46 卷（下），人民出版社 1980 年版，第 222 页。
⑥ 《马克思恩格斯选集》第 1 卷，人民出版社 1995 年版，第 85 页。

组成的共同联合体来共同地和有计划地利用生产力;把生产发展到能够满足所有人的需要的规模;结束牺牲一些人的利益来满足另一些人的需要的状况;彻底消灭阶级和阶级对立;通过消除旧的分工,通过产业教育、变换工种、所有人共同享受大家创造出来的福利,通过城乡的融合,使社会全体成员的才能得到全面发展;——这就是废除私有制的主要结果。"①

（二）人的全面发展的理想
性质及其决定因素

任何社会理想都这样那样地将人的全面发展作为自己的核心理念,反过来,人的全面发展也永远不会失却其超越现实、高于现实的理想性质。随着人类社会的进步,人的全面发展必然会在越来越大的程度上得到实现,但却永远不可能完全地、一无遗漏地得到实现。换句话说,在人类社会发展的任何阶段上,人们所能谋求的只能是人的更全面的发展,而不可能是人的最全面的发展。我们不能设想人类社会的发展终将到达这样一个阶段,在那里,人们在推进人的全面发展上已无事可做,唯一需要的就是努力保持和不断复制人的全面发展既已取得的成果。

人的全面发展的理想性质,首先是由人的全面发展的两大方面即人类整体的全面发展与个体的全面发展之间的关系决定的。人的全面发展既包括人类整体的全面发展,也包括个体的全面发展。但是,从历史上看,自原始社会末期脑力劳动与体力劳动的分离直到资本主义社会,人类整体的全面发展与个体的全面发展之间一直存在着尖锐的矛盾或对抗。那种自发的、强制性的、固定的社会分工,使得人类整体的才能得到了加速的、较全面的发展,但这是以绝大多数社会个体片面的、畸形的发展为

---

① 《马克思恩格斯选集》第 1 卷,人民出版社 1995 年版,第 243 页。

代价的。在未来的共产主义社会里，随着旧式分工的消灭，随着社会成员能够自由地变换工种和从一个生产部门转到另一个生产部门，人类整体的全面发展与个体的全面发展的关系将具有全然不同的景象。正如马克思所说："'人'类的才能的这种发展，虽然在开始时要靠牺牲多数的个人，甚至靠牺牲整个阶级，但最终会克服这种对抗，而同每个个人的发展相一致。"①这也就是说，在未来的共产主义社会里，人类整体的全面发展不仅不会以牺牲个体的全面发展为代价，反而还会通过为个体的发展提供物质、精神条件和自由空间而促进个体的全面发展。但是，即使在未来的共产主义社会里，在性质上一致和相容的人类整体的全面发展与个体的全面发展在其全面程度上仍然存在着不一致的情况。由于人类整体全面发展的无限可能性和个体生命的有限性，个体的全面发展永远不可能完全体现人类整体全面发展的成果、永远不可能达到人类整体发展的那种全面性；相对于人类整体的全面发展，个体的发展无论如何全面也始终显得只是一种"片面"的发展，因而始终存在向着更加全面的方向拓展的巨大空间。

人的全面发展的理想性质，也是由人的全面发展的本质内涵决定的。人的全面发展具有极其丰富的、多方面的内涵，而无论是从其中的哪一个方面来看，人的全面发展都是具有无限可能性的。首先，人的全面发展意味着人的多方面的需要得到充分满足。人的需要具有极其广泛性和无限发展的特点，"人以其需要的无限性和广泛性区别于其他一切动物"②。与之相应，人的需要的充分满足也就是一个永无止境的过程。即使是在未来的共产主义社会里，人的物质需要和精神需要、生存需要和发展需要也都会不断地向更高层次发展，人们寻求满足新的需要的活动永远也不会停止，因为人们既已得到满足的需要、"满足需要的活动和已经获得的为满足需要而用的工具又引起新的需要"③。其次，人的全面发展也意味着人的能力的全面发展。人的能力归根到底也就是人的劳动能力。劳动

① 《马克思恩格斯全集》第26卷Ⅱ，人民出版社1973年版，第124—125页。
② 《马克思恩格斯全集》第49卷，人民出版社1982年版，第130页。
③ 《马克思恩格斯选集》第1卷，人民出版社1995年版，第79页。

既是人的多样化的能力形成和发展的根本途径,也为人的能力的全面发挥和展示提供了机会和场所。人类劳动的发展是永远不会停止的,人的能力的全面发展也是不会有尽头的。马克思说:"全面发展的个人……,也就是用能够适应极其不同的劳动需求并且在交替变换的职能中……使自己先天的和后天的各种能力得到自由发展的个人。"①在未来的共产主义社会里,随着人们的需要无止境地向更高层次的发展,社会必然会持续不断地创造出新的职业领域和新的劳动需求,它们必然促使人的能力向着更加多样化、更加全面的方向发展。再次,人的全面发展还意味着人的社会关系的充分丰富和全面占有。马克思认为,脑体分工出现以前的原始社会的人是比较全面的,但那并不是人的发展的理想状态。"在发展的早期阶段,单个人显得比较全面,那正是因为他还没有造成自己丰富的关系。"②随着分工的发展,人的社会关系日益丰富化,但它却先后采取了前资本主义阶段的人身依附关系和资本主义社会的商品货币关系的形式,并因此对人来说始终是一种异己的、阻碍人的全面发展或使人片面化、畸形化的力量。在马克思、恩格斯看来,在未来的共产主义社会里,随着人们"共同的社会生产能力成为他们的社会财富",人们终将扬弃社会关系的这种异化状态,一方面使人的各种社会关系包括人与自然的关系、人与社会的关系以及人与自身的关系充分丰富化,另一方面全面地占有这种丰富多样的社会关系,由此"人终于成为自己的社会结合的主人,从而也就成为自然界的主人,成为自身的主人——自由的人"③。然而,即使是在这种情况下,人与自然的关系、人与社会的关系以及人与自身的关系等人的社会关系的各个方面也仍然会继续不断地展现出新的方面和新的特点,人们对这种多样化的社会关系的驾驭和调控能力也会不断地得到提高,因而人的社会关系的充分丰富和全面占有的实现同样也只能被理解为一个永无止境的过程。

人的全面发展的理想性质,还是由人的全面发展的条件及其根本特

① ［德］马克思:《资本论》第1卷,中国社会科学出版社1983年版,第500页。
② 《马克思恩格斯全集》第46卷(上),人民出版社1979年版,第109页。
③ 《马克思恩格斯选集》第3卷,人民出版社1995年版,第760页。

点决定的。实现人的全面发展需要诸多的社会条件，但这些条件都可以归结到一条即人的自由，就是说，人的全面发展以人的自由发展为根本条件。对此，马克思、恩格斯曾经说过："只有在共同体中，个人才能获得全面发展其才能的手段，也就是说，只有在共同体中才可能有个人自由。"①正是由于自由是人的全面发展的根本条件，所以马克思、恩格斯在谈到人的全面发展问题时总是突出强调人的自由发展，甚至常常将人的全面发展归结为或等同于人的自由发展、将全面发展的人称为"自由的人"。也正是根据人所获得的自由程度不同，马克思把人的历史发展过程区分为三个阶段或三大形态，即"人的依赖关系"、"以物的依赖性为基础的人的独立性"和"自由个性"。在历史上，人的全面发展之所以不可能实现，就是因为人与自然的关系、人与社会的关系以及人与自身的关系等人的社会关系各个方面的状况，特别是生产力的不发达状况、私有制和旧式分工严重地限制了人的自由。在马克思、恩格斯看来，在未来的共产主义社会，随着所有这些以往限制人的全面发展的因素的消除，人类也就进入了人人都可以自由地发展自己的个性的"自由王国"。不过，按照马克思、恩格斯的看法，即使是在这个"自由王国"中，无论是人类整体的全面发展还是个人的全面发展也仍然要受到一定的限制。一方面，就人类整体而言，"自由王国"中的自由也是在人的自觉追求中不断生成的，人的自由发展到什么程度，人的全面发展也就相应地达到什么水平。自由不过是人对必然的认识和自觉运用，人类追求自由的过程永不会完结；如果认为人在"自由王国"中终将获得全部自由，那无异于设想人类对必然的认识和自觉运用会有一个终点。而既然人对必然的认识和自觉运用总是表现为一个不断发展的历史过程，人类整体的全面发展也就永远具有某种未完成的性质。另一方面，对于个体来说，"自由王国"中人的全面发展也要受到实际可供人们支配的自由时间的制约。个人发展的全面程度，始终取决于他有多少可供支配的自由时间。在共产主义这个"自由王国"中，个人的自由时间也并不是无限的，它不仅无法突破个人生命时间

---

① 《马克思恩格斯选集》第 1 卷，人民出版社 1995 年版，第 119 页。

总量的自然界限,而且还要受到社会必要劳动时间量的影响。到那时,尽管人们可以"把社会的必要劳动压缩到最低限度"[①],但社会必要劳动时间毕竟会永远存在下去,社会必要劳动时间的"压缩"、个人自由时间的增加以及个人的全面发展都必然呈现为一个过程。

　　总之,无论从哪个方面来看,人的全面发展从来都是并将永远是人类追求的一种社会理想、一种"应然",它会不断地向"实然"转化,但永远不可能完全变成"实然",永远不会失去其超越现实、高于现实的理想性质。

（三）人的全面发展的社会理想与
促进人的全面发展

　　确认人的全面发展的社会理想性质,并不等于说人的全面发展是一种与现实社会生活毫无关涉的、不切实际的幻想,也不会由此就低估人的全面发展的重要意义。恰恰相反,只有深刻地理解和把握人的全面发展的社会理想性质,我们才能摆正人的全面发展在现实社会生活中的位置,充分发挥其对现实生活中人的发展的规范作用,使社会为人的全面发展提供越来越大的可能性空间,使人们不懈地追求并在越来越大的程度上实现人的全面发展。

　　正如前述,社会理想是人们对社会生活应然状态的观念建构,是人们依据一定的价值目标并在对社会生活的实然状态进行批判性反思的基础上确立起来的。一方面,社会理想是对社会的一种超前性把握,它在时间向度上总是指向未来的。任何社会理想都根源于某种对现实的不满足并表现出某种超越现实、创造出更美好现实的要求、期盼和向往,因而它总是指向未来的,是人们对未来社会或社会的未来发展的构想和展望。另

---

　　① ［德］马克思:《政治经济学批判大纲》(草稿)第3分册,人民出版社1977年版,第357页。

一方面,社会理想也是对社会的一种规范性把握,它在价值向度上又是指向现实的。任何社会理想都不会是、也不可能是对未来社会或社会的未来发展的一种纯客观的描述,而总是要通过对未来社会的构想来表达某种现实社会及其发展应有的价值取向,同时还要运用这种价值取向来批判和改铸现实社会生活,力图使现实社会及其发展体现这种价值取向。因此,虽然社会理想在时间向度上是指向未来的,但社会理想的意义并不在未来,而是体现在对现实社会及其发展的规范作用上。至于特定的社会理想能否真正发挥对现实社会及其发展的规范作用、能否真正使现实社会及其发展体现出它所表达的价值取向,则取决于这种社会理想是否正确反映了社会发展的客观规律,也取决于这种社会理想所表达的价值取向是否符合历史发展的方向。任何社会理想的建构都包含着对象的尺度和人的内在尺度这双重尺度的运用。在这里,对象的尺度也就是社会发展的客观规律,而人的内在尺度则是人的价值取向,它们构成了各种社会理想赖以建构的基本依据。由于人们关于社会发展规律认识的正确和深刻程度是不同的,也由于人们的价值取向与历史发展的方向之间的关系是不一样的,所以并不是任何社会理想都能发挥其对现实社会的规范作用。历史上的各种社会理想,包括空想社会主义的社会理想,虽然它们都包含着人的全面发展这样一个核心内容,但由于它们没有正确地把握社会发展的客观规律,由此其在人的全面发展问题上的价值取向与历史发展方向之间也存在着这样那样的偏差,因而都不能有效地实现其时间向度和价值向度的统一,就是说,它们都不能发挥对现实社会的规范作用,从而不可能找到通往其所期盼的未来社会的现实道路,结果就只能沉溺于对未来社会的空想。而我们之所以说以人的全面发展为最高原则的共产主义是一种科学形态的社会理想,也就在于它是建立在对于包括人的发展规律在内的整个人类社会发展规律的科学分析和深刻揭示基础之上的,其使每个人都得到自由全面发展的价值取向也因此与历史发展的趋势和方向契合一致。也正因如此,共产主义这一社会理想的时间向度和价值向度是内在统一的,它不仅仅是一种对未来社会的美好向往,而同时也是一种现实的运动,能够规范现实社会及其发展,使其体现出人的全面发展的价值取向。

共产主义的理想说到底也就是人的全面发展的理想。但是,在以往国际共产主义运动和我国的社会政治生活中,人们在对共产主义、包括对人的全面发展这一共产主义的最高原则和根本价值取向的理解和宣传上存在着不少的失误和经验教训。一方面,讲到共产主义这一理想社会时,人们所想到的往往首先是或主要是共产主义社会富裕的物质生活和全民占有生产资料的所有制形式,而很少注意人的全面发展这一共产主义的最高原则和根本价值取向。就其现实表现而言,人们往往认为,只要使物质生产力具体达到什么指标,或者只要不断提高所有制的公有化程度,就可以"跑步进入共产主义"。① 这一对共产主义理解上的失误曾使我国社会的发展遭受严重的曲折,这早已是众所周知的事实。另一方面,尽管以往人们也不断强调共产主义既是一种科学的思想体系和理想的社会制度,也是一种现实的运动,但对于共产主义的现实运动即共产主义实践,人们一般都很少从价值向度上去理解,即不是把它理解为由共产主义的价值取向所范导的、不断为人的全面发展创造条件并因此使人的全面发展在越来越高的程度上得到实现的过程,而往往只是从时间向度上去理解,即只是把它理解为一种指向遥远未来的、旨在实现共产主义的理想社会制度的过程。这样一来,原本以人的全面发展为最高原则和根本价值取向的共产主义理想,却显得毫不关心、甚至敌视现实社会中人的全面发展,因为它似乎只是把现实社会中的人们及其所进行的共产主义实践当作实现自身的工具和手段。当然,以往人们也曾这样那样地论及过人的全面发展,但基本上是把它视为未来共产主义实现以后的事情,其对现实社会中的人们来说宛如一张不能支付、无法找零的巨额支票。正是由于这些原因,共产主义理想也就在一定程度上失去了它本来应该有的吸引力,并在一部分人中出现了所谓的共产主义理想"淡化"的现象。这个教训也是极其深刻的。

---

① 参见王锐生:《论人的两种全面发展(对话)》,载《首都师范大学学报》(社会科学版),2002 年第 1 期。

要吸取上述教训,关键在于我们不仅要牢记人的全面发展是共产主义的最高原则和根本价值取向,而且不能把人的全面发展仅仅看作是未来共产主义社会的事情。既然人的全面发展即使在未来的共产主义社会里也仍然会保持其理想性质,我们当然也不能等到将来共产主义实现以后再去谋求人的全面发展,而应该用共产主义的人的全面发展的理想来规范现实社会及其发展,在共产主义的现实运动中为人的全面发展积极创造条件,努力促进人的全面发展。

社会主义是共产主义的低级阶段,也是共产主义作为一种现实运动的最鲜明的体现。在当代中国,用共产主义的人的全面发展的理想来规范现实社会及其发展,就应该把人的全面发展作为中国社会主义现代化建设实践的根本价值取向。江泽民同志在"七一"讲话和党的十六大报告中强调指出:共产主义社会将是物质财富极大丰富、人民精神境界极大提高、每个人自由而全面发展的社会,但共产主义的实现是一个非常漫长的历史过程;我们建设有中国特色社会主义的各项事业,我们进行的一切工作,既要着眼于人民现实的物质文化生活需要,同时又要着眼于促进人民素质的提高,也就是要努力促进人的全面发展,这是马克思主义关于建设社会主义新社会的本质要求。江泽民同志的这一论述,是对我们党以往在对共产主义的理解和实践上的失误及其经验教训的深刻总结,是对中国社会主义现代化建设实践应有的根本价值取向的高度概括,也是共产主义理想的时间向度和价值向度的内在统一在当代中国社会的生动体现。按照这样一个指导思想,有中国特色社会主义的现代化建设必将为人的全面发展开拓出越来越大的可能性空间,人的全面发展的理想必定在我国社会中在越来越高的程度上得到实现。

九

恩格斯的自然观及其当代意义

作为马克思主义哲学的创始人之一,恩格斯曾对马克思主义自然观作了最为系统、最为集中的阐发。一百多年来,虽然随着人类实践的发展和科学技术的进步,人类与周围自然界的关系发生了时代性的变化,但恩格斯的自然观亦即恩格斯所系统阐发的马克思主义自然观不但没有过时,反而愈益显示出巨大的理论魅力。恩格斯在自然观上所作出的一系列重要论断,对于我们今天考察当代人与自然关系上的各种全球问题、探寻当代人与自然的协调发展途径,具有十分重要的指导意义。

(一) 哲学自然观的性质和
恩格斯自然观的形成

恩格斯曾经写道:"马克思和我,可以说是把自觉的辩证法从德国唯心主义哲学中拯救出来并用于唯物主义的自然观和历史观的唯一的人。"①这就是说,马克思主义自然观是由马克思和恩格斯共同创立的。

---

① 《马克思恩格斯选集》第3卷,人民出版社1995年版,第349页。

那么，马克思和恩格斯是如何将自觉的辩证法运用于唯物主义的自然观的呢？或者说，由马克思和恩格斯共同创立并由恩格斯系统阐发的马克思主义自然观究竟是何种性质的自然观？长期以来，一些人对这一问题存在着重大的误解，其最突出的表现就是把恩格斯的自然观或恩格斯所系统阐发的马克思主义自然观归结为恩格斯在《反杜林论》和《自然辩证法》中所阐述的自然辩证法理论，或者至少是把自然辩证法理论视为恩格斯自然观的最根本、最核心的内容，有的人甚至还由此出发对恩格斯的自然观大加责难，指责恩格斯的自然观背离了马克思主义哲学。看来，要正确地理解恩格斯的自然观，首先必须对哲学自然观的性质和马克思主义自然观的本质特征作些必要的分析。

什么是哲学的自然观？在这一问题上，学术界有一种流传很广的观点，那就是认为哲学的自然观是关于自然界本身的哲学理论，是人们从哲学的角度去把握自然界而形成的关于自然的普遍本质和一般规律的诸多观点的总和，亦即哲学的"自然图景"。这一观点也恰好构成了上述那种把恩格斯的自然观归结为自然辩证法理论的看法的基本前提。然而，这一前提却是很成问题的。众所周知，自然观历来就是哲学的一个极其重要的领域，而哲学作为世界观不过是对于人与世界关系的总体性的反思。与此相应，自然观决不是什么关于自然界本身的哲学理论，而是对于人与自然关系的哲学思考。诚然，为了深入地探析和说明人与自然的关系，哲学的自然观也必须对于包括人在内的整个自然界本身作出某种统一的理解和把握。从这个角度看，自然图景也确是哲学自然观的一个重要构成部分。但是，自然图景并不就是哲学自然观，甚至也不构成哲学自然观的最根本、最核心的内容，而是从属和服务于对人与自然关系的理解的。或者说，哲学自然观的目的主要不在于说明自然界本身，而在于对人与自然的关系作出理解和阐释，以便为人们处理自身与自然的关系提供某种范导。日本著名马克思主义哲学家岩崎允胤等人在其《科学认识论》一书中曾说："什么是自然观呢？现在我们把世界图景和自然图景大体看作是同义的，所以首先最好是把自然观同世界观联系起来理解。当然世界观比自然观更广阔。而自然观不过是涉及'人——自然界［客观实在］'

关系的世界观的一个方面、一个构成部分，从'人——自然界［客观实
在］'的观点出发，可以仅仅与如何来理解自然界（同社会区别的自然界，
人化的并是人类基础的自然界）这一点发生关系。这样，我们大体可以
把自然观同自然图景区分开来。"①他们认为，自然观与自然图景也是相
互过渡、相互渗透的，不能在两者之间划定明确的界限，所以最好还是把
作为世界观的一个方面的自然观看作是狭义的自然观，而把同时也包含
着自然图景的自然观看作是广义的自然观。应该说，岩崎允胤等人关于
"狭义的自然观"与"广义的自然观"的区分是很有道理的。这一区分表
明，在广义的自然观中，自然图景是服务于狭义的自然观即关于人与自然
关系的理论的。

　　人与自然的关系是一切哲学自然观关注的共同主题。不过，马克思
主义哲学以前的旧哲学自然观虽然也包含着一些合理的因素，但从总体
上看都没有能够正确地理解和把握人与自然的关系。黑格尔的自然观可
谓是旧的哲学自然观发展的最高成就，他不仅从人与自然的相互作用和
有机统一来说明人与自然的关系，克服了过去那种静态的自然观的缺陷，
而且还汲取了英国古典政治经济学的劳动价值论思想，把劳动视为人与
自然相互作用的中介，立足于劳动活动来说明人的生成、自然界的变化以
及人与自然界的统一。可见，黑格尔的自然观中包含着丰富的辩证法思
想。然而，黑格尔的自然观是建立在把人与自然界精神化、神秘化的唯心
主义基础之上的。在他那里，作为主体的人变成了自我意识，作为客体的
自然界变成了自我意识的对象即意识，人与自然的关系变成了自我意识
与意识的关系。黑格尔对人与自然关系的唯心主义歪曲理所当然地受到
了费尔巴哈的批判，后者力图以其自然主义的一元论对人与自然的关系
作出唯物主义的说明。但是，费尔巴哈在批判黑格尔自然观的唯心主义
实质的同时，也丢掉了黑格尔自然观中所包含的合理的辩证法思想，尤其
是丢掉了黑格尔关于劳动中介性的观点，因而看不到人通过劳动活动对

―――――――――――

　　①　［日］岩崎允胤、宫原将平：《科学认识论》，于书亭等译，黑龙江人民出版社 1984 年版，
第 455 页。

自然界的能动改造及其引起的自然界的巨大变化。在他那里,人与自然的关系不过是两个自然物之间的关系,亦即自然界同自身的关系。因此,费尔巴哈仅仅只是从直观的角度去看待人与自然的关系,他对人与自然关系的理解是非历史的、抽象的。与费尔巴哈完全不同,马克思、恩格斯不仅承认自然界的客观实在性及其对于人类的优先地位,在自然观上坚持了唯物主义的基本原则,而且批判地汲取了黑格尔关于劳动中介性的观点,确立了从实践出发去考察人与自然关系的视角,既从实践去理解人与自然的分化与对立,又从实践去探寻人与自然的和谐统一,从而真正揭示了人与自然关系的全部奥秘,创立了马克思主义的辩证唯物主义的自然观。马克思主义自然观是建立在科学的实践观基础之上的,实践的观点同样也是马克思主义自然观的首要的根本的观点。由此可见,马克思主义自然观是对旧的哲学自然观,特别是黑格尔哲学的自然观的积极扬弃。也正是在这一意义上,恩格斯说马克思和他是从德国唯心主义哲学中拯救了自觉的辩证法并且把它运用于唯物主义的自然观的唯一的人。

应该说,早在19世纪40年代创立马克思主义哲学的时候,马克思、恩格斯就已提出了辩证唯物主义自然观的一些基本思想。然而,恩格斯对马克思主义自然观的集中而系统的阐发却是在写作于19世纪70年代中后期的《劳动在从猿到人转变过程中的作用》(以下简称《劳动》)一文中完成的。这其中的原因,恩格斯本人曾作过说明,那就是"要确立辩证的同时又是唯物主义的自然观,需要具备数学和自然科学的知识"①。也正是基于这一需要,70年代以后,恩格斯先后用了八年时间力图"使自己在数学和自然科学方面来一次彻底的""脱毛"②,并在总结和概括自然科学发展新成就的过程中对自然界的辩证法作了艰苦的探索。《劳动》一文就是恩格斯在对自然科学的各个领域和自然界的辩证法有了较深入的研究之后写成的,也就是说,恩格斯在《劳动》一文中对马克思主义自然观的系统阐发是建立在他对自然科学发展的新成就的概括和总结、对自

---

① 《马克思恩格斯选集》第3卷,人民出版社1995年版,第349页。
② 《马克思恩格斯选集》第3卷,人民出版社1995年版,第349页。

然界的辩证法的深入探索的基础之上的。

值得着重指出的是,我们反对把恩格斯的自然观或恩格斯所阐发的马克思主义自然观归结为自然辩证法理论,并不意味着我们认为恩格斯的自然辩证法理论不重要,而是说相对于马克思主义自然观的确立而言,对自然辩证法的探索本身并不是恩格斯的目的,他的这一探索乃是要为系统地揭示人与自然关系的奥秘提供正确的方法论基础。正如恩格斯本人所说:"要精确地描绘宇宙、宇宙的发展和人类的发展,以及这种发展在人们头脑中的反映,就只有用辩证的方法,只有不断地注视生成和消逝之间、前进的变化和后退的变化之间普遍的相互作用才能做到。"①因此,没有对于自然辩证法的深入研究,没有自然辩证法理论的依托,也不可能有恩格斯在《劳动》一文中对马克思主义自然观的深刻阐发。明确这一点,不仅有助于我们认清恩格斯的自然观或恩格斯所阐发的马克思主义自然观的本质特征,而且也有利于廓清国内外学术界对于恩格斯的自然辩证法理论的种种歪曲和误解。

(二) 恩格斯自然观的基本内容

被编入《自然辩证法》一书中的《劳动》一文,原是恩格斯为他计划中的另一部著作《奴役的三种基本形式》所写的导言。后来,恩格斯曾把该文的标题改为《对工人的奴役。导言》。由于该著作没有完成,恩格斯最后给他已经写成的这篇导言加上了现在这个标题,并把它放进了《自然辩证法》一书手稿的第二束材料中,该束材料的标题为《自然研究和辩证法》。有意思的是,单独地看,无论是《自然辩证法》手稿第二束材料的标题《自然研究和辩证法》,还是这篇论文的标题《劳动在从猿到人转变过程中的作用》,都不足以充分地反映该文的内容,但如果将这两个标题联

---

① 《马克思恩格斯选集》第 3 卷,人民出版社 1995 年版,第 362 页。

系起来并将后者置于前者之下,那么该文的主题就一目了然了,那就是要立足于生产劳动这一人类实践的最基本形式来阐明人与自然关系的辩证法。换句话说,在《劳动》一文中,恩格斯所系统地阐发的就是一种以实践观点为基石、以自然辩证法理论为方法论依托的马克思主义自然观。

首先,恩格斯具体地考察了人类的起源亦即人与自然的分化过程。

人是怎样产生的?《旧约全书·创世纪》上说,人是上帝创造的,"上帝就照着自己的形像造人,照着他的形像造男造女"①。在人类的起源问题上,西方思想史上长期占统治地位的就是这种基督教神学的上帝创造说。与此不同,黑格尔曾以哲学的方式来看待人类的起源问题。在《精神现象学》一书中,他在思想史上第一次提出了人类是通过劳动而自我创造和自我生成的这样一个卓越的思想。虽然由于其唯心主义的哲学前提,特别是由于其把人与自然的关系归结为自我意识与意识的关系,黑格尔不可能真正科学地解决人类的起源问题,但他的上述思想却为科学地回答这一问题提供了有益的启示。

在《劳动》一文中,恩格斯汲取了黑格尔的上述合理思想,并充分地利用了达尔文生物进化论所提供的材料,对人类的起源问题作出了科学的解答。恩格斯指出,人是从自然界中分化出来的,是从高等动物即类人猿进化而来的,而劳动就是人类借以从自然界分化独立出来的根本力量。他说,劳动"是一切人类生活的第一个基本条件,而且达到这样的程度,以致我们在某种意义上不得不说:劳动创造了人本身"②。由于劳动,猿类不发达的手逐渐变成了人手,并且愈来愈自由,愈来愈灵巧,愈来愈完善。而"随着手的发展、随着劳动而开始的人对自然的统治,随着每一新的进步又扩大了人的眼界。他们在自然对象中不断地发现新的、以往所不知道的属性。另一方面,劳动的发展必然促使社会成员更紧密地互相结合起来,因为它使互相支持和共同协作的场合增多了,并且使每个人都清楚地意识到这种共同协作的好处。一句话,这些正在生成的人,已经达

---

① 转引自[美]莫蒂默·艾德勒、查尔斯·范多伦:《西方思想宝库》,吉林人民出版社1988年版,第6页。

② 《马克思恩格斯选集》第4卷,人民出版社1995年版,第373—374页。

到彼此间不得不说些什么的地步了"①,于是产生了语言。"首先是劳动,然后是语言和劳动一起,成了两个最主要的推动力,在它们的影响下,猿脑就逐渐地过渡到人脑",而"随着脑的进一步的发育,同脑最密切的工具,即感觉器官,也同步发育起来"②。"脑和为它服务的感官、越来越清楚的意识以及抽象能力和推进能力的发展,又反作用于劳动和语言,为这二者的进一步发育不断提供新的推动力。"③在这种相互作用的过程中,特别是随着劳动的进一步发展,人最终脱离了动物界,从自然界中分化出来。

其次,恩格斯深刻地分析和说明了人与动物的本质区别。

人与动物的本质区别问题也就是人的本质特征问题。应该说,这一问题早在马克思主义哲学创立的时候就已得到了正确的解决。在《关于费尔巴哈的提纲》中,马克思曾深刻地指出:"人的本质不是单个人所固有的抽象物,在其现实性上,它是一切社会关系的总和。"④不过,马克思的这一论断有着极为丰富的内涵,需要结合人与世界关系的不同方面加以具体阐发,因为人的本质正是通过人与世界关系的不同方面表现出来的。

在《劳动》一文中,恩格斯是从人与自然关系的角度来看待人的本质问题的,就是说,他是从与自然的关系上来分析和说明人的本质或人与动物的本质区别的。他所讲的人与动物的本质区别实即人和动物在与自然的关系上的本质区别。恩格斯指出,动物通过它们的活动也改变外部自然界,动物也具有从事有计划的、经过思考的行动的能力。"但是一切动物的一切有计划的行动,都不能在地球上打下自己的意志的印记。这一点只有人才能做到。"⑤"如果说动物对周围环境发生持久的影响,那么,这是无意的,而且对于这些动物本身来说是某种偶然的事情。而人离开

---

① 《马克思恩格斯选集》第4卷,人民出版社1995年版,第376页。
② 《马克思恩格斯选集》第4卷,人民出版社1995年版,第377页。
③ 《马克思恩格斯选集》第4卷,人民出版社1995年版,第378页。
④ 《马克思恩格斯选集》第1卷,人民出版社1995年版,第56页。
⑤ 《马克思恩格斯选集》第4卷,人民出版社1995年版,第383页。

动物越远,他们对自然界的影响就越带有经过事先思考的、有计划的、以事先知道的一定目标为取向的行为的特征。"①"一句话,动物仅仅利用外部自然界,简单地通过自身的存在在自然界中引起变化;而人则通过他所作出的改变来使自然界为自己的目的服务,来支配自然界。这便是人同其他动物的最终的本质的差别,而造成这一差别的又是劳动。"②在这里,恩格斯从人与自然关系的角度并在与动物的比较中对人的本质的论述,与马克思关于人的本质"是一切社会关系的总和"的论断是完全一致的,是对马克思这一论断的具体化,因为"人类社会区别于猿群的特征在我们看来又是什么呢? 是劳动"③。

再次,恩格斯还精辟地论述了人与自然的矛盾及其协调途径。

在恩格斯生活的时代,人类对自然界的惯常行程的干涉和对生态系统的破坏所导致的人与自然之间的矛盾已在一定程度上和一定范围内表现出来。对此,恩格斯表示了深切的关注,并从哲学自然观的高度作了分析。他指出,人类通过劳动不仅从自然界中分化独立出来,而且也确实实现了对自然界的支配和统治,"但是我们不要过分陶醉于我们人类对自然界的胜利。对于每一次这样的胜利,自然界都对我们进行报复。每一次胜利,起初确实取得了我们预期的结果,但是往后和再往后却发生完全不同的、出乎预料的影响,常常把最初的结果又消除了"④。针对当时在欧洲和美洲的许多地方出现的因对自然资源的掠夺性开采而导致的水土流失等生态破坏现象,恩格斯严重地警告道:"我们每走一步都要记住:我们统治自然界,决不像征服者统治异族人那样,决不是像站在自然界之外的人似的,——相反地,我们连同我们的肉、血和头脑都是属于自然界和存在于自然之中的;我们对自然界的全部统治力量,就在于我们比其他一切生物强,能够认识和正确运用自然规律。"⑤也就是说,人类对自然界

---

① 《马克思恩格斯选集》第4卷,人民出版社1995年版,第382页。

② 《马克思恩格斯选集》第4卷,人民出版社1995年版,第383页。

③ 《马克思恩格斯选集》第4卷,人民出版社1995年版,第378页。

④ 《马克思恩格斯选集》第4卷,人民出版社1995年版,第383页。

⑤ 《马克思恩格斯选集》第4卷,人民出版社1995年版,第383—384页。

的支配和统治必须建立在正确地认识和运用自然规律的基础之上，否则，就会出现人与自然之间的矛盾和冲突，就会招致自然界的报复。

恩格斯指出，要解决人与自然之间的矛盾、协调人与自然的关系，人们首先必须学会正确地认识自然规律，克服那种对于自己支配和统治自然的行为后果的短视，尤其是要克服那种"自古典古代衰落以后出现在欧洲并在基督教中取得最高度的发展"的、把精神和物质、人类和自然、灵魂和肉体对立起来的"荒谬的、反自然的观点"①。"事实上，我们一天天地学会更正确地理解自然规律，学会认识我们对自然界的习常过程所作的干预所引起的较近或较远的后果"②，并愈来愈认识到自身和自然界的一致，因而也学会并有可能去支配和调节我们生产行为所引起的较远的自然后果。"但是要实行这种调节，仅仅有认识还是不够的。"③这是因为，出现人与自然的矛盾，不仅有属于人类认识不完善方面的原因，而且还有属于社会关系、社会制度不合理方面的原因。"到目前为止的一切生产方式，都仅仅以取得劳动的最近的、最直接的效益为目的。那些只是在晚些时候才显现出来的、通过逐渐的重复和积累才产生效应的较远的结果，则完全被忽视了。""在西欧现今占统治地位的资本主义生产方式中，这一点表现得最为充分。支配着生产和交换的一个个资本家所能关心的，只是他们的行为的最直接的效益。"④"西班牙的种植场主曾在古巴焚烧山坡上的森林，以为木灰作为肥料足够最能盈利的咖啡树施用一个世代之久，至于后来热带的倾盆大雨竟冲毁毫无掩护的沃土而只留下赤裸裸的岩石，这同他们又有什么相干呢？在今天的生产方式中，面对自然界以及社会，人们注意的主要只是最初的最明显的成果。"⑤因此，要真正解决人与自然之间的矛盾、协调人与自然的关系，"需要对我们的直到目前为止的生产方式，以及同这种生产方式一起对我们的现今的整个社会

---

① 《马克思恩格斯选集》第4卷，人民出版社1995年版，第384页。
② 《马克思恩格斯选集》第4卷，人民出版社1995年版，第384页。
③ 《马克思恩格斯选集》第4卷，人民出版社1995年版，第385页。
④ 《马克思恩格斯选集》第4卷，人民出版社1995年版，第385页。
⑤ 《马克思恩格斯选集》第4卷，人民出版社1995年版，第386页。

制度实行完全的变革"①。

综上所述,在《劳动》一文中,恩格斯分别从人与自然的分化过程、人与动物的本质区别、人与自然的矛盾及其协调途径等三个方面对马克思主义的自然观作了系统的阐发。其中,如果说在前两个方面恩格斯主要是着眼于对人与自然关系的过去和现在的实然状态的正确揭示和描述的话,那么,在后一方面,恩格斯的分析更带有面向人与自然关系的未来发展和应然状态的规范意味。恩格斯关于人与自然关系的这一规范性分析,深刻地表明了马克思主义的自然观与历史观、马克思主义的人与自然关系理论与整个马克思主义的人类解放学说是高度一致的。

（三）恩格斯自然观的当代意义

恩格斯的自然观或恩格斯对马克思主义自然观的系统阐发,是建立在 19 世纪以前人与自然关系的实际状况和当时自然科学发展的最新成就的基础上的。但是,这一理论本身却具有普适性。特别是恩格斯对人与自然关系的规范性分析,亦即对人与自然之间的矛盾及其协调途径的阐述,在今天更是具有突出的时代意义。

在恩格斯所生活的 19 世纪,虽然伴随着近代工业技术文明的发展,人类对自然界的惯常行程的干涉和对自然生态系统的破坏已经引起了自然界的报复,但总的来说,那时人与自然的紧张关系尚未充分地展露出来,也还没有引起人们足够的重视。进入 20 世纪以后,特别是当代以来,借助于比以往任何时候都更加强大的现代科学技术手段,人类对自然界的支配和统治达到了全球规模和全球控制的水平,创造了历史上前所未有的巨大的社会物质财富,但与此同时,也使得人类赖以生存的自然条件空前恶化,导致了环境污染、生态失衡、资源短缺等众多举世瞩目的全球

---

① 《马克思恩格斯选集》第 4 卷,人民出版社 1995 年版,第 385 页。

性问题。当代人与自然关系上的各种全球问题已对人类的生存和发展构成了严重的威胁，它们标志着人与自然的矛盾和冲突已发展到这样一种程度，即如果这一矛盾仍然得不到有效的缓和与解决，地球上的生态环境将不复适宜于人类的生存，人类将在这一矛盾和冲突中遭到毁灭。因此，与恩格斯时代相比较，人与自然的矛盾在当代已发生了质的转化，如果说恩格斯时代自然界对人类的报复还只能算是一种警告的话，那么，当代的各种全球问题则已使人类付出了极其惨重的代价。

虽然当代人与自然之间的矛盾与恩格斯时代的情况相比已发生了质的变化，但二者之间却具有内在的联系，当代的各种全球问题实际上是由恩格斯曾经列举过的自然界对人类的种种报复现象演变而来的。换句话说，当代的各种全球问题早在近代工业技术文明的进程中就已开始形成，借用恩格斯的话说，它们是近代以来人们"对自然界的习常进程所作的干预""在晚些时候才显现出来的、通过逐渐的重复和积累才产生效应的较远的结果"。当代的各种全球问题都具有长期性特征，它们在历史上都经历了一个长时间跨度的形成过程，只不过在当代空前升级和加剧罢了。也正因如此，恩格斯对人与自然之间的矛盾的分析同样也适用于当代人与自然关系上的各种全球问题。

当代的各种全球问题，归根到底是由历史上人类不合理的实践造成的。这种不合理的实践首先是一种在不正确的认识导引下的实践。在谈到当代各种全球问题产生的认识根源时，英国经济学家舒马赫曾说："出现这么惊人，这么根深蒂固的错误，与过去三四个世纪中人类对待自然的态度在哲学上……的变化有密切的联系。"①舒马赫在这里所讲的"人类对待自然的态度"在哲学上的变化，也就是恩格斯所指出的那种把人类与自然界对立起来的"荒谬的、反自然的观点"的盛行。虽然伴随着近代人与自然紧张关系的出现，这种观点的荒谬性愈来愈明显，但进入20世纪以后，它不仅没有绝迹，反而受到了现代科学技术成就的鼓舞。在这种观点看来，现代科学技术在人类改造自然过程中所显示出来的神奇力量

①　[英]舒马赫：《小的是美好的》，虞鸿钧、郑关林译，商务印书馆1984年版，第1页。

使它堪称自然的"征服者之剑",借助于它,人类已成为大自然的绝对的主宰,可以任意地宰制和奴役自然,尽情地享受自然的丰盛贡物,而丝毫不必顾忌自己行为的后果。正是在这种虚妄观念的导引下,人们利用手中掌握的各种现代化的技术手段向大自然展开了暴虐的征战,肆意地摧残和掠夺自然的状况愈演愈烈,以致到了无以复加的地步。关于这一点,美国生物学家 B. 康莫纳曾经写道:"我们自称先进,并宣告已逃脱了对环境的依赖。在南非卡拉哈里沙漠地区,一个游牧部落的成员,只有从找到的一根块茎中才能榨出水来,而我们只要打开自来水龙头,水就来了。我们走的不再是无路可循的荒野,而是城市的街道网。我们不再追寻阳光取暖,或是躲开烈日避暑,只要利用这样或那样的机器取暖或降温就行了。这一切逐渐形成这样一种思想,即我们已创造了自己的环境,不再需要自然环境了。在热切探寻现代技术利益的过程中,我们几乎产生一种致命的错觉:我们已最终逃脱了对自然平衡的依赖。而事实是可悲的,截然不同的。我们依赖于自然界的平衡,不是少了,而是更多了。现代技术异常猛烈地扯动着生存环境进程网的薄弱环节,以至这个网再也经不起牵扯了。"①上述这种反自然的观点之所以长期盛行并一直充当着近现代人类实践的观念前导,在客观上也是由要真正认识这种观念的有害性极其困难所致。正如前述,作为由这种观念导引的不合理实践的最终结果的当代各种全球问题都具有长期性特征,它们的产生、发展及其效应只有经历一个很长的时间跨度才能为人们所认识。而且,要深刻地认识这种观念的虚妄性和有害性,认识这种观念所严重背离了的生态自然规律,从而有效地克服这种观念,仅凭经验的积累,仅靠从自然界对人类的报复中学习是远远不够的。事实上,只有借助当代的环境科学,才能真正做到这一点。

然而,有了当代的环境科学,有了对生态自然规律的正确认识,有了对人类活动的长远的自然影响和对上述那种反自然观点的有害性的自觉,也还不足以解决和克服当代的各种全球问题。这是因为,要解决和克

---

① 转引自陈敏豪:《人类生态学》,上海交通大学出版社 1988 年版,第 259 页。

服这些全球问题,不仅有一个正确认识自然规律的问题,而且还有一个正确运用自然规律的问题。事实上,导致当代各种全球问题的那种不合理的实践不仅是一种在不正确的认识导引下的实践,而且也是一种在不合理的社会关系中进行的实践,这种社会关系建立在私有制以及由此决定的人们之间的利益对抗的基础之上,它本质上是妨碍人们正确地运用自然规律的。值得指出的是,在近年来国内学术界关于人类中心主义问题的讨论中,人们常常把当代人与自然关系上的各种全球问题的根源归结为所谓的以人类的利益为根本价值尺度的人类中心主义,这实际上是以一种模糊的字眼掩盖了问题的实质。事实上,自从进入文明时代以来,在私有制占主导地位的社会条件下,根本就不曾有过什么抽象的人类利益,有的只是各种不同的个人利益和群体利益。与之相应,在人们的现实的实践活动中起作用的也从来不是什么把人类的利益奉为根本价值尺度的人类中心主义,而是以各种特殊的个人利益或群体利益为根本价值尺度的个人中心主义和群体中心主义。问题在于,在私有制条件下,各种特殊的个人利益和群体利益之间是相互对立、彼此冲突的,这就决定了个人中心主义和群体中心主义必然具有损人利己的性质。如果说在处理个人与个人或群体与群体的关系时个人中心主义和群体中心主义还总有解不完的难题,任何利益主体的损人利己的行为都要受到别的利益主体同样行为的制衡,那么,一旦将它们应用于处理人与自然的关系,其所导致的对自然生态环境的侵害在达到某种总的累积性结果或最后的限度以前几乎是毫无遏制或很难遏制的。从历史上看,正是在这种个人中心主义和群体中心主义的支配下,各种不同的利益主体为了最大限度地追逐自己特殊的、眼前直接的利益,极尽了破坏自然环境之能事,而丝毫不去考虑也不可能去考虑什么要尊重自然规律或要顾忌自己的行为对自然界的长远影响。从这个角度看,由历史上人类不合理的实践所导致的当代的各种全球问题,实质上是人与人之间不合理的社会关系特别是人与人之间的利益对抗关系在人与自然关系上的极端化表现。因此,要真正解决和克服当代的各种全球问题,恰如恩格斯所说,单靠对自然规律的认识是不够的,还必须从根本上变革今天仍然妨碍着人们正确运用自然规律的资本主义的不合理的社会关系和社会制度。而在以公有制为基础的社会主义社会中,虽然利益分化的情况在一定程度上和一定范围内仍然存在,因而一些特殊的利益主体为了自己眼前直接的利益而破坏自然生态环境的行为也不可能完全根除,但从总体上看,人们的根本利益、长远利益是完全一致的,这为人们正确地运用自然规律、有效地协调人与自然的关系提供了无限的可能性。

总之,恩格斯的自然观或恩格斯所阐发的马克思主义自然观,对于协调当代人与自然的关系具有极其重要的指导意义。

十

罗莎·卢森堡的民主思想及其当代意义

作为国际共产党运动史上的伟大的无产阶级革命家和杰出的马克思主义理论家,罗莎·卢森堡有着丰富而深刻的民主思想,包括关于无产阶级政党的组织原则的民主思想和关于社会主义国家制度的民主思想。由于各种特殊的历史原因,卢森堡的民主思想使她成为国际共产主义运动史上一位备受争议的人物,也使她在中国思想界经历了一种特殊的际遇。今天,正确地理解和评价卢森堡的民主思想,对于推进当代中国的民主建设,具有极其重要的意义。

(一) 卢森堡关于无产阶级政党的
组织原则的民主思想

卢森堡是德国社会民主党的著名的左派领袖及波兰社会民主党和德国共产党的创始人,她长期关注和思考无产阶级政党应该确立什么样的组织原则的问题,并在这一过程中阐述了她的极具特色的党内民主思想。

卢森堡长期生活和战斗在德国社会民主党内。当时,德国社会民主党的领导层逐渐发生分化,以伯恩施坦为代表的一些领导人日益向机会主义者蜕变,他们经常以集中和纪律的名义压制群众的积极性,致使党内官僚主义盛行。在与党内机会主义进行长期斗争的过程中,卢森堡在党的组织原则问题上特别强调民主的重要性和广大党员对党的领导机关的监督作用,希望通过发扬民主来激发党的各级组织和党员群众的首创精神,以便克服社会民主党领导层的"保守性质"。

1902 年和 1904 年,列宁先后写作了《怎么办?》和《进一步,退两步》两篇著名论文,明确地提出了自己的建党主张,尤其是强调了党必须在组织上实行严格的集中制原则。1904 年,卢森堡写作了《俄国社会民主党的组织问题》一文,尖锐地批评了列宁的建党原则,系统地阐述了其党内民主思想,亦即关于无产阶级政党的组织原则的民主思想。

在无产阶级政党的组织原则问题上,卢森堡并不一般地反对集中制。她指出,"强烈的集中主义特点一般说来是社会民主党所固有的",因为"社会民主党是在倾向于集中主义的资本主义的经济基础上成长起来的。它的斗争必须在巨大的、资产阶级中央集权制国家的政治框框内进行,因此,社会民主党本质上是任何分散主义和民族联邦主义的坚决反对者。社会民主党所担负的使命就是要在该国范围内代表无产阶级作为阶级的共同利益以反对无产阶级的一切局部的和集团的利益"①。同时,在她看来,在沙俄的专制统治下,如果没有纪律和集中制,社会民主党就不会有战斗力;为了把俄国社会民主党各个分散的地方组织整合起来,使之成为全国范围内进行群众统一政治行动所需要的组织,提出集中主义的口号是完全可以理解的。但是,卢森堡认为,集中主义是一个远没有概括社会民主党组织形式的历史内容和特点的口号,对于社会民主党内部的"集中程度的大小和集中化的更准确的性质"也需要作深入的探讨。② 由此出发,卢森堡坚决反对列宁所提出的集中制原则,并称列宁的集中制主张是"极端集中主义"和"无情的集中主义",因为按照列宁所主张的集中制,"中央委员会成了党的真正积极的核心,而其他一切组织只不过是它

---

① 《卢森堡文选》上卷,人民出版社 1984 年版,第 501—502 页。
② 参见《卢森堡文选》上卷,人民出版社 1984 年版,第 502 页。

的执行工具而已"①。她说:"列宁所主张的社会民主党的集中制是根据以下两个基本原则建立的:第一,使党的一切组织及其活动,甚至在最微小的细节上,都盲目服从中央机关,这个中央机关单独地为大家思考问题,制定计划和决定事情;第二,把党的有组织的核心同它周围的革命环境严格地隔离开来。在我们看来,这就是把布朗基密谋集团的运动的组织原则机械地搬到社会民主党的工人群众运动中来。"②她指出:"如果人们像列宁所作的那样想把具有消极性质的独断专行的全权赋予党的领导机关,那么这恰恰是把每个党的领导机关的保守主义(这是从这些机关的本质中必然产生的)人为地强化到危险的程度。"③"列宁所主张的极端集中主义的全部实质是,它没有积极的创造精神,而是一种毫无生气的看守精神。他的思想过程主要是集中于监督党的活动而不是使它开花结果,是缩小而不是发展,是束缚而不是联合整个运动。"④

卢森堡认为,作为无产阶级政党的组织原则的集中制应该是一种"自我集中制"。她指出:"社会民主党的集中制无非是工人阶级中有觉悟的和正在进行斗争的先锋队(与它的各个集团和各个成员相对而言)的意志的强制性综合,这也可以说是无产阶级领导阶层的'自我集中制',是无产阶级在自己的党组织内部的大多数人的统治。"⑤"自我集中制"概念集中地体现了卢森堡的党内民主思想,它包含以下几个方面的内容。

第一,在民主与集中的关系问题上,它强调民主是集中的前提和基础、集中的目的是为了保证民主的真正实现。卢森堡认为:"社会民主党的集中制不能建立在党的战士对中央机关的盲目听话和机械服从的基础之上。"⑥显然,建立在这种基础上的集中制只能体现少数人的意志,它只

---

① 《卢森堡文选》上卷,人民出版社1984年版,第501页。
② 《卢森堡文选》上卷,人民出版社1984年版,第504页。
③ 《卢森堡文选》上卷,人民出版社1984年版,第508页。
④ 《卢森堡文选》上卷,人民出版社1984年版,第508页。
⑤ 《卢森堡文选》上卷,人民出版社1984年版,第504页。
⑥ 《卢森堡文选》上卷,人民出版社1984年版,第503页。

能导致党内少数人的统治。与此不同,"自我集中制"首先要充分发扬民主、让每个党员的意志都得到适当的表达,然后再对全体党员的意志进行集中即进行"强制性综合",形成党的统一意志,从而保证党内大多数人的统治。

第二,在自由与纪律的关系问题上,它强调党的纪律并不排斥党的各级组织和党员群众的自由,但党的纪律和党内自由都应服务于党内民主。卢森堡说:"我们社会民主党的纪律与工厂或军队的纪律在本质上和根源上是截然相反的。军队和资本主义工业的纪律建立在外部强制的基础上,而社会民主党的纪律建立在自愿服从的基础上;前者为少数人对人民群众的专制服务,后者则为民主服务。"①具体言之,党的纪律"决不意味着八十万有组织的党员必须服从一个中央机构、一个党执行委员会的意志和决定,而是相反,党的所有中央机关要执行八十万有组织的社会民主党人的意志"②。就是说,党的纪律"只能意味着每个个人服从大多数人的意志和思想"③。而为了使这种"绝大多数人的意志和思想"能够形成,显然就必须有党内自由。她指出,既然"社会民主党的策略不是由中央委员会,而是由全党,更确切些说,是由整个运动制定的,那么党的各级组织显然就需要有行动自由"④。在她看来,只有"党内树立了这种在政治上拥有活动自由的精神,并且能把这种精神同对运动的坚持原则精神和它的团结精神所持的敏锐观察结合起来"⑤,党内民主才能得到保证。

第三,在党的领袖与党员群众的关系问题上,它强调领袖是群众意志的体现者,而领袖体现群众意志的关键是发扬民主、尊重和发挥群众的首创精神。卢森堡指出:"在一个像我们党这样的民主政党中,起决定作用的不是少数几个文人、党的干部或议员的观点和意志,而是大多数无产者、这几百万人的观点和意志。"⑥无产阶级的"领袖越是明确地和自觉地

---

① 《卢森堡文选》下卷,人民出版社 1990 年版,第 364 页。
② 《卢森堡文选》下卷,人民出版社 1990 年版,第 310 页。
③ 《卢森堡文选》下卷,人民出版社 1990 年版,第 310 页。
④ 《卢森堡文选》上卷,人民出版社 1984 年版,第 508 页。
⑤ 《卢森堡文选》上卷,人民出版社 1984 年版,第 509 页。
⑥ 《卢森堡文选》下卷,人民出版社 1990 年版,第 366 页。

使自己成为有觉悟的进行斗争的群众的意志和意向的代言人,成为阶级运动客观规律的体现者,他们就越有力量,越有威信"①。而党的领导机关也必须"把自己变成党的意志的喉舌和工具,而不是相反"②。"最高权力机关即一年一度的党代表大会,它把全党的意志定期地确定表述出来",但全党意志的执行即党的大政方针在实践中的运用则要依靠各级党组织和广大党员"坚持不懈的思想工作、战斗力和首创精神"③。

上述可见,卢森堡以"自我集中制"概念为核心,围绕着民主与集中、自由与纪律、领袖与群众的关系问题,形成了一套比较完整的关于无产阶级政党的组织原则的民主思想。

（二）卢森堡关于社会主义国家制度的民主思想

无产阶级政党在领导工人阶级取得革命胜利和夺取国家政权后、在领导社会主义建设过程中,必然要面临建立什么样的国家制度的问题。正是在对这一问题进行深入思考的过程中,特别是在写于俄国十月革命后的《论俄国革命》一文中,卢森堡阐发了她的民主思想的另一个重要方面,即关于社会主义国家制度的民主思想,亦即关于社会主义民主的思想,它主要涉及以下几个方面的问题。

一是实行社会主义民主的必要性和重要性。卢森堡从以下两个方面论证了实行社会主义民主的必要性和重要性。

第一,实行社会主义民主是无产阶级的历史使命。早在 1899 年,卢森堡在《社会改良还是社会革命》一文中就曾说过:"首先,民主制是必要的,因为它创立了各种政治形式(自治、选举权等等),在无产阶级改造资

---

① 《卢森堡文选》下卷,人民出版社 1990 年版,第 197 页。
② 《卢森堡文选》下卷,人民出版社 1990 年版,第 309 页。
③ 《卢森堡文选》下卷,人民出版社 1990 年版,第 310 页。

本主义社会时可以给它充当跳板和支撑点。其次,民主制是不可缺少的,因为无产阶级只有在民主制中,在为民主制而斗争中,在运用民主权利中,才能意识到自己的阶级利益和自己的历史使命。总之,民主制所以不可缺少,不是因为它使无产阶级夺取政权成为多余,倒是因为它使无产阶级夺取政权成为唯一可能的,也是必要的。"①在《论俄国革命》一文中,卢森堡进一步强调了无产阶级应当用社会主义民主制代替资产阶级民主制。她说:"我们从来不是形式民主的偶像崇拜者,这不过是说:我们始终把资产阶级民主制的社会内核同它的政治形式区别开来,我们始终揭露形式上的平等和自由的甜蜜外壳所掩盖着的社会不平等和不自由的酸涩内核——不是为了抛弃这个外壳,而是为了激励工人阶级,叫他们不要满足于外壳,却去夺取政权,以便用新的社会内容去充实这一外壳。"②在卢森堡看来,"在任何国家,政治生活的民主形式实际上关系到社会主义政策的最有价值的、甚至是不可缺少的基础"③。因此,她指出:"如果无产阶级取得了政权,它应当创造社会主义民主制去代替资产阶级民主制,而不是取消一切民主制,这是无产阶级的历史使命。"④

第二,实行社会主义民主是社会主义社会的本质要求。卢森堡认为,民主意味着人民当家作主,而社会主义社会就应该是人民当家作主的社会,因此,民主与社会主义社会的本质具有根本的一致性和不可分割的联系。她说:"社会主义社会的本质在于大多数劳动群众不再是被统治的群众,而是自己的全部政治和经济生活的主人,并且在有意识的,自由的自决中领导着这全部生活。"⑤她还认为,"社会主义作为一种经济的、社会的和法律的体系,它的实际实现决不是一些只需要加以运用的现成处方的总和";"社会主义的社会制度只应当而且只能是一个历史产物,它是在它自己的经验的学校中,在它得到实现的那一时刻,从活的历史的发

---

① 《卢森堡文选》上卷,人民出版社1984年版,第134页。
② 《卢森堡文选》下卷,人民出版社1990年版,第505页。
③ 《卢森堡文选》下卷,人民出版社1990年版,第488页。
④ 《卢森堡文选》下卷,人民出版社1990年版,第505页。
⑤ 《卢森堡文选》下卷,人民出版社1990年版,第526—527页。

展中产生的",“既然如此,那么社会主义显然就其本性来说就是不能钦定的"①;只有充分发挥民主,依靠全体人民群众的首创精神、积极参与和自觉探索,才能真正实现社会主义。显然,在卢森堡看来,实行社会主义民主的必要性也是由社会主义社会的本质所决定的,没有民主就不会有社会主义的真正实现。

二是社会主义民主与无产阶级专政的关系。卢森堡对社会主义民主与无产阶级专政的关系进行了辩证的分析,指出它们是社会主义国家制度的两个不可分割的方面,甚至认为它们不过是两个同义语,并由此提出了“无产阶级专政就是社会主义意义上的民主”的著名命题。她说:“社会主义民主制是与废除阶级统治和建设社会主义同时开始的。它在社会主义政党夺取政权的那一时刻就开始了。它无非就是无产阶级专政。"②“今天的问题不在于是民主还是专政。被历史提上日程的问题是:是资产阶级民主还是社会主义民主。因为无产阶级专政就是社会主义意义上的民主。"③

“无产阶级专政就是社会主义意义上的民主”这一命题最为集中地体现了卢森堡关于社会主义国家制度的民主思想。按照这一命题,无产阶级专政就是实行社会主义民主。卢森堡特别强调指出:“这是阶级的专政,不是一个党或一个集团的专政,这就是说,最大限度公开的、由人民群众最积极地、不受阻碍地参加的、实行不受限制的民主的阶级专政。"④“这一专政必须是阶级的事业,而不是极少数领导人以阶级的名义实行的事业,这就是说,它必须处处来自群众的积极参与,处于群众的直接影响下,接受全体公众的监督,从人民群众日益发达的政治教育中产生出来。"⑤由此出发,卢森堡对俄国十月革命后列宁和布尔什维克解散立宪会议、实行高度集中制的做法提出了尖锐批评,认为没有民主的专政有可

---

① 《卢森堡文选》下卷,人民出版社 1990 年版,第 501 页。
② 《卢森堡文选》下卷,人民出版社 1990 年版,第 505 页。
③ 《卢森堡文选》下卷,人民出版社 1990 年版,第 523 页。
④ 《卢森堡文选》下卷,人民出版社 1990 年版,第 504 页。
⑤ 《卢森堡文选》下卷,人民出版社 1990 年版,第 505 页。

能使社会主义国家向极权主义国家演变。她说:"列宁和托洛茨基用苏维埃代替了根据普选产生的代议机构,认为苏维埃是劳动群众唯一真正的代表。但是随着政治生活在全国受到压制,苏维埃的生活也一定会日益陷于瘫痪。没有普选,没有不受限制的出版和集会自由,没有自由的意见交锋,任何公共机构的生命就要逐渐灭绝,就成为没有灵魂的生活,只有官僚仍是其中唯一的活动因素。公共生活逐渐沉寂,几十个具有无穷无尽的精力和无边无际的理想主义的党的领导人指挥着和统治着,在他们中间实际上是十几个杰出人物在领导,还有一批工人中的精华不时被召集来开会,聆听领袖的演说并为之鼓掌,一致同意提出来的决议,由此可见,这根本是一种小集团统治——这固然是一种专政,但不是无产阶级专政,而是一小撮政治家的专政,就是说,纯粹资产阶级意义上的专政,雅各宾派统治意义上的专政(苏维埃代表大会从三个月召开一次推迟到六个月)。不仅如此,这种情况一定会引起公共生活的野蛮化:暗杀,枪决人质等等。这是一条极其强大的客观的规律,任何党派都摆脱不了它。"①

三是实现社会主义民主的前提和途径。卢森堡的社会主义民主思想与其党内民主思想具有内在的联系,她所主张的作为无产阶级政党的组织原则的民主制和作为社会主义国家制度的民主制实际上都可以称为"自我集中制",其中,作为无产阶级政党的组织原则的"自我集中制"是无产阶级的先锋队即社会民主党的"自我集中制",它强调的是要对全体党员的意志进行"强制性综合",以便保证党内大多数人的统治;而作为社会主义国家制度的"自我集中制"则是无产阶级这个大我的"自我集中制",它强调的是要对整个无产阶级的意志进行"强制性综合",从而体现占无产阶级多数的革命者的意志、保证无产阶级的"阶级专政"和"广大人民群众的统治"。正如卢森堡所说:"无产阶级专政,这不是像资本主义利润的代理人故意捏造的那样,不是炸弹、暴动、阴谋、'无政府状态',这是运用全部政治的权力手段去实现社会主义,剥夺资本家阶级。这是

---

① 《卢森堡文选》下卷,人民出版社 1990 年版,第 503—504 页。

符合占无产阶级多数的革命者的意愿的,是依靠他们的意志实行的,因此是符合社会主义民主的精神的。"①正是基于对社会主义民主的这种理解,卢森堡进一步论述了实现社会主义民主的前提和途径。

在谈到社会主义民主时,卢森堡经常把自由与民主紧密地联系起来,认为自由是实现社会主义民主的前提。可以说,对自由的高度重视,是卢森堡社会主义民主思想的一个重要特点。她指出:"没有自由的、不受限制的报刊,没有不受阻碍的结社和集会活动,广大人民群众的统治恰恰是完全不能设想的。"②在卢森堡看来,社会主义社会应该有广泛的自由,唯其如此,才会有广泛的民主。她说:"只给政府的拥护者以自由,只给一个党的党员以自由——就算他们的人数很多——这不是自由。自由始终是持不同思想者的自由。这不是由于对'正义'的狂热,而是因为政治自由的一切振奋人心的、有益的、净化的作用都同这一本质相联系,如果'自由'成了特权,这一切就不起作用了。"③她还指出,如果"自由受到了限制,国家的公共生活就是枯燥的,贫乏的,公式化的,没有成效的,这正是因为它通过取消民主而堵塞了一切精神财富和进步的生动活泼的泉源"④。

卢森堡认为,要实现社会主义民主,除了必须给予社会成员以广泛的自由以外,还需要特别着力于以下两个方面:第一,必须加强对广大人民群众的政治教育,提高人民群众的政治觉悟,增强人民群众的民主意识。在卢森堡看来,要实现社会主义民主,必须对人民群众进行政治训练,使其摆脱以往在剥削制度下形成的愚昧无知、唯命是从、麻木不仁的状况,强化其参与公共生活的意识和能力。她说:"资产阶级的阶级统治不需要对全体人民群众进行政治训练和教育",但"对于无产阶级专政来说,这种训练和教育却是生存的要素,是空气,没有它无产阶级专政就不能存

---

① 《卢森堡文选》下卷,人民出版社 1990 年版,第 523 页。
② 《卢森堡文选》下卷,人民出版社 1990 年版,第 500 页。
③ 《卢森堡文选》下卷,人民出版社 1990 年版,第 500 页。
④ 《卢森堡文选》下卷,人民出版社 1990 年版,第 502 页。

在"。① "社会主义的实践要求在几个世纪以来资产阶级的阶级统治下已经退化的群众在精神上彻底转变。社会本能代替自私本能;群众首创性代替惰性;把一切苦难置于度外的理想主义,等等,等等。"②第二,必须加强对权力机关的公开监督。卢森堡认为,利用"公开舆论"对党政机关进行监督,是社会主义民主的重要体现,也有利于防止和消除官僚主义与腐化。她指出:"要使社会主义策略不发生僵化,唯一的保证是要能够在党内获得在马克思主义原则范围内有力地开展批评的生气勃勃的力量,并且能够保证从下面对党的领导机关实行有效的监督。"③她还援引列宁的有关思想强调说:"绝对公开的监督是必不可少的。否则交换经验就只限于新政府的官员的排他的圈子之内。腐化不可避免。"④

总之,卢森堡以"无产阶级专政就是社会主义意义上的民主"这一命题为核心,形成了一套比较完整的关于社会主义国家制度的民主思想,对为什么要实行社会主义民主、什么是社会主义民主以及怎样实现社会主义民主等问题作了可贵的探索。

（三）卢森堡的民主思想对当代中国民主建设的意义

卢森堡的民主思想是马克思主义民主理论宝库中的一枝奇葩,其关于无产阶级政党的组织原则的民主思想和关于社会主义国家制度的民主思想构成一个有机的整体,是对马克思主义民主理论的丰富和发展。虽然国际共产主义运动史上围绕着卢森堡民主思想的争论从来都没有停止

---

① 《卢森堡文选》下卷,人民出版社 1990 年版,第 500 页。
② 《卢森堡文选》下卷,人民出版社 1990 年版,第 502 页。
③ 中共中央编译局国际共运史研究室编:《国际共运史研究资料(卢森堡专辑)》,人民出版社 1981 年版,第 19 页。
④ 《卢森堡文选》下卷,人民出版社 1990 年版,第 502 页。

过,但对卢森堡民主思想的各种批评和否定意见并不能掩盖和抹杀其本身所具有的内在价值,反而更加彰显出其独特的理论魅力。正如马克思所说:"最好是把真理比做燧石,——它受到的敲打越厉害,发射出的光辉就越灿烂。"①当然,这并不是说卢森堡的民主思想是尽善尽美、没有任何瑕疵的。但是,瑕不掩瑜,我们不应因卢森堡民主思想存在着一些瑕疵就对其作整体性的否定。即使是对卢森堡民主思想中的那些瑕疵,我们也不应作简单的是非判断。具体地分析那些瑕疵的成因,能够引发我们对有关问题的严肃思考。

早在 20 世纪 20 年代,卢森堡的生平、事迹和思想就被介绍到了中国。中国人民对于国际共产党运动史上这位伟大的女性充满了崇敬之情。从 20 年代到 40 年代,在中国共产党的领导和组织下,中国国内举办了多次纪念卢森堡的活动,中国共产党的机关刊物和其他进步刊物也经常发表纪念卢森堡的文章和社论。但是,受当时客观条件的限制,卢森堡本人的著作还很少被介绍到中国。40 年代以后,列宁和斯大林对卢森堡思想的批评逐渐被介绍到中国。中华人民共和国成立后,在相当长的一段时期内,由于国内特殊的政治环境,也由于列宁对卢森堡的批评和斯大林对卢森堡的错误批判,中国学界对卢森堡思想,特别是对卢森堡的民主思想的研究长期处于沉寂状态,对卢森堡著作的翻译介绍也受到了严重影响。直到 70 年代末以后,在反思"文化大革命"的惨痛教训的过程中,中国学界深刻地认识到了民主的重要性,并由此而为卢森堡独特而丰富的民主思想所吸引。在这种背景下,卢森堡的主要论著迅速被翻译为中文,中国国内也兴起了一股卢森堡研究热潮,这与国际上对卢森堡的重新发现颇有几分类似。

卢森堡思想在当代中国思想界所经历的特殊际遇,无论是在以往相当长的一个时期里所受到的冷遇,还是 70 年代末以后人们对它的热情,都主要缘于卢森堡的民主思想及其特点。然而,即使是在近三十多年中,虽然中国学界对卢森堡的民主思想展开了多方面的探讨,但从总体上看,

---

① 《马克思恩格斯全集》第 1 卷,人民出版社 1956 年版,第 69 页。

人们并没有准确地理解卢森堡民主思想的真谛,从而也没有真正把握卢森堡民主思想对当代中国民主建设的意义。在我看来,卢森堡的民主思想对于当代中国的民主建设的启迪意义主要表现在以下几个方面。

第一,卢森堡以"自我集中制"概念为核心的关于无产阶级政党的组织原则的民主思想有利于我们加强中国共产党内的民主建设,有助于进一步完善党的组织原则,并为我们防止和克服党内的个人专断现象提供了一条重要思路。

中国共产党是一个按照马克思主义的建党理论建立和发展起来的无产阶级政党,其根本组织原则是民主集中制。作为无产阶级政党的组织原则,民主集中制是 1905 年在列宁领导下俄国社会民主工党制定的《党的改组决议》中首次明确提出的。与在此之前卢森堡提出的"自我集中制"相比较,"民主集中制"是一个更为科学的概念,它更为准确地阐明了民主与集中之间的应有关系,即民主基础上的集中和集中指导下的民主。然而,这只是问题的一个方面。问题还有另一个重要方面,而且是通常为人们所忽视的一个方面,即"民主集中制"概念并不是对"自我集中制"概念的简单否定,而是对"自我集中制"概念的扬弃,它保留了卢森堡赋予"自我集中制"概念的合理内容。在实行民主集中制的过程中,我们要注意吸收"自我集中制"概念的合理内容,特别是应保证民主集中制中的"集中"成为卢森堡所说的那种"自我集中",否则,我们所实行的就不是真正意义上的民主集中制。具体言之,民主集中制是民主基础上的集中和集中指导下的民主相结合,其中,建立在民主基础上的"集中"和用以指导民主的"集中"都应该是无产阶级政党的"自我集中",即按照少数服从多数的原则而形成的对全体党员的意志的"强制性综合",它把党内大多数人的意志整合为全党的统一意志。在这里,我们强调民主集中制中的"集中"应该是无产阶级政党的"自我集中",目的在于防止那种借民主集中制的"集中"之名而行个人专断之实的现象出现。事实上,无论是民主基础上的"集中",还是用以指导民主的"集中",都是存在着推行长官意志、把领导人的意志装扮成全党意志的可能性的。这种体现长官意志、具有个人专断性质的"集中",在表面形式上往往也会采取必要的民主程序,如全体代表热烈鼓掌、一致同意等等,但它显然不是民主集中制应有的"集中",因为它不是无产阶级政党的"自我集中"、没有真正体现党内大多数人的意志,而是把个人意志强加于党。中国共产党《关于建国以来党的若干历史问题的决议》指出,新中国成立以后,毛泽东的个人专断作风日益严重,日益凌驾于党中央之上,党内个人崇拜现象逐步发展,使党的民主集中制不断受到削弱以至破坏,并最终酿成了"文化大革命"的灾难。应该说,实行民主集中制本来就是为了防止党内的个人专断,而民主集中制也一向是中国共产党的根本组织原则。个人专断作风之所以会削弱甚至破坏党的民主集中制,固然有着多方面的原因,但对党的民主集中制中的"集中"的性质缺乏准确、明晰的规定不能不说是其中的一个重要方面。近三十多年来,中国共产党在总结历史经验的基础上加强了民主集中制建设,党内也不再可能出现以往那样的个人崇拜现象。但是,党的各级组织内出现个人专断的可能性仍然是存在的。为了防止这种可能性变成现实,我们必须进一步完善党的民主集中制,特别是应该注意用卢森堡所说的"自我集中"规定民主集中制的"集中"的性质,并制定相应的保障措施和检验标准,使党的各项方针政策真正体现全党的意志。

第二,卢森堡以"无产阶级专政就是社会主义意义上的民主"的命题为核心的关于社会主义国家制度的民主思想有利于我们摆正民主与专政的关系,从而有助于推进当代中国社会主义民主建设。

无产阶级专政是社会主义国家的根本制度即国体,它是对少数剥削阶级分子和敌对分子的专政与对广大人民群众的民主的有机统一。恩格斯在《共产主义原理》一书说:"无产阶级革命将建立民主的国家制度,从而直接或间接地建立无产阶级的政治统治。"①随后,马克思、恩格斯在《共产党宣言》中指出:"工人革命的第一步就是使无产阶级上升为统治阶级,争得民主。"②在《哥达纲领批判》中,马克思强调说:"在资本主义社会和共产主义社会之间,有一个从前者变为后者的革命转变时期。同

---

① 《马克思恩格斯选集》第1卷,人民出版社1995年版,第239页。
② 《马克思恩格斯选集》第1卷,人民出版社1995年版,第293页。

这个时期相适应的也有一个政治上的过渡时期,这个时期的国家只能是无产阶级的革命专政。"①列宁在《论无产阶级专政》一文中则说:"无产阶级专政是破坏资产阶级民主和建立无产阶级民主。"②中国共产党把马克思主义的无产阶级专政理论与中国的具体实际相结合,创造性地提出和建立了人民民主专政的中国社会主义国家制度。毛泽东在《论人民民主专政》一文中指出:"对人民内部的民主方面和对反动派的专政方面,互相结合起来,就是人民民主专政。"③我国现行的宪法明确规定:"中华人民共和国是工人阶级领导的、以工农联盟为基础的人民民主专政的社会主义国家。""工人阶级领导的、以工农联盟为基础的人民民主专政,实质上即无产阶级专政。"所有这些都表明,作为社会主义国家的根本制度,无产阶级专政本身是专政与民主的内在统一。

然而,新中国成立以来,人们对中国社会主义国家制度的理解一直存在着这样那样的偏差,即要么一味强调专政,要么一味强调民主。具体来说,从1957年的反右运动到持续十年的"文化大革命","以阶级斗争为纲"成为全党全国各项工作的根本指导思想和"无产阶级专政下继续革命"理论的核心内容。在这种情况下,无产阶级专政或人民民主专政实际上仅仅被理解为对资产阶级、走资本主义道路的当权派和其他各种"牛鬼蛇神"的专政,而大鸣、大放、大字报等所谓的民主形式也被视为服务于专政的手段,即它们的目的在于"引蛇出洞"。党的十一届三中全会实现了党和国家指导思想上的拨乱反正,使当代中国社会主义民主建设重新步入了正途。但在,近三十多年来,特别是在今天,一些人对中国社会主义国家制度的理解又出现了另一种偏差,即只讲民主而避谈专政,或者一谈到专政,他们总是将其与镇压、独裁、暴力等联系在一起,似乎专政必然导致对民主的践踏。上述两种情况,实际上都是对于无产阶级专政与社会主义民主之间的关系的歪曲和对社会主义国家制度的否定。而在这两种情况下,都是不可能有真正的社会主义民主的。例如,如果没有对

---

① 《马克思恩格斯选集》第3卷,人民出版社1995年版,第314页。
② 《列宁全集》第37卷,人民出版社1986年版,第253页。
③ 《毛泽东选集》第4卷,人民出版社1991年版,第1475页。

各种敌对分子、犯罪分子和腐败分子的专政和镇压,人民群众的民主权利是很难得到保障的。正是鉴于人们在对中国社会主义国家制度的理解上存在的上述两种偏差,我们认为卢森堡以"无产阶级专政就是社会主义意义上的民主"的命题为核心的关于社会主义国家制度的民主思想对于推进当代中国的民主建设具有特殊的启发意义,它明确告诫我们无产阶级专政就是社会主义民主,从而能够帮助我们摆正民主与专政的关系,防止和克服把民主与专政割裂开来的各种错误倾向。

不仅如此,卢森堡关于社会主义国家制度的民主思想还为我们指出了一条超越资产阶级民主制的道路,即"把资产阶级民主制的社会内核同它的政治形式区别开来","揭露形式上的平等和自由的甜蜜外壳所掩盖着的社会不平等和不自由的酸涩内核",并"用新的社会内容去充实这一外壳"。在这里,一方面,卢森堡揭露了资产阶级民主的虚伪性,告诫人们不要满足于这种用资产阶级思想家们的甜言蜜语装点着的形式上的平等;另一方面,她又强调,民主制并不是资产阶级国家的专利,无产阶级夺取政权以后不应取消一切民主制,而应用社会主义民主制代替资产阶级民主制。在卢森堡看来,只有辩证地否定即扬弃资产阶级民主制,创造出新型的社会主义民主制,实行无产阶级专政即社会主义意义上的民主,才能真正超越资产阶级民主制。

此外,卢森堡关于实现社会主义民主的前提和途径的有关思想,特别是她关于必须利用"公开舆论"对党政机关进行监督的主张,对于推进当代中国社会主义民主建设,防止和克服官僚主义和各种腐败现象也是极为重要的。事实上,这也正是当代中国正在积极开展的社会主义民主建设的重要内容。

第三,卢森堡与列宁在民主问题上的思想分歧和争论也给我们以重要启示,那就是我们应该根据中国的国情和具体实际来探索当代中国社会主义民主建设道路和推进当代中国社会主义民主建设。

虽然卢森堡关于无产阶级政党的组织原则和关于社会主义国家制度的民主思想是她本人始终一贯的思想,但其中的大部内容都是在与列宁争论的过程中阐发的。这也是卢森堡的民主思想乃至卢森堡的全部思想曾经受到冷遇甚至批判的根本原因。那么,应该如何看待卢森堡与列宁在民主问题上的思想分歧和争论呢?像以往人们曾经所做的那样在卢森堡与列宁的民主思想之间作一个简单的是非判断固然比较省事,但它并没有太大的意义。重要的是分析卢森堡与列宁在民主问题上的思想分歧的产生原因,阐明他们之间的争论对我们有些什么方法论上的启示。

卢森堡与列宁在民主问题上的思想分歧是有其深刻原因的。卢森堡的民主思想,特别是她关于无产阶级政党的组织原则的民主思想是立足于她所生活的西欧国家,尤其是德国社会民主党所面临的具体实际而提出的。在那里,有比较悠久的民主传统,无产阶级比较成熟,社会民主党有进行合法斗争的相对宽松的政治环境,可以定期举行党的代表大会和选举党的领袖。正是在这样的条件下,为了反对德国社会民主党内的机会主义,卢森堡特别强调无产阶级政党的组织原则应该是"自我集中制"。与德国社会民主党所面临的具体实际形成鲜明对照的是,列宁从事建党活动时,俄国是一个经济落后、政治腐败的专制主义国家,沙皇政府为了维护其反动统治而对革命党人进行残酷镇压,社会民主党只能在秘密状态下开展活动。在这种情况下,卢森堡所主张的"自我集中制"显然是不适用于俄国社会民主党的。对此,卢森堡本人也是有清醒意识的。她深知,社会民主党实行"自我集中制"必须具备两个条件,即"拥有一个人数众多的在政治斗争中受过训练的无产者阶层"、"形成一个有阶级觉悟和有判断能力的无产阶级先锋队"和"有用直接施加影响(对公开的党代表大会和在党的报刊中等等)的办法来表现自己的活动能力的可能性"[1],而当时的俄国是不具备这两个条件的。在社会主义国家制度问题上,情况也十分类似。鉴于俄国十月革命后列宁和布尔什维克所面临的极其严峻的形势,卢森堡在《论俄国革命》一文中指出,如果指望列宁和他的同志们在这种情况下"用魔法召唤出最美好的民主制、最标准的无产阶级专政和繁荣的社会主义经济,那是对他们提出超人的要求"[2]。然

---

① 《卢森堡文选》上卷,人民出版社 1984 年版,第 504 页。
② 《卢森堡文选》下卷,人民出版社 1990 年版,第 506 页。

而,卢森堡仍然从她的民主思想出发、依据她心目中的"自我集中制"和"最标准的无产阶级专政"批评列宁的组织原则和列宁创建的苏维埃国家制度,这无异于要求列宁和布尔什维克在俄国实行连她自己都认为不具有条件实行的"自我集中制"和"最标准的无产阶级专政",显然犯了马克思、恩格斯和列宁多次批评过的教条主义错误。至于卢森堡在批评列宁的同时多次强调的那种"不受限制的"民主和自由,恐怕在任何国家、任何情况下都是行不通的,与她本人的民主思想的基本内容也是相矛盾的。例如,她主张的"自我集中制"也要求少数服从多数,而对于那些必须服从多数人的意见的少数人来说,他们的民主和自由就不可能是"不受限制的"。相反,列宁却始终能够根据俄国革命的具体实际采取相应的组织和革命策略。例如,在党的组织原则问题上,从 1899 年到 1904年,根据俄国的特殊情况,列宁着重强调了集中制。1905 年俄国革命爆发后,沙皇政府被迫答应给人民以信仰、言论、集会和结社的自由。面对国内政治环境的变化,列宁及时调整了党的组织策略,认为"在新的条件下,在向政治自由过渡的情况下,必须转而采用选举原则"[①],并在 1905年的《党的改组决议》中提出了"民主集中制"概念,在 1906 年把民主集中制原则写入了党的章程。顺便指出,有人认为列宁是在受到卢森堡的批评后并受卢森堡提出的"自我集中制"概念的启发才重视民主并提出民主集中制原则的,这种仅根据卢森堡的"自我集中制"概念和列宁的"民主集中制"概念提出的时间上的先后顺序而无视当时俄国国内政治环境的变化的主观猜测是完全缺乏根据的,也是对列宁一贯倡导和践行的"具体地分析具体情况"的马克思主义方法化原则的漠视。

卢森堡与列宁在民主问题上的思想分歧和争论表明,各个国家的民主建设,必须充分考虑自己的国情。卢森堡在这一争论中所表现出来的思想方法论上的失误告诉我们,在当代中国的民主建设中,我们必须把马克思主义的民主理论与当代中国的具体实际相结合,走有中国特色的社会主义民主建设道路。例如,卢森堡曾多次强调普选是社会主义民主不

---

① 《列宁全集》第 12 卷,人民出版社 1987 年版,第 78 页。

可或缺的内容,她的这一看法与马克思的思想也是一致的。马克思在总结巴黎公社的实践经验时,认为无产阶级专政应该是过渡时期即社会主义的国家制度,他否定了行政权与立法权的分立,但并没有否定普选这一民主形式。然而,马克思和卢森堡对普选这一民主形式的肯定和强调,其立足点都是西欧国家的具体实际,它未必适用于当代中国。中国有几千年的封建传统,从总体上看,至今国民的综合素质尚不高、民主意识也不强。这种情况,决定了当代中国社会主义民主建设只能循序逐步推进。如果像某些人所主张的那样把马克思和卢森堡所肯定和强调的普选这一民主形式直接搬运于当前条件下的中国,它只会导致选举被个别或少数人所操纵,从而丝毫无补于当代中国的民主建设。

十一

现当代西方马克思主义的
马克思主义哲学观

所谓哲学观,就是对"哲学是什么"这一根本问题的回答,包括对哲学的本质、哲学的对象、哲学的功能等问题的理解和阐释。不同的哲学观,往往意味着不同的哲学研究路向。在现当代西方学术界,西方马克思主义理论家们较为集中地探讨和回答了"什么是马克思主义哲学"的问题,形成了他们具有鲜明理论特色的马克思主义哲学观,并由此开创了他们独特的马克思主义哲学研究范式。

(一) 西方马克思主义对马克思主义
哲学的四种解读模式

现当代西方马克思主义理论家形成了对马克思主义哲学的四大解读模式。一是以早期西方马克思主义理论家卢卡奇、葛兰西、柯尔施为代表的实践唯物主义哲学解读模式;二是以法兰克福学派为代表的人道主义的人本学解读模式;三是以阿尔都塞为代表的科学主义解读模式;四是以北美生态学马克思主义理论家为代表的生态学马克思主义解读模式。

1. 早期西方马克思主义的实践唯物主义哲学解读模式

卢卡奇、葛兰西和柯尔施主要反对那种对马克思主义哲学的科学实证论的解读模式,强调这种解读模式实际上是局限于近代哲学的视野理解马克思主义哲学,无法突现马克思主义哲学的革命意义和价值批判功能,不能体现马克思主义哲学对人的价值和命运的关怀。他们主张在与近代哲学的断裂点上重新思考马克思主义哲学的特质,并通过批判近代理性主义哲学的思维方式和哲学方法,重新厘定了马克思主义哲学的研究对象和功能,形成了实践唯物主义哲学的解读模式。

在《历史和阶级意识》一书中,卢卡奇通过论述"总体性辩证法"与"自然科学的实证主义研究方法"的区别,阐发了实践唯物主义哲学的特质。在卢卡奇看来,理论必须以一定的研究方法为基础,研究方法的性质直接决定了理论的价值取向。自然科学实证主义研究方法的主要特点,是将它所要研究的"事实"从"事实"所处的环境中抽象出来,孤立静止地看待"事实"本身,其结果必然会否定"事实"的历史性质。那种对马克思主义哲学的科学实证论的解读模式正是建立在近代自然科学实证主义研究方法基础上的,它必然使马克思主义哲学脱离"历史",无批判地对待资本主义社会的内在结构和它的本质,从而使马克思主义哲学丧失其本来具有的批判性和价值性,无法实现其对人的价值和命运的真实关怀。卢卡奇指出,马克思主义哲学的方法论基础应该是"总体性辩证法"。"总体性范畴,整体对于各个部分的全面、决定性的统治地位,是马克思取自黑格尔并独创性地改造成一门全新的科学的基础的方法的本质。……总体性范畴的统治地位,是科学中的革命原则的支柱。"①在卢卡奇那里,"总体性辩证法"既具有方法论意义,也具有本体论意义。从方法论的角度看,"总体性辩证法"要求坚持从总体上分析和把握社会现实生活,孤立个别事件的意义和价值只有在总体的联系中才能得到科学

---

① ［匈］卢卡奇:《历史和阶级意识》,杜章智等译,商务印书馆 1992 年版,第 76 页。

的说明。从本体论的角度看,"总体性辩证法"是马克思研究社会历史中主客体相互联系、相互作用的辩证法,它是马克思在实现"实践哲学的转向"、超越近代理性主义主客二分的形而上学思维方式的基础上提出的。它要求以"实践"为基础和中介,把主体—客体关系置于社会历史的基础上予以考察。卢卡奇强调,这种"总体性辩证法"只能限定在社会历史领域内,是一种历史辩证法。根据"总体性辩证法",卢卡奇认为马克思主义哲学是以"人类实践"为基础、以"人类社会历史"为研究对象、以探求"人的命运和价值实现"为己任的实践唯物主义哲学。

与卢卡奇侧重于从方法论的视角阐发马克思主义哲学的特质不同,柯尔施、葛兰西侧重于从哲学研究主题转换的角度来论述马克思主义哲学的特质。柯尔施和葛兰西都反对科学实证论式的马克思主义哲学脱离"人类实践"去探寻整个世界的共同本质和规律,认为这种做法是近代哲学的特点,也是近代哲学不能正确解决主体和客体、历史和自然关系问题的根本原因,它实际上是一种旧式形而上学。柯尔施指出,马克思当然承认"外部自然界的优先地位",但在马克思看来,"作为全部历史和社会前提的、肉体的人和他周围的外部世界的存在,以及客观的、在大的时期里不取决于人类活动而实现的、这种自然条件的地理的与宇宙的发展,对于这种体系来说虽然构成了不言而喻的科学前提,但是它们并不构成它的出发点"①。"马克思伊始以社会范畴去理解自然界。物质的自然界并不是直接影响世界,而是间接地作为一个伊始不仅在人与自然之间,而且同时也在人与人之间发生的、物质生产过程。"②葛兰西力图通过论述自然科学的物质概念与哲学的物质概念的不同,把实践唯物主义哲学与自然科学唯物主义和机械唯物主义哲学区分开来。他指出:"对实践哲学来说,'物质'既不能按照自然科学(物理、化学、机械等)的概念去理解,也不能按照各种唯物主义形而上学的概念去理解。应该理解为各种物理的(化学的、机械的等)物质属性加在一起构成物质本身(除非你要回到康

---

① [德]柯尔施:《卡尔·马克思》,熊子云等译,重庆出版社1993年版,第114—115页。
② [德]柯尔施:《卡尔·马克思》,熊子云等译,重庆出版社1993年版,第112—113页。

德的本体论去），但这只是就他们成为一种生产的'经济要素'而言的。因此，物质本身并不是我们研究的课题，而是要研究怎样社会地和历史地把物质组织起来投入生产，同时相应地把自然科学看作基本上是一种历史范畴，一种人类关系。"①也就是说，自然科学主要研究物质的物理的、化学的和机械的属性，而哲学则主要研究物质是如何被纳入生产力中而成为生产力的要素的。可见，实践唯物主义哲学不是仅从自然科学唯物主义的立场来研究物质，而是要求从主体实践的角度来研究物质。因此，葛兰西反复强调："不可把实践哲学同其他一切哲学等量齐观或降低到它们的水平上。它的独创性不仅表现在对先前哲学的超越上，而且表现在它开辟了一条崭新的道路，使理解哲学的整个方式从头到尾焕然一新。"②在葛兰西看来，这种"焕然一新"的马克思主义哲学的理论主题和思维方式都发生了巨变。他认为，马克思的唯物主义哲学不像传统机械论哲学那样，脱离人类实践去考察和探寻"整个世界"的共同本质和规律，虽然它也承认外部物质世界的客观实在性，但它所要考察和研究的对象却是"人类社会历史"。他说："拿一个极普通的词［历史唯物主义］来说，重音应该放在头一个词——'历史'上，而不是具有形而上学根源的第二个词，这一点一直被人们所遗忘。"③

从总体上看，早期西方马克思主义理论家都把马克思主义哲学解释成一种实践唯物主义哲学，认为这种实践唯物主义哲学是对近代西方哲学超越的结果，这种超越突出体现在马克思所实现的实践哲学的转向上。在他们看来，与近代哲学相比，通过这种实践哲学的转向，马克思主义哲学的思维方式、研究对象和功能都发生了巨变。近代哲学思维方式的突出特点在于把"整个世界"划分为现象世界和本体世界，并把"整个世界"作为自己的研究对象，认为哲学的任务就在于追寻现象世界背后的绝对本原，由此整个世界要么被归结为"自然物质"，要么被归结为"抽象的精神"，这种本体论的思维方式的最终结果是人类生活世界、人的主体性和

---

① 《葛兰西文选》，人民出版社 1992 年版，第 538 页。

② 《葛兰西文选》，人民出版社 1992 年版，第 537 页。

③ 《葛兰西文选》，人民出版社 1992 年版，第 538 页。

创造性都被否定了。如果按照这种思维方式来理解马克思主义哲学,势必会把马克思主义哲学看作是一种包罗万象的、以认识整个世界普遍本质和规律为己任的知识论模式的哲学。与近代哲学不同,马克思主义哲学所关注的并不是人之外的所谓绝对物质实体或精神实体,更不是要去建立一种能够描绘整个世界普遍规律的理论体系。马克思主义哲学从实践论的思维方式出发,始终把"人类生活世界"作为自己的研究对象。马克思主义哲学也考察自然界,也有自己的自然哲学,但马克思主义哲学总是联系"人的实践"和"人类社会历史"来考察自然,其目的在于更好地关注人类社会生活,因而只有"人类社会"才是马克思主义哲学所要关注的对象。可以看出,卢卡奇等人实际上把马克思主义哲学理解为以"人及其实践"为基础的文化哲学。这种文化哲学形态的马克思主义哲学包括两个层面的内容:一是以"实践"为基础的哲学本体论;二是将这种实践本体论落实到人的现实生活世界而必然展现出来的社会批判、文化批判和意识批判。这两个层面的内容在早期西方马克思主义理论家那里都有所体现。

在卢卡奇那里,如果说"总体性辩证法"是他所理解的马克思主义哲学方法论和本体论基础的话,那么,他的"物化"论题和"阶级意识"论题,实际上体现了马克思主义哲学的价值向度和对人的价值与命运的关怀。柯尔施既强调马克思主义哲学与唯心主义的对立,也强调马克思主义哲学与直观的唯物主义的对立。他说:"马克思以双重的对立,即一方面同康德、费希特、黑格尔的哲学唯心主义相对立,另一方面同费尔巴哈的纯粹自然主义的唯物主义相对立,而阐明的如下尖刻的反题是适用的:'不是人们的意识决定人们的存在,相反是人们的社会存在决定人们的意识'。"[1]在柯尔施看来,马克思的唯物主义哲学总是围绕人类实践而具体地、历史地探寻社会历史问题。他指出:"历史唯物主义领域中的所有热烈争论的问题,如果用他们的一般形式来论述,就会像有名的先有鸡或是先有蛋的学究式争论那样无法解决和毫无意义,但是如果用具体的、历史

---

① ［德］柯尔施:《卡尔·马克思》,熊子云等译,重庆出版社1993年版,第111—112页。

的、特殊的方式来说明,他们就会不神秘,也不会无结果。"①柯尔施对人的现实生活世界的关注体现为他特别强调意识形态批判的重要性。葛兰西更明确地把马克思主义哲学称为"实践一元论",认为这种"实践一元论"既不是传统的唯物主义,也不是传统的唯心主义,而是在"实践"基础上的物质与精神、自然与历史的统一,是一种关于人、自然和历史关系的实践本体论。葛兰西还也从实践哲学的生成的角度论述了实践哲学的功能。他强调,实践哲学并非是理论家凭空思辨的产物,而是对以往的哲学、文化和人们日常生活进行批判的结果,因而它决非是一种单纯的理论活动,而是要进一步转向人们的实践领域。葛兰西特别强调实践哲学对于无产阶级夺取"文化和意识形态领导权"、形成统一的"无产阶级集体意识"的重要作用。

早期西方马克思主义理论家不仅提出了一种不同于自恩格斯、列宁以来的马克思主义哲学观,而且转换了经典马克思主义哲学的理论主题。如果说经典马克思主义哲学侧重于对生产力系统和政治上层建筑的研究与分析的话,早期西方马克思主义理论家则把理论研究的主题转向了对文化意识形态问题的研究。理论研究主题的转换,使早期西方马克思主义所阐发的马克思主义哲学呈现为以实践为基础、以政治批判、文化批判和道德价值批判为主要内容的文化哲学。

2. 法兰克福学派的人道主义的人本学解读模式

与早期西方马克思主义理论家相比,虽然法兰克福学派也认为马克思主义哲学的根本任务就是探寻人的自由和解放,但由于他们所处的时代缺乏像卢卡奇等人那样展开有组织的工人革命斗争的有利条件,因而他们的理论并不是追求阶级的总体革命,而是要求将个人从日益总体化的社会中摆脱出来,以维护个体的价值和尊严。因此,法兰克福学派更多地将马克思主义哲学解释为一种人道主义的人本学,并用这种人道主义

---

① [德]柯尔施:《我为什么是马克思主义者?》,载《马列主义研究资料》1993年第3期。

的人本学展开社会批判和文化批判。这种对马克思主义哲学的人道主义的人本学解读在马尔库塞和弗洛姆那里体现得较为突出。马尔库塞在《历史唯物主义基础》一文中系统表达了他对马克思主义哲学的理解。他强调马克思的《1844 年经济学哲学手稿》"使关于历史唯物主义的由来、本来含义以及整个'科学社会主义'理论的探讨置于新的基础之上"①。在他看来,《1844 年经济学哲学手稿》的中心思想就是"异化"和"人道主义",即马克思的科学社会主义的理论基础就是人道主义哲学,其根本目的就是要消除人的异化,特别是要消除作为人的类本性的劳动的异化。他认为,在当代资本主义社会,人的本质和存在发生了分离,"正是这种对人的本质的透彻的洞察,成了发动彻底革命的不可抗拒的原动力。资本主义的实际情形其特点不仅表现为经济和政治上的危机,而且也表现为人的本质遭受巨大的灾难。这种见解认为,只是在经济上或政治上进行改革,从一开始就注定要失败,并且主张,必须无条件地通过总体革命来彻底改变现状"②。根据这种对马克思主义哲学的人道主义的人本学解读,马尔库塞认为,当代西方社会是一个总体异化的社会,个体已经成为无自由追求欲望的单向度的人,因此,个体解放的前提就是首先进行文化心理革命,使人们从总体异化的社会中摆脱出来,逐渐培养个体感受自由的"新感性",然后再进行经济革命和政治革命。弗洛姆也强调:"马克思主要关心的事情是使人作为个人得到解放,克服异化,恢复人使他自己与别人以及与自然界密切联系的能力。"③在论述马克思历史唯物主义的特质时,弗洛姆认为,马克思同那种排除历史过程的、抽象的自然科学唯物主义划清了界限,而实现了一种人本主义和自然主义的综合,这种由人本主义和自然主义综合而形成的历史唯物主义的中心思想,是反对资本主义把对金钱和物质利益的关注变成了人的活动的主要动力以及由此造成的劳动异化和人本身的异化,以求使无意义的异化劳动变成生产性的自由的劳动。因此,弗洛姆认为,根据马克思的看法,社

①　《西方学者论〈1844 年经济学哲学手稿〉》,复旦大学出版社 1983 年版,第 93 页。
②　《西方学者论〈1844 年经济学哲学手稿〉》,复旦大学出版社 1983 年版,第 93 页。
③　《西方学者论〈1844 年经济学哲学手稿〉》,复旦大学出版社 1983 年版,第 23 页。

会主义的根本目的就是人。"社会主义的目的就是去创造出一种生产的形式和社会的组织,在这种形式和组织中,人能从他的生产中、从他的劳动中、从他的伙伴中、从他自身和从自然中,克服异化;在这种形式和组织中,人能复归他自身,并以他自己的力量掌握世界,从而跟世界相统一。"①可见,在马尔库塞和弗洛姆那里,马克思主义哲学就是一种人道主义的人本学,它反对资本主义社会的异化现象,要求建立一个人与自然、人与社会、人与人和谐相处的人道主义社会。马尔库塞、弗洛姆就是用他们所理解的这种马克思主义哲学即一种人道主义的人本学作为其社会批判、文化批判的哲学理论基础的。无论是《爱欲与文明》、《单向度的人》,还是《逃避自由》、《为己的人》、《追寻自我》等著作,都深深弥漫着这种人道主义的人本学价值取向。

法兰克福学派理论的基本特点,是认同青年马克思对资本主义的批判立场以及对资本主义社会的政治经济学批判,在现代西方多重哲学和文化背景下将马克思的政治经济学批判进一步扩展为对资本主义社会的社会批判和文化批判,指出当代西方资本主义的基本矛盾在于社会发展的日益一体化和总体化发展趋势与个人个性化自由发展之间的矛盾,进而揭示出资本主义社会的总体异化性质和人的异化生存状态,强调人们只有从被社会总体控制的异化状态中摆脱出来,形成自己的自主意识,才能最终走向自由和解放之路。尽管法兰克福学派在马克思主义哲学基本理论研究方面并无重要的理论建树,但他们强调发挥马克思主义哲学的批判精神,强调对文化意识形态问题的研究,并提出了他们的"文化工业"论和"大众文化"论,极大地拓展了马克思主义哲学的理论空间。当然,应该看到,法兰克福学派把马克思哲学理解为一种抽象的人道主义哲学,这使得他们的社会批判、文化批判只能是一种抽象的哲学批判。因此,尽管法兰克福学派孜孜以求地探索人的自由和解放问题,但却无法找到实现人的自由和解放的现实道路,最后只能陷入一种抽象的美学救世主义。

---

① 《西方学者论〈1844年经济学哲学手稿〉》,复旦大学出版社1983年版,第69页。

3. 阿尔都塞的科学主义解读模式

阿尔都塞的科学主义解读模式把马克思主义理论体系区分为"辩证唯物主义哲学和历史唯物主义科学",因而这种解读模式也可以称之为"辩证唯物主义与历史唯物主义"的解读模式。但是,这种解读模式对马克思主义哲学的理解与我们的一些教科书对马克思主义哲学的理解有着根本的区别。我们的某些教科书把"辩证唯物主义"看作是马克思主义哲学的基础,而把"历史唯物主义"看作是辩证唯物主义在社会历史领域中的推广和运用。而在阿尔都塞看来,马克思的历史唯物主义科学大厦已经建立起来了,而辩证唯物主义哲学却落后于历史唯物主义科学而以实践状态存在,它仍然需要我们从理论上进行阐发。因此,要从理论上解答什么是马克思主义哲学这一问题,就必须首先回答马克思的历史科学是如何形成的、其内涵是什么的问题。

阿尔都塞对上述问题的回答是以"科学和意识形态对立"论为出发点的。在他看来,科学的理论总是和它以前的非科学的、意识形态的理论发生质的断裂的结果,理论的变革就体现为从一个"理论总问题"向"另一个理论总问题"的转换。由此,他强调马克思的思想也经历了一个从非科学的意识形态青年时期向科学的成年时期的转换。青年时期马克思的思想被西方近代以来的人道主义主体论的理论总问题所支配,其基本特点是把理论研究的基础建立在抽象的人性或人的本质的基础上,并用这种抽象的人的哲学来解释历史和政治。从1948年起,马克思把他青年时期所信奉的主体、经验主义的哲学范畴从历史领域中驱逐出去,制订了建立在生产力、生产关系、上层建筑、意识形态基础上的历史理论和政治理论,并把人道主义确立为意识形态,批判了任何哲学人道主义的理论要求。因此,马克思的历史唯物主义决不是一种主体论哲学,而是关于社会结构的反主体论哲学,用阿尔都塞的话讲,马克思主义哲学就是"理论上的反人道主义"。在阿尔都塞看来,社会历史的发展是由社会经济、政治、文化结构所决定的,其中,经济结构具有最后的决定作用,而政治和文化结构能够在一定时期内决定某一具体历史事件的发展。这样就使马克思主义哲学既同抽象的人道主义划清了界限,也同机械决定论式的马克思主义哲学划清了界限。

为了进一步说明马克思哲学同近代哲学的断裂,阿尔都塞详细考察了马克思同黑格尔的关系。他反对流行的关于马克思的唯物史观是通过吸收黑格尔辩证法、颠倒其唯心主义哲学世界观体系的结果的看法,认为如果只是颠倒黑格尔唯心主义哲学世界观而不改变其理论总问题的话,新的理论是不可能产生的。在他看来,这种流行的"颠倒说"只具有教学的意义,而不能说明问题的实质。阿尔都塞认为,马克思之所以能创立唯物史观,关键在于他改造了黑格尔的辩证法和历史观。首先,马克思改造了黑格尔辩证法,超越了近代的机械性因果观和表现性因果观,而创立了一种结构性因果观。这种结构性因果观既坚持全面性结构对局部性结构及其构成要素的决定作用,同时又坚持后者对前者的相对独立性和反作用,这也就决定了马克思具有和黑格尔完全不同的矛盾观:黑格尔把矛盾看作是抽象的、外在的和单一的简单整体,而马克思把矛盾看作是具体的、内在的和有主导结构的复杂整体。通过这种改造,马克思的辩证法成为一种"多元决定"的辩证法,避免了技术还原论和经济决定论。其次,马克思也改造了黑格尔的历史观。阿尔都塞指出,黑格尔关于社会模式的术语主要是"市民社会"和"政治社会"。"市民社会"又称为"需求的社会",表达的是由个人的特殊利益所确定的、同个人直接相关的"需求的世界";而"政治社会"则主要指国家。在黑格尔那里,国家是市民社会的真理,只有国家才能把个人、家庭、市民社会的不同利益和目的协调起来,使社会的普遍目的和利益得以实现。因此,黑格尔认为,政治社会决定市民社会。而马克思则将"需求的世界"作为探求现实物质生产的起点,由此提出了生产力和生产关系等概念,并把国家看作是阶级统治的工具,认为是市民社会决定政治社会,而不是相反。不仅如此,马克思在改造黑格尔的社会模式的同时,还创造性地使用了两类崭新的范畴,即生产力和生产关系、经济基础和上层建筑,在此基础上提出了"多元决定"的历史观。在马克思看来,经济因素在历史发展过程中具有归根到底的决定作用,而上层建筑又具有相对独立性和特殊效能,因此,经济基础决不是机械地决定上层建筑,上层建筑对经济基础也具有能动的反作用。

　　阿尔都塞之所以提出他的辩证唯物主义与历史唯物主义的解读模式,是因为他既反对"人道主义的马克思主义"用"抽象人道主义"、"异化"来解释马克思主义的做法,认为这贬损了马克思主义理论的科学性,也反对苏联模式的教条主义的马克思主义和政治实用主义。因此,阿尔都塞既主张捍卫马克思主义理论的科学性,同时也反对将马克思主义政治化、教条化,力图对马克思主义理论作出一种"反传统"的解释。为了把唯物史观同近代资产阶级哲学区别开来,他通过考察马克思与黑格尔、费尔巴哈的关系,提出了"马克思主义是一种理论上的反人道主义、反主体论"的命题。为了把唯物史观同经济决定论、技术决定论区别开来,他又提出马克思的历史观是"多元决定"的历史观。在阿尔都塞看来,唯物史观是关于社会结构的科学理论,它将人类社会看作是由经济结构、政治结构和文化结构所构成的总体结构所决定的,其中,经济结构具有归根结底的决定作用,而属于上层建筑的政治结构和文化结构又具有相对独立性和特殊的效能,其对特定的、具体的历史事件也具有一定的决定作用。他认为,他的这种解读既保证了唯物史观的严密性、科学性,同时又避免了教条化倾向。

　　阿尔都塞认为,哲学总是落后于科学的发展并总是在科学发展的诱发下才发生变革的,就马克思主义理论而言,历史唯物主义已经是一门科学理论,因而它也必然导致哲学的根本变革。在他看来,马克思主义哲学就蕴含在马克思成熟的理论著作中并以实践状态存在着,需要我们从理论上进行阐发。为了从理论上阐发马克思主义哲学,阿尔都塞提出了"理论实践"的概念。他所谓的理论实践,是一种以理论材料为原料,运用一定的理论工具将理论材料加工改造成理论产品的过程。理论实践的对象并不是客观事实,而是作为先前实践产物的抽象概念。与此相应,马克思主义的理论实践并不是对客观材料进行加工,而是对以往意识形态实践所确定的意识形态事实进行批判,把它加工成科学的认识。在《保卫马克思》一书中,阿尔都塞将马克思主义哲学规定为"关于理论实践的理论"，强调马克思主义哲学对于理论实践的一般科学方法论功能。他之所以将马克思主义的理论实践限定在意识领域，其目的是为了反对把马克思主义哲学工具化、政治化，以保证马克思主义哲学的严密性和自主性。他的这一观点提出后，人们批评他犯了"理论主义"的错误、斩断了马克思主义哲学与工人运动之间的内在联系。针对这种批评，阿尔都塞在《列宁和哲学》一书中着力考察了马克思主义哲学的意识形态功能。他指出，唯物主义和唯心主义两种对立的世界观就是对立的阶级立场的表现，马克思主义哲学就是要在宣布为正确的思想与宣布为错误的思想之间、科学与意识形态之间划清界限，因此，马克思主义哲学就是"理论领域中的阶级斗争"。

上述可见，阿尔都塞认为，历史唯物主义是成熟的科学理论，其本质特征是"理论上的反人道主义"，是一种"多元决定"的社会历史观；而辩证唯物主义哲学并不表现为成熟的理论，而是存在于马克思主义的理论实践中，需要人们从理论上进行阐发。必须指出的是，阿尔都塞所谓的辩证唯物主义哲学并不是世界观意义上的那种哲学，它所指的实际上是马克思进行科学理论实践的"理论总问题"、"理论思维方式"。正像一些批评者所说的那样，他的这种理解的确存在着"理论主义"的错误，无法说明马克思主义哲学对于工人阶级革命实践的重要指导意义。在《列宁和哲学》一书中，他力图克服这种"理论主义"的错误，提出马克思主义哲学是"理论领域的阶级斗争"，强调了马克思主义哲学的意识形态功能。但是，由于他所谓的马克思主义哲学并非是一种以人与世界的关系为对象的科学的世界观，所以他捍卫马克思主义哲学的愿望注定无法实现。

4. 北美生态学马克思主义的解读模式

生态学马克思主义是西方马克思主义的最新流派之一，其典型形态是北美生态学马克思主义，其代表人物主要有加拿大的威廉·莱易斯、本·阿格尔和美国的詹姆斯·奥康纳、约翰·贝拉米·福斯特等人。总的来看，北美生态学马克思主义理论家是从三个维度来重构马克思主义哲学的:一是加拿大学者莱易斯和本·阿格尔主要是从人的需要的异化所导致的消费异化出发,指认资本主义社会的危机已经从经济危机转向了消费危机和生态危机,以此为基础来重构马克思主义哲学;二是美国学者奥康纳侧重于将"文化"和"自然"引入历史唯物主义理论,反对技术决定论式的历史唯物主义理论,力图建构一种建立在"实践"基础上人和自然的相互作用的辩证法;三是美国学者福斯特通过对马克思文本中生态哲学思想的发掘,力图建构一种生态唯物主义哲学。

莱易斯继承了马尔库塞有关"虚假需求"的理论,并把它用于分析资本主义社会的消费异化。他指出,资本主义社会生产体系的日益集中和大规模技术的广泛应用,使人们在"劳动中缺乏自我表达的自由和意图,会使人逐渐变得越来越柔弱并依附于消费行为"①。也就是说,资本主义生产体系必然导致人性的异化,压抑、限制人的需求,把人的需求引导到与生产相对立的消费领域。在资本主义的文化和意识形态的控制与诱导下,人们把对商品的无止境的消费需求等同于人生的幸福和意义。因此,莱易斯强调,必须改变当下消费主义的价值观,代之以"易于生存的新的社会理想和价值观",并通过改革社会政策,以小规模或中等规模的技术来替代大规模技术,拆散与其相关的庞大的官僚主义制度结构,把大企业和大资本家手中的生产和消费的控制权直接交还给各个民众小团体,使这些小团体在重新控制环境、工作场所和地方群体方面发挥积极作用。在他看来,这样做有利于促进经济分散化,而经济分散化能在全面的计划性与市场的无政府状态之间找到一种中间的组织形式,恢复在垄断资本主义条件下被扭曲的生产和消费的关系。当然,这并不是说要摒弃技术、回归到原始时代或中世纪社会,而是旨在扩大需要满足手段的选择范围和选择权,确立幸福的质性标准,把需要的满足建立在生产活动领域,消除劳动和闲暇的二元对立。

针对当代资本主义社会日益严重的生态危机所引发的生产与消费之

---

① [加]本·阿格尔:《西方马克思主义概论》,慎之等译,中国人民大学出版社1991年版,第493页。

间亦即生产与人们需求之间的矛盾,莱易斯强调,不应该用发展增长模式的经济来满足由这同一种性质的经济不断刺激起来的人们的单一的消费需求,因为它只能加剧生态危机;相反地,应该发展稳态型经济,缩减经济生产能力,重新评价人的物质需求,并抑制这种物质需求。从理论上讲,解决矛盾的关键就在于对人的需求的研究上。莱易斯引用伊万·伊利奇的话说:人类的需要及其满足需要的能力本来是可以各种各样的,如"人们天生具有恢复健康、安抚自己、运动、学习、建造房屋和埋葬死者的能力,每一种这样的能力都可以满足一种需要"①。个体满足物质需要的方式和手段与社会必要劳动的组织方式、商品生产重要性和市场交换性能是密切相关的,莱易斯认为这种相关性表现为这样一个原则:对复杂的商品的依赖程度越高,那么能直接满足需求的手段就越少。把这个原则用来理解 20 世纪中后期已进入消费型社会的西方发达资本主义国家,就可以得出这样一个结论:市场越发达,商品越丰富,人的需求的满足手段就越少,以至只有一种需求——对商品的需求能够得到满足。莱易斯由此强调,只有建立新的社会必要劳动的组织方式,才能形成新的需求结构。人类需要满足的前景必须植根于创造一种运转良好的共同活动和决策的领域,使每个个人能在其中锻造出满足自己需要的手段。这正是生态学马克思主义关于人的需求的基本立场。从这个基本立场出发,结合对垄断资本主义的经济特征的经验研究,莱易斯建构了以劳动组织形式、市场交换、商品等范畴为基础,涉及幸福的标准、劳动与闲暇的关系、需要满足的领域、技术规模和人类生存于其中的社会建设目标等主题以及这些主题之间的关系的人的需求理论的体系,并以此展开了对资本主义社会的批判。

本·阿格尔是通过反思马克思的危机理论来重构历史唯物主义的。他认为,马克思的历史唯物主义由三个部分构成:一是异化的理论及对异化的批判;二是内在矛盾的理论及对内在矛盾的批判;三是危机的理论和

———————

① [加]本·阿格尔:《西方马克思主义概论》,慎之等译,中国人民大学出版社 1991 年版,第 429 页。

过渡的战略。这三个方面的内容是相互联系的。一方面,资本主义的内在矛盾会导致资本主义危机的发生;另一方面,危机并不必然导致资本主义的崩溃,只有工人阶级起来革命,才能使社会主义最终取得胜利。但是,在本·阿格尔看来,一些西方马克思主义者并没有真正理解马克思的历史唯物主义,他们要么把马克思的历史唯物主义归结为一种决定论,要么脱离资本主义的内在矛盾及其危机而夸大人的主观意志的作用。他指出,必须超越上述经济决定论和唯意志论的马克思主义,建构一种适合当代资本主义发展新情况、新特点的生态学马克思主义理论。本·阿格尔认为,在马克思历史唯物主义的三个组成部分中,异化和人的解放理论、资本主义的内在矛盾理论是非常深刻而且具有永恒价值的,而马克思的经济危机理论则已失去效用。"历史的变化已使原本马克思主义关于只属于工业资本主义生产领域的危机理论失去效用。今天,危机的趋势已转移到消费领域,即生态危机取代了经济危机。"①就是说,垄断资本主义危机的具体表现形式已经从生产过剩危机转化成受生态有限性制约的消费领域的危机。"需求是靠结构动态(马克思所说的'内在矛盾')的检验来形成和改变的。"②新的需求可以由新的危机趋势产生,而这些新的需求又可以提供进行激进的社会和政治变革的动力。本·阿格尔认为,取代经济危机理论的生态危机理论能够通过对消费、生产、人的需求、商品和环境之间的关系的考察探寻到人的自我解放的现实的动力,因而这种新的危机理论能够与关于政治结构的分析关联起来并走向实践,实现理论与实践的结合。本·阿格尔还进一步提出了"异化消费"和"期望破灭了的辩证法"这两个概念,力图找寻理论与实践的结合点。他所谓的"异化消费"是指"为补偿自己那种单调乏味的、非创造性的且常常是报酬不足的劳动而致力于获得商品的一种现象"③。由于地球生态系统是有限

---

① 〔加〕本·阿格尔:《西方马克思主义概论》,慎之等译,中国人民大学出版社 1991 年版,第486页。

② 〔加〕本·阿格尔:《西方马克思主义概论》,慎之等译,中国人民大学出版社 1991 年版,第487页。

③ 〔加〕本·阿格尔:《西方马克思主义概论》,慎之等译,中国人民大学出版社 1991 年版,第494页。

的,它根本就不可能支撑人们对无限增长的追求,因而人们无限获取商品的期望必然破灭。对此,他称之为"期望破灭的辩证法"。他指出,"期望破灭的辩证法"要求人们重新思考人的需要与商品之间的关系,限制以广告为媒介的异化消费,并重新评价人们的劳动观和幸福观,使人们认识到"人的满足最终在于生产活动而不在于消费活动"①。在本·阿格尔看来,"异化消费"是资本主义社会生态危机日益严重的直接根源,而"期望破灭的辩证法"则能为进行社会主义变革提供强大的动力。可以看出,莱易斯和本·阿格尔共同建立了一个关于"人的需求"和"生态危机"的生态学马克思主义理论范式。这个范式使得人们在研究和理解历史唯物主义理论时,把注意力从生产领域扩展到消费领域和生态领域;在考察社会与自然的关系时,把注意力从自然相对于社会的物质优先性扩展到自然的有限性上。

与莱易斯、本·阿格尔不同,奥康纳的生态学马克思主义理论则把注意力聚焦于人类社会与自然间的物质和能量交换的中介——劳动上。奥康纳把"文化"和"自然"引入劳动中,建构了一种生态学马克思主义的历史观,致力于探寻一种能将文化和自然的主题与传统马克思主义的"劳动"或"物质生产"范畴融合在一起的方法论模式。在这个模式中,"劳动"仍然保持着它作为历史唯物主义的中心范畴的地位,但"劳动"在这里是与"文化"和"自然"有机地联系在一起的。他着重从三个方面展开了对"劳动"的文化维度和自然维度的研究。

第一,奥康纳批评传统历史唯物主义理论仅仅把"文化"看作是上层建筑的组成部分,看不到"文化"同时是与经济基础交织在一起的,仅仅从生产工具、生产对象和技术关系来规定生产力和生产关系,容易导致技术决定论的错误。在奥康纳看来,生产力和生产关系既受技术关系的影响,同时也受文化规范、文化传统和价值观念的影响,是由包括技术和文化等在内的多种因素所决定的;只有把握生产力和生产关系的文化维度,

---

① [加]本·阿格尔:《西方马克思主义概论》,慎之等译,中国人民大学出版社1991年版,第475页。

才能避免技术决定论的错误。

第二，奥康纳强调应当研究生产力和生产关系的自然维度。由于传统历史唯物主义产生于生态时代以前，因此"自然界（自然系统）内部的生态与物质联系以及它们对劳动过程中的协作方式所产生的影响，虽不能说完全被忽略了，但也的确被相对地轻视了"①。但事实上，自然生态系统既内在于生产力中，也内在于生产关系中。自然生态系统会以自身的内在规律影响人类的生产过程、生产力以及生产关系的发展和社会形态，因此，不能简单地把生产力和生产关系建立在技术关系的基础上，而必须将它们建立在生态联系的基础上。

第三，作为人类社会和自然界中介的"社会劳动"同样存在着文化维度和自然维度。"社会劳动"既建立在一定的文化规范和文化实践的基础上，同时也建立在自然生态系统的基础上，文化和自然在社会劳动中是不可分割地联系在一起的，它们和社会劳动之间存在着相互制约、相互作用的关系，而文化和自然本身的复杂性使"社会劳动"也呈现出复杂化和不确定的特点。由于人们对于理论和实践模式的选择是以社会劳动中协作的文化因素和自然因素结合的形式为前提的，文化和自然关系的不确定性，就为人们选择不同的理论和实践模式提供了可能。

总的来看，奥康纳通过研究生产力、生产关系以及作为二者基础和中介的社会劳动的文化维度和自然维度认为，"社会劳动"不仅建构在阶级权力和价值规律的基础上，而且建立在文化规范、文化实践和自然系统基础上，劳动、文化、自然构成一个有机的整体。同时，劳动的文化维度和自然维度具有不确定性，这种不确定性共同决定劳动关系或协作方式的不确定性。相对这种不确定性，可以确定的是，"作为资本主义全球化的后果，一方面，文化关系内在于劳动、劳动关系以及其他领域中的方式中，一方面，物理的、化学的、生物的关系内在于劳动过程之中的方式，正在越来

———————

① ［美］詹姆斯·奥康纳：《自然的理由》，唐正东译，南京大学出版社2003年版，第73页。

越趋向于复杂化。生产的功能变得越来越难以把握,灾难出现的频率越来越加快,灾难的原因也越来越多"①。奥康纳重构历史唯物主义理论的主旨是反对技术决定论,强调人类社会和自然界之间的生态联系,这为他揭示资本主义社会的自然异化和对资本主义社会的生态批判奠定了理论基础。

福斯特运用文献研究法并采用史论结合的方式,开创了一条不同于上述三人的理论研究路向。他通过重新梳理马克思的唯物主义思想发展史,运用生态唯物主义分析方法,建立了他的自然—社会观,重构了马克思的物质变换裂缝理论,并以此为基础展开了对资本主义社会的生态批判。在《马克思的生态学:唯物主义和自然》一书中,福斯特强调"马克思的世界观是深刻的,而且的确是内在的生态的(就当今对这一概念使用的所有积极意义上讲的)世界观,这种生态的观点来自他的唯物主义"②。他借鉴了英国科学哲学家罗依·帕斯卡尔(Roy Bhasker)的思想,把哲学唯物主义看作是由三部分内容所构成的一种复杂的世界观:(1)本体论的唯物主义:它断言社会单方面地依赖生物的存在,并且前者由后者进化而来;(2)认识论的唯物主义:它主张部分科学思维客体的存在和事实间(即因果性的和规律的)的相互作用具有独立性;(3)实践的唯物主义,它强调在社会形式的转换和再生产中人类变革能力的基础作用。③在唯物主义的这三个组成部分中,本体论和认识论的唯物主义属于一般唯物主义。以此框架为参照,福斯特发展出了他的生态唯物主义分析方法。他把传统的历史唯物主义看作是实践唯物主义,并以此为基础建构了一种生态唯物主义的自然—社会观。

通过对马克思的《博士论文》的分析,福斯特指出,伊壁鸠鲁那种以自然来解释自然、排斥目的论、决定论和还原论并且有进化论色彩的唯物主义深深地影响了处于黑格尔主义时期的青年马克思,这体现在马克思

---

① [美]詹姆斯·奥康纳:《自然的理由》,唐正东译,南京大学出版社 2003 年版,第 78 页。

② John Bellamy Foster, *Marx's Ecology : Materialism and Nature*, New York : Monthly Review Press, p.Viii, 2000.

③ John Bellamy Foster, *Marx's Ecology : Materialism and Nature*, New York : Monthly Review Press, p.2, 2000.

的唯物主义认识论方面。福斯特也强调了费尔巴哈关于"自然的存在本质以及自然是人的基础"的唯物主义思想对马克思的唯物主义本体论的影响。他认为，源自伊壁鸠鲁、经过费尔巴哈的洗礼的生态唯物主义，直到马克思研究了政治经济学及自然科学，特别是李比希的化学、达尔文的进化论以后，才真正得以完成。他借用巴里·康莫纳（Barry Commoner）所概括的四条生态法则来表达这种生态唯物主义的内涵：一切事物彼此相关（everything is connected to everything else）；一切事物都必定有其去向（everything must go somewhere）；自然界懂得什么是最好的（nature knows best）；无物产生于无（nothing comes from nothing）。福斯特把马克思唯物主义思想的源头追溯至古希腊的伊壁鸠鲁，并且考察了李比希、达尔文等自然科学家的思想对马克思的影响，要求我们不仅要沿着自古希腊以来的西方哲学思想发展线索来理解马克思的唯物主义，而且还要沿着从古希腊自然哲学到文艺复兴以后近现代自然科学思想发展的线索来理解马克思的唯物主义。立足于这样的立场，必然会形成一种与以往完全不同的对马克思唯物主义的理解。

福斯特以生态唯物主义为出发点，从生存技术对人类社会的一般作用以及"劳动进化论"或"基因——文化协同进化论"两个视角来重构马克思的社会观和自然观。福斯特把"生存"理解为人类共同体与其土地基础之间的长期关系。他指出，受摩尔根的研究成果的启发，马克思在自己的研究中把摩尔根用来作为划分史前社会时期标准的生存技术与人类进化和人类社会起源关联起来，于是，关注生存技术对包括史前时期在内的人类社会的一般作用就成为马克思的历史唯物主义研究的一部分。由于"生存"概念内在地包含着人类共同体和其土地基础之间的关系，因而对"生存技术"的关注也就内在地具有生态方面的意蕴。关注生存技术在人类社会中的一般作用，实质上就是关注以生产和再生产的变革为媒介的人与自然的关系，就是关注人与自然环境的协同进化。① 因此，具体

---

① John Bellamy Foster, *Marx's Ecology*: *Materialism and Nature*, New York: Monthly Review Press, p.220, 2000.

地表现为制造和使用工具的生存技术的发展而不是由考古而挖掘出来的化石就成为追寻人类起源和人类进化过程的线索。

以上是对"生存技术"作静态抽象考察的结果。从"生存技术"的动态发展过程看,生存技术对人类社会的一般作用则可借助劳动进化论或基因—文化协同进化论来加以说明。"社会物质发展问题是同人与自然关系的物质发展问题相联结的,……历史不是一条简单的直线,而是有一个复杂的、矛盾的、辩证的模式。"①在福斯特看来,劳动进化论或基因—文化协同进化论就是表达这个模式的。这一理论的基础是建立在生物学与社会科学的事实、原理和计算之上的,目的在于探讨遗传进化与文化进化即人的生物性与社会性的关系,创造出一种融遗传变化与文化历史于一体的进化形式。这种进化形式可以尝试用来解释人类的行为和人类社会的结构。"基因—文化协同进化"作为一个进化生物学术语,曾被美国学者斯蒂芬·杰·古尔德用来评价恩格斯《自然辩证法》一书关于劳动在从猿向人转变过程中的作用问题的研究所取得的成就。古尔德认为,在19世纪,对基因—文化协同进化论贡献最大的是恩格斯。基因—文化协同进化论在一定的意义上也就是劳动进化论。福斯特综合他自己的研究和马克思、恩格斯的自然—社会观,提出了一种关于自然—社会关系的理论框架:以制造和使用工具为特征的劳动把人与自然紧密地联系起来,以此为基础,我们可以构造一个动态的社会/人—劳动(技术)—自然系统。社会/人、劳动、自然都是进化着的,社会与自然的关系的进化就以社会/人、劳动、自然的进化为基础并寓于其中,因此,社会的进化、技术和劳动的历史发展以及自然的进化共同构成一个多层次且彼此相互作用的有机体,在这个有机体中,劳动成为推动进化的动力。综上所述,福斯特从唯物主义的思想发展的角度考察马克思、恩格斯及其他马克思主义理论家关于社会和自然关系的思想,深化了对唯物主义的理解,扩展了历史唯物主义研究的范围。

---

① John Bellamy Foster, *Marx's Ecology: Materialism and Nature*, New York: Monthly Review Press, p.221, 2000.

如果我们把上述生态学马克思主义理论家的理论作一个简略的比较,就可以大致得出如下结论。

莱易斯和本·阿格尔开拓性地研究了在自然有限性的条件下如何解决当代发达资本主义社会面临的生产与消费之间的矛盾问题,进而对历史唯物主义理论提出了如下的问题:一般地看,生产和消费的关系是怎样的? 考虑到人的能动性,我们应该怎样看待和处理生产和消费的关系? 应该如何看待人的需求结构、技术的社会使用,等等。这就拓展了历史唯物主义的研究对象和理论空间,丰富了历史唯物主义的理论内容。但是,莱易斯和阿格尔在强调自然的有限性对社会生产和消费的生态压力的同时,实际上只是从经验上而并没有从理论上对自然和社会之间的有机联系进行深入的研究。而从理论上揭示社会和自然的有机联系,正是奥康纳的贡献。

奥康纳不满意传统历史唯物主义理论的生产力、生产关系等概念的技术决定性特征,而赋予了这些概念以文化的维度和自然的维度。他强调文化、劳动、自然之间的相互作用及当代资本主义条件下具体的劳动协作模式中文化和自然因素对劳动的作用的不确定性,并结合对当代资本主义的经验研究,提出了他自己的资本主义理论及替代资本主义的生态社会主义设想。奥康纳赋予生产力、生产关系以文化的和自然的维度,强调文化、劳动、自然之间关系的不确定性,在某些方面颠倒了生产力和生产关系、生产关系和上层建筑之间的关系,并把对资本主义的批判引导到对国家的批判即政治批判方向上,因而在一定程度上偏离了马克思主义向来所坚持的注重对资本主义社会的经济批判这样一个方向。

福斯特对历史唯物主义的重构体现了与上述三人完全不同的思路。福斯特重新梳理了唯物主义思想发展史,赋予马克思的哲学唯物主义思想以生态学内涵,试图建构一种生态唯物主义。在这一梳理和建构过程中,福斯特把马克思的思想纳入西方思想史上的哲学唯物主义传统和自然科学的唯物主义传统中进行考察。而在他的这种考察中,当代发达资本主义经济制度的本质特征及其导致的生态环境问题得到了深刻的检讨,马克思曾经讨论过的异化问题、土地所有制问题、贸易问题、人口问题、城乡问题等主题也都得到了深化和拓展。借助于其生态唯物主义的分析方法,福斯特在考察社会和自然的关系问题时,通过建构马克思的物质变换裂缝理论,把关注的焦点放在社会和自然之间的物质和能量的交换上,而不是像奥康纳那样放在文化历史关系上,因而福斯特的生态学马克思主义致力于对资本主义的经济制度的批判,而他的理论发展的方向则是马克思主义的环境社会学。

综上所述,我们认为,生态学马克思主义丰富了历史唯物主义理论,弥补了传统历史唯物主义理论对于文化与自然、消费与自然、技术与自然之间关系的研究的不足。不过,生态学马克思主义远远没有完成其所提出的重构历史唯物主义理论的任务。莱易斯、本·阿格尔、奥康纳的研究更多地是侧重于经验研究,并没有把这种经验研究与对马克思主义理论的研究有机地结合起来。同时,他们对马克思主义理论的重新阐发极少有马克思主义思想史的整体背景和支持,他们的研究还说不上是发展了马克思主义。福斯特的研究与上述三人的研究有所不同,但到目前为止,福斯特也并没有建构出系统的生态学马克思主义理论。当然,这些并不意味着我们否认生态学马克思主义理论的价值和意义。事实上,生态学马克思主义至少向我们提出了这样一个重要问题:面对包括生态环境问题在内的当代人类社会中发生的新变化,我们应该怎样发展历史唯物主义?从生态学马克思主义理论中,我们可以得到如下的启发:在马克思那里,历史科学可以从自然史和人类史这两个方面来展开研究。只要有人类存在,自然史和人类史就彼此相互影响和相互制约。传统历史唯物主义理论虽然强调自然界对人类社会的优先性,但在它那里,自然和社会的关系主要被归结为一种技术关系,据此很难建立人类社会和自然界之间的有机联系;而在一些现代西方马克思主义理论家那里,历史唯物主义和实践唯物主义是同义词,"自然"被理解为一个社会范畴,对社会历史的研究淹没了对自然史的研究,因而他们无法解决历史唯物主义的本体论基础问题,更不可能建构基于自然和社会联系的生态哲学。生态学马克思主义理论和当代人类社会中出现的日益严重的生态危机使我们认识到:作为历史唯物主义研究对象的"历史",决不应仅局限于人类史,而应该是由自然史和人类史这两个不可分割的方面构成的历史。历史唯物主义应该是以唯物主义和辩证法探讨自然史和人类史的本质和一般规律的科学理论。只有具备这样的理论视野,我们才能克服传统历史唯物主义理论和现代西方"实践唯物主义"理论各自的片面性,才能真正发展历史唯物主义理论。

(二)西方马克思主义的马克思主义
哲学观的基本特点

从总体上看,我们可以将上述对马克思主义哲学的四种解读模式归并为三大基本路向:主体论路向、反主体论路向和主、客体统一论路向。其中,前两种解读模式可以归入主体论路向,阿尔都塞的科学主义解读模式属于反主体论路向,而北美生态学马克思主义则属于主客体统一论路向。奉行主体论路向解读模式的是西方马克思主义中的人本主义流派,其特点是强调"人及其实践"在马克思主义哲学中的基础地位,强调将马克思主义哲学从科学实证论的解读模式中解脱出来,致力于恢复马克思主义哲学的价值批判维度。同时,他们通过论述马克思主义哲学在研究对象和主题上的转换,强调马克思主义哲学并非近代的知识论哲学,而是一种社会批判哲学。奉行反主体论路向的解读模式的是西方马克思主义中的科学主义流派,其基本特点是强调马克思主义哲学的严密性、自主性,批判人们脱离马克思主义哲学的科学性来谈论马克思主义哲学的意识形态功能以及由此造成的马克思主义哲学的工具化和政治化。奉行主客体统一论路向的生态学马克思主义强调马克思主义哲学的生态学视野,克服了对于马克思主义哲学的传统理解的技术决定论倾向,也在一定程度上克服了早期西方马克思主义理论家用社会吞没自然的缺陷,蕴含着一种既不同于传统马克思主义哲学,又不同于早期西方马克思主义哲学的马克思主义哲学新形态的萌芽。通过对这三大路向的比较分析,我们可以看出西方马克思主义的马克思主义哲学观具有下述基本特点。

第一，他们都注重在现代哲学的语境中、在与近代西方哲学的断裂点上思考马克思主义哲学的特质。

近代哲学的基本特点是将整个世界划分为现象世界和本体世界，认为哲学的任务就在于超越现象世界去把握本体世界的绝对本质和规律，从而形成一种以理性为基础的知识论模式的哲学，而这个世界的绝对本质要么被归结为"绝对的物质"，要么被归结为"绝对的精神"，人的现实生活反倒被哲学遗忘了。现代哲学各个流派的主题和具体内容各不相同，但它们具有一种基本的共同点，那就是拒斥近代形而上学，要求哲学从本体世界回归到人的现实生活世界。科学主义哲学把哲学的任务规定为认识和把握现象世界的不变规律，人本主义哲学则把哲学的任务规定为探寻现实生活世界中人的价值和生存意义，他们都拒绝对世界的本原性问题作出回答，认为那样做必然会导致一种二元论哲学。西方马克思主义理论家就是在这样的哲学语境中来解读马克思主义哲学的。因此，他们强调，作为一种现代哲学，马克思主义哲学与近代哲学具有本质上的断裂性，这种断裂性就体现在哲学的研究对象和哲学的功能上。卢卡奇通过区分"总体性辩证法"和"实证主义研究方法"说明了这一点，而柯尔施、葛兰西则通过论述马克思主义哲学研究对象的转换说明了这一点。法兰克福学派批判实证主义的工具理性，阐扬了以"批判和否定性"为基本特征的辩证理性。阿尔都塞在《保卫马克思》中反复论证马克思同费尔巴哈、黑格尔的原则区分，认为如果混淆了这一点必然使马克思主义从科学的理论降为意识形态。由于他们都立足于与近代哲学的断裂点，从现代哲学思维方式，特别是从实践哲学思维方式来思考马克思主义哲学的特质，因而他们所强调的不是马克思主义哲学与旧唯物主义的共同点，而是其与旧唯物主义的不同点。

第二，他们都强调马克思主义哲学的价值批判维度，力求在马克思主义哲学的科学性与价值性之间寻找平衡点。

重视马克思主义哲学意识形态功能的发挥和价值批判维度，是西方马克思主义的一个重要的共同点。其主旨在于通过意识形态和文化批判,夺取意识形态和文化领导权,最终形成无产阶级统一的"集体意志"。所不同的是,主体论路向的西方马克思主义更加强调发挥马克思主义哲学在夺取意识形态和文化领导权过程中的价值批判功能,而反主体论路向的西方马克思主义强调马克思主义哲学意识形态功能的发挥应当建立在科学的理论基础上,而主客体统一论路向的生态学马克思主义哲学则既强调马克思主义哲学的技术向度,同时又强调马克思主义哲学的价值向度。

卢卡奇的"总体辩证法"首先强调了马克思主义哲学的价值批判维度,而他的"阶级意识理论"则突显了意识形态斗争在西方革命中的重要性。在卢卡奇看来,由于资产阶级不仅掌握着国家机器,而且在经济上和意识形态上拥有较多的知识和技巧,因而资产阶级在经济上和政治上占有很大的优势。无产阶级唯一的优势就在于它的阶级意识"有能力从核心出发来观察社会,并把它看作是相互联系的整体,并因而能从核心上、从改变现实上来采取行动;就在于对它来说,理论和实践是相吻合的;就在于它因此能自觉地把自己的行动作为决定性因素,投放到历史发展的天平上去"①。由于其阶级利益的局限,资产阶级的阶级意识总是要设法掩盖社会现实总体的实质,更无法达到"理论与实践的统一",只有无产阶级的阶级意识才能真正把握社会总体和历史发展的必然性。卢卡奇在充分肯定无产阶级巨大的能动作用的同时,指出当时无产阶级的阶级意识存在着危机。这种危机的主要表现是,第二国际右翼理论家把马克思的唯物史观歪曲为消极无为的经济决定论和宿命论,用经济斗争代替政治斗争,用目光短浅的"政治现实"来替代重大原则斗争,使无产阶级不能正确处理长远利益与眼前利益、整体利益与个别利益的关系。而这也正是卢卡奇强调恢复马克思主义哲学的主体向度、发挥马克思主义哲学价值批判功能的现实根基。

同样的价值趣旨也体现在葛兰西的思想中。由于当时意大利革命的思想阻碍主要来自"自发论"和"宿命论",因而葛兰西尤其反对那种对马

---

① [匈]卢卡奇:《历史和阶级意识》,杜章智等译,商务印书馆1992年版,第127页。

克思主义哲学的自然科学实证主义和自然科学唯物主义的解读模式，强调历史发展进程中人的能动作用，强调历史规律不同于自然规律的特点。他指出，研究历史发展中的"规律性和必然性"，并"不是要'发现''决定论'的形而上学规律，甚至也不是要确定'普遍的'因果律，而是要弄明白，以某种规律性和自发性发挥相对经常的力量是怎样在历史演变中形成的"[1]。在葛兰西眼中，马克思主义哲学不是一种单纯的理论活动，而是一种关于人的行动的创造性的哲学，因而它必然会落实到政治实践活动中。"一个历史时代的哲学，无非是那个时代本身的'历史'，无非是领导集团（指统治阶级—引者注）成功地加诸于世代承传下来的现实的大量变动。在这个意义上讲，历史和哲学不可分割。"[2]因此，"哲学是一种世界观，哲学活动也不要看成只是'个人'对于系统的、融贯一致的概念研究，而且也要并首先把它看成是改变群众的'心态'，传播哲学新事物的一场文化上的战斗"[3]。他认为，只有通过意识形态和文化批判取得文化领导权地位，才能使无产阶级从资产阶级的文化统治秩序中摆脱出来，西方革命才有可能取得成功，西方人才有可能获得真正的自由和解放。

与早期西方马克思主义理论家注重寻求无产阶级的总体解放不同，法兰克福学派的理论旨趣在于如何使个体从不断总体化、一体化的资本主义社会统治中摆脱出来，恢复个体的自由、价值与尊严。在他们看来，当代资本主义社会是一个总体异化的社会，这种总体异化来源于科学技术的发展和资本追求利润的需要。资本借助于科学技术的进步，在全社会大力宣扬消费主义文化和生存方式，使民众追求一种和自身生存无关、服从和服务于资本追求利润需要的异化消费，人的精神世界和价值追求完全被这种异化消费所奴役和牵引，其结果便是人的畸形的片面的发展和批判向度的丧失。基于这一现实，法兰克福学派的理论家认为，马克思主义哲学从本质上讲是一种批判的人道主义哲学，但马克思之后的理论

---

① 《葛兰西文选》，人民出版社 1992 年版，第 487 页。

② ［意］葛兰西：《狱中札记》，曹雷雨等译，中国社会科学出版社 2000 年版，第 256—257 页。

③ ［意］葛兰西：《狱中札记》，曹雷雨等译，中国社会科学出版社 2000 年版，第 260 页。

家却使马克思主义哲学实证化,使马克思主义哲学丧失了批判精神。他们指出,现在就应该通过恢复马克思主义哲学的价值批判功能,反对科学实证主义哲学,反思科学技术理性的异化,对当代资本主义社会进行总体批判,努力维护个体的自由、价值和尊严。

与主体论路向的西方马克思主义强调发挥马克思主义哲学的价值批判功能不同,反主体论路向的西方马克思主义所关注的是如何在保证马克思主义哲学的科学性和严密性的基础上发挥马克思主义哲学的意识形态功能。这在阿尔都塞那里表现得最为明显。

阿尔都塞的全部理论活动的主题主要有两个方面:一是反对当时盛行于西方学术界和马克思主义阵营中的人道主义的马克思主义思潮;二是反对当时苏联模式的马克思主义哲学把马克思主义哲学教条化、政治意识形态化的做法。他认为这两者都贬损了马克思主义理论的科学性,因而他把捍卫马克思主义理论的科学性作为自己的中心任务。但是,阿尔都塞也极为重视马克思主义作为无产阶级追求自身解放的理论工具的作用。因此,他既强调要捍卫马克思主义理论的科学性,又强调要发挥马克思主义理论的意识形态功能。

如前所述,阿尔都塞把马克思主义理论分为"辩证唯物主义哲学"和"历史唯物主义科学"。他认为,马克思的"历史唯物主义科学"的理论大厦已经建立,它是一种关于社会结构的理论,其本质就是一种"理论上的反人道主义";而马克思的"辩证唯物主义哲学"则蕴含在马克思成熟的理论著作中并以实践状态存在着,有待于从理论上予以阐发。在阿尔都塞看来,"历史唯物主义科学"是科学认识的理论工具,而"辩证唯物主义哲学"则是进行意识形态斗争的理论工具,它在理论实践领域的主要功能在于防止科学受唯心主义和各种意识形态的影响,为科学发展提供方法论指导,是一种"关于理论实践的理论"。在政治实践领域,"辩证唯物主义哲学"所承担的职能是进行"理论领域的阶级斗争",所表现的是无产阶级在世界观方面与资产阶级的争夺。为了说明这一点,阿尔都塞考察了资产阶级意识形态的作用和功能。他把资产阶级国家机器区分为"镇压性国家机器和非镇压性意识形态国家机器",其中,"镇压性国家机器"指国家暴力机关,它主要承担政治统治的职能;"非镇压性国家机器"则主要包括宗教、教育、家庭、工会等机构,其主要职能是通过资产阶级文化价值观的灌输,培育资产阶级的代理人和接班人,保证资本主义生产关系的再生产。阿尔都塞强调,要发挥马克思主义哲学的意识形态功能,必须重视对资产阶级意识形态国家机器的研究。

可以看出,尽管主体论路向和反主体论路向的西方马克思主义的侧重点有所不同,但重视发挥马克思主义哲学的意识形态功能和价值批判功能却是这两种路向的西方马克思主义理论家的共同点。这一点是与他们对马克思主义哲学的理解密切相关的。这种相关性集中体现在:他们都反对对马克思主义哲学的唯科学主义、经济决定论的解读模式,都把实现人的自由和解放视为马克思主义哲学的任务,这就决定了他们不可能不重视人、不重视文化因素在历史发展中的作用,也决定了他们必然会强调马克思主义哲学变革现实的价值批判功能。而他们关于马克思主义哲学的意识形态功能的看法上的差异,同样也与他们对马克思主义哲学的理解密切相关。主体论路向的西方马克思主义侧重于通过确立实践论哲学思维方式,阐明马克思主义哲学的现代性质,强调人、人的生活世界才是马克思主义哲学关注的中心,强调人是历史发展的主体,强调工人阶级的阶级意识的发展对于其实现自身解放的重要意义。而对于阿尔都塞来说,他首先要面对的是如何避免人道主义的马克思主义对主体的抽象规定,也就是要说明历史唯物主义视野中的"人"与人道主义视野中的"人"的原则区别,然后在这个基础上探讨人在历史发展中的作用问题。因此,反主体论路向的西方马克思主义更加强调马克思主义哲学的科学性、严密性与意识形态功能的辩证统一。

西方马克思主义理论家是通过意识形态批判、社会批判和文化批判来彰显马克思主义哲学的价值维度的。应该说,早期的西方马克思主义理论家同时强调了马克思主义哲学的科学性和价值性这两个方面。但是,由于其所具有的特定理论背景和其所面临的特定时代课题,他们又都存在偏离马克思主义哲学的科学性、夸大马克思主义哲学的价值性的倾向。例如,卢卡奇的"阶级意识理论"、柯尔施的"总体性理论"、葛兰西的

"文化领导权理论"等,都极为关注无产阶级的自由和解放问题,从总体上看也是建立在唯物史观基础上的,但它们都在不同程度上存在着过分强调"文化心理革命"的缺陷。法兰克福学派进一步将西方革命完全归结为"文化心理革命",其理论基础主要是西方古典人道主义,是用西方古典人道主义来解读马克思主义哲学,其所强调的是个体的价值和自由。而作为反主体论路向的西方马克思主义,科学主义流派则强调在保证马克思主义哲学的科学性的基础上来发挥其意识形态功能。阿尔都塞虽然反对将哲学工具化、政治化,但仍然非常重视哲学在政治斗争中的作用。他还通过区分"镇压性国家机器和意识形态国家机器"的不同功能,来揭示西方社会的意识形态、价值观念是通过何种途径来控制人们的心理世界而成为人们的无意识心理的。总之,西方马克思主义在其发展过程中始终不断地在马克思主义哲学的科学性与价值性之间寻找平衡点,展现出科学性和价值性的统一对于马克思主义哲学的重要性和复杂性。

第三,它们都试图对马克思主义哲学进行重新解读和重新建构。

主体论路向的西方马克思主义理论家把马克思主义哲学解读为以"实践"为基础、以"政治批判、文化批判、意识批判"为基本内容的实践唯物主义哲学,其理论旨趣在于强调人作为历史主体的作用,强调通过文化和意识形态批判形成无产阶级统一的阶级意识(集体意识)。由于人及其实践被视为马克思主义哲学的中心,主客体相互作用的辩证法也就成为他们关注的焦点。卢卡奇和柯尔施提出"总体性辩证法",葛兰西强调唯物主义与辩证法的一致性,法兰克福学派强调"否定的辩证法",生态学马克思主义强调"期望破灭的辩证法",其目的都是要反对那种"见物不见人"的决定论式的马克思主义哲学。很显然,主体论路向的西方马克思主义理论家主要是立足西方人本主义和历史主义传统来解释马克思主义哲学,这种文化传统决定了他们对马克思主义哲学所作出的解读的价值取向和理论形态。反主体论路向的西方马克思主义理论家则是立足于西方科学主义和实证主义传统,特别是在结构主义和当代西方语言哲学的理论背景下来解读马克思主义哲学的。因此,反主体论路向的西方马克思主义理论家更加注重和强调马克思主义哲学的科学性和严密性。

（三）西方马克思主义的马克思主义
哲学观的时代蕴含和文化选择

　　西方马克思主义理论家对马克思主义哲学的解读并非是单纯理论思辨的产物，而是由他们所面临的时代条件和他们置身于其中的文化传统两方面因素共同作用的结果。只有坚持历史主义的研究方法，我们才能真正理解西方马克思主义理论家解读马克思主义哲学的理论命意。

　　首先，我们来分析西方马克思主义的马克思主义哲学观的时代蕴含。

　　早期西方马克思主义理论家所面临的时代课题是：在当代西方社会条件下应该通过何种途径建立何种类型的社会主义。当时，共产国际在西方共产党内推行"布尔什维化"运动，将俄国理论模式和革命模式当作对马克思主义的唯一正确或正统的理解和实践。然而，当时按照俄国模式进行的西方革命都相继失败。这种严峻的现实，引发了西方共产党内外进步理论家的反思，也引发了马克思主义阵营中关于"什么是马克思主义的正统即本质"的争论。卢卡奇、葛兰西和柯尔施等早期西方马克思主义理论家把西方革命失败的原因归结为两个方面：其一是西方社会结构和统治方式不同于俄国，西方市民社会较为发达，出现了政治社会与市民社会的划分，资产阶级主要依靠意识形态使人们认同资产阶级的文化秩序和道德价值观念，从而产生了工人阶级主观革命意识的危机；其二是第二国际长期流行对马克思主义哲学的唯科学主义的实证论解释，它对社会主义代替资本主义这一历史趋势作了机械的理解，忽视了马克思主义哲学的价值批判功能，忽视了对工人阶级政治觉悟的提高。由此，早期西方马克思主义理论家提出必须用现代实践论哲学思维方式代替近代理性论哲学思维方式，并把马克思主义哲学规定为实践唯物主义哲学，认为这种实践唯物主义哲学把哲学的研究对象和价值指向都落实到了"人类社会"。哲学研究模式的转变必然导致哲学主题和哲学功能的转变,早期西方马克思主义理论家都强调意识形态批判和夺取意识形态领导权的重要性,认为只能强化马克思主义哲学的意识形态功能才能形成无产阶级统一的"集体意志"。对于早期西方马克思主义理论家而言,他们关注的是作为整体的无产阶级的自由和解放,而实现自由和解放的前提是无产阶级的主观精神世界能否从资产阶级意识形态和价值观念的束缚下解放出来。这一切都决定了必须摆脱传统决定论式的马克思主义哲学理论,代之以主体实践论的马克思主义哲学理论。

　　法兰克福学派的理论旨趣和早期西方马克思主义理论家有很大的不同,虽然他们也把实现人的自由和解放作为其理论所追求的目标。法兰克福学派所关注的,不再是作为整体的无产阶级的自由和解放,而是个体的自由和解放。出现这种转变的原因同样也应该到当时的社会历史背景下去寻找。一方面,第二次世界大战以后的科技革命,导致了白领工人和蓝领工人的划分,他们在所受教育程度、工作环境、生活条件、价值观念等方面均存在较大差异,传统工人阶级出现了分化,西方左翼力量面临着重新分化和组合。另一方面,资产阶级为了追求剩余价值的需要,利用越来越多的社会物质财富,在全社会通过大众文化和文化工业,制造和倡导消费主义文化和生存方式,人的心灵世界和价值追求完全为社会所牵引,人的发展向度服从和服务于资本追求利润的需要,人处于总体异化的生存状态。西方社会的基本矛盾具体表现为社会发展总体化、一体化趋势与个人个性自由发展要求之间的矛盾。同时,由于早期西方马克思主义理论家所提出的哲学理论和革命理论具有反传统的色彩,他们都丧失了将自己的理论同有组织的工人运动结合起来的可能。对此,佩里·安德森曾经指出:当时的理论家和他们的党达成一种默契,只要不怎么触动他们的理论著作,他们就不对政治问题发表评论。因此,当时西方马克思主义理论家面临着两种选择:要么留在共产党内,获得阅读马克思主义经典著作的权利,但必须对工人阶级斗争的实际状况保持缄默;要么作为自由知识分子置身于党外,获得自由表达政治见解的权利,但在工人阶级内部没有立足之地。① 这几个方面的原因使得西方马克思主义理论家虽然注重对西方社会现实问题的研究，但始终无法将自己的理论同有组织的工人运动结合起来。就法兰克福学派来看，他们所谓的"马克思主义理论立场"仅仅只是体现在他们坚持对资本主义社会的批判上，而从其理论的具体内容看，他们主要是用西方古典人道主义来解读马克思主义哲学，并以此作为批判当代西方社会总体异化的理论武器。虽然他们的社会批判、意识形态批判、文化批判也是较为深刻的，但如何找寻革命的主体和现实的自由解放之路始终是困扰他们的理论难题，因而他们只能抽象地谈论"人"、"异化"、"人道主义"等概念，最后也只能以抽象的艺术审美救世主义作为其理论的结局。

对于阿尔都塞来说，他的理论任务及其所针对的时代问题也是相当明确的。他既要反对苏共"二十大"后在西欧共产党内流行的人道主义的马克思主义思潮，也要反对长期以来那种将马克思主义理论教条化、政治化和工具化的错误。具体来说，阿尔都塞的理论任务首先是要反对人道主义的马克思主义、捍卫马克思主义理论的严密性、科学性。为此，他明确指出马克思主义是理论上的"反人道主义"。通过考察马克思与费尔巴哈、马克思与黑格尔的关系，他又说明了马克思主义哲学与近代哲学之间的断裂关系。阿尔都塞的另一个理论任务是要反对将马克思主义理论教条化、政治化和工具化的错误，说明马克思主义理论的科学性与意识形态功能之间的关系。他论述了以实践状态存在的马克思主义哲学，并将理论生产过程严格限定在思维领域，其目的正是为了使马克思主义哲学免受政治意识形态的玷污。而为了克服由此带来的"理论主义"错误，他又作出了"辩证唯物主义哲学"与"历史唯物主义科学"的区分。他认为，"历史唯物主义科学"具有认识世界的功能，它在性质上是理论上的"反人道主义"，在内容上是一种"多元决定的"历史观。在他看来，这样就既能避免将唯物史观教条化、简单化，又同人道主义的马克思主义和近

---

① 参见［英］佩里·安德森：《西方马克思主义探讨》，高铦等译，人民出版社1981年版，第2章。

代哲学划清了界限。与此同时,他认为,"辩证唯物主义哲学"具有意识形态功能,它并不是科学认识的工具,因为哲学既无对象也无历史,其所反映的不过是对立阶级对唯物主义和唯心主义世界观的争夺而已。

生态学马克思主义理论则是与当代西方社会面临日益严重的生态危机这一时代背景紧密相关的。生态学马克思主义理论家分别从资本主义制度、技术理性的盛行、消费主义文化和生存方式诸方面分析了资本主义制度和生产方式下出现生态危机的必然性。他们从理论上重构马克思主义哲学、提出生态社会主义的理论构想,其目的也是为了探寻克服和解决当代西方社会出现的生态危机的途径。

其次,我们再来分析西方马克思主义的马克思主义哲学观的文化选择。

西方马克思主义理论家所处的大的文化背景,我们可以从以下两个方面加以分析:一是现代西方哲学出现了种种"转向",这些转向的基本精神就是要超越近代二元论哲学和近代哲学思维方式,要求哲学应回归人的现实生活世界;二是西方现代化的发展逐渐暴露了现代性及其价值体系的内在缺失,于是,西方社会出现了一股反思理性、反思现代化、反资本主义的浪漫主义思潮。正是由上述两个方面构成的西方社会文化背景,决定了西方马克思主义的一般价值取向。

西方马克思主义理论家所置身于其中的文化传统又决定了他们在大的文化背景中的文化选择,这种文化选择使他们的理论各具特色。具体说来,主体论路向的西方马克思主义理论家受西方历史主义文化传统、人本主义传统的影响较深。例如,卢卡奇就深受齐美尔和马克斯·韦伯思想的影响。齐美尔在《货币哲学》一书中指出,现代社会中货币经济支配着一切,使得社会的各个领域都充满着谋划和理性,社会生活中人际关系日益淡漠。齐美尔的这种观点使当时的西方知识分子把"疏远化"作为他们的资本主义批判的主要论题,并由此表现出了一种反资本主义的浪漫主义情绪。马克斯·韦伯曾把理性区分为工具理性和价值理性,把资本主义的现代化过程看作是一个由工具理性主导的"合理化"过程,认为这种"合理化"过程虽然使生产效率得以提高,但它却导致了价值理性的失落。正是这种反资本主义的浪漫主义文化氛围,使卢卡奇格外注重马克思主义哲学的批判向度、人文向度。而葛兰西对马克思主义哲学的解读则深受自维科以来的西方历史主义文化哲学传统的影响。这种历史主义文化哲学的基本特点是强调"人类历史是人本身的产物"以及"历史和哲学相一致",强调人文科学在研究对象和研究方法上与自然科学的区别。这种历史主义文化哲学传统在促使葛兰西超越近代理性主义哲学思维方式方面起了重要作用。

反主体论路向的西方马克思主义理论家则受西方实证主义、科学主义文化传统的影响较深。阿尔都塞的"科学和意识形态对立"论、"征候阅读法"、"理论总问题"的研究方法以及强调"共时态"的整体研究的理论趣旨,都体现了他深受西方实证主义哲学,特别是结构主义的影响。也正是在实证主义、科学主义文化传统的影响下,阿尔都塞强调马克思主义理论的严密性和科学性,并把马克思主义哲学看作是一种反主体性哲学。

综合以上论述,我们可以看出,西方马克思主义的马克思主义哲学观,实际上是在西方文化传统中和现当代西方社会条件下,结合时代问题反思马克思主义哲学并用马克思主义哲学分析、解决时代问题的理论成果。由于各种极其复杂的主客观原因,这些理论成果不可避免地存在着这样那样的局限和缺陷,甚至可能在某些重要方面曲解了马克思主义哲学本身。但不可否认的是,西方马克思主义理论家善于将西方社会中的现实问题提升到哲学的高度予以探讨,注重运用马克思主义哲学分析、探索解决西方社会问题的方法、途径,他们的这些努力无论是对于我们从事马克思主义哲学研究,还是对于我们深入地认识现当代西方社会,都是具有积极意义的。我们只有深入地理解西方马克思主义理论家所处的历史文化传统和现实社会环境,才能对他们的理论创造给予正确的评价。这里特别要强调的是,中西方的马克思主义哲学研究无论是在思维方式方面还是在理论体系、具体观点方面均存在较大差异,我们切不可把某一种马克思主义哲学研究范式绝对化并将其作为评判其他马克思主义哲学研究的标准。在马克思主义哲学世界化和民族化过程中,伴随马克思主义哲学与不同民族和国家的历史文化传统和现实实践的结合,必然会出现马克思主义哲学的分化和多样化发展的理论格局,这是马克思主义哲学发展进程中的正常现象。对于不同形态的马克思主义哲学,我们应当坚持理论与实践相统一的原则,考察它们是否正确地把握了它们各自时代的问题,分析其理论得失,并从中吸取有利于推进整个马克思主义哲学发展的思想资源。这也是我们探讨西方马克思主义的马克思主义哲学观的基本出发点和理论目的。

十二

马克思主义哲学中国化应有的自觉意识

马克思主义哲学中国化的历史进程,是 150 多年来整个马克思主义哲学发展史上最光辉的篇章之一,它既是马克思主义哲学逐渐征服中国人的精神世界并深刻地改变中国社会发展的历史命运的过程,也是中国的马克思主义者深入地研究马克思主义哲学并在中国的条件下不断发展马克思主义哲学的过程。今天,要进一步推进马克思主义哲学中国化,我们必须首先求得一种方法论上的自觉,明确马克思主义哲学中国化应有的自觉意识。

(一) 强化民族意识,推进马克思主义
哲学与中国实际相结合

回顾和反思 20 世纪以来整个马克思主义哲学包括中国马克思主义哲学的发展历程,我们可以强烈地感受到并应特别地重视贯注于这一时期马克思主义哲学研究中的自觉的民族意识。之所以说要特别地重视这种民族意识,是因为它不仅曾经有力地推动了 20 世纪以来马克思主义哲学的繁荣和发展,而且也是我们在当前和今后我国的马克思主义哲学研

究中应该首先着力予以强化的东西。

从总体上看,20世纪以来整个马克思主义哲学的发展过程是一个通过民族化而更加世界化的过程。马克思主义哲学创立之初,它是以一种民族哲学的形式出现的。毫无疑问,马克思主义哲学批判地吸收了以往一切哲学理论中的合理因素,是全部人类哲学思维发展最积极的成果,开创了人类哲学发展史上的一个全新的时期。但是,我们也不能否认,马克思主义哲学首先是或直接地是本民族哲学发展过程中的逻辑的一环,是对本民族哲学思维传统特别是对德国古典哲学的批判性扬弃,代表着当时德意志民族哲学发展的最高水平。由于集中地反映了时代的本质特点、适应了时代发展的需要,马克思主义哲学很快超越了其创立时期的狭隘地域和民族界限,在世界范围内得到了广泛的传播,对国际共产主义运动发挥了巨大的指导作用,并由此对整个世界历史进程产生了深刻的影响。作为马克思主义哲学这一世界化进程的一个新的发展阶段,20世纪以来,各国的马克思主义者和共产党人纷纷地把马克思主义哲学与本民族的历史文化传统和社会现实相结合,用马克思主义哲学来研究和解决本民族社会发展过程中出现的各种问题,从而使马克思主义哲学又不断地民族化,出现了苏俄的马克思主义哲学、中国的马克思主义哲学以及现代西方的马克思主义哲学等既内在统一又各具特色的马克思主义哲学的诸民族化形式。20世纪以来马克思主义哲学的民族化过程实际上是马克思主义哲学的更为深刻的世界化过程,它使马克思主义哲学真正在世界上的一些民族中生根、开花和结果;而这一过程中马克思主义哲学的不同民族化形式的产生和多样化发展,则是世界范围内马克思主义哲学空前繁荣的表现。很显然,20世纪以来整个马克思主义哲学的繁荣和发展,直接导源于各国马克思主义者和共产党人自觉的民族意识。

作为上述20世纪以来整个马克思主义哲学发展过程的一个重要组成部分,马克思主义哲学在我国的传播和发展同样也是在一种自觉的民族意识的导引上实现的。这种民族意识主要包括两个方面的内容:一是对于只有用马克思主义哲学才能解决中国的问题的自觉,它直接导致了马克思主义哲学在中国的广泛传播。关于这一点,正如毛泽东所说,自

1840年鸦片战争失败起，为了拯救民族的危亡，先进的中国人就一直在千辛万苦地向西方国家寻求真理，"中国人向西方学得很不少，但是行不通，理想总是不能实现。多次奋斗，包括辛亥革命那样全国规模的运动，都失败了。国家的情况一天一天坏，环境迫使人们活不下去。怀疑产生了，增长了，发展了。"最后，"十月革命一声炮响，给我们送来了马克思列宁主义。十月革命帮助了全世界的也帮助了中国的先进分子，用无产阶级的宇宙观作为观察国家命运的工具，重新考虑自己的问题"①。这就是说，中国的先进分子之所以满腔热情地接受并在中国广泛地传播马克思主义哲学，完全是基于中国社会发展的客观需要，首先是基于中华民族救亡图存的客观需要。而中国的先进分子之所以"先进"，就在于他们最先认识到必须"用无产阶级的宇宙观作为观察国家命运的工具，重新考虑自己的问题"。二是对于必须将马克思主义哲学与中国的实际相结合的自觉，它直接促成了马克思主义哲学的中国化，促成了以毛泽东哲学思想和邓小平哲学思想为代表的中国化的马克思主义哲学的形成和发展。在长期的革命实践中，中国的马克思主义者和共产党人逐渐认识到，要有效地运用马克思主义哲学来"考虑自己的问题"，单凭主观热情是远远不够的，还必须有一种科学的态度，"在这种态度下，就是要有目的地去研究马克思列宁主义的理论，要使马克思列宁主义的理论和中国革命的实际运动结合起来，是为着解决中国革命的理论问题和策略问题而去从它找立场，找观点，找方法的。这种态度，就是有的放矢的态度。'的'就是中国革命，'矢'就是马克思列宁主义。我们中国共产党人所以要找这根'矢'，就是为了要射中国革命和东方革命这个'的'的。这种态度，就是实事求是的态度"②。正是因为有了这种"有的放矢"或"实事求是"的态度，才有了中国化的马克思主义哲学，才有了毛泽东哲学思想和邓小平哲学思想的形成和发展。邓小平曾把毛泽东哲学思想的精髓概括为"实事求是"，这是十分精辟的。其实，"实事求是"不仅是毛泽东哲学

---

① 《毛泽东选集》第4卷，人民出版社1991年版，第1470—1471页。
② 《毛泽东选集》第3卷，人民出版社1991年版，第801页。

思想的精髓,而且也是邓小平哲学思想的精髓,只不过前者所依据的"实事"主要是中国革命,而后者所依据的"实事"则主要是中国的现代化建设,它们都是把马克思主义哲学与特定条件下的中国实际相结合的产物。由此可见,如果没有自觉的民族意识,就不可能有马克思主义哲学在中国的广泛传播,更不可能有 20 世纪以来中国马克思主义哲学的发展。

自觉的民族意识在 20 世纪以来我国马克思主义哲学的发展过程中曾经发挥了极其重要的作用,但这并不意味着以往我国的马克思主义哲学研究全都贯注着自觉的民族意识。以自觉的民族意识来从事马克思主义哲学研究,说到底就是要自觉地致力于以下两个方面的工作:一是把马克思主义哲学与本民族的历史文化传统相结合,用本民族的智慧来理解和阐释马克思主义哲学,使马克思主义哲学这种外域文化本土化;二是把马克思主义哲学与本民族的当前实践相结合,既运用马克思主义哲学来反思和规范本民族的当前实践,又通过对本民族当前实践经验的总结来丰富和发展马克思主义哲学。这两个方面的工作,也就是我们所说的马克思主义哲学的民族化;只有同时做好这两个方面的工作,才能真正使马克思主义哲学在本民族中生根、开花和结果,也才能真正以本民族特有的形式创造性地推进马克思主义哲学的发展。如前所述,在 20 世纪以来我国马克思主义哲学发展过程中,在毛泽东、邓小平那里,上述两个方面的工作确实是做得很好的。为了用马克思主义哲学来解决中国的问题,他们历来都强调"不但要懂得中国的今天,还要懂得中国的昨天和前天"①。也正是因为他们既深切地了解中国社会的现实又懂得中国的历史文化传统并注意同时把马克思主义哲学与这两个方面相结合,所以他们才直接促成了马克思主义哲学的中国化,为马克思主义哲学的发展做出了高度个性化的贡献。而作为马克思主义哲学的民族化形式,毛泽东哲学思想和邓小平哲学思想都不仅深刻地体现了马克思主义哲学的精神实质,而且内在地熔铸着中国传统文化的精粹,并具有为中国人所喜闻乐见、通俗

---

① 《毛泽东选集》第 3 卷,人民出版社 1991 年版,第 801 页。

易懂的诸多民族特点。然而,在我们的专业哲学家圈子中,上述两方面的工作却并不是做得很好的,许多人甚至对于马克思主义哲学的民族化工作缺乏应有的热情和理论兴趣。一方面,长期以来,我国马克思主义哲学的专业理论研究基本上是在忽视中国的历史文化传统的情况下进行的,这种研究既不怎么重视用本民族的智慧去理解和阐释马克思主义哲学,也不大考虑民族心理对于马克思主义哲学中国化的要求,其所沉溺于其中的一直是一种纯西方式的话语系统。另一方面,虽然从一定意义上说我国马克思主义哲学的专业理论研究向来都是很关注本民族的现实实践的,但这种关注大多停留在所谓的"应用哲学"的层面上,真正能够从本民族的现实实践中提升出哲学问题并通过对它们的研究来发展马克思主义哲学的并不多见。这样一来,就出现了双重的消极后果:一是哲学创造力的贫乏。由于既不注意充分地利用本民族的历史文化传统,又不注意以真正哲学的方式深入地研究本民族的现实实践,失去了发展马克思主义哲学的最重要的智力资源和对象性基础,因而虽然我国历来都拥有一支从事马克思主义哲学专业理论研究的庞大队伍,但我们很难说这种专业理论研究为马克思主义哲学的中国化做了多少创造性的工作,也很难说它为 20 世纪以来中国化的马克思主义哲学的发展做了多少创造性的贡献。二是哲学功能的萎缩。由于缺乏历史的和现实的针对性,缺乏对民族心理的深入研究和了解,我国马克思主义哲学的专业理论研究也一直没有摆脱那种"自给自足"的状态,就是说,在专业哲学家圈子以外,这种研究向来都很少为人们所理解、关注和理睬。显然,这样一种马克思主义哲学的专业理论研究是很难有效地干预现实生活、发挥哲学的社会功能的。这些消极后果表明,我国马克思主义哲学专业理论研究中自觉民族意识的不足,不仅影响了我国马克思主义哲学中国化的深度,妨碍了我国马克思主义哲学的发展,而且也严重地制约了马克思主义哲学的社会功能的发挥,其至还在客观上滋养了"马克思主义哲学过时论"。上述正反两个方面的事实说明,在当前和今后我国的马克思主义哲学研究中,我们要继续推进马克思主义哲学中国化,首先就必须大力强化民族意识,进一步推进马克思主义哲学与中国实际相结合。

（二）强化世界意识，推动中国马克思主义哲学走向世界

依据马克思主义的哲学观并基于 20 世纪以来我国马克思主义哲学发展的客观实际，我们认为，在当前和今后我国的马克思主义哲学研究中，我们在强化民族意识的同时，还应大力强化世界意识，以更加积极的姿态面向当代世界哲学，努力使中国的马克思主义哲学研究真正地走向世界。

马克思主义哲学在其创始人那里是具有强烈的世界意识的。在马克思和恩格斯看来，哲学是时代精神的精华，它以特定的方式集中地反映着一定时代的本质特征。而在马克思和恩格斯生活的 19 世纪，时代的发展已充分地展现出这样一个鲜明的特点：随着资本主义的对外扩张和世界性发展，人类历史开始了向世界历史的转变。正如马克思和恩格斯所说，不断扩大商品销路的需要驱使资产阶级开辟了世界市场，它使每个文明国家的生产以及这些国家中每一个人的消费都成为世界性的了，以往自然形成的那种地域性、民族性的自给自足和闭关自守的孤立状态已被各民族的普遍交往和相互依赖所代替，"各个相互影响的活动范围在这个发展进程中越是扩大，各民族的原始封闭状态由于日益完善的生产方式、交往以及因交往而自然形成的不同民族之间的分工消灭得越是彻底，历史也就越是成为世界历史"①。基于对这一时代特点的认识，马克思和恩格斯指出："因为任何真正的哲学都是自己时代精神的精华，所以必然会出现这样的时代：那时哲学不仅从内部即就其内容来说，而且从外部即就其表现来说，都要和自己时代的现实世界接触并相互作用。那时，哲学对于其他的一定体系来说，不再是一定的体系，而正在变成世界的一般哲

---

① 《马克思恩格斯选集》第 1 卷，人民出版社 1995 年版，第 88 页。

学,即变成当代世界的哲学。各种外部表现证明哲学已经获得了这样的意义:它是文明的活的灵魂,哲学已成为世界的哲学,而世界也成为哲学的世界。"①这就是说,随着人类历史向世界历史的转变,作为时代精神精华的哲学也必然由以往各自分立的体系哲学和区域性的哲学向世界哲学转变;而在"哲学已成为世界的哲学"的情况下,各民族的哲学虽然仍将保持也应该保持自己的民族特色,但它们必然在内容上共同反映着世界历史时代的本质特征,在形式上消除了以往体系哲学和区域性的哲学所特有的那种自足性、封闭性和排他性而具有高度的开放性和兼容性。可以说,在人类历史向世界历史转变和"哲学已成为世界的哲学"的情况下,任何一种哲学要想享有或保持作为"时代精神的精华"的地位,就必须具有一种自觉的世界意识,即一方面自觉地关注世界上的其他各种哲学,努力形成与时代相适应的、与同时代其他各种哲学共通的问题意识,并对自己时代各种具有广泛世界性的哲学问题作出高度个性化的研究,从而使自己成为在内容和形式两个方面都具有高度世界性的哲学,另一方面又自觉地保持自身对于世界上其他各种哲学的开放性,积极地展开与其他各种哲学的互动,并通过这种互动努力使自己不断地走向世界。也正是由于具有这种自觉的世界意识,不仅站在世界哲学发展的理论制高点上回答了时代凸现出来的各种重大哲学问题,而且积极地回应了其他各种哲学的诘难和挑战并不断地吸取了其他各种哲学的合理因素,马克思主义哲学才得以在其创立后不久就开始了其深刻的世界化进程,迅速地变成了即使是一些马克思主义哲学的敌人也不得不承认的名副其实的世界哲学。在这个意义上我们同样也可以说,没有自觉的世界意识,就不会有马克思主义哲学在世界范围内的广泛传播,更不会有后来中国马克思主义哲学的形成和发展。

然而,就 20 世纪以来我国马克思主义哲学发展过程的实际情况看,应该说,我国马克思主义哲学研究的世界意识至今仍然是十分薄弱的。诚然,以往我国的马克思主义哲学研究还是很关注世界哲学发展的动向

---

① 《马克思恩格斯全集》第 1 卷,人民出版社 1995 年版,第 121 页。

和趋势的。特别是最近 20 年来,我国的马克思主义哲学研究在熟悉、了解和评析现当代西方哲学方面是作了大量工作的。但是,以往我国的马克思主义哲学研究在关注现当代其他各种哲学的态度和方法方面却存在着不少问题。且不说极左思潮盛行的年代我们对于现当代西方哲学的盲目拒斥,仅就最近 20 年来的情况看,尽管我们早已认识到对于现当西方哲学应采取分析批判的态度,但我们的这种分析批判所针对的往往是一些关于问题的"解"而不是问题本身,我们很少注意从世界上其他各种哲学中发现和提炼出由我们共处的时代凸现出来的普遍性的哲学问题并将它们创造性地转换到我国的马克思主义哲学研究中来。更为重要的是,由于脱离了本民族的历史文化传统、忽视了对本民族智力资源的开掘和利用,以往我国的马克思主义哲学研究即使涉及现当代世界哲学普遍关注的某些问题,其对这些问题的理解和把握也往往缺乏自己应有的立足点,因而很难在这些问题上为世界哲学的发展贡献出自己的独特智慧。与此相联系,虽然 20 世纪以来我国马克思主义哲学的发展是整个马克思主义哲学世界化进程的一个重要组成部分,但我国的马克思主义哲学研究却一直未能与世界上的其他各种哲学进行实质性的互动。多年来,我国马克思主义哲学研究的目标,实际上一直是定位在要在中国将马克思主义哲学作为占主导地位的意识形态坚持下去。虽然我们也经常强调要发展马克思主义哲学,但按照通常的理解和流行的说法,发展马克思主义哲学也只是为了更好地坚持它。如果仅仅从意识形态的角度来看问题,这种理解和说法也没有什么不对。问题在于,哲学不仅是一种意识形态,它同时也是而且首先是人类对世界的一种特殊把握方式,是人类文化的一种独特形式。这也就是说,哲学并不仅仅具有工具价值,它也具有一种内在价值,并且只有这种内在价值才真正构成了哲学存在的根据。过去我们只强调或过分强调哲学的意识形态性质,实际上是只看到了哲学的工具价值,因而并没有真正把哲学当作哲学来看待,而是把哲学当作一种工具来看待。只看到哲学的工具价值,必然不可能正确地对待其他各种非马克思主义哲学,甚至也不可能正确地对待马克思主义哲学的其他民族化形式,从而也不可能真正与世界上的其他各种哲学展开实质性的互动。忽视了哲学的内在价值,忽视了哲学同时也是人类对世界的一种特殊把握方式和人类文化的独特形式,就不会想到哲学思想也是人类共同的精神财富,更不会想到要努力使自己的哲学研究走向世界、为人类文化的发展作出自己的一份贡献。由于缺乏与世界上其他各种哲学的实质性互动,我国的马克思主义哲学研究也从未真正地走向世界。

在当前和今后我国的马克思主义哲学研究中强化世界意识,其目的也就是要使我国的马克思主义哲学研究真正地走向世界。所谓使我国的马克思主义哲学研究走向世界,决不仅仅是简单地向别人介绍和让别人了解我国马克思主义哲学研究的状况,而是要让我国的马克思主义哲学研究在世界哲学论坛上占有一席之地、取得相应的发言权;不是简单地与别人进行马克思主义哲学研究的学术交流,而是要与当代世界上的其他各种哲学进行实质性的对话和思想交锋。当然,要进行对话和交锋,首先必须进行交流。我们现在确实有了许多交流,但还远远谈不上什么对话和思想交锋。其所以如此,是因为进行交流很容易,好坏都可以交流;而进行对话和思想交锋却很难,它不仅要求参与对话和交锋的各方之间有共同感兴趣的话题或问题,而且还要求他们各自都对这种共同的问题作出了有个性、有特色的深入研究。而要满足这些要求,从而使我国的马克思主义哲学研究真正地走向世界,就必须正确地理解和认真地对待强化民族意识与强化世界意识、推进马克思主义哲学的民族化与推进我国马克思主义哲学研究的世界化的关系。应该说,这二者之间不仅不相矛盾和冲突,而且还具有一种内在的张力。我们看到,在人类文化的发展过程中历来都存在着一种引人注目的现象,那就是越是具有个性的东西越能获得普遍性,越是民族化的东西越能世界化。据此,我们认为,要使我国的马克思主义哲学研究真正地走向世界,首先就必须在我国进一步推进马克思主义哲学的民族化,努力使我国的马克思主义哲学具有更加鲜明的民族特色。从世界范围来看,中国的历史文化传统是具有鲜明特色的,中国社会的当前实践也是具有鲜明特色的。只要我们同时大力强化民族意识和世界意识,注意在新的深度上推进马克思主义哲学与我们民族的历史文化传统和社会现实的结合,并用具有鲜明中国特色的马克思主义哲学去透视我们的时代所提出的各种具有广泛世界性的哲学问题,中国的马克思主义哲学研究是完全能够也一定会走向世界的。

（三）强化人类意识,自觉捍卫和维护人类的共同利益

在当前和今后我国的马克思主义哲学研究中,我们不仅要大力强化民族意识和世界意识,而且还应大力强化人类意识,自觉地关注和深刻地反思当代的各种全球性问题,努力捍卫和维护人类的共同利益,并由此推进马克思主义哲学的时代性发展。

就其精神实质和理论旨趣来说,马克思主义哲学是深刻地体现了自觉的人类意识的。在马克思和恩格斯那里,这种自觉的人类意识是以无产阶级的阶级意识的形式表现出来的。与前述的世界意识一样,马克思主义哲学的人类意识也是建立在历史向世界历史转变这一事实基础上的。马克思指出:大工业首次开创了世界历史,它在世界范围内"到处造成了社会各阶级间相同的关系,从而消灭了各民族的特殊性。最后,当每一民族的资产阶级还保持着它的特殊的民族利益的时候,大工业却创造了这样一个阶级,这个阶级在所有的民族中都具有同样的利益,在它那里民族独特性已经消灭,这是一个真正同整个旧世界脱离而同时又与之对立的阶级"①。这个消灭了民族独特性、在所有的民族中都具有同样利益的阶级也就是无产阶级,"无产阶级只有在世界历史意义上才能存在"②。在马克思和恩格斯看来,无产阶级是人类历史上最先进、最具有彻底革命性的阶级,因为"无产者没有什么自己的东西必须加以保护,他们必须摧毁至今保护和保障私有财产的一切"③;无产阶级也只有彻底砸碎资产阶

---

① 《马克思恩格斯选集》第 1 卷,人民出版社 1995 年版,第 114—115 页。
② 《马克思恩格斯选集》第 1 卷,人民出版社 1995 年版,第 87 页。
③ 《马克思恩格斯选集》第 1 卷,人民出版社 1995 年版,第 283 页。

级的旧世界,实现共产主义,解放全人类,才能最后解放自己。因此,无产阶级的运动代表了人类社会发展和历史进步的方向,无产阶级的解放实际是整个人类的解放,无产阶级在所有民族中都具有的共同利益实际上代表了全人类的共同利益。正是基于对无产阶级的阶级本性特别是对无产阶级的利益与全人类的共同利益的关系的认识,马克思和恩格斯反复强调要把自己的理论诉诸无产阶级的革命实践,诉诸无产阶级变革旧世界的解放斗争。正如马克思所说:"哲学把无产阶级当作自己的物质武器,同样,无产阶级也把哲学当作自己的精神武器。"①显而易见,当马克思和恩格斯把指导无产阶级的革命实践设定为自己理论的根本任务时,其所体现的既是一种鲜明的无产阶级的阶级意识,也是一种自觉的人类意识,即对人类共同利益的深刻关切。

然而,在以往我国的马克思主义哲学研究中,在马克思主义哲学创始人那里原本是内在地融合和有机地统一着的阶级意识与人类意识却在相当大的程度上被割裂开来。可以说,以往我国的马克思主义哲学研究一直是阶级意识强烈而人类意识薄弱,人们往往只强调无产阶级的利益而讳言人类的共同利益。有些人认为,作为无产阶级的思想体系,马克思主义哲学所应关注的就是无产阶级的利益而不是什么人类的共同利益。有些人虽然并不一般地否认马克思主义哲学对人类共同利益的关注,但却认为,既然无产阶级的利益代表了全人类的共同利益,我们也就没有必要在无产阶级的利益之外去强调什么人类的共同利益。依我之见,这些看法都是不符合马克思主义哲学的基本精神的。其实,马克思主义哲学是出于对人类共同利益的关切才去关注无产阶级的利益的。而在马克思和恩格斯那里,马克思主义哲学的人类意识之所以采取了无产阶级的阶级意识的形式,是有其特定的历史原因的。正如前述,马克思主义哲学的自觉的人类意识也是建立在人类历史向世界历史转变这一事实基础上的。而人类历史向世界历史的转变,从更广泛的意义上说,实际上是人类社会全球化的必然结果。所谓"全球化",是指人类从以往各个地域、各个民

---

① 《马克思恩格斯选集》第1卷,人民出版社1995年版,第15页。

族和国家之间彼此分隔的原始闭关自守状态走向全球性社会的变迁过程。作为一种社会变迁过程,全球化肇始于15世纪的地理大发现。至19世纪,全球化已有了很大的发展,其主要表现是资本的全球扩张和世界市场的建立,它们有力地推进了历史向世界历史转变的进程。但是,在马克思和恩格斯时代,全球化发展的水平毕竟还是有局限的,也就是说,一个真正全球性的社会在当时还并未形成,因而真正意义上的世界历史也并未出现。在这种情况下,"人类"作为一个集合概念在相当大的程度上仍然带有逻辑预设的性质。与此相应,作为整个人类共同的生存和发展需要的满足,人类的共同利益在当时也并未获得充分的现实规定性,或者说,人类的共同利益在当时的现实中还并不存在。对此,马克思和恩格斯是有明确意识的,他们在分析当时的资本主义社会现实时也从未使用过"人类的共同利益"的概念。这样一来,马克思和恩格斯对人类共同利益的关切也就只能表现为对于就其历史前途而言代表了人类共同利益的无产阶级的利益的关切,或者说,他们的人类意识也就只能以无产阶级的阶级意识的形式表现出来。

"人类的共同利益"在马克思和恩格斯生活的19世纪尚未获得现实的规定性,决不意味着它永远不能获得现实的规定性。事实上,作为人类社会全球化进一步发展的结果,人类的共同利益的形成在当代已成为一个活生生的现实。进入20世纪以后,特别是当代以来,人类社会的全球化出现了一系列新的特点。一方面,20世纪以来,全球范围内各个地域、民族和国家之间的政治经济文化联系更加紧密,人们之间全球性的社会交往日益频繁。特别是帝国主义瓜分世界和重新瓜分世界的两次世界大战、两次世界大战之间爆发的世界性的经济危机以及战后联合国的成立等一系列人类历史上的空前大事变,使得人类永远告别了从前那种彼此孤立和相互隔离的社会状态,宣告了一个全球性社会的形成和人类历史向世界历史转变的完成,它们标志着人类已真正成为一个有机的整体,真正开始作为共时态意义上的主体来生存、活动和发展。当代以来,全球化浪潮又促使着人类的全球性社会向着更加内在有机的方向发展。正是这一方面,为人类的共同利益的形成提供了现实的主体条件。另一方面,更为重要的是,20世纪以后特别是当代以来的全球化在人与自然、人与社会以及人与自身等人与世界关系的各个方面都带来了一系列的全球性问题,这些全球性问题已对整个人类的生存和发展构成了严重的威胁,从而以否定的形式促成了人类共同利益的形成。事实上,当代的各种全球性问题本身就是人类共同利益的否定表达形式:各种全球性问题的出现,意味着全人类的共同利益受到了严重的威胁;不解决和克服这些问题,整个人类的生存和发展就难以为继。显然,不关注当代人类面临的生存和发展困境、不关注当代人与世界关系上的各种全球性问题以否定的形式表现出来的人类的共同利益,是不符合马克思主义哲学的基本精神的;而要关注这些全球性问题及其表现出来的人类的共同利益,就必须在当前和今后我国的马克思主义哲学研究中大力强化人类意识。

当代人与世界关系上的各种全球性问题,已引起了全球范围内人们的普遍关注,并已成为当代世界上各种哲学的一个共同的重大理论主题。在这种情况下,大力强化我国马克思主义哲学研究的人类意识,自觉关注深深地困扰着当代人类的各种全球性问题,深刻反思这些全球性问题的复杂成因和多重价值意蕴,努力探寻使当代人类走出目前面临的生存和发展困境的途径,从而自觉地维护人类的共同利益,有着多方面的意义。首先,要在我国的马克思主义哲学研究中强化人类意识、深入地探析当代的各种全球性问题,我们就必须大力地开掘本民族的智力资源,从本民族的传统文化特别是传统哲学中汲取思想养分,唯其如此,我们才能为解决和克服当代的各种全球性问题贡献出我国马克思主义哲学所特有的智慧。因此,强化人类意识有利于强化我们的民族意识,有利于在我国进一步推进马克思主义哲学的民族化。其次,强化人类意识,自觉关注和探讨当代的各种全球性问题,能够有力地促进我国的马克思主义哲学研究与当代世界上其他各种哲学的互动,因为当代的各种全球性问题所关涉的是当代人类的共同利益,也只有经过当代人类包括当代各种哲学的共同努力才有可能找到解决和克服这些问题的有效途径。就此而论,强化人类意识,也有利于强化我们的世界意识,有利于推动我国的马克思主义哲学研究以更加积极的姿态走向世界。再次,强化人类意识,自觉关注和探讨当代的各种全球性问题,还能够赋予马克思主义哲学的阶级意识以新的时代内容。在今天,无产阶级解放全人类并最后解放自己的历史任务还远未完成,但它却以变化了的形式藏蕴于当代的各种全球性问题的解决和克服过程之中。这是因为,要真正解决和克服当代的各种全球性问题、捍卫和维护人类的共同利益,就必须从根本上消除导致这些全球性问题的社会根源,消灭至今仍然在不断地强化着这些全球性问题的不合理的社会关系和社会制度。从这一方面看,在当前和今后我国的马克思主义哲学研究中强化人类意识,能够使马克思主义哲学为无产阶级解放全人类并最后解放自己的伟大事业作出新的历史贡献。

十三

马克思主义哲学中国化问题研究的
视野、论域和方法

深入地研究马克思主义哲学中国化问题,对于理解中国马克思主义哲学乃至整个中国现代哲学的发展、建设好中国当代哲学是极其重要的,因为马克思主义哲学中国化的过程也就是马克思主义哲学在中国传播和发展的过程,它对整个中国现当代哲学的发展具有根本的制导作用。特别是最近二十多年来,围绕着马克思主义哲学中国化问题,学术界出版和发表了大量论著,取得了一些可喜的研究成果。但是,我认为,以往人们关于马克思主义哲学中国化问题的研究在方法论上存在着不少局限,它们严重地制约了马克思主义哲学中国化问题研究的广度、深度和创新程度。当前和今后要把马克思主义哲学中国化问题研究引向深入,使其有力地促进马克思主义哲学中国化实践和当代中国哲学建设,首先就必须突破这些方法论上的局限。

(一) 开阔视野,揭示马克思主义哲学
中国化的完整内涵和深刻意义

在中国思想界,马克思主义哲学中国化是在 20 世纪 30 年代明确提

出的。1938 年 10 月召开的中共六届六中全会上,毛泽东同志首次对马克思主义包括马克思主义哲学的中国化作出了科学的说明。在毛泽东看来,马克思主义中国化就是把马克思主义与中国具体实际相结合,使马克思主义在中国具体化,它包括两个方面的内容:一是要使马克思主义与中国的具体实践相结合,把马克思主义"应用于中国的具体的环境";二是要使马克思主义与中国的传统文化相结合,使马克思主义具有"为中国老百姓所喜闻乐见的中国作风和中国气派"①。然而,自 30 年代后期以来,尽管马克思主义哲学中国化的实践结出了巨大的硕果,但中国学人对于马克思主义哲学中国化问题的理论研究却是极为不够的,其最重要的表现之一就是理论视野相当偏狭。从总体上看,人们基本上只是从马克思主义哲学中国化运动内部来考察马克思主义哲学中国化问题,缺少观察马克思主义哲学中国化问题的世界眼光和世界视野。而当人们从马克思主义哲学中国化运动内部来考察马克思主义哲学中国化问题时,其理论视野也基本上只是局限于马克思主义哲学与中国的具体实践相结合的方面,马克思主义哲学中国化实际上主要是作为一种与教条主义相对立的学风和研究方法而受到人们关注的。这种偏狭的理论视野使人们很难揭示马克思主义哲学中国化的完整内涵和深刻意义。当前和今后开展马克思主义哲学中国化问题研究,首要的就是必须突破这种偏狭的理论视野。

马克思主义哲学中国化是一百五十多年来整个马克思主义发展历程的一个重要组成部分。从总体上看,这一发展历程是一个世界化与民族化相统一的进程。马克思主义哲学创立之初,它直接地是以一种民族哲学的形式出现的。毫无疑问,马克思主义哲学批判地吸收了以往一切哲学理论中的合理因素,是全部人类哲学思维发展最积极的成果。但是,它首先是或直接地是本民族哲学发展过程的一个全新的阶段,是对本民族哲学思维传统特别是对德国古典哲学的批判性扬弃,代表着当时德意志民族哲学发展的最高水平。由于集中地反映了时代的本质特点,适应了

① 《毛泽东选集》第 2 卷,人民出版社 1991 年版,第 534 页。

时代发展的需要,马克思主义哲学很快超越了其创立时期的狭隘地域和民族界限,在世界范围内得到了广泛的传播,产生了普遍而深刻的影响,并在20世纪以来的社会主义实践中发挥了巨大的指导作用。在马克思主义哲学的这一世界化进程中,特别是20世纪以来,各国的马克思主义者和共产党人纷纷地把马克思主义哲学与本民族、本国家的具体实际相结合,从而使马克思主义哲学又不断地民族化,出现了苏俄的马克思主义哲学、中国的马克思主义哲学、现代西方的马克思主义哲学等各种不同的马克思主义哲学民族化形式。20世纪以来马克思主义哲学的民族化过程实际上是马克思主义哲学更为深刻的世界化过程,它以马克思主义哲学的广泛传播为前提,但它比马克思主义哲学的那种单纯的传播和影响范围的扩大具有更为深远的意义,因为它使马克思主义哲学真正在世界上的一些民族中生根、开花和结果,并由此不仅在这些民族中产生了一系列一脉相承而又与时俱进的思想体系,而且还深刻地改变了这些民族乃至整个世界的历史进程。马克思主义哲学发展的这一世界化与民族化相统一的历史进程,是人类哲学思想史乃至整个世界文化史上最为壮丽的篇章,以往还从未有过任何一个理论体系能够像马克思主义哲学这样具有如此旺盛的生命力、能够如此深刻地影响人类思想和人类历史的发展方向。马克思主义哲学中国化就是马克思主义哲学发展的这一世界化与民族化相统一的历史进程的一个重要环节、方面和表现,它决不是一个孤立的、地域性的现象,而是一种世界文化和历史现象;也只有在马克思主义哲学发展的这一世界化与民族化相统一的历史进程中,我们才能在其完整意义上理解和说明马克思主义哲学中国化问题。

马克思主义哲学中国化也是近百年来中西文化大激荡条件下中国先进文化形成和发展过程的根本基础。自1840年鸦片战争起,为了救亡图存,先进的中国人曾不辞辛劳地向西方国家寻求真理,大力引进西方的各种自然科学理论、社会政治学说和哲学理论,并由此出现了中国文化史上蔚为壮观的中西文化交汇、碰撞和冲突的局面。作为对这一"三千年未有之大变局"的回应,中国思想界围绕着中西文化的关系问题展开了一波又一波的大论战,他们在学理的层面上把中西文化的大激荡一次又一次地推向高潮。但是,中国知识分子千辛万苦寻觅而来的各种西方社会政治学说和哲学理论以及他们据以提出的种种社会改造方案都在实践的严酷考验中一一破产了。正如毛泽东同志所说:"中国人向西方学得很不少,但是行不通,理想总是不能实现。多次奋斗,包括辛亥革命那样全国规模的运动,都失败了。国家的情况一天一天坏,环境迫使人们活不下去。怀疑产生了,增长了,发展了。"最后,"十月革命一声炮响,给我们送来了马克思列宁主义。十月革命帮助了全世界的也帮助了中国的先进分子,用无产阶级的宇宙观作为观察国家命运的工具,重新考虑自己的问题"。① 这里所说的"无产阶级的宇宙观",就是马克思主义哲学,就是辩证唯物主义与历史唯物主义。但是,十月革命后马克思主义哲学在中国的传播还只是拉开了马克思主义哲学中国化的序幕,马克思主义哲学中国化在当时还面临着诸多需要解决的前提性问题,其中之一便是如何对待中国传统文化、如何处理马克思主义哲学与中国传统文化的关系问题。事实上,与自强运动以后中国思想界的主流中西文化观所经历的从"中体西用"论到"全盘西化"论再到"中西互补"论的演变过程大体相应,中国马克思主义者对待中国传统文化的态度也经历了一个由拒斥到批判继承的转变过程。早期的中国马克思主义者如陈独秀、李大钊等人都曾把马克思主义哲学与中国传统文化完全对立起来,对中国传统文化进行了激烈批判和根本否定。直到 20 世纪 30 年代,中国的马克思主义者才意识到马克思主义哲学与中国传统文化结合的可能性和必要性,才认识到"从孔夫子到孙中山,我们应当给以总结,承继这一份珍贵的遗产"②,并由此才真正开始了用马克思主义哲学理解和解释中国传统文化并吸取中国传统文化的精华来铸造马克思主义哲学的民族化形式的过程。这一过程,既是马克思主义哲学中国化的过程,也是中国传统文化、特别是中国传统哲学现代化的过程,是马克思主义哲学统率下或以马克思主义哲学中国化为基础的现代中国先进文化形成和发展的过程。在这一过程中,

---

① 《毛泽东选集》第 4 卷,人民出版社 1991 年版,第 1470—1471 页。
② 《毛泽东选集》第 2 卷,人民出版社 1991 年版,第 534 页。

马克思主义哲学中国化经历了无数的曲折,特别是在处理马克思主义哲学、中国传统哲学和现代西方哲学的关系上出现过这样那样的偏差,但马克思主义哲学中国化实践的发展终究克服了这些偏差,不仅创造了毛泽东哲学、邓小平哲学和"三个代表"重要思想等标志性的理论成果,而且引领着中国先进文化取得了巨大的建设成就。因此,即使仅从马克思主义哲学中国化运动内部来看,马克思主义哲学中国化也决非简单地把马克思主义哲学直接应用于中国的具体实践,这种应用是以马克思主义哲学与中国传统文化相结合和马克思主义哲学民族化形式的创造为前提和中介的。只有把马克思主义哲学中国化置于近百年来中西文化大激荡条件下中国先进文化形成和发展过程中理解,我们才能深刻地揭示马克思主义哲学中国化的必要性和必然性,才能说明为什么马克思主义哲学能够在中国生根、开花和结果。

（二）扩展论域,把握马克思主义哲学中国化问题的丰富内容

任何理论研究的论域都是由人们的理论视野决定的。人们的理论视野愈开阔,其论域必定愈宽广,反之亦然。马克思主义哲学中国化问题的研究也不例外。在以往人们的理论视野尚局限于马克思主义哲学与中国的具体实践相结合的方面时,人们关于马克思主义哲学中国化问题研究的聚焦点是中国的具体实践,所讨论的问题主要是马克思主义哲学如何与中国革命实践和社会主义改造实践相结合形成了毛泽东哲学、马克思主义哲学如何与中国特色社会主义建设实践相结合形成了邓小平哲学和"三个代表"重要思想等等,而诸如马克思主义哲学中国化的理论根据、思想前提、曲折历程、现实问题、未来走向等对于理解马克思主义哲学中国化都是极其重要的问题,这或者只显露出冰山一角,或者完全被遮蔽,结果原本内涵丰富深刻、内容复杂多样的马克思主义哲学中国化运动被

极端简单化和平面化。而一旦突破上述偏狭的理论视野,真正把马克思主义哲学中国化置于一百五十多年来马克思主义哲学发展的世界化和民族化相统一的历史进程中考察、置于近百年来中西文化大激荡条件下中国先进文化形成和发展过程中理解,马克思主义哲学中国化问题研究的论域就会得到极大的扩展,马克思主义哲学中国化问题研究就会走入一个新的天地。

第一,研究马克思主义哲学中国化问题,必须深入探讨马克思主义哲学的理论本性,弄清马克思主义哲学中国化的理论根据。正如前述,马克思主义哲学中国化是马克思主义哲学世界化与民族化相统一的历史进程的一个重要组成部分,是马克思主义哲学民族化的一种具体表现形式。那么,马克思主义哲学何以能够世界化和民族化(包括中国化)？这也就是马克思主义哲学中国化的理论根据问题。这一问题内在地包含以下三个方面:一是马克思主义哲学的本质和根本特征。在这一方面,我们应着重予以探讨的是,马克思主义哲学到底具有何种区别于任何其他哲学的特质和理论品格,使它能够不断地世界化和民族化。二是马克思主义哲学的民族性和世界性。马克思主义哲学产生于特定的民族、具有某种民族性,而马克思主义哲学的世界化和民族化又确证了并根源于它的世界性。那么,马克思主义哲学的民族性和世界性及其统一关系到底是怎样的,或者说,在特定民族中产生的马克思主义哲学何以能够与世界上不同民族的具体实际相结合而不断地世界化和民族化,这也是我们在研究马克思主义哲学中国化的理论根据时必须阐明的一个问题。三是马克思主义哲学的时代性和与时俱进性。产生于 19 世纪的马克思主义哲学无疑带有自己时代的特点、具有某种时代性,而马克思主义哲学的世界化和民族化又表明它能够不断地超越具体时代的局限、具有与时俱进性。那么,马克思主义哲学的时代性和与时俱进性及其统一关系到底是怎样的,或者说,在特定时代产生的马克思主义哲学何以能够与新的时代条件下各民族的具体实际相结合而不断地世界化和民族化,这是我们在研究马克思主义哲学中国化的理论根据时必须阐明的又一问题。可见,深化马克思主义哲学中国化问题研究,必定深化我们对整个马克思主义哲学的理解。

第二,研究马克思主义哲学中国化问题,必须深入考察马克思主义哲学中国化的思想史,明确马克思主义哲学中国化的思想前提,即马克思主义哲学中国化运动是在怎样的思想指导下进行的。正如前述,马克思主义包括马克思主义哲学的中国化是在 20 世纪 30 年代明确提出并由毛泽东同志首次作了科学说明的。针对毛泽东同志关于马克思主义中国化的思想,国内外学术界曾有两种截然相反的评价。人们普遍认为,马克思主义要与本国本民族的具体实践相结合,这是马克思、恩格斯、列宁都曾讲过的;但马克思主义要与本国本民族的传统文化相结合、要民族化,这在以往马克思主义发展史上从未有人提出过,即使是俄国人也未曾提出过。因此,国外的一些马克思主义研究者激烈地批评毛泽东关于马克思主义中国化的思想,认为它是反马克思列宁主义的,而国内学者一般都认为毛泽东关于马克思主义中国化的思想是马克思主义发展史上的重要创新。① 在我看来,针对毛泽东同志关于马克思主义中国化思想的这两种截然相反的评价所基于的共同前提,即认为以往马克思主义发展史上从未有人提出过马克思主义要与本国本民族的传统文化相结合的观点,是根本不能成立的。其实,只要我们确立起马克思主义哲学中国化问题研究的世界视野,我们就不难发现,毛泽东同志关于马克思主义哲学中国化的思想与马克思、恩格斯、列宁等人的有关思想是一脉相承的。马克思主义哲学中国化思想不仅有其马克思主义哲学史上的理论渊源,而且在中国马克思主义哲学史上也经历了长期、曲折的发展过程。系统地清理、考察马克思主义哲学中国化思想的理论源流、发展轨迹及其不同发展阶段的主要特点和理论得失,是当前和今后马克思主义哲学中国化问题研究的一个重要课题。

第三,研究马克思主义哲学中国化问题,必须深刻反思马克思主义哲学中国化的历史进程。马克思主义哲学中国化的历史进程,是在马克思主义哲学中国化的思想指导下,一代又一代的中国马克思主义者艰辛地

---

① 参见许全兴等:《中国现代哲学史》,北京大学出版社 1992 年版,第 507 页。

探索如何把马克思主义哲学与不同时期中国具体实际相结合的过程，是马克思主义哲学中国化既取得巨大理论成就又积累了多方面的经验教训的过程。要完整地把握马克思主义哲学中国化的历史进程，需要着重探讨以下问题：一是不同时期马克思主义哲学中国化的社会历史条件。它主要包括：马克思主义哲学中国化历史进程不同阶段上对马克思主义哲学中国化有重要影响的时代条件、社会思潮、中国传统文化现代化的发展水平、中国革命和建设实践的现实状况，等等。二是不同时期马克思主义哲学中国化的实现机制。这主要是指在马克思主义哲学中国化历史进程的不同阶段上，人们是如何把马克思主义哲学与中国传统文化和具体实践相结合的，这种结合主要解决了中国社会发展中的什么问题。三是不同时期马克思主义哲学中国化的理论成就。在这一方面，我们不仅要深入研究毛泽东哲学、邓小平哲学和"三个代表"重要思想等马克思主义哲学中国化的标志性成果，而且要全面总结作为这些标志性成果形成和发展基础的、中国广大理论工作者对马克思主义哲学中国化的理论贡献；不仅要重视中国马克思主义哲学研究的理论成就，而且要正确评价中国其他哲学学科的研究，特别是中国传统哲学和西方哲学研究对马克思主义哲学中国化所产生的积极推动作用。四是不同时期马克思主义哲学中国化的经验教训。马克思主义哲学的中国化，既有一个外部的社会政治环境问题，也有一个繁荣学术文化的方针政策问题；既有一个正确对待马克思主义哲学的态度、学风和方法问题，也有一个正确对待各种非马克思主义哲学，特别是正确对待中国传统哲学和现代西方哲学的问题。在马克思主义哲学中国化历史进程的不同阶段上，人们在处理上述这些问题上的成功经验和深刻教训都值得我们认真地予以总结。

第四，研究马克思主义哲学中国化问题，必须认真分析、回答和应对马克思主义哲学中国化在当代面临的问题和挑战。在当代，马克思主义哲学中国化所面临的问题和挑战，既有属于马克思主义哲学中国化历史进程中累积而来的和中国马克思主义哲学研究中内存的，也有属于时代和实践的新发展中提出的或在新的时代条件下出现的。这类问题和挑战,大体上可以分为三类:一是与整个马克思主义及其发展相关联的,如当代资本主义的新发展是否证明马克思主义已经"过时"、苏东剧变是否意味着马克思主义已经"破产"、在新的时代条件下应该如何坚持和发展马克思主义,等等。二是与中国马克思主义哲学及其发展相关联的,如当代中国哲学建设是否应该坚持马克思主义哲学的指导地位、应该如何处理马克思主义哲学与中国传统哲学和现代西方哲学的关系、当前深化和推进马克思主义哲学研究的正确思路到底应该是返回到马克思主义哲学的经典"文本"还是应该面向时代和现实,等等。三是与马克思主义哲学中国化直接相关联的,如马克思主义哲学中国化是否是"中国传统思想化"、是否是使马克思主义哲学"适应于"中国社会的落后状态、是否是马克思主义哲学的"变形"即改变了马克思主义哲学的实质、应该如何理解马克思主义哲学中国化与当代中国先进文化发展的关系,等等。对于所有这类问题,我们都应该认真地分析它们的形成原因、演变过程及其实质,考察它们对于马克思主义哲学中国化未来进程的可能影响,并作出有理论说服力的回答和回应。

第五,研究马克思主义哲学中国化问题,还必须着力探讨和明确马克思主义哲学中国化的前进方向。我们探讨马克思主义哲学中国化的理论根据和思想前提,考察马克思主义哲学中国化的历史进程,特别是总结马克思主义哲学中国化的经验教训,分析和回答马克思主义哲学中国化在当代面临的问题和挑战,都是为了明确马克思主义哲学中国化的前进方向,推进马克思主义哲学中国化的未来发展。可以说,探讨和明确马克思主义哲学中国化的前进方向,是整个马克思主义哲学中国化问题研究的落脚点和理论归宿。而要明确马克思主义哲学中国化的前进方向,除了必须做好上述基础性工作外,还必须深入研究以下两个问题:一是全球化条件下中国社会发展,特别是中国现代化建设发展的客观需要。马克思主义哲学中国化的过程,不仅是中国传统文化、传统哲学现代化的过程,而且也是整个中国社会现代化的过程。特别是当代以来,中国社会步入现代化的正轨,中国现代化建设取得巨大成就,都直接地是在马克思主义哲学中国化的理论成就的指导下实现的。也正是为了适应不同时期中国现代化建设的需要,马克思主义哲学中国化一次又一次地实现了理论上的飞跃。因此,要明确马克思主义哲学中国化的前进方向,就必须探明中国现代化建设进一步发展的客观需要。二是当代世界哲学,特别是马克思主义哲学的发展趋向。马克思主义哲学中国化的前进方向,也就是中国马克思主义哲学的发展方向。只有同时深刻地把握世界哲学,特别是马克思主义哲学的发展趋向,我们才能在未来马克思主义哲学中国化过程中,创造出一种既适应全球化背景下中国社会发展的需要,又在世界哲学中占有重要地位并能为整个马克思主义哲学的发展作出独特贡献的中国化的马克思主义哲学。

（三）创新方法,把马克思主义哲学中国化
问题的研究提高到总结规律的水平

如果说理论研究的论域是由理论视野决定的,那么,理论研究的深度和水平,特别是理论研究的创新程度则与所使用的研究方法有着本质联系。实验心理学之父冯特曾经说过:"自然科学史从各个方面使我们铭记在心的一个通则是:科学的进展是同研究方法的进展密切相关联的。近年来,整个自然科学的起源都来自方法学上的革命,而在取得了巨大结果的地方,我们可以确信,它们都是以先前方法上的改进或者以新的方法的发现为前奏的。"①自然科学研究是这样,哲学研究的情况亦复如此。在以往马克思主义哲学中国化问题研究中,与人们局限于马克思主义哲学中国化运动内部来考察马克思主义哲学中国化问题并专注于马克思主义哲学与中国具体实践的结合这样一种偏狭的理论视野相适应,人们所采用的主要是一种宏观的定点研究方法,即主要是对毛泽东思想、邓小平理论和"三个代表"重要思想等马克思主义哲学中国化的三大标志性成

---

① 唐钺:《西方心理学家文选》,人民教育出版社 1983 年版,第 1 页。

果作了较多的探索。这种研究方法的优长之处在于,它直接切入马克思主义哲学中国化的重大理论成就,能够揭示出马克思主义哲学中国化最壮丽的篇章,使人们对马克思主义哲学中国化有一个生动、直观而又极其鲜明的印象。然而,从学理层面上看,这种研究方法显然是把原本极其复杂的研究对象过分简单化了。在实际运用中,这种研究方法既不可能帮助人们揭示马克思主义哲学中国化的完整内涵和深刻意义,也无助于人们把握马克思主义哲学中国化问题的丰富内容,并因此也很难使人们发现和总结出马克思主义哲学中国化的规律。而要把马克思主义哲学中国化问题的研究提高到总结规律的水平,就必须突破这种单一的研究方法,创造和运用新的研究方法。

首先,必须加强对马克思主义哲学中国化的多维度研究。马克思主义哲学中国化运动是一个包含着马克思主义哲学中国化思想和具体地应用这一思想、将马克思主义哲学与中国具体实际相结合这样两个层面,每一个层面又都包含着多个维度的丰富的总体。要真正揭示马克思主义哲学中国化的规律,首先就必须理论地再现这一丰富的总体。为此,就必须使马克思主义哲学中国化问题研究在多维度上展开。其中,在马克思主义哲学中国化的思想层面上,我们不仅要深入地探讨毛泽东关于马克思主义哲学中国化思想的形成过程以及后来中国的马克思主义者对这一思想的丰富、完善和发展,而且也要考察和分析关于马克思主义哲学中国化的其他各种不同理解,特别是国内外各种非马克思主义者和反马克思主义者对毛泽东关于马克思主义哲学中国化思想的歪曲和攻击,以及它们对于马克思主义哲学中国化思想的发展和整个马克思主义哲学中国化运动的影响。同时,由于马克思主义哲学中国化必然涉及如何理解和对待马克思主义哲学、中国传统哲学和西方哲学、如何处理它们之间的关系、如何看待中国的"具体实际"等问题,并且它们构成不同时期马克思主义哲学中国化思想的核心内容,因此,在研究马克思主义哲学中国化思想史时,我们必须具体地考察中国的马克思主义者与国内外各种非马克思主义者和反马克思主义者在这些问题上的分歧、对立及其演变过程。在应用马克思主义哲学中国化思想、将马克思主义哲学与中国具体实际相结合的层面上，我们则既要充分研究作为马克思主义哲学中国化三大标志性成果的毛泽东思想、邓小平理论、"三个代表"重要思想的形成、发展过程及其继承和发展关系，也要高度重视和探讨不同时期中国学术界的马克思主义哲学研究以及在马克思主义哲学指导下的中国哲学和西方哲学研究对马克思主义哲学中国化的贡献；既要总结马克思主义哲学中国化的宝贵经验，也要总结不同时期人们偏离马克思主义哲学中国化的正确思想、在实践上错误地对待马克思主义哲学、中国传统哲学和西方哲学的深刻教训。

其次，必须加强对马克思主义哲学中国化的微观个案研究。马克思主义哲学中国化，是马克思主义哲学发展的内在要求和中国社会发展的客观需要，也是中国马克思主义者艰辛探索的结果，它凝结着一代又一代中国马克思主义者的心血和智慧。在马克思主义哲学中国化的历程中，无数的中国马克思主义者都做出了自己的独创性贡献。不了解他们每个人高度个性化的哲学创造和理论贡献，就不可能真正理解马克思主义哲学中国化的历程，从而也不可能真正揭示马克思主义哲学中国化的规律。换句话说，要把马克思主义哲学中国化问题的研究提高到总结规律的水平，就必须使上述马克思主义哲学中国化的多维度研究进一步深化到微观个案研究的层次，深入地探讨马克思主义哲学中国化历程各个阶段上一些重要代表人物的思想，考察他们对马克思主义哲学中国化思想和马克思主义哲学与中国具体实际相结合的独特贡献，弄清他们个性化的哲学创造的实现过程及其留下的经验教训。在以往马克思主义哲学中国化问题研究受到宏观定点研究方法支配的情况下，人们在相当大的程度上忽视了对马克思主义哲学中国化的微观个案研究。例如，在毛泽东哲学的研究上，正如对待整个毛泽东思想一样，人们一般都强调毛泽东哲学是中国共产党和中国马克思主义者的集体智慧，至于毛泽东哲学中哪些内容是毛泽东本人的哲学创造、哪些内容是其他人的理论贡献，则并没有引起人们的充分注意。其实，不对陈独秀、李大钊、李达、艾思奇等一系列早期的中国马克思主义哲学家以及毛泽东本人的哲学思想作深入的微观个案研究，我们既无法真正理解毛泽东哲学的形成和发展及其在马克思主义哲学中国化历程中的地位,也无法真正说明何以只有毛泽东才能集中全党和中国马克思主义者的智慧而创立毛泽东哲学,从而也就不可能通过毛泽东哲学的研究而揭示马克思主义哲学中国化的规律。

再次,必须加强对马克思主义哲学中国化内外两方面的比较研究。思想文化的比较研究,能够帮助我们找出相似思想文化现象之间的共性和差异,有助于我们发现思想文化现象变化发展的规律。要揭示马克思主义哲学中国化的规律,也必须高度重视比较研究方法的运用。在马克思主义哲学中国化问题研究中,这种比较研究可以从内外两个方面来进行:一是马克思主义哲学中国化历程不同阶段上的代表人物以及同一阶段上不同代表人物之间的比较研究。显然,这种立足于马克思主义哲学中国化运动内部的比较研究,是以前述对马克思主义哲学中国化的微观个案研究为前提和基础的。在对马克思主义哲学中国化不同时期代表人物的思想进行深入的微观个案研究的基础上,通过他们的哲学创造和理论贡献的比较研究,我们就能够找到马克思主义哲学中国化应该坚持的一些共同的基本原则,发现马克思主义哲学中国化历程中一些共同的经验教训。二是马克思主义哲学中国化与马克思主义哲学其他形式的民族化之间的比较研究。20世纪以来在马克思主义哲学民族化过程中出现的其他各种马克思主义哲学的民族化形式,如苏俄的马克思主义哲学、东欧的马克思主义哲学、现代西方的马克思主义哲学、朝鲜的马克思主义哲学、越南的马克思主义哲学等等,虽然它们所经历的发展道路各不相同,在理论视角、所关注的问题及研究问题的思路和方法等许多方面都有很大的差异,甚至在一些问题上存在着相当大的分歧,但它们都是把马克思主义哲学与本国、本民族的具体实际相结合的产物,都是马克思主义哲学发展的世界化与民族化相统一的历史进程的重要环节和方面,因而它们之间以及它们与中国马克思主义哲学之间必然在若干重要方面有一些共同或相似之处。开展马克思主义哲学中国化与马克思主义哲学其他形式的民族化如苏俄化、东欧化、朝鲜化、越南化等的比较研究,是以世界视野、世界眼光观察马克思主义哲学中国化问题的内在要求和具体表现。这种比较研究，不仅可以为我们揭示马克思主义哲学中国化的规律提供外部参照，而且能够帮助我们认清哪些是马克思主义哲学中国化的特殊规律、哪些是马克思主义哲学民族化的普遍规律。

下　篇

全球化、全球问题及社会发展理论研究

在当今世界上，全球化也许是最为引人注目的社会历史现象。虽然全球化并不是在当代才出现的，作为一个历史进程，它可以远溯至近代的地理大发现，但只有当代才是一个名副其实的全球化时代。由于全球化的主词是整个人类社会，其影响遍及人类社会生活的各个领域，所以，当代各门人文社会科学，包括经济学、政治学、法学、社会学、历史学、哲学等等，都对全球化研究倾注了极大的热情。以当代视域研究马克思主义哲学，自当关注和深入探析全球化问题。

与其他学科不同，哲学对全球化的研究，应该站在价值论和历史观的高度，深刻地反思全球化对人类生存和发展的深远影响。这种影响，既有积极的方面，也有消极的方面。而全球化对人类生存和发展的负面影响，最突出地表现为它带来了各种全球问题。人们通常只注意到人与自然关系上的各种全球性问题并只把这类问题称为全球问题，这实际上是以一种非全球性的眼光看待全球问题。实际上，当代的全球问题是一个巨大的问题群落，并表现在人与自然的关系、人与社会的关系以及人与自身的关系等人与世界关系的各种方面，它们对整个人类的生存和发展构成了严重的威胁。人类要继续生存和持续发展，就必须克服和消解各种全球问题。当代世界上的各个民族和国家，要维持社会稳定和谋求社会经济的可持续发展，也必须高度关注和努力化解这些全球问题。

一

全球化与反全球化

在当今世界上,很少有像"全球化"这样同时成为各国学界、文化界、政界乃至商界使用频率都极高的概念。这一现象至少说明了两个问题:第一,在今天,全球化确实已成为一个不争的事实;第二,全球化已引起了全球范围内人们的普遍关注和高度重视。就学界而言,由于全球化的主词是整个人类社会,其深远影响遍及社会生活的各个领域,因而当代世界上的各门人文社会科学,包括经济学、政治学、法学、社会学、教育学、历史学、哲学等等学科都在热烈地讨论这一问题。全球化事实上已凸现为当代人文社会科学各个学科的一个前沿热点问题。不仅如此,从国际国内的学术发展趋势看,人们对全球化的研究越来越注重多学科的协作。有人甚至断言,一门专门以全球化为研究对象的综合性学科正呼之欲出。

(一) 什么是全球化

什么是全球化? 对于这一问题,不同的学科、不同的学者往往会作出很不相同的回答。从总体上说,所谓"全球化",是指人类从以往各个地域、民族和国家之间彼此分隔的原始闭关自守状态走向一个全球性社会的变迁过程。

不过，我们这样来看全球化还太笼统。事实上，全球化包括三个不同的层面。

一是技术层面。全球化的技术层面，也就是通过各种技术手段的运用，全球范围内人们之间的时空距离越来越缩短，整个地球日益变为一个名副其实的村落，即所谓的"地球村"。从技术层面看，全球化可以远溯至15世纪的地理大发现。1492年哥伦布远航美洲、1498年达·伽马绕过好望角到达印度以及1519—1522年麦哲伦完成的环球航行，就已开辟了东西两半球一体化的新纪元，揭开了人类社会全球化进程的序幕。由人类航海史上的这些壮举所实现的地理大发现，给当时处于萌芽状态的资本主义经济注入了新的活力，强烈地刺激了早期西方资本主义国家的商品和资本输出，极大地促进了世界贸易和世界市场的拓展。到19世纪末，世界贸易逐渐从西欧、环地中海地区扩展到了亚洲、非洲、拉丁美洲和大洋洲这样一个极其广大的区域，它标志着世界市场在全球范围内最终得以形成。与此同时，随着大工业的发展，世界交通运输业的面貌也迅速改观。轮船的出现，大大地提高了世界上各大航线的航速；多条大运河的陆续开通，为世界上不同地区的人们之间的交往提供了十分便利的条件。特别是1869年美国联合太平洋铁路接轨、1888年欧洲至君士坦丁堡的大铁路通车、1903年俄国的西伯利亚大铁路建成以及1910年阿根廷至智利横贯南美的大铁路投入运营，更是把世界交通运输业的发展推进到了一个全新的阶段。这样一些铁路主干线的建成，标志着全球交通网业已形成。如果说技术层面的全球化在15、16世纪主要表现在地理大发现，在18、19世纪主要表现在市场贸易的发展、世界市场的形成和全球交通网络的建立，那么，在当代则突出地体现为全球范围内人们信息接收和处理的共时化和整个人类活动的同步化。例如，2000年9月11日恐怖分子利用民航飞机袭击了美国纽约的世贸大厦，全球范围内的人们基本上同时得知了这一骇人听闻的"9·11事件"，各国政府也立即以不同的方式对这一事件作出了回应。

二是社会关系层面。就此层面而言，全球化意味着全球范围内人们的社会交往越来越频繁,相互之间的社会关系越来越紧密。在近代,特别是通过世界贸易,全球范围内人们的普遍交往和各民族的相互依存关系已充分地表现出来。也正是基于这一事实,近代的许多思想家如康德、赫尔德、黑格尔、马克思等等,都作出了历史在越来越大的程度上转变为世界历史的论断,并由此都纷纷提出了自己的世界历史理论。所谓从近代开始人类历史在越来越大的程度上转变为世界历史,当然并不意味着此前就没有任何意义上的世界历史。自从世界上有了人类,就开始有了世界历史。但是,在近代全球化进程启动以前,世界上有的只是各种不同的地域史、民族史和国度史,并没有内在有机统一的世界史。肇始于近代的全球化把各个地域、民族和国家的人们日益紧密地联系在一起,人类历史才开始向这种内在有机统一的世界历史转变。而上述近代思想家们所提出的世界历史理论,就是对这一历史事实的理论回应。例如,马克思、恩格斯指出:"各民族的原始封闭状态由于日益完善的生产方式、交往以及因交往而自然形成的不同民族之间的分工消灭得越是彻底,历史也就越是成为世界历史。例如,如果在英国发明了一种机器,它夺走了印度和中国的无数劳动者的饭碗,并引起这些国家的整个生存形式的改变,那么,这个发明便成为一个世界历史性的事实。"①不过,历史向世界历史的转变只有在当代才真正完成。因为正是20世纪上半叶发生的帝国主义瓜分世界和重新瓜分世界的两次世界大战、两次世界大战之间爆发的世界性的经济危机以及战后素有"世界政府"之称的联合国的成立等一系列人类历史上前所未有的大事变,使得人类永远告别了从前那种彼此之间相互隔离的社会状态,宣告了一个全球性社会的初步形成。

三是政治文化观念或价值观念层面。从这个层面看,全球化也就是西方化或资本主义文明的世界化。事实上,近代以来的全球化一开始就是西方资本向海外的扩张和资本主义文明的世界性传播,就是资本和商品以及附着在资本和商品之上的资本主义政治文化观念由现代化的中心即西欧核心地区的资本主义国家向边缘和外围的扩散。这一点在当代表

---

① 《马克思恩格斯选集》第1卷,人民出版社1995年版,第88—89页。

现得更加充分、也更加赤裸裸。所不同的是,在今天,西方资本主义的政治文化观念或所谓的西方资本主义文明,不再以极端蔑视非西方民族的"野蛮"和"愚昧"的高高在上的姿态出现,而是让人感到它似乎极为可亲可爱;传载这种政治文化观念的西方资本或商品,人们已很难窥见其"从头到脚每个毛孔都流着肮脏的血"的原貌,因为它早已披上了温情脉脉的面纱,甚至还裹上了厚厚的糖衣。那些风靡全球的华尔兹、摇滚乐,那些让各国影迷大饱眼福的西方"大片",那些令全世界的小朋友们如醉如痴的米老鼠、唐老鸭、麦当劳和肯德基,乃至那些让发展中国家的学子们趋之若鹜的西方国家名目繁多的奖学金,哪一样不是现代西方资本主义政治文化观念全球化的使者? 对于非西方国家而言,一些人整天喊的"自由"、"平等"、"民主"、"人权"等观念,以及那些为年轻人相当看重的圣诞节、情人节等,又哪一样不是西方的舶来品? 总之,资本主义政治文化观念的全球扩散已成为我们这个时代的一个重要特征。所谓后殖民时代、文化殖民时代或文化帝国主义时代等等,就是对这一点的概括。

需要指出的是,有很多人是不同意全球化即西方化或资本主义化这一判断的。他们常常争辩说:在全球化进程中,社会主义国家也是可以有所作为的,并且全球化应该是社会主义化。但是,应该如何是一回事,事实是如何却是另一回事,事实与应当、事实判断与价值判断是不能混为一谈的。实际上,面对近代人类社会的全球化,连马克思、恩格斯都承认它是资本主义化。他们指出:"资产阶级,由于一切生产工具的迅速改进,由于交通的极其便利,把一切民族甚至最野蛮的民族都卷到文明中来了。它的商品的低廉价格,是它用来摧毁一切万里长城、征服野蛮人最顽强的仇外心理的重炮。它迫使一切民族——如果它们不想灭亡的话——采用资产阶级的生产方式;它迫使它们在自己那里推行所谓的文明,即变成资产者。一句话,它按照自己的面貌为自己创造出一个世界。"①"资产阶级使农村屈服于城市的统治。它创立了巨大的城市,使城市人口比农村人口大大增加起来,因而使很大一部分居民脱离了农村生活的愚昧状态。

---

① 《马克思恩格斯选集》第 1 卷,人民出版社 1995 年版,第 276 页。

正像它使农村从属于城市一样,它使未开化和半开化的国家从属于文明的国家,使农民的民族从属于资产阶级的民族,使东方从属于西方。"①这种全球化即资本主义化或西方化的事实,即使在今天也丝毫没有什么实质性的变化。诚然,在当代的全球化运动中,中国等社会主义国家也力图有所作为,并且事实上也可以施加一定的影响,如中国为加入 WTO 就作了巨大的努力、进行了大量而有成效的谈判。但是,由于全球化的整体格局早已为资本主义生产方式所控制和主导,其整个游戏规则都浸润着西方资本主义的政治文化观念,社会主义国家在当代的全球化运动中并没有多少选择空间或回旋余地。因此,对于我们社会主义国家来说,全球化是机遇,更是严峻的挑战。

（二）　全球化的当代特点

第二次世界大战以后亦即当代以来,人类社会的全球化又有了新的动向。一方面,第二次世界大战以来,人类社会步入了一个相对平稳的时代,和平与发展凸现为时代的主题,为了维护和平、谋求发展,各个民族和国家之间展开更深层次、更大规模的政治对话、经济协作和文化交流的需要比以往任何时候都显得更加迫切。另一方面,当代世界交通运输工具的飞速发展、当代新技术革命的发生特别是微电子技术、信息技术、空间技术和新通信技术的发明和应用,为人们之间进行全球范围内的政治经济文化交往提供了空前高效、快捷的媒介和手段。这两个方面因素的结合,成为当代人类社会全球化进程的巨大动力,并使当代人类社会的全球化呈现出以下特点。

第一,全球化的进程加速化。从历史上看,全球化进程的速度始终受到人们之间时空距离的制约。当代世界规模庞大的交通网络和现代化的

---

① 《马克思恩格斯选集》第 1 卷,人民出版社 1995 年版,第 276—277 页。

交通手段,空前地缩短了人们之间的空间距离,使过去阻碍重重的遥途仿佛突然变短。地理大发现时代麦哲伦的船队完成环球航行前后历时 3 年之久,而今天人们乘坐新的超音速飞机绕地球一圈总共也不过一天的时间。在当代,整个地球已成为一个名副其实的村落,人们全都是一个"地球村"的村民。另一方面,当代日新月异的微电子技术、信息技术、空间技术和新通信技术已把全球结合成一个紧密的信息整体,从而大大地缩短了人们之间的时间距离。1492 年哥伦布发现了美洲新大陆,英国王室事隔半年方了解到这一情况;1865 年美国总统林肯被暗杀,英国政府过了 12 周才获悉这一消息。然而,1969 年 7 月 20 日美国宇航员阿姆斯特朗等人驾驶的阿波罗 11 号飞船在月球表面平安着陆,这一消息通过当时的通信卫星 13 秒钟便传遍了全世界。今天,人们借助于全球信息互联网,即使远在天涯海角,也能同时知晓一切。因此,与地球的村落化相适应,当代人类也实现了全球范围内信息接收与处理的共时化。正是这种地球的村落化和信息接收与处理的共时化,使得当代全球范围内各个地域、民族和国家之间政治、经济、文化的互动以及信息、商品、资金、人员的流动越来越频繁、速度越来越快,从而使当代人类社会的全球化进程呈现出一种加速化的趋势。

第二,全球化的内容多样化。在当代,由于整个地球的村落化和人们接收与处理信息的共时化,全球范围内的人们在社会生活的各个领域、各种方面都必然相互影响,就像生活在同一个村落里的居民之间必然相互影响一样。因此,与历史上的各个时期相比较,当代人类社会全球化的内容显得复杂多样。它不仅包括交通全球化、信息全球化,而且还包括政治、经济、文化生活全球化、科技全球化、竞争全球化、观念全球化等许许多多的方面。在当今世界上,生活在地球上各个角落的人们每时每刻都在切身感受着全球化浪潮的冲击;从人们的衣食住行到各个地区、民族或国家的重大事变,从平头老百姓的言谈举止到国家政要的演说和决策,都莫不打上了全球化时代的印记。

值得指出的是,直到今天,学界内外仍有不少人坚持全球化即经济全球化的观点,拒不承认政治和文化全球化的事实。这种观点是令人颇为诧异的。众所周知,在任何时代,经济生活都是整个社会生活的基础并决定着整个社会生活的基本状态,社会政治和文化生活既受到社会经济生活的决定又对社会经济生活产生重要影响。没有政治和文化层面的支持和配合,单纯的经济全球化是不可能出现的。同时,经济全球化也不可能不对政治、文化等社会生活的其他方面产生重要影响。迄今为止的全球化一直是由西方发达资本主义国家主导的,而西方国家之所以不遗余力地在全球范围内推行其政治文化观念,目的就在于为其资本和商品的全球自由流动鸣锣开道。而西方资本和商品的全球自由流动又进一步强化了西方资本主义政治文化观念全球性扩散的事实。无视这些事实,把全球化仅仅理解为经济全球化,是对当代全球化的莫大误解。

第三,全球化的方式内在化。虽然人类社会的全球化进程至今已历时约 500 年之久,但人类真正步入一个全球性社会的时间并不长。20 世纪以前,人类社会的全球化主要表现为世界贸易和世界市场在地域上的拓展以及世界交通运输网络在地域上的扩张。20 世纪初,人类社会全球化的方式开始向内在化亦即向全球范围内各个地域、民族和国家之间有机结合的方向发展,并由此促进了一个全球性社会的初步形成。当代以来,人类社会全球化的方式变得更加内在化,当代人类的全球性社会也正在向着更加有机化和高度组织化的方向发展。例如,当代的全球化在社会政治生活方面的表现,已不再仅仅是国际政治交往规模的扩大,而是政治民主化浪潮在全球范围内的高涨。虽然不同的国家在政治制度、政治体制、意识形态等一系列方面存在着重大的差异,各国对于政治民主的理解以及实行民主政治的方式方法也有很大的不同,但政治民主化却被普遍地视为政治发展的目标和衡量政治现代化的一个重要尺度。同样,当代社会经济生活全球化的方式也发生了很大的变化。在当代,市场经济作为一种最为有效的资源配置方式和最为优化的经济运行机制获得了普遍的认同,经济市场化已成为当代人类社会经济生活全球化的重要表现。各个地区、民族和国家都以经济市场化为基础参与国际经济的分工与协作,相互之间形成了一种紧密的依存关系,并由此促成了全球经济的一体化。与政治民主化、经济市场化相适应,当代人类社会文化生活的全球化也不再局限于一般意义上的文化传播与文化交流，而是体现为相互理解基础上的深层文化认同。西方传统文化所特有的法理意识和理性精神在当代东方社会倍受推崇，以及东方传统文化在当代西方世界散发出无穷的魅力，就是这种深层文化认同的明证。政治民主化、经济市场化和深层文化认同就是当代人类社会全球化的方式内在化的突出表现。

第四，全球化的效应双重化。与以往各个历史时期的情况相比较，当代的全球化突出地表现出正负两方面的效应。一方面，当代的全球化空前地改善了人类生存和发展的条件，极大地推动了人类社会的进步。当代的全球化浪潮为世界上各个地区、民族和国家的社会经济发展都提供了前所未有的机遇，特别是为一些后发国家的现代化创造了极其有利的外部环境。事实上，第二次世界大战以来人类社会的全球化进程与世界的现代化进程本身就是一个一体化的过程。同时，当代的全球化也为人们的社会活动及其创造能力的发挥提供了无限广阔的空间，为人的全面发展创造了以往未曾有过的有利条件。另一方面，当代人类社会的全球化也带来了一系列的全球性问题，它们又使整个人类的生存和发展陷入了严重的困境。

（三）当代的全球问题

全球化的最大负面效应是引起了当代一系列的全球性问题。所谓全球问题，就是对全球范围内的人们亦即对整个人类的生存和发展产生重大影响、构成严重威胁的问题。但是，在讨论当代的全球问题时，人们通常只注意到当代人与自然关系上的全球问题，并往往只把当代人与自然关系上的一些问题称为全球问题，这完全是在以一种非全球性的眼光看待全球问题。实际上，当代的全球问题是一个巨大的问题群落，它至少有以下四个方面。

一是人与自然关系上的全球问题。自1972年罗马俱乐部的研究报告《增长的极限》公开发表以来,人与自然关系上的各种全球问题开始引起了全球范围内人们的广泛关注,这些问题包括环境污染、生态失衡、人口膨胀、粮食不足、能源短缺、资源枯竭等等。应该承认,生态环境问题并不是当代特有的现象,早在近代它就曾以端倪、征兆的形式存在着,并曾经伴随着近现代工业技术文明的发展而经历了一个长期演变的过程。但是,生态环境问题在当代凸现为一种全球性问题,却与当代的全球化有着密切的关系。从表面上看,生态环境问题意味着人与自然的关系出了问题,即人破坏或侵害了自然、自然又反过来报复了人类;但就其实质而言,生态环境问题意味着人与人之间的社会关系出了问题,意味着历史上和现实中的各种不同的利益主体为了追求自身的特殊利益而损害了他人和后代人的利益,它们实际上是人们之间社会关系上的问题,特别是人们之间的利益矛盾和冲突在人与自然关系上的表现。从其形成途径来看,生态环境问题又是在近现代工业技术文明的片面发展特别是在科学技术的不合理运用过程中出现的。如果说历史上的不同利益主体为了追求自己的特殊利益而对自然资源的掠夺性开采、对生态环境的破坏还受到一些技术上的限制并带有某种地域性特征的话,那么,随着第二次世界大战以来工业化浪潮向地球上各个角落的扩展和各种现代化的技术手段在全球规模上的应用,当代人类对生态环境的侵害最终突破了自然界所能忍受的限度,出现了一种总的、累积性的结果,这就是全球性的生态危机。也就是说,正是当代的全球化,使得历史上原本已经存在的生态环境问题不断加剧并升级为全球性问题。

二是人与人的社会关系上的全球问题。当代的全球化促成了并标志着一个高度组织化和内在有机化的全球性社会的形成,但这样一种全球性社会的形成并没有消除地球上各个地域、民族和国家之间的政治经济文化差异,更不意味着世界大同的出现。问题在于,在以往地球上的各个地域、民族和国家彼此之间相互隔离的状态下,虽然它们之间的政治经济文化差异早已存在,但这种差异基本上还并不构成什么问题;而在当代全球化的条件下,在各个地域、民族和国家每时每刻都在进行着全球大交往的情况下,它们之间的政治经济文化差异则时常引发不同地区之间、种族之间、民族之间、国家之间的各种形式的矛盾和冲突，甚至在一定范围内还导致了异常激烈的战争。在当代人类社会的全球大系统中，这些看似局域性的矛盾、冲突和战争却有着全球性的影响，它们往往导致全球范围内的政治经济文化大波动。这在 20 世纪末以来发生的亚洲金融危机、美国"9·11 事件"、伊拉克战争、美国次贷危机等局域性重大事件所产生的世界性深远影响上得到了充分表现。在当代世界上，虽然这些矛盾、冲突和战争目前还被各种力量限制在一定的范围内，但它们一旦升级，特别是当今世界上足以把地球毁灭数十次的核打击一旦实施，其后果将不堪设想，因而它们也成为当代人类面临的严峻的全球问题。

三是人与自身关系上的全球问题。当代的全球化所引发的人与自然的关系、人与人的社会关系上的各种全球问题，都这样那样地反映和折射到了当代人与自身的关系上，以极其曲折和多样化的方式导致了当代人的心态失衡和个性扭曲，造成或加剧了当代人的本质异化、信仰危机、道德失范以及举世关注的人权与人道等一系列人性问题。在当代，人与自身关系上的这些人性问题已决非个别性的或局域性的现象，而是一种极为广泛、普遍的社会现象，已成为当代人类所面临的、对整个人类生存和发展构成严重威胁的又一类全球问题。人们通常把暴力、吸毒和卖淫视为当代世界人性扭曲的三大表现，称为三大人性问题，而它们也都是一些全球问题。

四是全球范围内普遍而激烈的价值观冲突。全球化意味着全球范围内的各个民族、各个国家或地区越来越成为一个整体，意味着全球性社会的形成。因此，全球化是以一定的价值认同为基础的。综观近代以来的全球化，我们看到，全球化中的价值认同主要采取了两种形式：一是强制认同。迄今为止，全球化运动一直是由西方资本主义国家主导的，全球化中价值认同的重要形式之一就是西方国家凭借其经济、军事和科技方面的强大优势而把非西方国家强行地纳入其价值体系。这一价值认同形式早在近代就已得到了充分的体现。如果说在近代全球化中西方资本主义国家强制非西方国家的人们认同西方价值是通过殖民化来实现的，那么，在当代的全球化中它主要是通过市场化来进行的。在当代的全球化中，几乎人类生活的一切有用之物都被列入了自由贸易的清单,都成了市场行为的追逐对象。而支配这个市场的各种游戏规则是由西方资本主义国家利用其先发优势单独制定的并处处都浸染着西方资本主义国家的价值观念,或者说,它们本身就是西方资本主义价值体系的一个组成部分。对于非西方落后国家来说,它们以被动的方式被卷入全球化浪潮、被纳入市场化轨道,也就意味着它们被强制性地纳入西方资本主义国家的价值体系,意味着它们不得不认同由这些被强加给它们的市场规则和市场秩序所代表的西方价值。二是引诱认同。随着全球化的发展,引诱认同成为一种越来越重要的价值认同形式。这是因为,在全球化的发展进程中,伴随着民族主义运动的兴起和民族国家主权意识的强化,西方资本主义国家把非西方国家强行地纳入其价值体系的做法日渐遭到普遍而激烈的反对,不仅其早先的殖民化已不再可能,就是单纯的市场化也会受到各种形式的对抗。鉴于这种情况,在当代的全球化中,为了替资本和商品的全球自由流动扫清障碍,西方国家越来越重视以非强制的方式引诱非西方国家的人们投入其价值体系的怀抱。西方国家发达的政治、经济和文化生活对于非西方落后国家的人们本来就具有极大的诱惑性和吸引力,但西方国家并不满足于此,而是动用包括大众传媒在内的一切手段不遗余力地对它们加以强化,借以输出其价值观念。20世纪以来,通过市场化来实现对西方价值强制认同的最大阻力来自社会主义国家,因此,西方国家尤其重视对社会主义国家的引诱认同,甚至把它提到战略的高度。这突出表现在西方国家对社会主义国家的和平演变战略上。西方和平演变战略的最典型代表是冷战后期美国制定和实施的"超越遏制战略",其根本目标是要以和平的方式使苏联等社会主义国家向资本主义演变,建立一个从大西洋到乌拉尔的"联合的欧洲",使资本主义最终在全世界战胜共产主义。与早期以对社会主义国家实行政治孤立、军事包围和经济封锁为内容的"遏制战略"不同,"超越遏制战略"强调对社会主义国家的全面的思想渗透,其实质则是利用包括流行音乐和经济援助在内的各种诱饵使社会主义国家的人们认同西方价值。而苏东剧变的事实说明,对于西方国家来说,引诱认同确实能够取得强制认同所无法取得的效果。迄今为止全球化就是建立在上述强制认同和引诱认同这两种价值认同基础上的,二者都不过是对西方价值这种特殊价值的认同,它们实质上是西方发达资本主义国家价值观念的对外输出和普遍化扩张。但是,在全球化过程中,西方价值观的对外输出和普遍化扩张一直在受到非西方国家人们的反对和抵抗,从而不断地引起各种价值观之间,特别是西方价值观与非西方价值观之间的冲突。近代西方国家的殖民化与非西方国家的反殖民化,就是这种价值观冲突的一种表现。在当代,这种价值观的冲突已在全球范围内展开。20 世纪以来的市场化与反市场化、和平演变与反和平演变、科索沃战争、中东地区持续不断的战争和冲突、美国的"9·11"事件以及后来的阿富汗战争、伊拉克战争等等,说到底都是当代全球范围内普遍而激烈的价值观冲突的表现。

上述可见,当代全球化不仅涉及社会生活的各个领域,而且也影响到人与世界关系的各个方面,造成了人与自然、人与人、人与自身关系上的一系列全球问题。那种只注意到当代人与自然关系上的全球问题并只把当代人与自然关系上的一些问题称为全球问题的做法,往往是把全球化仅仅理解为经济全球化的理论结果,这种全球化研究的狭隘视野是不可能全面把握全球化的负面效应的。

（四） 当代的反全球化运动

正因为全球化带来了上述一系列全球问题,所以在当代世界上出现了对全球化的激烈反对。不过,"反全球化"既不是一种统一的理论体系,也不是一种统一的思潮,只能称之为一种运动。非常有意思的是,在当代世界上,反全球化运动已如此广泛和普遍,以致于它本身也构成了全球化运动的一个重要组成部分。

当代的反全球化运动主要有以下几种表现形式。

一是原始主义。原始主义原本是这样一种思潮,它把历史看作是往昔美好状态的衰落,或者认为只有回到原始时代简朴的生活才能使人类得救。在历史上,原始主义有各种表现形式。如希腊人向往质朴的黄金时代,希伯来人缅怀伊甸园,中世纪基督教世界的人们仰慕修道生活,浪漫主义者把原始时代理想化,等等。作为反全球化运动的一种表现形式,原始主义则把全球化看作是人类最大的不幸和悲哀,认为全球化一直是受人类恶性膨胀的物欲支配的,它必然导致各个民族和国家之间的相互争斗和弱肉强食,从而必然导致我们前面所说的各种全球问题。因此,原始主义从根本上反对全球化,主张回到近代全球化开始以前各个民族和国家相互隔离的时代,以便使各个民族和国家的文化和价值观都不受到侵扰,彼此之间相安无事、和谐共处。值得注意的是,原始主义直到今天也还有很多实践者,即使在西方发达国家也不例外。例如,在美国中部生活的阿米什人(Amish)就是一群坚定的原始主义者。作为殖民时代德国人的后裔,阿米什人(Amish)至今仍坚守本民族古朴的文化传统和价值观念,他们过着男耕女织的生活,几乎拒斥一切现代工业文明的成果。应该说,在当今世界上,原始主义的主张和实践都是不合时宜、违背历史潮流的,它至多也只是一种对全球化运动的浪漫主义式的抗议。

二是社会改良主义。这是当代西方国家内部的反全球化运动。社会改良主义并不从根本上反对全球化,但它反对西方国家现行的全球化政策和策略。社会改良主义认为,西方国家的全球化政策和策略所带来的一系列全球问题,不仅使发展中国家深受其害,而且也不利于西方发达国家的发展。例如,联合国开发计划署自1990年以来每年发表的人类发展报告表明,全世界人口的五分之一生活在富国,五分之一的人口生活在最贫穷国家,这两类人口的收入差距在过去的50年间不断扩大。按2006年的统计数据计算,全世界最富有的500人的收入超过了最贫穷的4亿多人的收入的总和。社会改良主义认为,当今世界上贫富差距的扩大对西方发达国家的社会经济发展是十分不利的,如果听任占世界人口绝大多数的发展中国家长期处于欠发达状态,发达国家的发展也会受到拖累。因此,社会改良主义强烈地要求西方发达国家调整现行的全球化策略,主张在发达国家与发展中国家之间建立一种平等互利的关系。

20世纪70年代以来在欧洲大陆政治舞台上迅速崛起的绿色政治思潮也是社会改良主义的一种表现形式。绿色政治的主张者即绿党反对市场经济,反对物质主义和消费主义,反对垄断和跨国公司,反对战争和核威慑,主张生态经济,强调社会公正原则,宣传和平主义思想,所有这些也都是针对西方发达国家现行的全球化策略的。如今,绿色政治在欧洲社会已有广泛的影响。2001年6月,绿党在欧洲议会的626个席位中占了47席;在欧洲17个国家的议会中,绿党议员达到206名。欧盟成员国中,绝大多数国家的政府中有绿党成员。在德国,1998年和2002年,绿党和社会民主党结盟组成联合政府,形成了引人注目的"红绿联盟",标志着绿党已经是"一支不容回避的力量"。2004年2月21日,欧洲32个绿党的代表在意大利首都罗马签署共同宣言,组建了统一的"欧洲绿党",并作为欧洲历史上第一支涵盖整个欧洲范围的政治力量参与了当年6月举行的欧洲议会选举,得票率为11.9%。在2009年6月的欧洲议会选举中,其得票率上升至12.1%。这表明绿色政治思潮在欧洲政坛的影响正在不断扩大。

三是民族主义。这是非西方民族、非西方国家中出现的反全球化运动。作为反全球化运动的表现形式之一,民族主义为了维护民族文化、特别是为了维护本民族的核心价值观,反对全球化中西方文化的入侵和普遍化扩张,并由此拒斥全球化本身。

四是原教旨主义。按照美国社会学家列希纳(Lechner)的说法,广义的原教旨主义是指"一种有价值取向的、反现代的、逆分化的集体行动形式——旨在根据某一套独特的绝对价值重新组织所有生活领域的社会文化运动"[1]。原教旨主义并不一般地反对全球化或全球性,它反对的是西方价值观的全球化和按照西方价值标准建构的全球性,而力图将自己所认同的价值观(某种原教旨)加以全球化,主张按照自己的一套价值标准重建全球性。也就是说,原教旨主义实际上是想通过自己所认同的价值

---

[1] 转引自[美]罗兰·罗伯森:《全球化——社会理论和全球文化》,梁光严译,上海人民出版社2000年版,第244页。

观的普遍化扩张来对抗全球化中西方价值观的普遍化扩张。在当今世界上,原教旨主义非常普遍和盛行,而伊斯兰原教旨主义是其中较为极端的一种,它主张通过所谓的"圣战"来反对以美国为代表的西方国家价值观的入侵和推行伊斯兰原始教义所主张的一套价值观。美国"9·11"事件就是伊斯兰原教旨主义的价值观与以美国为代表的西方国家价值观相冲突的表现,也是当代原教旨主义盛行的必然结果。就是说,在当代的全球性社会中,当出现多种价值观的普遍化扩张时,价值观的冲突必然演变为激烈的社会冲突。

五是马克思主义。从某种意义上说,马克思主义也是当代反全球化运动的一个组成部分,因为正是马克思主义在20世纪以来导致的社会主义实践,打破了全球资本主义一统天下的局面。但是,更准确地说,马克思主义属于全球化理论的批判维度。马克思本人对全球化是持分析批判态度的。在近代,全球化主要是通过殖民化来实现的。在分析东方社会时,马克思一方面对殖民主义的野蛮行径进行了强烈的谴责,对东方殖民地国家人民的苦难给予了道义上的深切同情,另一方面又对殖民运动的进步作用给予了一定程度的肯定,因为在他看来,东方社会内部是缺乏走向现代化的动力的。也就是说,马克思认为资本主义的全球化是一种"恶"的力量,但这种"恶"的力量却推动了历史的发展,特别是促进了世界历史的形成。现当代西方的一些马克思主义者也着重批判了资本主义全球化的负面效应,特别是它所带来的全球范围内的普遍异化现象。从总体上看,马克思主义并不一般地反对全球化,但它批判资本主义的全球化,并把资本主义的全球化看作是全球化发展的一个历史阶段,认为全球化的未来不是资本主义而是社会主义和共产主义。

(五) 如何走出当代全球化的困境

当代全球化所带来的一系列全球问题,不仅促成了反全球化运动的出现,而且也激发起了当代许多思想家的正面思考。在我看来,当代价值哲学、伦理学和文化研究中人们对所谓"普遍价值"、"普遍伦理"的探寻,为人们解决当代的全球化问题、走出全球化的困境提供了一条重要思路。

正如前述,当代全球化所带来的全球问题有四个方面,包括人与自然关系上的全球问题、人与人的社会关系上的全球问题、人与自身关系上的全球问题以及当代全球范围内普遍而激烈的价值观冲突。而那些"普遍价值"的探寻者们就是试图从分析怎样解决第四个方面的问题入手来回答如何走出全球化的困境的这个总问题的。他们看到了全球化中普遍而激烈的价值观冲突实际上是由人们对西方价值这种特殊价值的认同引起的,并试图为全球化导入一种新的价值认同,即对某种普遍价值的认同。我认为,这种探索的总的方向是完全正确的。事实上,那种既能为全球化提供基础,又能消解全球化中价值观冲突的价值认同,注定不可能是对于包括西方价值在内的任何一种特殊价值的认同,而只能是对某种普遍价值的认同。

所谓普遍价值,就是对于人类生活具有普遍意义并因此能够为人们普遍认可的价值或价值原则。但是,这种普遍价值决不是某些西方学者所说的早已存在于各种宗教或民族传统中的某些共同的价值原则或道德戒律,而是当代全球化中人类共同生活条件形成条件下的产物。全球化的主导者和主要获利者一直是西方发达资本主义国家,但它的发展却在当代促成了一个风险共担的全球性社会。在当今世界上,我们上面所说的前三类全球性问题,特别是生态环境问题、跨国有组织犯罪问题、毒品走私、恐怖活动、金融风险、核威胁、人的心态失衡和个性扭曲等一系列全球性问题,对整个人类的生存和发展都构成了严重的威胁,并从反面凸显了一系列对于整个人类都具有普遍重要性的价值原则,如保护生态环境、控制核扩散、尊重人权、信仰自由等等。当代全球化中的价值认同,就应该是对这样一些普遍价值原则的认同。

如果当今人类果真能够实现对上述这些普遍价值原则的认同,那么,就既能解决前面所说的第四个方面的全球性问题,因为它不再是对任何一种特殊价值的认同,而是对于反映整个人类共同利益的普遍价值原则的认同,同时也能解决前三个方面的全球性问题,因为这些普遍价值原则就是针对这些全球性问题而提出的。当然,在当代全球性社会中,对于这样一些普遍价值原则的自觉认同不可能是自然而然地实现的,它必然面临需要克服的诸多问题,特别是由不同价值观的差异而带来的问题。要解决这些问题,关键在于加强不同价值观之间的对话和协商。当代许多有见识的思想家也都看到了这一点,并由此提出了"多元对话"、"商谈伦理"、"文化互动"等各种各样的理论。至于各种文化、各种价值观、各个民族和国家之间如何"对话"、如何"商谈"、如何"互动",那就要看当今世界上的政治家和决策者们的智慧了。

二

全球化中的价值认同与价值观冲突

近代以来,全球化浪潮对人类的社会生活产生了极其深刻的影响。这种影响表现在价值观上,就在于全球化一方面促成了全球范围内引人注目的价值认同,另一方面也在世界上引起了普遍而激烈的价值观冲突。作为价值观上的两种矛盾趋向,价值认同与价值观冲突不仅共存于全球化运动之中,而且它们之间还具有一种特殊的内在联系。全球化中这一普遍而奇异的矛盾现象,本身就构成了全球化运动的一个重要方面。

(一) 全球化中的价值认同

在近些年来国内的全球化问题研究中,人们对于全球化中的价值观冲突给予了高度重视,但却较少论及全球化中的价值认同,一些人甚至基于各种各样的考虑而拒不承认全球化中价值认同的存在。在我看来,否认全球化中价值认同的存在是不符合全球化运动的客观实际的。更为重要的是,不认真研究全球化中的价值认同及其性质和形式,我们便不可能真正理解全球化中的价值观冲突。

认同是由社会学发展起来的一个重要概念,它有个体和社会两个不同层面的含义。在个体层面上,认同是指个人对自我的社会角度或身份的理性确认,它是个人社会行为的持久动力。英国社会学家吉登斯的"自我认同"概念就属于这个层面,它是指"个体依据个人的经历所反思性地理解到的自我"①。在社会层面上,认同则是指社会共同体成员对一定信仰和情感的共拥和分享,它是维系社会共同体的内在凝聚力。法国社会学家涂尔干的"集体意识"或"共同意识"就属于这个层面的认同概念。正如涂尔干所说:"社会成员平均具有的信仰和感情的总和,构成了他们自身明确的生活体系,我们可以称之为集体意识或共同意识。"②可见,认同对于个体的生命活动及社会共同体的存在和发展都是极为重要的。而我们这里所说的价值认同,则是指个体或社会共同体(民族、国家等)通过相互交往而在观念上对某一或某类价值的认可和共享,是人们对自身在社会生活中的价值定位和定向,并表现为共同价值观念的形成。这样一种价值认同,不仅是个体和社会共同体这两个层面的认同都必然具有的一个维度或方面,而且是一切个体认同和社会共同体认同的基础。

与其他一切群体活动水平上的社会行为或社会运动一样,全球化也是以某种价值认同为前提和基础的。所谓全球化,从总体上说就是人类从以往各个地域、民族和国家之间彼此分隔的原始闭关自守状态走向全球性社会的变迁过程。自地理大发现时代以来,全球化至今已有了五百余年的历史。在20世纪以前,全球化主要表现为世界贸易和世界市场在地域上的拓展以及世界交通运输网络在地域上的扩张。20世纪初,全球化的方式开始向内在化亦即向全球范围内各个地域、民族和国家之间有机结合的方向发展,并由此促进了一个全球性社会的初步形成。当代以来,全球化的方式变得更加内在化,当代人类的全球性社会也正在向着更加有机化和高度组织化的方向发展。一方面,借助各种现代化的技术手段,当代世界上的各种民族、国家和地区之间已经形成了全球分工、全球

---

① [英]安东尼·吉登斯:《现代性与自我认同》,赵旭东等译,生活·读书·新知三联书店1998年版,第275页。

② [法]埃米尔·涂尔干:《社会分工论》,渠敬东译,生活·读书·新知三联书店2000年版,第42页。

协作、全球通信等全球性的政治经济文化联系,并由此使当代人类的生存和发展条件表现出一种整体相关性。在当代的全球性社会中,一个看似局域性的事件往往有着全球性的影响,任何一个地区性的冲突和战争都有可能引起全球范围内的政治经济大波动。另一方面,在当代全球性的大交往中,人类社会生活的各个领域都逐渐形成和发展起了一套复杂的规范,它们以国际公约、国际关系准则和国际惯例的形式对于不同地域、民族和国家的人们的政治经济文化活动都具有不同程度的制约作用。因此,在当代,无论是就其被"压缩"的时空特性而言,还是从其内部组织程度来看,地球已成为一个名副其实的"村落"。如果没有某种价值认同作基础,全球化运动便不可能持续五百余年的历史且至今仍呈方兴未艾之势,更无法设想当代全球化中一个具有整体相关性和有机组织性的全球性社会的形成和发展。

因此,问题并不在于全球化中有没有价值认同,而在于由全球化所促成并作为全球化发展之前提和基础的价值认同究竟是何种性质、何种形式的价值认同。综观近代以来的全球化,我们看到,全球化中的价值认同主要采取了以下两种形式。

一是强制认同。迄今为止,全球化运动一直是由西方资本主义国家主导的,全球化中价值认同的重要形式之一就是西方国家凭借其经济、军事和科技方面的强大优势而把非西方国家强行地纳入其价值体系。这一价值认同形式早在近代就已得到了充分的体现。近代的全球化一开始就表现为西方资本向海外的扩张和资本主义的世界性发展,表现为资本主义生产方式及其承载的文化价值观念的全球性扩散,而这一切往往又都是在西方殖民主义者船坚炮利的武力护卫下进行的。马克思、恩格斯在《共产党宣言》中曾深刻地揭示了近代全球化中价值认同的这一强制性质。他们指出:"不断扩大产品销路的需要,驱使资产阶级奔走于全球各地。它必须到处落户,到处开发,到处建立联系。""资产阶级,由于一切生产工具的迅速改进,由于交通的极其便利,把一切民族甚至最野蛮的民族都卷到文明中来了。它的商品的低廉价格,是它用来摧毁一切万里长城、征服野蛮人最顽强的仇外心理的重炮。它迫使一切民族——如果它们不想灭亡的话——采用资产阶级的生产方式;它迫使它们在自己那里推行所谓的文明,即变成资产者。一句话,它按照自己的面貌为自己创造出一个世界。"①如果说在近代全球化中西方资本主义国家强制非西方国家的人们认同西方价值是通过殖民化来实现的,那么,在当代的全球化中它主要是通过市场化来进行的。在当代的全球化中,"世界市场"不再仅仅是商品的市场,甚至也不仅仅是商品和资本的市场。在今天,"资本主义卖的不再仅仅是商品和货物。它还卖标识、声音、图像、软件和联系"②,几乎人类生活的一切有用之物都被列入了自由贸易的清单,都成了市场行为的追逐对象。这个无所不包的市场,以其无穷的魔力,消灭着世界上的一切异己因素,到处建立同样的制度、法律和行为方式。而支配这个市场的各种游戏规则则是由西方资本主义国家利用其先发优势单独制定的并处处都浸染着西方资本主义国家的价值观念,或者说,它们本身就是西方资本主义价值体系的一个组成部分。对于非西方落后国家来说,它们以被动的方式被卷入全球化浪潮、被纳入市场化轨道,也就意味着它们被强制性地纳入西方资本主义国家的价值体系,意味着它们不得不认同由这些被强加给它们的市场规则和市场秩序所代表的西方价值。

二是引诱认同。随着全球化的发展,引诱认同成为一种越来越重要的价值认同形式。这是因为,在全球化的发展进程中,伴随着民族主义运动的兴起和民族国家主权意识的强化,西方资本主义国家把非西方国家强行地纳入其价值体系的做法日渐遭到普遍而激烈的反对,不仅其早先的殖民化已不再可能,就是单纯的市场化也会受到各种形式的对抗。鉴于这种情况,在当代的全球化中,为了替资本和商品的全球自由流动扫清障碍,西方国家越来越重视以非强制的方式引诱非西方国家的人们投入其价值体系的怀抱。西方国家发达的政治、经济和文化生活对于非西方落后国家的人们本来就具有极大的诱惑性和吸引力,但西方国家并不满足于这种发展程度上的"势差"自然产生的诱惑性和吸引力,而是动用包

① 《马克思恩格斯选集》第 1 卷,人民出版社 1995 年版,第 276 页。

② 王列等编译:《全球化与世界》,中央编译出版社 1998 年版,第 10 页。

括大众传媒在内的一切手段不遗余力地对它们加以强化,借以输出其价值观念。在当今世界上,那些风靡全球的华尔兹、摇滚乐,那些让各国影迷大饱眼福的西方"大片",那些令全世界的小朋友如醉如痴的米老鼠、唐老鸭、麦当劳和肯德基,那些让发展中国家的学子趋之若鹜的西方国家名目繁多的奖学金,以及那些被非西方国家的人们奉为时髦的各种"高雅"的西式兴趣和爱好,说到底无不是西方价值观念全球化的使者。

20世纪以来,通过市场化来实现对西方价值强制认同的最大阻力来自社会主义国家,因此,西方国家尤其重视对社会主义国家的引诱认同,甚至把它提到战略的高度。这突出表现在西方国家对社会主义国家的和平演变战略上。西方和平演变战略的最典型代表是冷战后期美国制定和实施的"超越遏制战略",其根本目标是要以和平的方式使苏联等社会主义国家向资本主义演变,建立一个从大西洋到乌拉尔的"联合的欧洲",使资本主义最终在全世界战胜共产主义。与早期以对社会主义国家实行政治孤立、军事包围和经济封锁为内容的"遏制战略"不同,"超越遏制战略"强调对社会主义国家的全面的思想渗透,其实质则是利用包括流行音乐和经济援助在内的各种诱饵使社会主义国家的人们认同西方价值。而苏东剧变的事实说明,对于西方国家来说,引诱认同确实能够取得强制认同所无法取得的效果。

上述可见,以往全球化中的价值认同,无论是强制认同还是引诱认同,都是力图把某种特殊价值观念即西方价值观念加以普遍化,把非西方国家的人们纳入西方价值体系。因此,迄今为止全球化中的价值认同一直以西方为中心的,是对西方价值这种特殊价值的认同,它实质上是西方资本主义价值观念的对外输出和普遍化扩张。

(二) 全球化中的价值观冲突

毋庸置疑,全球化确实包含着普遍化、趋同化、同质化、一体化的趋向。也正是在这一意义上,我们说全球化运动必定以某种价值认同为前提和基础。并且,价值认同本身就是全球化所包含的普遍化、同质化趋向的体现。但是,全球化并不等同于普遍化、趋同化、同质化和一体化,它同样也包含着特殊化、异质化。事实上,在全球化中,"社会在有些(主要是经济和技术)方面在趋同,在有些(主要是社会关系)方面在趋异,而且,从某种特定意义上说,还有一些方面维持原样"①。全球化中的这种特殊化、异质化趋向也表现在价值观的变化上,故而全球化中的价值认同并没有带来某种一元化的全球价值观。在全球化运动中,与上述价值认同形成鲜明对照的,是全球范围内普遍而激烈的价值观冲突。

从现象上看,价值认同与价值观冲突并存于全球化过程之中,前者是全球化中的普遍化、同质化趋向在价值观变化上的表现,后者是全球化中特殊化、异质化趋向在价值观变化上的效应。但就其实质而言,全球化中的价值观冲突是前述价值认同的必然结果。一般来说,价值观变化的特殊化、异质化趋向只会促成多元价值观的同时并存,而并不一定导致各种价值观之间的冲突。全球化中之所以出现普遍而激烈的价值观冲突,是与全球化中价值认同的特殊性质密切相关的。正如前述,迄今为止全球化中的价值认同实质上是对西方价值的认同,而这种性质的价值认同必然导致不同价值观,特别是西方价值观与非西方价值观之间的冲突。在近代全球化进程开始以前,在以往地球上的各个地域、民族和国家彼此之间相互隔离的状态下,各个民族和国家价值观之间的差异早已存在,但这种差异即每一种价值观相对于其他任一价值观的特殊性和异质性基本上还并不构成什么问题。近代以来,随着全球化运动的发展,价值观上的差异日渐成为各个民族和国家之间的普遍交往,特别是资本主义世界性发展的巨大障碍。正是为了消除这种障碍、抹平各个民族和国家之间价值观上的差异,使西方资本和商品能够在全球范围内自由流动,西方资本主义国家力图以各种强制的和非强制的方式使非西方国家的人们认同西方

---

① 〔美〕罗兰·罗伯森:《全球化:社会理论和全球文化》,梁光严译,上海人民出版社2000年版,第16页。

价值。但是，一旦全球化中这种对西方价值的认同危及非西方民族和国家的核心价值观，从而使这些民族和国家的人们陷入精神上无可归依的状态时，西方价值观普遍化诉求的合理性与合法性就会受到人们的质疑和诘问，并由此激发价值观变化的特殊化和异质化趋向。可见，全球化中价值观变化的特殊化和异质化趋向并不是自发产生的、与普遍化和同质化趋向并存的东西，而是由普遍化和同质化趋向激发起来的、对这种普遍化和同质化趋向的自觉回应，简言之，它就是对西方价值观全球扩张的对抗，因而它必然引起不同价值观，特别是西方价值观与非西方价值观之间的冲突。在这里，全球化中普遍而激烈的价值观冲突表面上是由价值观变化的特殊化和异质化趋向引起的，实质上却是由价值观变化的普遍化和同质化趋向，即对西方价值的认同必然导致的。

在全球化运动中，价值认同引发价值观冲突是以民族认同或民族文化认同为中介的。虽然全球化中的价值认同与民族认同都属于认同的范畴，但它们实际上正好代表了全球化所包含的普遍化和同质化与特殊化和异质化这两种相反的趋向。民族文化的核心是价值观念，民族认同是面对全球化的冲击而对本民族文化及其核心价值的守护，它实际上是特定民族在普遍化和趋同化的全球化时代的一种寻根固本的活动。因此，在全球化的话语系统中，"'民族认同'实际上应该被理解为'民族认异'，即一个民族确定自己不同于别人的差异或他性"①。如果说全球化中的价值认同代表的是与异质化相对立的同质化、与特殊化相对立的普遍化，那么，全球化中的民族认同则正好代表与同质化相对立的异质化、与普遍化相对立的特殊化。令人感兴趣的是，近代以来全球化的发展以及作为全球化之前提和基础的价值认同的强化，不仅始终没有淡化或消解掉民族认同问题，反而一次又一次激起民族文化的认同危机和认同追求。并且，全球化运动中的价值认同越广泛，与之对立的民族认同问题就会愈突出，由此引发的不同民族的价值观，特别是西方价值观与非西方价值观之间的冲突也就愈普遍和激烈。所以，"全球化促进或者说包含与异质化

---

① 张汝伦：《经济全球化和文化认同》，载《哲学研究》2001 年第 2 期。

相对立的同质化、与特殊化相对立的普遍化的程度问题,是至关重要的,而且是复杂的"①。

在考察全球化中的价值观冲突问题时,全球化所包含的与同质化相对立的异质化、与普遍化相对立的特殊化的程度问题,同样也是极为重要的。全球化中价值观变化的特殊化和异质化趋向原本是由对西方价值的认同激发起来的,是对西方价值观普遍化扩张的对抗,但如果它超出了民族认同的范围,把某种不同于西方价值的另一种特殊价值加以绝对化,从而演变成以另一种价值观的普遍化诉求来替代西方价值观的普遍化诉求的趋向,也会使全球化中的价值观冲突变得异常激烈和复杂。这一点突出表现在当代全球化中原教旨主义的兴起及其社会后果上。按照列希纳(Lechner)的看法,广义的原教旨主义是指"一种有价值取向的、反现代的、逆分化的集体行动形式——旨在根据某一套独特的绝对价值重新组织所有生活领域的社会文化运动"。"原教旨主义也是全球性之产物,而且尽管它可能采取表面上反全球的形式,但它通常也具有全球性之明显特征。"②原教旨主义并不一般地反对全球化或全球性,它反对的是西方价值观的全球化和按照西方价值标准建构的全球性,而追求自己所肯认的价值观(某种原教旨)的全球化,主张按照自己的一套价值标准重建全球性。换言之,原教旨主义所代表的就是一种把自己所认同的一套价值绝对化,并力图以自己所肯认的价值观的普遍化诉求来对抗和替代西方价值观的普遍化诉求的趋向。在当代全球化中,原教旨主义的盛行不仅空前地加剧了西方价值观与非西方价值观的冲突,而且也带来了或预示着每一种原教旨主义所肯认的价值观与其他所有的特殊价值观之间的冲突。更为重要的是,在当代的全球性社会中,当出现多种价值观的普遍化扩张时,价值观的冲突必然演变为激烈的社会冲突。2001年发生在美国纽约的"9·11"事件就充分地说明了这一点。

① [美]罗兰·罗伯森:《全球化:社会理论和全球文化》,梁光严译,上海人民出版社2000年版,第17页。

② [美]罗兰·罗伯森:《全球化:社会理论和全球文化》,梁光严译,上海人民出版社2000年版,第244页。

　　全球化中的价值冲突,主要表现为不同民族和国家的价值观之间、特别是西方价值观与非西方价值观之间的冲突。而对于非西方落后国家而言,西方价值观与本民族价值观之间的冲突又往往是和传统价值观与现代价值观即现代化过程中形成和发展起来的价值观之间的冲突纠缠在一起的,并经常以后者为中介。虽然"全球化"与"现代化"具有不同的内涵,前者具有某种空间或地理范畴的性质,是指从区域到全球;而后者则具有某种时间或历史范畴的性质,是指从传统到现代,但近代以来的全球化过程与整个世界的现代化过程实际上是同一个过程。正是在这一过程中,西方资本主义国家率先实现了内源型的现代化,并按照资本主义扩张的内在逻辑和凭借其先发优势,强制或引诱非西方国家认同西方价值,力图把西方价值观念普遍化和全球化;一些非西方落后国家则一方面努力启动或多次启动强迫型、追赶型等外源型的现代化,并由此在不同程度上认同西方价值,另一方面在西方价值观普遍化扩张的重压下又不断出现民族文化的认同危机和认同追求,而民族文化认同说到底还是对民族传统文化,特别是对其核心价值的认同。因此,在这个全球化与世界现代化基本相重合的过程中,"'西方'不再是一个地理名词而是'普遍'的代号,'现代西方'则象征着'普遍的现代化'。通过这样的转换,认同'西方'变成了认同'现代'"①。与之相应,全球化中非西方落后国家面临的本民族价值观与西方价值观的冲突,往往也就直接表现为传统价值观与现代价值观之间的冲突。作为对西方价值观普遍化扩张之回应和对抗的极端化形式,原教旨主义之所以是"反现代的",就在于其看到了并特别强调全球化中现代价值观与西方价值观之间的表里关系。也正因如此,所以本土与外域、传统与现代这两对范畴及其相互关系成为当代文化研究和文化哲学论争中的一个焦点问题。面对上述当代全球化中复杂的文化价值观冲突,文化进化论主张在理解不同文化及其价值观念时将地理范畴(本土与外域)转换为历史范畴(传统与现代),而文化相对主义则要求人们将历史范畴(传统与现代)转换为地理范畴(本土与外域)。虽然文化

---

① 余英时:《钱穆与中国文化》,上海远东出版社 1994 年版,第 4 页

进化论和文化相对主义各有其弊端，其中，前者带有明显的西方中心论色彩，后者则具有文化保守主义性质，但二者都看到了当代全球化中不同民族价值观之间的冲突，特别是西方价值观与非西方价值观之间的冲突是与传统价值观与现代价值观的冲突紧紧缠绕在一起的事实，并都力图对这一事实作出自己的理解和说明。

总之，全球化中的价值观冲突与价值认同是密切联系在一起的，价值认同的性质和形式决定了价值观冲突的必然性及其具体内容。在全球化运动中，无论是不同民族的价值观冲突，特别是西方价值观与非西方价值观之间的冲突，还是传统价值观与现代价值观之间的冲突，都直接根源于人们对西方价值的认同亦即西方价值观的普遍化扩张；而人们对西方价值的认同愈广泛，各种价值观之间的冲突也就愈普遍和激烈。

（三）全球化中应有的价值认同与
价值观冲突的消释

近代以来，西方资本主义国家为了替资本主义的全球化鸣锣开道，以各种不同的方式强制或引诱非西方民族和国家的人们认同西方价值，极力进行西方价值观念的普遍化扩张，由此促发了全球范围内日益普遍而激烈的价值观冲突。全球化中的这种普遍而激烈的价值观冲突，反过来又对全球化产生了极其严重的消极影响，成为全球化的一种巨大耗散破坏力量。这一点在当代表现得最为突出。在当代的全球性社会中，价值观的冲突不仅时刻羁绊着人们之间的政治、经济和文化交往，而且还经常引发地区之间、民族之间、种族之间和国家之间各种形式的冲突，甚至还在一定范围内导致了异常激烈的战争。可以说，价值观冲突是当代全球性社会动荡不宁的一个重要原因；不消释这种价值观冲突，人类的全球性社会就很难健康地向前发展。

当代全球化中普遍而激烈的价值观冲突，也已引起了全球范围内人们的广泛关注。当代价值哲学、伦理学和文化哲学研究中人们对所谓"普遍价值"、"普遍伦理"的探寻,就是人们深刻关注并试图解决当代全球化中价值观冲突的一个重要表现。近年来,国内外学术界对于这种探寻"普遍价值"、"普遍伦理"的努力讨论颇多,褒贬不一。在我看来,这一问题较为复杂,需要针对不同的情况作具体分析,而简单地肯定或否定这种努力都是不可取的。应该看到,全球化中普遍而激烈的价值观冲突直接根源于特定性质的价值认同即对西方价值的认同,而在这种性质的价值认同(无论它采取强制认同还是引诱认同的形式)中,西方价值向来都是以"普遍价值"的面貌出现的。不从根本上改变这种性质的价值认同,就无望消解当代全球化中普遍而激烈的价值观冲突。然而,正如某些论者所指出的,在当代思想界关于"普遍价值"、"普遍伦理"的探寻中,的确有人继续在"普遍价值"的名义下推销和贩卖西方价值,他们所津津乐道的"普遍价值"、"普遍伦理"仍然不过是一种特殊价值、特殊伦理,即西方价值或西方宗教伦理;而他们探寻"普遍价值"、"普遍伦理"的目的,也不过是为了重建在当代文化相对主义思潮冲击下已大大松动了的西方价值观一统天下的局面。显然,这类探寻"普遍价值"、"普遍伦理"的努力在实践上只会加重和进一步激化全球化中的价值观冲突。但是,另一方面,如果由此完全否定人们探寻"普遍价值"、"普遍伦理"的意义,那也是极为片面的。虽然全球化中价值观的冲突直接根源于对西方价值的认同,但这并不意味着全球化中的价值认同必然导致价值观的冲突,更不意味着全球化中不应该有任何性质和任何形式的价值认同。正如前述,全球化本身就意味着普遍化和同质化,它必然伴随着某种性质和形式的价值认同并以一定的价值认同为前提和基础;如果完全否定了全球化中的价值认同,那也就从根本上否定了全球化本身。进而言之,如果没有一定的价值认同作基础,即使全球化仍然是可能的,人们之间的全球性交往活动也会陷入极度混乱的状态,人类的全球性社会也会因此而出现严重的失序和失控局面。而那种既能为全球化奠置必要的基础,又不至于引发不同价值观之间的冲突,反而还有利于消解全球化中价值观冲突的价值认同,注定不可能是对于包括西方价值在内的任何一种特殊价值的认同,而只能是对某种普遍价值的认同。从这个角度看,人们探寻"普遍价值"、"普遍伦理"的努力方向还是值得肯定的。

所谓普遍价值,就是对于人类生活具有普遍意义并因此能够为人们普遍认可的价值或价值原则。一些西方学者宣称:普遍价值或普遍伦理(全球伦理)"指的是对一些有约束性的价值观、一些不可取消的标准和人格态度的一种基本共识"①。在我看来,这种关于普遍价值的看法是很成问题的。按照这一定义,普遍价值之所以为普遍价值,就在于人们对它有一种"基本共识"或普遍认同。然而,正如前述,普遍价值与被普遍认同的价值并不是等价的,在某种情况下,特殊价值也可能获得相当普遍的认同。事实上,在全球化的条件下,虽然普遍价值最终必能获得人们的普遍认同,但普遍价值的根本特点并不在于它被人们普遍认同,而在于它对人类生活的普遍意义。并且,正是因为普遍价值对于人类生活具有普遍意义,所以它才有可能被人们普遍认同。这种普遍价值赖以产生的基础或根据,就在于当代全球化中人类共同生活条件的形成。全球化的主导者和主要获利者一直是西方发达资本主义国家,但它的发展却在当代促成了一个风险共担的全球性社会。在当今世界上,生态环境问题、跨国有组织犯罪问题、毒品走私、恐怖活动、金融风险、核威胁、人的心态失衡和个性扭曲等一系列全球性问题,对整个人类的生存和发展都构成了严重的威胁,并从反面凸显了一系列对于整个人类都具有普遍重要性的价值原则,如保护生态环境、控制核扩散、尊重人权、信仰自由等等。当代全球化中的价值认同,就应该是对这样一些普遍价值原则的认同。

对上述这类普遍价值原则的认同之所以有利于消解全球化中的价值观冲突,其根本原因就在于它再也不必采取强制认同或引诱认同的形式,它应该而且完全可以是一种自觉认同。而上述普遍价值原则之所以能够获得人们的自觉认同,乃是由这些普遍价值原则的基本性质决定的。全球化中的价值观冲突,说到底是各种不同的特殊利益之间的矛盾和冲突

---

① 〔德〕孔汉思等编:《全球伦理——世界宗教议会宣言》,何光沪译,四川人民出版社1997年版,第12页。

在价值观上的表现。当反映某种特殊利益的价值观力图将自己普遍化，要求具有根本不同利益的人们认同其所维护的特殊价值、特殊利益时，强制认同或引诱认同以及由此引起的价值观冲突就是不可避免的。与此不同，上述普遍价值原则乃是人类共同利益的反映，对这些普遍价值原则的认同实质上是对人类共同利益的认同。当代各种全球性问题的出现意味着全人类的共同利益受到了威胁，不解决和克服这些全球性问题，整个人类的生存和发展就难以为继。在这里，人类的共同利益之所以是一种共同利益，就在于它并不是超出各种特殊利益之外或之上并与各种特殊利益抽象对立着的东西；它就存在于各种特殊利益之中，并且是各种特殊利益得以实现的最低限度的保障。因为这里所谓的人类共同利益实际上就是使当代全球性社会中一切人能够继续生存和持续发展的条件，而各种特殊的利益则是指满足不同个人或群体的不同的生存和发展需要；人们只有首先能够生存和发展，才能进一步去谈论和要求满足不同的生存和发展需要。上述普遍价值原则就是为了解决当代各种全球性问题、维护人类共同利益而确立起来的，人们即使仅从自身的特殊利益出发来考虑问题，也应该而且完全可以自觉认同这些普遍价值原则。因为任何利益主体如果背离这些普遍价值原则，必会使整个人类的共同利益受到损害，从而其自身的特殊利益也不可能得到实现。例如，面对当代世界的核威胁，倘若一些利益主体为了一己之私而置控制核扩散这一普遍价值原则于不顾，其结果很可能是包括这些利益主体在内的整个人类的共同毁灭。正因为对上述普遍价值原则的自觉认同实质上是对人类共同利益的自觉认同，因而这种价值认同不仅不会引起反映不同特殊利益的价值观之间的冲突，而且还能为不同价值观增添相互通达的共有内容，从而有利于消解全球化中的价值观冲突。

当然，在当代全球性社会中，对上述普遍价值原则的自觉认同不可能是自然而然地实现的，它必然面临需要克服的诸多问题。一方面，虽然这些普遍价值原则是人类共同利益的反映，但当代人类共同利益的形成和出现并不意味着各个民族和国家的利益由此就变得完全一致。事实上，在当今世界上，各种特殊利益之间的矛盾和冲突比以往任何时候都更加激烈。而当人们从反映不同特殊利益的价值观出发来看问题时,其对这些普遍价值原则认同的自觉程度和认同方式必然很不相同。另一方面,虽然这些普遍价值原则对于当代人类生活具有普遍的重要意义,但即使人们都一致认识到了这一点,他们将这些普遍价值原则具体化、在社会生活的各个方面落实这些普遍价值原则的方式方法也会存在着极大的民族文化差异,也会因价值观的不同而有很大的不同。要解决这些因价值观的差异而带来的问题、促进当代全球性社会自觉认同上述普遍价值原则,关键在于加强不同价值观之间的对话和协商。当代许多有见识的思想家也都看到了这一点,并由此提出了"多元对话"、"商谈伦理"、"文化互动"等各种各样的理论。值得指出的是,即使人们全都自觉地认同了上述普遍价值原则,也不意味着不同价值观之间差异的完全消失和全球一元价值观的形成。在未来的全球性社会中,与全球化的新发展相适应的,只能是各民族和国家的价值观在上述普遍价值原则指导下的多元互动过程。

三

人类中心主义与当代生态环境问题

　　20 世纪中叶以来，人类赖以生存的自然条件空前恶化，环境污染、生态失衡、资源短缺等日渐成为举世瞩目的全球性问题，它们使人类的生存和发展面临着严重的威胁。在反思这些全球性生态环境问题的根源时，人们这样那样地把探寻的目光投向了人类中心主义，人类中心主义一时成了生态伦理学中一个沸沸扬扬的热门话题。在国内外学术界，许多人认为，人类中心主义是当代生态环境问题的"罪恶之源"，因此，要解决当代的生态环境问题，使人类摆脱目前面临的生存和发展的困境，必须从根本上否定、反对、突破或走出人类中心主义。对此，国内有的学者已提出了不同意见，他们主张人类中心主义具有合理性和局限性两个方面，认为人类中心主义并非生态危机的必然原因，只有某种形式的人类中心主义才会导致生态危机，并由此得出不能全盘否定人类中心主义的结论，从而在一定程度上为人类中心主义作了辩护。我们则试图为人类中心主义提供另一种形式的辩护：要解决当代的生态环境问题，关键不在于这样那样地否定和走出人类中心主义，也不在于否定和走出这种那种形式的人类中心主义，而在于真正地践行或在实践上"走入"现代人类中心主义。

（一）人类中心主义的三种历史形态

在国内关于人类中心主义的讨论中,人们关注的一个首要问题是"人类中心主义"概念的内涵。有人认为:"人类中心主义,或人类中心论,是一种以人为宇宙中心的观点。它的实质是:一切以人为中心,或一切以人为尺度,为人的利益服务,一切从人的利益出发。"①也有人认为,人类中心主义"把人看成是自然界进化的目的,看成是自然界中最高贵的东西","把自然界中的一切看成为人而存在,供人随意地驱使和利用","力图按照人的主观需要来安排宇宙"②。还有人提出,人类中心主义"无非是说人类对自然界具有支配的地位,说人是'万物之灵','是万物的尺度'"③。应该说,这些看法在国内外人类中心主义的反对者中具有相当的普遍性,并构成了他们反对人类中心主义的理论出发点。然而,作为对"人类中心主义"概念的界定,这些看法本身却充满了理论上的混乱。要实事求是地说明人类中心主义与当代生态环境问题的关系,从而正确地评价人类中心主义,首先必须澄清这些概念理解上的混乱。

虽然人类中心主义有时也称作人类中心论,但它并不是一种独立、完整并一以贯之的理论体系,也不曾有过什么人类中心主义学派。从历史上看,人类中心主义是一种伴随着人类对自身在宇宙中的地位的思考而产生并不断变化发展着的文化观念,其性质和具体内涵在不同的历史时期有着重大的差异。自古代以来,人类中心主义曾经经历了三种不同的历史形态。

第一,宇宙人类中心主义。这是古代的人类中心主义,也是人类中心主义的最初历史形态,其核心论点就是主张人类在空间方位的意义上是

---

① 余谋昌:《走出人类中心主义》,载《自然辩证法研究》1994 年第 7 期。
② 刘湘溶:《生态伦理学》,湖南师范大学出版社 1992 年版,第 120 页。
③ 章建刚:《人对自然有伦理关系吗》,载《哲学研究》1995 年第 4 期。

宇宙的中心或曰人类居处于宇宙的中心位置。在西方,这种古代的宇宙人类中心主义是寄生于以古罗马天文学家托勒密为代表的"地球中心论"之上的。托勒密在综合前人的有关思想材料的基础上,在其巨著《大综合论》中系统地提出了地球中心论的宇宙模型:(1)天是球形的并且像球那样转动;(2)地作为一个整体也是球形的;(3)地位于整个天的中央,好像是一个中心;(4)地球本身的大小相对于恒星天球的半径可以忽略不计,因此地球可以视作一个质点;(5)地球不参与任何转动。宇宙人类中心主义就是从地球中心论中合乎逻辑地推导出来的一种观念,因为既然地球是宇宙的中心,而人类又栖息于地球之上,那么人类也就自然处于宇宙的中心位置。顺便指出,有人认为托勒密的地球中心论是在"自然科学领域中出现过的把人看作是宇宙中心的人类中心主义",这种把地球中心论与宇宙人类中心主义混同起来的说法至少是不确切的。虽然宇宙人类中心主义是建立在地球中心论的基础之上的,但地球中心论纯粹是一种自然科学假设,而宇宙人类中心主义则已是一种世界观,是在最原始的意义上和以最直观的形式对人类在宇宙中的地位问题的回答,换句话说,虽然宇宙人类中心主义是地球中心论的逻辑引申,但自然科学是不会作这种引申的,因为人类在宇宙中的地位问题完全超出了自然科学的视野之外,尽管自然科学及其发展对人类关于这一问题的认识具有重要影响。注意到这一点,对于理解人类中心主义的历史演变是十分重要的。

在中国古代思想史上,也曾有过宇宙人类中心主义的观念。在殷商甲骨文中,就曾有过"中商"、"东土"、"南土"、"西土"、"北土"五方之说,而所谓"中商"意味着商人视自己处于各种方位的中心位置。可以说,"五方"说关于东、西、南、北、中五个方位及其与人的关系的看法中就已包含了宇宙人类中心主义观念的萌芽。到了战国后期,这种宇宙人类中心主义观念在五行学说中得到了集中的表达。在囊括天地万物的五行宇宙图式中,人被明确地置于宇宙的中央地位,是向四面八方伸展开去的宇宙整体的出发点。不过,中国古代思想史上的宇宙人类中心主义不像在西方那样寄生于严格意义上的科学假设之上,因而它也从未有过西方古代宇宙人类中心主义那样广泛的影响。

第二,神学人类中心主义。在欧洲中世纪,基督教又为人类在宇宙中的地位问题提供了一个具有至上权威的答案,它构成了人类中心主义的第二种历史形态即神学人类中心主义。根据美国著名文化人类学家莱斯利·怀特的说法,神学人类中心主义包括如下一些教条:"人是造物主全部业绩中的主要成果,是上帝按照自己的形象创造出来的,这个世界就是为人而创造出来的;世界是静止的,位于宇宙中心,一切事物皆围绕地球而旋转;万物都要根据人来加以解释。"①这种神学人类中心主义构成了基督教世界观的一个重要组成部分,其核心则是一种神学目的论。如果说在宇宙人类中心主义那里"中心"一词还只是一个空间方位概念的话,那么,对神学人类中心主义来说,情况已发生了很大变化,它已被赋予了一种"目的"的内涵。诚然,从上述神学人类中心主义的基本教条来看,早先的宇宙人类中心主义以及作为它的基础的地球中心论也被作为一项重要内容包容在神学人类中心主义之中,因而"中心"一词作为一个空间方位概念在神学人类中心主义那里仍然隐约可见,但所有这一切都被神学人类中心主义作了一种神学目的论的解释。按照神学人类中心主义,人类不仅在空间方位的意义上位于宇宙的中心,而且也在"目的"的意义上处于宇宙的中心地位,就是说,人类是宇宙间万事万物的目的。例如,果树之所以结果,就是为了使人类有果子吃;软木树的生长,也只是为了使人类能将它作为水瓶的塞子。当然,这一切都不过是上帝的巧妙安排,而上帝之所以作出这样的安排,上帝之所以对人类特别关照,为人类选择了上述双重意义上的宇宙中心这样一个优越的位置,那也是有目的的,这个目的就是为了显示上帝的仁慈和智慧。因此,神学人类中心主义所谓的"万物都要根据人来加以解释",实即万物都要根据神意或上帝之意来加以解释。显然,神学人类中心主义的目的不过是要论证上帝的至善全能和对上帝的信仰的合理性,它与其说是一种人类中心主义,倒不如说是一种上帝中心主义。

第三,生态人类中心主义。进入 20 世纪以后特别是当代以来,人类

---

① ［美］L. A. 怀特:《文化的科学》,沈原等译,山东人民出版社 1988 年版,第 384 页。

中心主义又发生了一次历史性的转向,诞生了人类中心主义的第三种历史形态即生态人类中心主义,它是伴随着现代生态伦理学的发展而产生和发展的。当代西方生态伦理学家 J. 帕斯莫尔、H. J. 麦克洛斯基以及苏联学者 Ю. A. 什科连科等人曾对这种现代形态的人类中心主义或生态人类中心主义的基本主张作了系统的陈述,其核心要点包括:(1)人与自然的相互作用,实际上是由人类单方面沟通的,人类是占主导地位的一方,是自然的管理者;(2)人类对环境问题和生态破坏负有道德责任,主要源于对人类生存和发展以及子孙后代利益的关心,换句话说,人类保护自然是出于保护自己的目的,因为生态危机证明人对自然做了些什么,也就是对自己做了什么;(3)当代的生态危机是由人造成的,也只能由人来加以解决,人类基于自身生存和发展的共同利益并通过发挥其巨大的创造性潜力是可以走出目前的危机的。显然,生态人类中心主义是在 20 世纪特别是当代以来生态危机日趋严重的情况下,人类重审自身在宇宙中的地位、重审人与自然关系的结果。我们之所以说生态人类中心主义是人类中心主义演变过程中的一次历史性的转向,就是因为它不再是像古代的和中世纪的人类中心主义那样的一种拟人论的和超自然主义的世界观,而是一种伦理观、价值观,是处理人与自然、人类与生态环境关系的一种伦理价值原则。对于生态人类中心主义来说,人类的中心地位不是一个由客观世界的空间结构决定的或由创造主精心筹划出的事实,而是一个关于人与自然相互作用应然状态的价值判断,就是说,它意味着在人与自然的相互作用中应将人类的利益置于首要的地位,人类的利益应成为人类处理自身与外部生态环境关系的根本价值尺度。易言之,生态人类中心主义就是一种主张将人类的利益作为处理人与自然关系的根本价值尺度的人类中心主义。

由上可见,历史上依次出现的三种形态的人类中心主义相互之间具有重大的差异,它们有着完全不同的性质和具体内涵。我们之所以说国内关于人类中心主义问题的讨论中存在着严重的概念混乱,就是因为在这种讨论中,人们往往无视人类中心主义的不同历史形态之间的差异,或者是以偏概全,把人类中心主义等同于它的某一特定历史形态;或者是抽象地谈论问题,把各种形态的人类中心主义的基本主张糅合在一起,似乎它就是人类中心主义一成不变的内涵;或者是望文生义,把任何形态的人类中心主义中都根本没有的东西强硬地塞进人类中心主义概念。而从如是的概念规定出发,人们关于人类中心主义的讨论,无论是对它的反对还是为它所作的辩护,都注定是不得要领的。当然,不同历史形态的人类中心主义之间的共同点也还是有的,那就是它们都是关于人类在宇宙中的地位的一种文化观念,被它们在不同意义上置于中心地位的都毫无例外地是与宇宙或自然相对待的、作为类概念的人即人类。例如,在生态人类中心主义那里,在特定意义上被置于中心地位的是人类的利益或人类的共同利益,而非作为个体或群体的人的利益。不同形态的人类中心主义的这一共同点对于正确理解人类中心主义与当代的生态环境问题的关系是极为重要的,但它却恰恰经常为人们所忽视。

（二）人类中心主义与当代生态环境问题的形成

人们之所以反对人类中心主义,认为人类中心主义是当代生态环境问题的"罪恶之源",其具体理由是多种多样的,其论证方式也是各不相同的。其中,最有代表性的莫过于这样一种说法:"人类中心论和民族中心论、个人中心论在逻辑上是一致的。前者是后者的放大,后者是前者的缩小。人类中心主义的危害在于,它必然导致自然生活中的人类沙文主义、物种歧视主义。自然生活中的人类沙文主义和物种歧视主义同社会生活中的大国沙文主义、民族歧视主义一脉相承。"[①]我认为,这一论证是很成问题的,需要我们深入地加以分析。

其实,要驳倒上述论证并不难。上述论证的内在逻辑是:正如社会

[①]　刘湘溶:《生态伦理学》,湖南师范大学出版社 1992 年版,第 49 页。

生活中的民族中心论必然导致民族歧视主义、个人中心论必然导致个人利己主义一样，人类中心论也必然导致自然生活中的亦即人与自然关系上的人类沙文主义、物种歧视主义，而后者又必然导致环境破坏和生态危机，因此，人类中心主义导致了当代的生态环境问题。然而，既然人类中心主义曾经经历了不同的历史形态，而不同形态的人类中心主义之间在性质和具体内涵上又有着重大差异，那么，要使上述论证成立，就必须具体地分析到底是哪一种形态的人类中心主义必然导致人与自然关系上的人类沙文主义、物种歧视主义，从而导致了当代的生态环境问题。当然，果真这样做时，人们就会发现其全部论证都是白费力气。

毫无疑问，在诸种形态的人类中心主义中，我们首先可以排除掉生态人类中心主义是当代生态环境问题的根源的可能性，因为作为现代生态伦理学中的一种基本主张，生态人类中心主义本身是在人类的生态环境问题日趋严重的情况下并作为救治生态环境、协调人与自然关系的伦理价值观而出现的。生态人类中心主义不是当代生态环境问题的根源，正如我们不能说医生的处方是患者的病因一样，其道理是非常简单的。这样一来，我们所要讨论的问题就可以简化为：历史上的宇宙人类中心主义和神学人类中心主义是否必然导致人与自然关系上的人类沙文主义、物种歧视主义，或者说，它们是否是当代生态环境问题的根源。

正如前述，古代宇宙人类中心主义的核心论点就是主张人类在空间方位的意义上居于宇宙的中心，它是从作为科学假设的地球中心论中合乎逻辑地推导出来的一种观念。显然，宇宙人类中心主义不含有任何价值判断，其所要陈述的不过是一个由物质世界的空间结构所决定的客观事实（尽管它后来被证明并不是一个客观事实），它决非"必然导致"人与自然关系的人类沙文主义、物种歧视主义，相反，倒是有可能从它引申出物种平等主义。这是因为：按照宇宙人类中心主义的观念，不仅我们人类，而且其他的各种生物物种乃至我们通常所谈论的整个生态系统也都属于宇宙的中心，它们全都存在于同一个地球上，在这一点上，人类是没有任何优越性可言的。况且,我们今天所面临的生态环境问题,作为近代以来工业技术文明的副产品,本身是在人们知道地球和人类不是宇宙的中心以后才真正开始形成的。因此,如果认为宇宙人类中心主义是当代生态环境问题的根源,于逻辑和历史都是说不通的。

至于神学人类中心主义,它同样也不应该为当代的生态环境问题负责任。我们在前面已经指出,神学人类中心主义的核心是一种神学目的论,它除了经过神学目的论注释过的宇宙人类中心主义的内容(我们上述关于宇宙人类中心主义的分析原则上也适用于神学人类中心主义中的这部分内容)之外,还特意强调人类在"目的"的意义上处于宇宙的中心地位,亦即断言人类是宇宙间万事万物的目的。按照神学人类中心主义,人类和非人类事物都是上帝的创造物,只不过上帝对人类特别关照,把人类设置成了其他创造物的目的,或者说上帝是为了人类才创造其他非人类事物的。而既然人类和非人类事物都是上帝的创造物,既然上帝把人类设置为其他创造物的目的,人类当善待而不是歧视其他的创造物才合符对上帝的信仰,因为否则就不能实现人是其他创造物的目的这一上帝的意愿,或者使上帝创造其他事物的劳作变得毫无意义。举个例子说,神学人类中心主义认为果树上的果子是上帝赐给人类的食物,但如果人类不好好地养护果树甚或干脆将果树砍掉,人类就不复有果子吃,这岂不会使上帝创造果树时的意愿落空! 当代的一些基督教神学家们事实上也是这样来看待神学人类中心主义的。他们指出,《创世纪》中早就说过,上帝在创造了人类并把人类设置为其他创造物的目的后,曾与人类订立了契约:人类将是上帝在地球上的看管者,保存并保护上帝所有的创造物。在他们看来,所有的创造物因其生存均出自上帝之手而相互平等,人类作为上帝在地球上的看管者并不具有剥削自然的权利,因为看管者的首要条件是忠诚,他不得违背别人的意愿、损坏别人的所有物。"如果人们自以为在对待上帝的创造物时可以违抗上帝,即不顾创造物的目的而对它们横加摆布和掠夺,这就是罪过。如果人们自以为可以重新安排这个世界,并为自己荒诞不经的念头而重新规定世界的目的,这也是罪过。基督教生活要保全整体,而不是部分;要保护平衡,克服不平衡;要保持和谐,克服不和谐;一个基督教徒必须热爱尊重上帝的创造物。"①显然,当代的神学家们从神学人类中心主义中引申出来的是一种物种平等主义或物种博爱主义,而不是什么人类沙文主义或物种歧视主义。当然,人们完全可以争辩说,这只是在当代生态环境问题空前严重的情况下基督教神学家们为了拯救关于上帝的信仰而对神学人类中心主义的重新解释,而在此以前人们并不是这样来理解神学人类中心主义的。但是,即使是这样,那也至少说明对于神学人类中心主义的理解和解释本身就存在着两可性,因而我们在逻辑上决不能说神学人类中心主义"必然导致"人与自然关系上的人类沙文主义、物种歧视主义。进而言之,把当代的生态环境问题归咎于神学人类中心主义也不符合事实。从历史上看,在神学人类中心主义的影响所不及的非基督教世界,同样也曾有过这样那样的大规模破坏生态环境的行为和事件;在今天,神学人类中心主义早已声名狼藉,但全球性的生态环境问题仍然在不断升级。所有这些,从反面有力地说明了神学人类中心主义事实上也不可能是当代生态环境问题的根源。

当然,我们说宇宙人类中心主义和神学人类中心主义不是当代生态环境问题的根源,并不等于说它们是正确的。但是,在当前关于人类中心主义问题的讨论中,即使人们是在"不正确"的意义上来反对这两种形态的人类中心主义,也没有什么太大的意义,因为"自然科学早已抛弃古代和中世纪的人类中心论","世界观中初始形式的地心说和人类中心论的优势永远结束的真正革命始于 16 世纪"。② 早在 16 世纪,哥白尼就以其"日心说"宣告了地球中心论和宇宙人类中心主义的破产,并由此也重创了神学人类中心主义。到 19 世纪,达尔文的生物进化论又彻底否定了基督教的上帝创世说和神学目的论,从而给神学人类中心主义以最后的毁灭性打击。在哥白尼的日心说和达尔文的进化论早已成为科学常识的今天,如果还仅仅是因为宇宙人类中心主义和神学人类中心主义的不正确

---

① [美]杰里米·里夫金等:《熵:一种新的世界观》,吕明等译,上海译文出版社 1987 年版,第 215 页。

② [苏]Ю. A. 什科连科:《哲学·生态学·宇航学》,范习新译,辽宁人民出版社 1988 年版,第 49、42 页。

而大谈什么要"反对"、"否定"、"突破"和"走出"这两种形态的人类中心主义，那就未免过于小题大做了。

上述分析表明，任何形态的人类中心主义都不是也不可能是当代生态环境问题的根源，人类中心主义与当代生态环境问题的形成是无涉的。把人类中心主义这种本不是根源的东西当成了根源，就会掩盖当代生态环境问题的真实根源，而这对于探寻当代生态环境问题的解决是有百害而无一利的。

（三）走入生态人类中心主义与
当代生态环境问题的克服

人类中心主义不是也不可能是当代生态环境问题的根源，并不意味着我们在考察当代生态环境问题的各个方面时都可以不考虑人类中心主义，因为虽然人类中心主义与当代生态环境问题的形成无涉，但它对解决当代生态环境问题却至关重要。不过，我们在这里所要谈论的已不再是作为一种世界观的古代宇宙人类中心主义和中世纪神学人类中心主义，而是作为一种伦理价值观的现代生态人类中心主义。

在上文中，我们在谈到生态人类中心主义时，出于当时特定论题的需要，我们只是简要地指出了生态人类中心主义作为现代生态伦理学救治人类生态环境的一种基本主张不可能是当代生态环境问题的根源，而暂时避开了学术界围绕着它所进行的激烈争论。事实上，许多人对生态人类中心主义也是持批判态度的。且不说有的人反人类中心主义的矛头主要就是针对生态人类中心主义，认为生态人类中心主义把人类的利益奉为人类活动的根本价值尺度必然导致生态危机，就是一些曾经试图为生态人类中心主义作辩护的人也未必完全认同生态人类中心主义。在这些辩护者中，有的人认为，"把人类生存和发展的需要作为人类实践的终极价值尺度的人类中心主义"亦即生态人类中心主义是"人类社会实践的本性",它"作为人类的一种实践态度和人类生存的永恒支点,是不可超越的",也是不能"全盘否定"的,因为"在人类还没有认识到生态系统的平衡规律和生态失衡会危及人类长远的、整体的生存利益时,那种以人的眼前利益为目的和尺度的人类中心主义有可能导致对生态环境的巨大破坏。但是,当人类认识到生态平衡对人类的生存价值以后,人类中心主义就不再是导致生态危机的必然原因"。① 有的辩护者还援引美国哲学家B. C. 诺顿的观点来论说不应全盘否定生态人类中心主义,后者也曾把生态人类中心主义区分为"强化的人类中心主义"和"弱化的人类中心主义",并认为只有"满足人的眼前利益和需要的""强化的人类中心主义"才是"人类'主宰'、'征服'自然的人类沙文主义"②。于是,生态人类中心主义的辩护者与反对者之间的分歧,就仅仅在于生态人类中心主义是否是生态危机的必然原因以及是否应该全盘否定生态人类中心主义。看来,要正确地评价生态人类中心主义,还必须就有关的概念和问题作进一步的分析。

正如前述,作为关于人类在宇宙中的地位的一种文化观念,不同形态的人类中心主义之间有一个共同点,那就是被它们在不同的意义上置于中心地位的都毫无例外地是与宇宙或自然相对待的、作为类概念的人即人类。而所谓"人类",则是一切人的总和,它不仅包括同一时代所有的人,而且还包括过去、现在和未来各个世代的人。与此相应,生态人类中心主义所强调的人类利益或人类的共同利益,也只能是人类整体的利益和人类长远的利益,生态人类中心主义就是把这种人类共同的、整体的和长远的利益奉为根本价值尺度的人类中心主义。因此,并不是任何利益取向的生态伦理价值观都属于生态人类中心主义。人们所说的那种"以人的眼前利益为目的和尺度的人类中心主义"或"强化的人类中心主义",其实根本就不是什么人类中心主义或生态人类中心主义,它们对人类生态环境所带来的危害也不应当记在人类中心主义或生态人类中心主

---

① 刘福森、李力新:《人道主义,还是自然主义?——为人类中心主义辩护》,载《哲学研究》1995 年第 12 期。

② 叶平:《"人类中心主义"的生态伦理》,载《哲学研究》1995 年第 1 期。

义的头上。

把人类利益或人类的共同利益奉为根本价值尺度的生态人类中心主义决不是什么"不可超越的""人类社会实践的本性",而人们所争论的生态人类中心主义是否是生态危机的必然原因的问题也完全是一个不得要领的、毫无意义的假问题,因为生态人类中心主义在历史上从未真正成为人们现实实践活动的价值取向。从历史上看,自进入文明时代以来,在利益分化特别是私有制占主导地位的社会条件下,我们只能在极其有限的意义上来谈论人类的利益或人类的共同利益。可以说,在20世纪特别是当代以前的文明社会的历史上,根本就未曾有过什么人类的共同利益,有的只是各种不同的个人利益和群体利益(阶级利益、国家利益、民族利益、种族利益等等),与之相适应,在人们的现实实践活动中起作用并作为人们的实践态度的也从来就不是那种把人类的共同利益奉为根本价值尺度的生态人类中心主义,而是以各种特殊的个人利益或群体利益为根本价值尺度的个人中心主义和群体中心主义(阶级中心主义、国家中心主义、民族中心主义、种族中心主义等等)。问题在于,在利益分化和私有制的条件下,各种特殊的个人利益和群体利益之间是相互对立、彼此冲突的,这就决定了个人中心主义和群体中心主义必然具有损人利己的性质。如果说在处理个人与个人或群体与群体的关系时个人中心主义和群体中心主义还总有解不完的难题,任何利益主体的损人利己的行为都要受到别的利益主体同样行为的制衡,那么,一旦将它们应用于处理人与自然的关系,其所导致的对自然生态环境的侵害在达到某种累积性结果或最后的限度以前几乎是毫无遏制或很难遏制的。从历史上看,正是在这种个人中心主义和群体中心主义的支配下,各种不同的利益主体为了最大限度地追逐自己特殊的、眼前直接的利益,向大自然展开了残酷的掠夺和暴虐的征战,而丝毫不去考虑也不可能去考虑这种行为对自然生态环境的长远影响。正如恩格斯所说:"到目前为止的一切生产方式,都仅仅以取得劳动的最近的、最直接的效益为目的。那些只是在晚些时候才显现出来的、通过逐渐的重复和积累才产生效应的较远的结果,则完全被忽视了。……在西欧现今占统治地位的资本主义生产方式中,这一点表现得最为充分。支配着生产和交换的一个个资本家所能关心的,只是他们的行为的最直接的效益。""西班牙的种植场主曾在古巴焚烧山坡上的森林,以为木灰作为肥料足够最能盈利的咖啡树施用一个世代之久,至于后来热带的倾盆大雨竟冲毁毫无掩护的沃土而只留下赤裸裸的岩石,这同他们又有什么相干呢? 在今天的生产方式中,面对自然界以及社会,人们注意的主要只是最初的最明显的成果"。① 可见,人们所谓的"以人的眼前利益为目的和尺度的人类中心主义"或"强化的人类中心主义",其实就是这种与人类中心主义毫不沾边的、并与生态人类中心主义恰相反对的个人中心主义和群体中心主义,后者才会必然导致"征服"、"主宰"、"摧残"、"掠夺"自然的人类沙文主义、物种歧视主义。一句话,个人中心主义和群体中心主义而非人类中心主义才是当代生态环境问题的根源。

生态人类中心主义是作为个人中心主义和群体中心主义的对立面出现的,它的产生,决不像某些人所说的那样根源于人的生物本性,而是有着深刻的社会历史原因。正如上文所说,自从人类社会进入文明时代以来,我们只能在极其有限的意义上来谈论人类的利益或人类的共同利益。而这一"极其有限的意义"在 20 世纪特别是在当代终于显示了出来,这就是历史上各种形式的个人中心主义和群体中心主义所导致的对生态环境的侵害最终突破了自然界所能忍受的限度,出现了一种总的累积性结果亦即全球性的生态危机,它对整个人类的生存和发展构成了严重的威胁。也就是说,在出现全球性生态危机的情况下,克服这种生态危机,以便求得继续生存和发展已成为全人类的共同利益。诚然,在当代条件下,由于利益分化和私有制占主导地位的情形仍未改变,人类共同利益的形成并不意味着各种特殊的个人利益和群体利益已经消失,因而也不意味着各种形式的个人中心主义和群体中心主义不再起作用。但是,当代全球性的生态危机已经给不同利益主体的行为设置了这样一个伦理界限,那就是在处理与自然生态环境的关系问题上人们对自身特殊利益的追逐不得损害人类的共同利益,否则,地球上的生态环境将不复适宜于人类的

---

① 《马克思恩格斯选集》第 4 卷,人民出版社 1995 年版,第 385、386 页。

继续生存和发展,说白了,大家将全都完蛋,从而也就根本谈不上什么各种特殊利益的实现。在这里,人类的共同利益之所以是一种共同利益,就在于它并不是一种超出各种特殊利益之外或之上并与各种特殊利益抽象对立的东西;它就存在于各种特殊利益之中,并且是各种特殊利益得以实现的最低限度的保障。因为这里所谓的人类的共同利益实际上就是使一切人能够生存和发展的条件,而各种特殊的利益则是指满足不同的生存和发展的需要;人们只有首先能够生存和发展,才能进一步去谈论满足不同的生存和发展的需要。正是在这样一种历史背景下,才产生了要求以人类的共同利益即有利于人类的生存和发展作为人们处理与外部生态环境关系的根本价值尺度的生态人类中心主义。由此也可以看出,不是生态人类中心主义导致了当代的生态危机,恰恰相反,是当代的生态危机呼唤出了生态人类中心主义。

当代生态危机的出现在促进人类共同利益形成的同时也促动了生态人类中心主义的产生,反过来,生态人类中心主义也为解决当代的生态环境问题、克服生态危机提供了唯一现实可行的途径。作为现代生态伦理学中的一种基本主张,生态人类中心主义的灵魂在于弘扬和捍卫人类的利益或人类的共同利益,也只有立足于人类的利益才能真正解决当代的生态环境问题。一些人类中心主义的反对者提出,要克服当代的生态危机,就不能像人类中心主义那样只确认和关心人类的利益和价值,而必须同时也确认自然界事物的内在价值,关心非人类事物的利益,并认为这正是现代生态伦理学区别于传统伦理学的根本之点,生态伦理学实际上是非人类中心主义的伦理学。这种议论是极其奇怪的。众所周知,事物的价值是相对于人或人的需要而言的,价值就是客体对主体需要的满足关系。我们说某一事物具有价值,就是也只是因为它能满足主体的需要,符合人的利益。离开人类的利益和需要,我们并不否认自然界的各种事物(如占据特定生态位的生物)对于维持生态系统的动态平衡具有重要作用,但决不能说它们具有什么内在价值! 换句话说,这些自然事物能够起到维持生态系统动态平衡的作用,因而被人们认为是有价值的,完全是因为生态系统的动态平衡符合人类的利益和需要。甚至"生态危机"这一说法本身就是相对于人类的利益和需要而言的,是基于人类的利益和需要而对生态失衡所作出的一种价值判断,是指生态失衡对人类的生存和发展构成了严重的威胁。所谓生态危机,实即人类生存和发展的危机。如果仅从自然界来看,生态系统只有平衡不平衡的问题,而不存在是否发生了危机的问题。极而言之,倘若地球上根本不曾有人类,那么,即使生态系统再完整、稳定、美丽,又有什么意义呢?或者即使整个生态系统都彻底崩溃了,又有什么关系呢?因此,我们只有从人类的利益和需要出发,才有可能去谈论自然事物的价值;而我们之所以说自然事物是有价值的,也完全是基于对人类利益和需要的考虑。人类中心主义的反对者认为人类中心主义只从人类的利益出发必然不能克服当代的生态危机,是完全没有道理的。我们之所以要解决当代生态环境问题、克服生态危机,难道不正是出于对人类利益的确认和关心吗?其实,不仅作为现代生态伦理学中的一种基本主张的人类中心主义是从人类利益出发的,而且整个现代生态伦理学也是从人类利益出发的。人们通常说生态伦理学研究的是人与自然之间的伦理道德关系,这种说法至少是不准确的。所有的道德规范都是用来调整人与人的社会关系特别是经济关系的,而人们之间的经济关系又集中地表现为利益关系。在这一点上,现代生态伦理学与传统伦理学并无本质的区别,只不过生态伦理道德规范所调整的是被自然中介了的人与人之间的利益关系。从上述关于当代生态环境问题或生态危机的根源的分析看,当代的生态危机所反映出来的人与自然的尖锐对立实际上是历史上各种不同的利益主体拼命追逐自己的特殊利益、眼前利益所造成的恶果。而当代生态危机的出现客观上要求协调不同利益主体的特殊利益、眼前利益与人类的共同利益、长远利益之间的关系,以便使人类能够继续生存和发展。现代生态伦理学正是适应这一客观需要并为了捍卫人类的共同利益而产生的,它决不是什么在人类利益之外"同时也确认自然界事物的内在价值,关心非人类事物的利益"的"非人类中心主义的伦理学"。尽管某些研究生态伦理学的人可能并不认同生态人类中心主义,但如果抽掉了人类利益这一根基,整个现代生态伦理学也就不复有存在的必要。上述人类中心主义的反对者的那种议论,不仅在理论上是完全错误的,而且在实践上也是极其有害的。试想一想,在个人中心主义和群体中心主义仍然每时每刻都在起作用的情况下,各种不同的利益主体在追逐自己的特殊利益时连确认和关心同类中其他利益主体的价值和利益尚且做不到,还谈何确认自然界事物的内在价值、关心非人类事物的利益!以这样的基调来论说和宣传生态环境保护的必要性和重要性,又该是何等苍白无力!它只能把环境保护运动引向死胡同。与此不同,生态人类中心主义从人类利益或人类的共同利益出发来协调人与自然的关系,对于解决当代的生态环境问题则具有现实可行性。因为它所讲的这种人类利益是整个人类从而也是每个特殊利益主体赖以生存和发展的最基本条件,人们即使仅从自身的特殊利益出发来考虑问题,最终也不得不认同和维护人类的这种共同利益。在当今世界上,环境保护运动之所以能够得到各种不同利益主体的广泛响应,其原因也盖出于此。

生态人类中心主义之所以能够为解决当代生态环境问题、克服生态危机提供唯一现实可行的途径,乃是基于它对人类在宇宙中的地位的正确认识。人们在谈到人类对自身在宇宙中的地位的认识时,总好援用弗洛伊德的说法,说哥白尼的日心说和达尔文的生物进化论对古代宇宙人类中心主义和中世纪神学人类中心主义的否定是对人类自尊心的两次沉重打击。其实,罗素的说法更为可取,他曾指出:"科学对人在宇宙中的地位的观点的影响有两个相对的方面:这就是降低和抬高人的地位。从冥想的观点来看是降低了人;从活动的观点来看是抬高了人。后者的影响逐步地超过前者,但这两方面都有重要性。"①所谓"从冥想的观点来看是降低了人",是指从拟人论和超自然主义特别是从基督教神学的立场来看,科学的发展否定了宇宙人类中心主义和神学人类中心主义,"剥夺"了人类在空间方位和目的的意义上作为宇宙中心的地位,这无疑是降低了人。而所谓"从活动的观点来看是抬高了人",则是说从人们为着

---

① [美]莫蒂默·艾德勒、查尔斯·范多伦:《西方思想宝库》,吉林人民出版社 1988 年版,第 1367 页。

满足自身的利益和需要而进行的现实实践活动来看,科学对古代的和中世纪的人类中心主义的否定,使得人类更加正确地认识到自身在宇宙中的地位,从而也能更加有效地处理自身与宇宙自然的关系,更加有效地满足自身的利益和需要,这无疑又是抬高了人。生态人类中心主义作为关于人类在宇宙中的地位的一种现代文化观念,也从科学的发展中受到了如是的影响,它本身就是在现代生态科学的沃土上生长起来的。生态人类中心主义之所以强调在人与自然的关系上应把人类的共同利益即克服生态危机、以求得人类的继续生存和发展放在首位,乃是基于这样一个认识:生态危机已经对人类的生存和发展构成了严重的威胁,它表明人类是依赖自然界的,人对自然做了些什么也就是对自己做了些什么。而这一认识正受惠于现代生态科学。正如生态人类中心主义的倡导者之一、美国植物学家墨迪所说:"直到人类真正认识到他依赖于自然界,并把自己作为自然界的组成部分时,人才把自己真正放到了首位,这是人类生态学最伟大的佯谬。"①

当然,生态人类中心主义还只是现代生态伦理学中的一种基本主张,即使是在生态伦理学界目前它也没有得到人们的普遍认同,甚至还存在着不少对它的严重曲解和各式各样的反对意见。从实践层面看,尽管它实际上已成为当今世界上环境保护运动的一面唯一可能的旗帜,但环境保护的现实离它应该发挥的作用还有很大的距离。由此看来,要解决当代的生态环境问题,还有待于人们正确地理解、评价并在实践上真正地走入或践行生态人类中心主义。

---

① 转引自叶平:《"人类中心主义"的生态伦理》,载《哲学研究》1995年第1期。

四

现代人类中心主义：可持续发展的
环境伦理学基础

探寻可持续发展的环境伦理学基础,不可避免地要讨论人类中心主义问题,只不过有的人主张应该坚决地否定和走出人类中心主义或某种形式的人类中心主义,而有的人则坚持应该自觉地认同或在特定的意义上认同某种形式的人类中心主义。上文已经提出,要解决当代的生态环境问题,关键不在于这样那样地否定和走出人类中心主义,也不在于否定和走出这种那种形式的人类中心主义,而在于真正地践行或在实践上"走入"现代人类中心主义。在这里,我们拟结合可持续发展问题对这一观点作进一步的申发,其要旨在于阐明:现代人类中心主义正是一种与可持续发展的要求相适应的环境伦理价值观,唯有它才能成为可持续发展的环境伦理学基础。

（一）何为人类中心主义

要论说人类中心主义与可持续发展的关系,首先必须廓清一个前提性的理论问题,即到底什么是人类中心主义。

在国内外学术界关于人类中心主义问题的讨论中,许多人对人类中心主义都作了严重的曲解,其共同的理论失误就在于都预设了一个具有一成不变内涵的人类中心主义概念。正是在这样一种共同的非历史的预设前提下,人们往往无视人类中心主义的历史演变过程及其不同历史形态之间的差异,或者是以偏概全,把人类中心主义等同于它的某一特定历史形态;或者是抽象地谈论问题,把各种形态的人类中心主义的基本主张糅合在一起,似乎它就是人类中心主义一成不变的内涵;或者是望文生义,把任何形态的人类中心主义中都根本没有的东西强硬地塞进人类中心主义概念。显然,从如是的概念规定出发,人们关于人类中心主义问题的讨论,无论是对它的反对还是为它所作的辩护,都注定是不得要领的。

其实,人类中心主义概念并没有一种一成不变的内涵,因为它并不是一种独立、完整并一以贯之的理论体系,历史上也不曾有过什么统一的人类中心主义学派。如果一定要从整体上对人类中心主义概念作出一种界定,那么我们至多也只能说,人类中心主义是一种伴随着人类对自身在宇宙中的地位问题亦即人与自然的关系问题的思考而产生并不断发展变化着的文化观念。正如我在《人类中心主义与当代生态环境问题》一文中所概括的那样,自古代以来,人类中心主义曾经历了三种不同的历史形态:(1)古代的宇宙人类中心主义。它寄生于以托勒密为代表的"地球中心论"之上,其核心论点是主张人类在空间方位的意义上即在地缘意义上是宇宙的中心,也就是认为人类居处于宇宙的中心位置。(2)中世纪的神学人类中心主义。作为基督教的上帝创世说的一个内在组成部分,它除了包括经过神学目的论注释过的宇宙人类中心主义的内容之外,还特意强调人类在"目的"的意义上处于宇宙的中心地位,亦即断言上帝是为了人类才创造其他非人类事物的,因而人类是宇宙间万事万物的目的。(3)现代的环境伦理学人类中心主义。它是现代环境伦理学中以J. 帕斯莫尔、H. J. 麦克洛斯基等人为代表的一种理论立场,其要义是主张在人与自然、人类与生态环境的相互作用中应将人类的利益置于首要的地位,人类的利益应成为人类处理自身与自然生态环境关系的根本价值尺度。这三种不同历史形态的人类中心主义,就应该成为我们一切关于人类中心主义问题的讨论的"文本"依据。

作为人类关于自身在宇宙中的地位问题的一种文化观念,作为人类关于人与自然关系问题的思考,人类中心主义实质上是人类的一种类意识亦即人类整体的自我意识。从这个角度看,各种不同形态的人类中心主义都有其特定的积极意义,因为它们都表征着人类自我意识发展的不同阶段。例如,即使是古代的宇宙人类中心主义,它也是人类自我意识在理性层面上最初觉醒的一种标志。而作为人类整体的自我意识,尽管各种不同形态的人类中心主义在具体内涵上有很大的差异,但它们在这样一个基本点上却是完全一致的,那就是被它们在不同的意义上置于中心地位的都毫无例外地是与宇宙或自然相对待的、作为类概念的"大写的人"即人类。而所谓"人类",则是一切人的总和,它不仅包括同一时代所有的人,而且还包括过去、现在和未来各个世代的人。我们之所以说历史上只有上述三种形态的人类中心主义,也就是因为在涉及人与自然、人类与生态环境的关系问题时,只有它们才真正是在类概念或人类整体的意义上来谈论人类的中心地位的。由此看来,并不是在任何意义上以人为中心和以任何人为中心的理论立场或观点都属于人类中心主义。

虽然上述三种形态的人类中心主义都是人类关于自身在宇宙中的地位问题的一种文化观念,是人类在思考人与自然的关系时所产生的一种自我意识,但它们的理论性质却是很不一样的。其中,古代的宇宙人类中心主义是一种拟人论的世界观,它所要陈述的不过是一个由物质世界的空间结构所决定的"客观事实",因而它关于人类的中心地位的看法实际上是一种事实判断;中世纪的神学人类中心主义是一种超自然主义的世界观,它所要陈述的则是上帝创造了人类和宇宙万物并安排了它们之间的目的——手段关系的"客观事实",它关于人类的中心地位的看法仍然还是一种事实判断。也正因为这两种形态的人类中心主义关于人类的中心地位的看法属于一种具有可证伪性的事实判断,因而它们后来随着哥白尼的日心说和达尔文的生物进化论的诞生而被宣告彻底破产。与古代的宇宙人类中心主义和中世纪的神学人类中心主义不同,现代人类中心主义不再是一种拟人论的和超自然主义的世界观,而是一种环境伦理价值观,是处理人与自然、人类与生态环境关系的一种伦理价值原则。对于现代人类中心主义来说,人类的中心地位不是一个由客观世界的空间结构决定的或由造物主精心筹划出来的事实,而是人与自然、人类与生态环境相互作用的应然状态。换句话说,现代人类中心主义对人类的中心地位的看法不再是一种事实判断,而是一种价值判断,其基本的价值取向就是主张在人与自然、人类与生态环境的相互作用中将人类的利益置于首要的地位。与一切人类中心主义都是从类的意义上来谈论人类的中心地位相应,现代人类中心主义所强调的人类利益也就是人类的共同利益,亦即人类整体的利益和人类长远的利益,而非作为个体或群体的人的特殊利益和眼前直接的利益。现代人类中心主义的倡导者们就曾明确地提出,我们之所以对生态环境的破坏负有道德责任,主要就源于对于我们人类生存和发展以及子孙后代利益的关心。由此又可以看出,在人与自然、人类与生态环境的关系问题上,并不是任何形态的人类中心主义都包含着明确的价值取向,也不是以任何人的利益为价值取向的环境伦理价值观都属于现代人类中心主义。

总之,人类中心主义是人类关于自身在宇宙中的地位问题的一种文化观念或人类整体的自我意识,只有在人与自然、人类与生态环境的关系问题上以不同形式确认人类整体的中心地位的理论立场或观点才属于人类中心主义;而在诸种形态的人类中心主义中只有现代人类中心主义才具有明确的价值取向,也只有主张将人类利益或人类的共同利益作为处理人与自然、人类与生态环境关系的根本价值尺度的环境伦理价值观才属于现代人类中心主义。

(二) 何为可持续发展

要论说人类中心主义与可持续发展的关系,还必须廓清另一个前提性的理论问题,即到底什么是可持续发展。

正如人们通常所说的那样,20世纪下半叶可持续发展战略在全球范围内的提出,标志着人类社会发展观的重大变革。这一变革是在人们对传统发展战略的内在缺陷及其在实践中导致的巨大负效应的深刻反思过程中实现的,其实质则是人们关于社会发展的价值观念的全面更新和创造性转换。

从最一般的意义上讲,"发展"是事物前进的变化或上升的运动。但是,与应用于自然事物时"发展"仅仅是一个描述概念不同,在对社会事物的理解、解释和说明上,发展概念具有凝重的价值内涵。正如英国苏塞克斯大学发展研究所主任杜德利·西尔斯所说,在给社会生活中的发展概念下定义时,"我们不能回避那些实证主义者轻蔑地称作'价值判断'的问题。'发展'必然是个规范性的概念,几乎同改进是同义词。如果佯装不知,则正好是隐瞒自己的价值判断"①。在社会生活中,既然"发展"不是一个描述性概念而是一个规范性概念,那么人们对于什么是发展、什么不是发展所作的判断也就不是一种事实判断而是一种价值判断,这种价值判断总是根据特定的社会发展观所追求的价值目标来进行的。任何社会发展观的发展概念,也都是从其所追求的价值目标来获得自己的规定性的。由于不同的社会发展观所追求的价值目标是不同的,因而人们依循它们对于发展是什么以及什么是发展、什么不是发展所作的价值判断也就存在着很大的差异。

传统发展战略和可持续发展战略就是两种不同社会发展观的具体体现,它们之间的根本区别也正在于它们所追求的价值目标的不同上。传统发展战略所追求的基本价值目标是一时的经济繁荣。根据这一价值目标,发展只是一种经济现象,并且只是单纯的经济增长或社会物质财富总量的增长,而国民生产总值或国民收入则是衡量发展水平的尺度;由于西方发达国家经济的迅速增长是通过工业化道路实现的,因而工业化甚至西方化也就相应地被视为发展的最有效途径。在传统发展战略看来,只

---

① [英]杜德利·西尔斯:《发展的含义》,载《现代化:理论与历史经验的再探讨》,张景明译,上海译文出版社1993年版,第47页

要经济增长了,社会物质财富总量增加了,政治民主、社会公平、文化发展和人民的生活幸福等都会自然而然地实现。20 世纪 50 年代至 70 年代初期,这种以一时的经济繁荣为基本价值目标的传统发展战略是许多发展中国家普遍采用的一种现代化发展战略。然而,这一发展战略的实施却并没有给人们带来预想的结果。一方面,这一发展战略在一定时期内确曾促进了一些国家和地区的经济发展,但它关于政治民主、社会公平、文化发展和人民生活的幸福随着经济的增长会自然而然地实现的承诺却并没有得到兑现,而它所直接促成的依附性发展反倒还带来了许多棘手的社会问题。另一方面,更为严重的是,这一发展战略片面地强调工业化和增长率,造成了资源的大量消耗、浪费和对自然生态系统的毁灭性破坏,结果使得过去在人类社会的工业技术文明进程中原本已变得十分脆弱的生态环境面临着更加深重的危机。传统发展战略实施过程中出现的各种严重的社会问题和生态环境问题反过来又极大地羁绊了各个国家和地区的经济增长,因此,70 年代以后,这一发展战略受到了人们越来越多的怀疑和批评。

对传统发展战略的怀疑和批评,直接促成了可持续发展战略的出现。1972 年,罗马俱乐部在其公开发表的研究报告《增长的极限》中明确地指出,世界经济和人口的指数增长将会造成地球上资源的枯竭和生态环境的毁灭性破坏,从而会使这种增长迅速达到极限。同年,联合国在斯德哥尔摩召开人类环境会议,通过了《人类环境宣言》,使生态环境的保护问题受到了广泛的重视。1976 年,日本学者坂本滕良在其《生态经济学》一书中强调了保护生态环境对经济持续发展的重要性。1980 年,国际保护自然与自然资源联盟在其《世界保护战略》的报告中提出了"持续发展"的概念。1981 年,美国农业科学家莱斯特·R. 布朗在一本名为《建设一个持续发展的社会》的书中较为系统地阐述了可持续发展的思想。1987 年,世界环境与发展委员会在其向第 42 届联大"环境与发展会议"提交的《我们共同的未来》的报告中,第一次正式地提出了"可持续发展"概念和可持续发展战略,并迅速得到了世界各国的认同。与传统发展战略不同,可持续发展战略所追求的价值目标是经济、社会和生态环境的持续协调发展。这包括两个方面的意思：第一，发展不是单纯的经济增长，而是经济增长、社会全面进步以及人与自然、人类与生态环境关系的和谐协调这三者的有机统一；第二，发展不是一时的经济繁荣，也不只是当代人需要的满足，而是既满足当代人的需要又不对后代人满足其需要的机会和能力构成威胁。在可持续发展战略看来，只有同时满足这两个方面的要求的才是真正的可持续发展。由此可见，可持续发展战略与传统发展战略有很大的不同，而它们之间最重要的区别乃在于二者对待人与自然、人类与生态环境关系问题的不同态度上，其中，传统发展战略一味强调发展的经济目标，完全忽视生态环境的承受能力，忽视对资源的保护及对环境污染和生态破坏的防治；而可持续发展战略则强调发展中人与自然、人类与生态环境的和谐协调的重要性，并把它看作是可持续发展的根本前提条件。也主要是基于这一区别，我们才说传统发展战略所追求的发展是难以持续的，而可持续发展战略所追求的发展是可持续发展。事实上，虽然可持续发展战略的内容极为丰富，涉及社会的经济、政治、文化、科技、教育、人们的生活方式和消费方式等各个方面，但它最为关注的还是如何实现人与自然、人类与生态环境关系的和谐协调问题。关于这一点，我们从上述可持续发展战略的萌生和提出过程中，特别是从可持续发展战略是在联合国环境与发展会议上正式提出的这一事实中已经可以看得十分清楚。联合国环境与发展会议倡导可持续发展战略的根本立论基础就是发展与环境或发展中人与自然、人类与生态环境的关系问题，上述 1987年世界环境与发展委员会向第 42 届联大环境与发展会议提交的报告《我们共同的未来》是这样，1992 年联合国在里约热内卢召开的世界环境与发展大会更是如此。后者通过的《里约环境与发展宣言》、《21 世纪议程》等文件，把环境与发展直接联系起来，号召各国依靠科技进步，转变发展模式，节约资源和能源，减少废物排放，实行清洁生产和文明消费，建立经济、社会、资源和环境协调持续发展的新模式。可以说，也正因为可持续发展战略的主要关注点是发展与环境或发展中人与自然、人类与生态环境关系的和谐协调问题，所以它才能够迅速地得到全球范围内人们的普遍认同和各国政府的高度重视。

作为一种新的社会发展观的体现,可持续发展战略是在当代人类社会的发展陷入重重困境特别是面临着严重的生态危机的情况下人类用以走出困境、摆脱危机的对策,它是 20 世纪末人类作出的一个明智的抉择。

(三) 现代人类中心主义何以构成可持续发展的环境伦理学基础

既然可持续发展战略最为关注的是人与自然、人类与生态环境关系的和谐协调问题,并把人与自然、人类与生态环境关系的和谐协调看作是可持续发展的根本前提条件,那么,要实施可持续发展战略、实现可持续发展,当代人类就必须奉持一种与可持续发展的要求相适应的环境伦理价值观。在我看来,以人类利益或人类的共同利益为价值取向的现代人类中心主义就是这样的一种环境伦理价值观,只有它才能成为可持续发展的环境伦理学基础。

可持续发展战略之所以特别关注人与自然、人类与生态环境关系的和谐协调问题,并把人与自然、人类与生态环境关系的和谐协调看作是可持续发展的根本前提条件,就是因为当代人与自然、人类与生态环境关系的不和谐、不协调状态亦即当代的生态环境问题已严重地阻滞了人类社会的持续发展。而我们之所以说只有以人类利益或人类的共同利益为价值取向的现代人类中心主义才能成为可持续发展的环境伦理学基础,也就是因为只有它才是一种真正能够帮助人类消除当代人与自然、人类与生态环境关系的不和谐、不协调状态并解决当代的生态环境问题的环境伦理价值观。

要确认只有现代人类中心主义才能成为可持续发展的环境伦理学基础,首先必须揭示导致当代生态环境问题的环境伦理学根源和传统发展战略的环境伦理学基础。作为当代人与自然、人类与生态环境关系的不和谐、不协调状态的表现,当代人类面临的广泛而又严重的生态环境问题实际上是历史上各种形式的反人类中心主义的环境伦理价值观导致的恶果。在国内外关于人类中心主义问题的讨论中,一些人常常把以人类的利益为价值取向的人类中心主义视为导致当代生态环境问题的环境伦理学根源,这是完全没有任何"文本"依据的议论。因为正如前述,历史上的人类中心主义只是一种拟人论的和超自然主义的世界观,它们并没有明确的价值取向;在诸种形态的人类中心主义中,作为以人类利益或人类的共同利益为价值取向的生态伦理价值观的只有现代人类中心主义,而它却是在人类所面临的生态环境问题日趋严重的情况下并为了救治人类的生态环境而产生的。从历史上看,自从进入文明时代以来,在利益分化特别是私有制占主导地位的社会条件下,以往还未曾有过作为现代人类中心主义的价值取向意义上的人类利益即人类的共同利益,有的只是各种不同的个体利益和群体利益,与之相适应,实际地支配着人们处理人与自然、人类与生态环境关系活动的环境伦理价值观也从来就不是以人类的利益为价值取向的人类中心主义,而是以各种特殊的个人利益和群体利益为价值取向的个人中心主义和群体中心主义。从现代人类中心主义的立场上看,这些个人中心主义和群体中心主义恰恰是十足的反人类中心主义。问题在于,在利益分化和私有制的条件下,各种特殊的个人利益和群体利益之间是相互对立、彼此冲突的,这就决定了反人类中心主义(个人中心主义和群体中心主义)必然具有损人利己的性质。如果说在处理个人与个人或群体与群体的关系时反人类中心主义还总有解不完的难题,任何利益主体的损人利己的行为都要受到别的利益主体同样行为的制衡,那么,一旦将它们应用于处理人与自然、人类与生态环境的关系,其所导致的对自然生态环境的侵害在达到某种累积性的结果或最后的限度以前几乎是无法遏止或很难遏止的。长期以来特别是近代以来,正是在这种反人类中心主义的环境伦理价值观的支配下,各种不同的利益主体为了最大限度地追逐自己特殊的、眼前直接的利益,利用手中掌握的越来越先进的技术手段向大自然展开了残酷的掠夺和暴虐的征战,结果使得人与自然、人类与生态环境之间的对立和矛盾日益加剧,并最终导致了当代人类所面临的广泛而又严重的生态环境问题。反人类中心主义不仅是导致当代生态环境问题的环境伦理学根源,而且也是传统发展战略的环境伦理学基础。传统发展战略只是一种地域性的发展战略,它所关注的只是特定群体(一个国家或地区)的发展,它所追求的也只是一时的经济繁荣。为了求得短期内发展速度和增长率的最大化,这种发展战略对待自然资源和生态环境的基本做法是杀鸡取卵、竭泽而渔。在这里,传统发展战略所体现出来的环境伦理价值观,正是作为反人类中心主义的表现形式之一的、以特定群体的特殊的、眼前直接的利益为价值取向的群体中心主义。而在这样的一种环境伦理价值观的支配下,传统发展战略所追求的发展注定是不可持续的。因此,要实施可持续发展战略、实现可持续发展,当代人类就必须坚决地摒弃这种反人类中心主义的环境伦理价值观。

现代人类中心主义是作为上述历史上的反人类中心主义(个人中心主义和群体中心主义)的对立面出现的,它的产生与可持续发展战略的提出不仅具有时间上的相关性,而且具有直接同一的问题背景,那就是历史上各种形式的反人类中心主义所导致的对生态环境的侵害最终突破了自然界所能忍受的限度,出现了一种总的累积性结果亦即全球性的生态危机,它对整个人类的生存和发展构成了严重的威胁。而在出现全球性的生态危机的情况下,克服这种生态危机,以便求得继续生存和持续发展已成为全人类的共同利益,这是人类历史上第一次突现出来的人类的共同利益。诚然,在当代条件下,由于利益分化和私有制占主导地位的情形仍未改变,人类共同利益的形成并不意味着各种特殊的个人利益和群体利益已经消失,因而也不意味着各种形式的反人类中心主义不再起作用。但是,当代全球性的生态危机的出现客观上已经给不同利益主体的行为设置了这样一个伦理界限,那就是在处理与自然生态环境的关系时人们对自身特殊利益的追逐不得损害人类的共同利益,否则,地球上的生态环境将不复适宜于人类的生存和发展,从而也就根本谈不上什么各种特殊利益的实现。正是在这样一种背景下,才产生了要求以人类的共同利益即有利于整个人类的生存和发展作为人们处理与自然生态环境关系的根本价值尺度的现代人类中心主义。也正是在这样一种背景下,当代人类才提出了以克服生态危机、解决当代的生态环境问题为主要关注点的可持续发展战略。在这里,以人类的共同利益为价值取向的现代人类中心主义之所以能够现实地规范人们处理自身与自然生态环境关系的活动、从而有利于实施可持续发展战略和实现可持续发展,就在于它所强调的这种人类的共同利益并不是一种超出各种特殊利益之外或之上并与各种特殊利益抽象对立的东西,这种人类的共同利益就存在于各种特殊利益之中,并且是各种特殊利益得以实现的最低限度的保障。因为它所谓的人类的共同利益实际上就是使一切人得以生存和发展的最基本条件,而各种特殊的利益则是指满足不同的生存和发展的需要;人们只有首先能够生存和发展,才能进一步去谈论满足不同的生存和发展的需要。因此,即使人们仅从自身的特殊利益出发来考虑问题,最终也不得不认同现代人类中心主义的价值取向,不得不自觉地维护现代人类中心主义所强调的这种人类的共同利益。

事实上,可持续发展战略本身就是建立在现代人类中心主义这种环境价值观的基础上的。与传统的发展战略不同,可持续发展战略是一种全球性战略,是当代人类社会整体的、长远的发展战略。在其所追求的价值目标中,可持续发展战略强调人与自然、人类与生态环境关系的和谐协调的重要性,并把它看作是既满足当代人的需要,又不对后代人满足其需要的能力构成威胁、实现当代人的发展与后代人的发展机会平等的根本前提条件。这样一个价值目标,体现了可持续发展战略对整个人类共同的、长远的利益的深切关注及对现代人类中心主义的价值取向的深刻认同。反过来,也只有自觉地坚持以人类的利益或人类的共同利益为价值取向的现代人类中心主义这样一种环境伦理价值观,当代人类才能有效地实施可持续发展战略、实现可持续发展。

五

环境伦理何以可能

20世纪下半叶以来，保护自然、保护环境的重要性和紧迫性已为全球范围内越来越多的人们所自觉认同，环境伦理对人类处理自身与外部自然环境关系的活动、对各国社会经济的发展乃至对人们的日常生活正在发挥越来越大的规范作用。因此，环境伦理是否可能早已不再是一个问题。但是，在环境伦理学中，环境伦理何以可能亦即环境伦理得以可能的根据却一直是一个悬而未决的问题，人们在这一问题上至今仍存在着重大的分歧和激烈的争论。对这一问题的合理解答，不仅关系到环境伦理学的合法性及其理论建构，而且也关系到环境伦理实践即环境保护运动的前途和命运。

（一） 现代西方环境伦理学的主流观点

环境伦理何以可能之所以成为一个问题，其根本原因在于环境伦理区别于传统伦理学研究对象的特殊性质。众所周知，在中西方伦理思想史上，伦理关系向来都被视为人们之间的一种社会关系，伦理道德所适用的对象向来都被定位于社会事物或人的行为，而传统伦理学所研究的也就是人与人之间的伦理关系，就是社会事物或人的行为的伦理道德属性。

然而,环境伦理却是作为人与自然环境之间的伦理关系而受到强调和重视的,环境伦理学一开始就致力于人与自然环境之间伦理关系的探究和建构,主张对自然环境予以伦理关怀或道德关爱。既然如此,环境伦理学就必然要面临和回答环境伦理何以可能这样一个问题。

对于上述问题,环境伦理学研究中的主流观点是从两个方面来加以回答的。

第一,在环境伦理与传统伦理学研究对象的关系问题上,环境伦理学研究中的主流观点奉行的是一种道德扩张主义。早在 19 世纪 30、40 年代,美国学者莱奥波尔德就曾明确提出将伦理学的对象从人与人的社会关系领域扩展到大地即自然界的主张,并通过系统地实施这一主张而成为环境伦理学的奠基人。莱奥波尔德认为,传统伦理学将伦理关系局限于社会领域是有严重缺陷的,人破坏自然的行为之所以不会受到道德上的谴责,就是因为这种行为超出了传统伦理学的界域;只有扩展道德共同体的边界,使自然也成为伦理关怀的对象,确认人对自然的道德义务和责任,伦理学才能应对日益严重的生态环境问题。莱奥波尔德的这种道德扩张主义的观点为后来大部分环境伦理学家所秉承,只不过不同的人对于道德共同体的边界有不同的理解,其中,有人主张将道德共同体扩展到有苦乐感觉能力的动物,有人主张将其扩展至所有的生命存在物,还有人主张道德共同体应包括由土壤、水、植物和动物组成的生态系统乃至整个自然界。总之,根据道德扩张主义的观点,环境伦理学对于环境伦理的探究和建构,意味着传统伦理学界域的拓展,意味着伦理学的研究对象和伦理道德所适用的范围从人与人之间的关系扩展到了人与自然之间的关系,意味着伦理学对于人对自然事物的道德义务和责任的确认。正如泰勒在《尊重自然》一书中所说:"环境伦理学所关心的是人与自然界间的伦理关系。规范这一伦理关系的原则决定着我们对地球及居住在地球上的所有动植物的义务和责任。"①

---

① Paul W. Taylor, *Respect for Nature: A Theory of Environmental Ethics*, New Jersey: Princeton University Press, 1986, p. 3.

第二,在环境伦理建构的目的或价值取向上,环境伦理学研究中的主流观点则持一种非人类中心主义的立场。这种观点认为,环境伦理学扩展道德共同体的边界、确认人对自然的道德义务和责任,不是基于人类的需要和利益,不是基于自然事物对于人类的工具价值,而是基于自然事物的"内在价值"。这种观点在当代的环境伦理学研究中尤其盛行。英国当代环境伦理学家 J. 奥尼尔说:"持一种环境伦理学的观点就是主张非人类的存在和自然界其他事物的状态具有内在价值。这一简洁明快的表达已经成为近来围绕环境问题讨论的焦点。"[1]尽管环境伦理学家们对"内在价值"概念有不同的理解,但人们普遍地认为,"内在价值"是自然事物本身固有的,它与人类的需要和利益无关,甚至独立于人类对于自然事物的评价;正是这种其本身固有的"内在价值",决定了自然事物作为"道德关爱对象"的"道德资格",决定了人对自然的道德义务和责任。从这一非人类中心主义的立场出发,环境伦理学研究中的主流观点对人类中心主义的价值观念进行了激烈的批评。人们认为,历史上和现实中的那种只承认自然事物对于人类的工具价值的人类中心主义,必然导致人类对自然界的恣意掠夺,并因此而导致了当代的生态环境问题;只有从根本上走出人类中心主义的观念,承认自然事物的"内在价值",给自然事物以伦理关怀或道德关爱,才能使自然环境从价值的"根"上得到保护,才能根治当代的生态环境问题。

(二) 道德扩张主义和非人类中心主义辨析

应当承认,环境伦理学是对传统伦理学的时代性发展,而环境伦理的确立及其对人与自然关系的规范作用,意味着人类伦理道德的重大进步。

---

[1] 徐嵩龄主编:《环境伦理学进展:评论与阐释》,社会科学文献出版社 1999 年版,第 135 页。

但是,环境伦理学研究中的主流观点对环境伦理何以可能问题所作的解答却是难以让人信服的。

首先,环境伦理学研究中的主流观点所奉行的道德扩张主义是站不住脚的。

与传统伦理学的研究对象相比较,环境伦理确有其特殊性,它在一定意义上也的确可以被看作是人与自然之间的伦理关系。但是,如果像道德扩张主义那样,认为环境伦理学对环境伦理的探究和建构意味着伦理道德所适用的范围从人与人之间的关系扩展到了人与自然之间的关系,即认为环境伦理所调整的人与自然之间的关系完全超越人与人之间关系的范围,那就夸大了环境伦理的特殊性,并由此从根本上误解了环境伦理的性质。环境伦理学的产生和发展不过是伦理学对于日益严重的生态环境问题的一种理论回应,其对环境伦理的探究和建构,也就是为了救治日益恶化的生态环境、克服和解决已对人类生存和发展构成严重威胁的生态环境问题。而生态环境之成为问题,从表面上看是人与自然的关系出了问题,但从实质上看则是人与人的社会关系出了问题;生态环境问题就是人与人的社会关系上的问题,特别是人们之间的利益矛盾和冲突在人与自然关系上的表现。与此相应,环境伦理所调整的对象,从表面上看是人与自然之间的关系,而从实质上看则是人与人之间的关系,是以人与自然的关系的形式表现出来的人与人的关系,或者说是被自然所中介了的人与人之间的关系。因此,环境伦理学并没有完全超出传统伦理学的界域,其对环境伦理即人与自然之间的伦理关系的探究和建构也谈不上是对传统伦理学研究对象即人与人之间的伦理关系的扩展。

既然环境伦理所调整的对象仍然是人与人之间的关系,那么,道德扩张主义认为环境伦理的建构意味着确认人对自然事物的道德义务和责任也是没有道理的。如上所述,生态环境问题是人与人的社会关系上的问题,特别是人们之间的利益矛盾和冲突在人与自然关系上的表现。这里所谓的人们之间的利益矛盾和冲突,具体地表现为特定主体的利益与他人的利益、前代人的利益与后代人的利益之间的矛盾和冲突,即特定主体为了自己的利益而破坏了生态环境,从而损害了他人的利益和后代人的利益。而作为对日益严重的生态环境问题的一种理论回应,环境伦理学对环境伦理的探究和建构,实质上就是为了协调和消释被自然所中介了的或者说是由生态环境问题所表现出来的特定主体的利益与他人的利益、前代人的利益与后代人的利益之间的矛盾和冲突。因此,环境伦理的建构决不意味着确认人对自然事物的道德义务和责任,而是意味着确认人们在处理与自然的关系时对他人和后代人的道德义务和责任。

环境伦理学研究中的道德扩张主义不仅是难以成立的,而且完全是多余的。其实,人们完全不必夸大环境伦理的特殊性,环境伦理何以可能的问题完全可以依据环境伦理本身的性质来加以解答。在我看来,环境伦理仍然属于人与人之间的伦理关系,只不过是一种以人与自然关系的形式表现出来的或以自然为中介的人与人之间的关系;环境伦理所确认的仍然是人们之间的道德义务和责任,只不过是人们在处理与自然的关系时对他人和后代人的道德义务和责任。环境伦理这种与传统伦理学研究对象本质上同一而表现形式相异的性质,本身就足以构成环境伦理得以可能的重要根据。

其次,环境伦理学研究中的主流观点所坚持的非人类中心主义立场也是很成问题的。

环境伦理学研究中的主流观点是以反人类中心主义的面目出现的,但它对人类中心主义的理解却存在着严重的失误。"人类中心主义"概念中的"人类"一词,既可相对于"非人类"即自然事物而言,也可相对于"个体"和"群体"而言。与此相应,在价值论层面上,人类中心主义概念也常常是在两种极其不同的意义上被使用的:一是仅指以人类整体的、长远的利益作为处理人与自然关系的根本价值尺度的价值取向;二是概指人在处理与自然的关系时总是把自身的需要和利益置于首要地位这样一种价值取向。显然,前者是一种狭义的人类中心主义,它与以个体利益和群体利益作为处理人与自然关系的根本价值尺度的各种形式的个体中心主义和群体中心主义相对立;后者则是一种广义的人类中心主义,它既包括狭义的人类中心主义,也包括各种形式的个体中心主义和群体中心主义。但是,自从人类进入文明时代以来,在利益分化特别是私有制占主导地位的社会条件下,狭义的人类中心主义即把人类的整体的、长远的利益奉为根本价值尺度的人类中心主义从来未曾成为人们现实实践活动的价值取向,在人们的现实实践活动中起作用的向来是各种形式的个体中心主义和群体中心主义。从历史上看,正是在这种个体中心主义和群体中心主义的支配下,各种不同的利益主体为了最大限度地追逐自己特殊的、眼前直接的利益,向大自然展开了残酷的掠夺和暴虐的征战,而丝毫不去考虑这种行为对自然生态环境的长远影响,其结果便是造成了各种日益严重的生态环境问题。环境伦理学中的主流观点把历史上个体中心主义和群体主义所酿成的恶果记到整个人类中心主义的头上,笼而统之地断言人类中心主义是导致生态环境问题的罪恶之源,显然是一叶障目,把个体中心主义和群体中心主义混同于整个人类中心主义,并由否定个体中心主义和群体中心主义而走向了否定各种形式的人类中心主义。

环境伦理学研究中的主流观点所坚持的非人类中心主义立场,就是建立在上述对人类中心主义的错误理解和全盘否定基础上的,它丝毫无补于说明环境伦理何以可能的问题。正如前述,非人类中心主义环境伦理学的核心教条是:要真正确立人与自然环境之间的伦理关系,就必须破除对自然事物作工具价值评价的人类中心主义的价值观念,转而承认自然事物的"内在价值"。然而,用"内在价值"说来阐释环境伦理得以可能的根据或把环境伦理得以可能的根据安放在自然事物的"内在价值"上是根本靠不住的。且不说非人类中心主义环境伦理学强调自然事物具有与人的利益和需要无关的所谓的"内在价值"是对价值概念的误用或乱用,仅就其对于承认自然事物的"内在价值"的特殊紧要性的具体论证看,我们也很难认同非人类中心主义环境伦理学的结论。关于这一点,我们只要对一些非人类中心主义环境伦理学家的有关论述稍作分析,就可以看得十分清楚。

莱奥波尔德曾说:"如果我们没有对大地的热爱、尊敬和赞扬,以及没有对大地价值的高度重视,伦理学和大地之间的关系就不能够存在。"①泰勒认为,承认环境伦理,"就是承认一切非人类生命体都具有内在价值";而承认"一切非人类生命体的内在价值",也就是承认了环境伦理②。伯奇则主张,无论我们多么开明,对自然事物作工具价值评价都不会使我们了解到"有效的自然伦理"。他写道:"若不能将环境保护建立在人以外的所有生命造物都具有内在价值的基础之上,它的基础就是非常不确定的。除非这些造物都具有内在价值,否则环境保护的堂皇名义就无非是符合人的各种目的之类,而人的目的是随时随地变化着的。"③上述这些论述都力图给人这样一种印象,似乎承认自然事物的"内在价值"是环境伦理得以可能的充分必要条件。其实不然。一方面,不承认自然事物的"内在价值"并非就不能建立起有效的环境伦理。上述伯奇用"人的目的是随时随地变化着的"来说明对自然事物作工具价值评价不能导向有效的环境伦理是不能成立的,因为他所批评的对自然事物作工具价值评价的人类中心主义仍然只是各种形式的个体中心主义和群体中心主义,也只有不同个体、群体等特殊利益主体的目的是"随时随地变化着的"。相反,以人类整体的、长远的利益作为处理人与自然关系的根本价值尺度的人类中心主义虽然也对自然事物作工具价值评价,但它捍卫人类整体的、长远的利益的目的却并不"随时随地"发生变化,其价值取向与环境保护的内在要求完全一致。因此,以人类整体的、长远的利益作为处理人与自然关系的根本价值尺度的人类中心主义并不需要援引什么自然事物的"内在价值"来说明环境保护的必要性,但却完全可以导向有效的环境伦理。另一方面,承认自然事物的"内在价值"也并非一定就能建立起有效的环境伦理。上述非人类中心主义环境伦理学家们宣称,既然自然事物具有"内在价值",我们就不应该对它们作工具价值评价,

---

① [美]A. 莱奥波尔德:《沙郡年鉴》,转引自叶平:《生态伦理学》,东北林业大学出版社1994年版,第78页。

② Paul W. Taylor, *Respect for Nature: A Theory of Environmental Ethics*, New Jersey: Princeton University Press, 1986, p. 71.

③ 转引自[美]W. H. 墨迪:《一种现代的人类中心主义》,载《哲学译丛》1999年第2期。

因为自然事物本身就是目的。这使得我们不能不进一步追问:说"自然事物本身就是目的"是什么意思? 自然事物到底是谁的"目的"? 无论如何,我们不能说自然事物是人类活动的目的,人们也永远不会把自然事物作为自己的目的。就连伯奇也不得不承认说:要获得"有效的自然伦理"就必须承认"每一造物的内在价值",但是,"无论人多么开明,他只关心自己的利益,这无法为保持生态可延续提供充分的动机"。对此,墨迪评论道:"即使这个表述取得了一定的指导作用,即就算人承认了事物的内在价值,他仍然不会有足够的动机维持生态的平衡。"①可见,在对环境伦理何以可能问题的说明上,"内在价值"说并不能为非人类中心主义环境伦理学帮上什么忙。值得注意的是,当代的一些持人类中心主义立场的环境伦理学家如墨迪、帕斯莫尔等人也都承认自然事物具有"内在价值",但他们认为这与他们的人类中心主义立场并不矛盾。这从反面进一步暴露了建立在"内在价值"说基础上的非人类中心主义伦理学的理论缺陷。

不仅如此。在环境伦理学研究中坚持非人类中心主义的立场,必定一开始就陷入理论上自相矛盾的境地。环境伦理学研究中的非人类中心主义有各种不同的具体表现形式,如生命中心主义、生物中心主义、生态中心主义等等,但它们无例外地都是以人以外的自然或自然事物为中心的。问题在于,作为环境伦理学关注的对象,这里所谓的自然或自然事物虽在人之外,却并非与人不相干,而是作为人类生存和发展条件的自然环境。因此,环境伦理学研究中的非人类中心主义实质上就是主张以自然环境为中心,这本身就是理论上的自相矛盾。事实上,自然环境总是相对于人而言的,是以人为中心的,环境伦理这一概念本身就预设了人类的中心地位。无论是从环境伦理的性质看,还是就人类实践活动的本性而言,人类中心主义的立场都是不可能完全超越的,可能超越的只是某种具体形态的人类中心主义。而要真正解决当代的生态环境问题,就必须超越或走出各种形式的个体中心主义和群体中心主义,走入以人类整体的、长

---

① ［美］W. H. 墨迪:《一种现代的人类中心主义》,载《哲学译丛》1999 年第 2 期。

远的利益作为处理人与自然关系的根本价值尺度的人类中心主义。如果像环境伦理学研究中的非人类中心主义那样主张从根本上走出人类中心主义,包括这种将人类整体的、长远的利益奉为根本价值尺度的人类中心主义,那就必然会得出与环境伦理的性质完全相悖谬的各种反人道主义、甚至反人类的结论。例如,有的环境伦理学家竟然宣称:"当地球上的最后一个男人、女人或儿童消失时,那绝不会对其他生物的存在带来任何有害的影响,反而会使它们受益,因为人类文明的发展对它们的生存所造成的破坏就会立刻停止。如果站在它们的立场上看,人类的出现确实是多余的。"①其实,非人类中心主义环境伦理学就是站在其他生物的立场上说话的,它力主把伦理关怀或道德关爱奉献给人以外的自然事物,却唯恐由此惠及人类,甚至把人类的出现视为地球上本不应该出现的灾难。因此,尽管一些非人类中心主义环境伦理学家声称要建立一种所谓的"新人道主义",但他们所奉行的非人类中心主义实际上是一种十足的兽道主义!

环境伦理学研究中的非人类中心主义不仅在理论上是荒谬的,而且在实践上是有害的。在我们这个人与人之间的利益分化、利益对立仍然极其严重的世界上,要求人们确认他人的价值、关心他人的利益尚且极其困难,环境伦理学研究中的非人类中心主义却要求人们在实践中确认自然事物的内在价值、关心非人类事物的利益,这无异于痴人说梦。以这种非人类中心主义的论调来论说环境保护的必要性和重要性,只能把环保运动引入死胡同。

总之,环境伦理学研究中的主流观点站在道德扩张主义和非人类中心主义的立场上没有、也不可能说明环境伦理何以可能的问题。在我看来,环境伦理是一种以人与自然关系的形式表现出来的人与人之间的伦理关系,环境伦理所确认的是人们在处理与自然的关系时对他人,特别是对后代人的道德义务和责任,它只能以人类整体的、长远的利益作为处理人与自然关系的根本价值尺度。这就是环境伦理得以可能的根据。

---

① Andrew Brennan, *The Ethics of the Environment*, Aldershot, England: Dartmouth Publishing Company Limited, 1995, p. 208.

六

保持生态平衡与构建和谐社会

有人说,人类文明在历经了农业文明、工业文明之后,正在向着生态文明迈进,而生态文明则是一种建立在生态平衡基础上的或以生态平衡为显著特征的新的文明形态。不管这种文明形态论是否能够成立,有一点却是可以肯定的,那就是在当今世界上,任何国家的社会经济建设及其发展战略都不能漠视生态平衡。在努力实现社会主义现代化的过程中,我国提出了构建社会主义和谐社会的任务和目标,并把加强生态环境建设、保持生态平衡作为构建社会主义和谐社会的重要内容。在这样一种情况下,对生态平衡与和谐社会的关系作一哲学价值论的审视,无疑具有极其重要的意义。

（一）构建和谐社会与保持生态
平衡的共同价值取向

从表面上看,生态平衡与和谐社会似乎是两类很不相同,甚至毫无关涉的现象,它们分别标示着自然生态系统和人类社会系统的不同状态。但是,当它们成为我们今天自觉追求的目标时,以它们为目标的活动即保持生态平衡与构建社会主义和谐社会的努力却表现出共同的价值取向。

我们正在努力构建的社会主义和谐社会,是一种"全体人民各尽其能、各得其所而又和谐相处的社会"①。这样一种和谐社会的构建,鲜明地体现了以人为本的价值取向。所谓以人为本,从最一般的意义上说,就是要维护人的尊严和权利、尊重人的价值。不过,作为社会主义价值原则的"以人为本",既不同于中国古代封建统治阶级的"民本"思想,也不同于近现代西方资产阶级的人本主义学说。中国封建社会的一些思想家也极为"重民",并曾提出了十分丰富的"民本"思想,如"民为邦本,本固邦宁"②;"民为贵,社稷次之,君为轻"③,等等。但是,这种"民本"思想不过是对君主专制的一种"训政",其目的在于帮助封建君主更好地"役民"、更顺利地实现其统治,因而它实质上是一种不折不扣的"君本"思想。西方近现代资产阶级的人本主义学说反对神本主义,高扬人的主体地位,强调人的自由和权利,把人或者人的某个方面(如非理性方面)抬高到了至高无上的地位。但是,这种人本主义思想是建立在"共同人性"的理论预设基础上的,其所谓的"人"是一种现实社会中根本就不存在的、无差等的抽象的人,因而它对于资本主义社会中受剥削、受压迫的广大无产阶级群众来说只是一种无关痛痒的议论。而作为构建社会主义和谐社会的价值取向,以人为本是要以人民群众及其利益为本,它是建立在群众史观基础上的,是以确认人民群众作为历史创造者、作为国家和社会主人翁的地位为前提的。"坚持以人为本,就是要以实现人的全面发展为目标,从人民群众的根本利益出发谋发展、促发展,不断满足人民群众日益增长的物质文化需要,切实保障人民群众的经济、政治和文化权益,让发展的成果惠及全体人民。"④

以人为本同样也是我们保持生态平衡的价值取向。所谓生态平衡,

---

①　《中共中央关于加强党的执政能力的决定》,载《人民日报》2004 年 9 月 27 日。

②　《尚书·五子之歌》。

③　《孟子·尽心下》。

④　胡锦涛:《在中央人口资源环境工作座谈会上的讲话》,转引自《保持共产党员先进性教育读本》,党建读物出版社 2004 年版,第 281 页。

是指生态系统没有受到外力的剧烈扰动,其结构和功能保持相对稳定,其内部及其与周围环境之间的能量流动和物质循环能够平稳地进行。由于生态系统是一个开放系统,所以生态平衡只能是一种动态平衡。这种动态平衡之所以可能,就在于生态系统具有自我调节的能力;当系统要素及其功能出现某种异常情况时,其所产生的影响可以被系统作出的调节所补偿或抵消。但是,生态系统的自我调节能力是有限度的,超过了这个限度,生态系统就难以回复到原来的稳定状态,甚至会发生不可逆转的改变,从而造成生态平衡的破坏亦即生态失衡。生态平衡是自然界在漫长的进化过程建立起来的一个伟大的平衡,它堪称大自然的一个绝作。正是因为有了它,才有了大自然的生机勃勃,也才有了人类文明的繁荣和发展。相反,如果生态平衡遭到破坏,就会引起灾难性的后果,人类的生存和发展、人类文明的存续就会受到严重的威胁。例如,麻雀本是益鸟,它是各种农作物害虫的天敌,但以往人们并未认识到这一点,反而把麻雀当作害鸟并大量地加以捕杀,于是,各种害虫迅速繁殖起来,并导致了虫灾泛滥、农田绝收的严重后果。可见,虽然生态平衡所标示的是自然生态系统本身的特定状态,但生态平衡的意义和重要性却是相对于人类社会、相对于人类的生存和发展而言的。换句话说,人类是把生态系统当作自己的生存和发展环境来看待的,人类保持生态平衡的目的在于为人类的生存和发展创造一个有利的自然生态环境,其价值取向无疑是以人为本。

值得注意的是,在保持生态平衡的价值取向问题上,国内外环境伦理学研究中向来存在着人类中心主义与非人类中心主义的激烈争论。作为环境伦理学的主流理论,非人类中心主义的环境伦理学也强调生态平衡的重要性、强调人类对自然事物的义务和责任。正如美国环境伦理学家泰勒所说:"环境伦理学所关心的是人与自然界间的伦理关系。规范这一伦理关系的原则决定着我们对地球及居住在地球上的所有动植物的义务和责任。"①但是,非人类中心主义环境伦理学家们认为,他们强调人类

---

① Paul W. Taylor, *Respect for Nature:A Theory of Environmental Ethics*, New Jersey:Princeton University Press,1986,p. 3.

对自然事物负有道德义务和责任、强调保持生态平衡的重要性，并不是基于人类的需要和利益，而是基于自然事物的"内在价值"。虽然这些环境伦理学家们对"内在价值"概念有不同的理解，但他们普遍认为，"内在价值"是自然事物本身固有的，它与人类的利益和需要无关，甚至独立于人类对于自然事物的评价。从这一基本立场出发，非人类中心主义环境伦理学家们对人类中心主义的价值观念进行了激烈的批评。他们认为，历史上和现实中的那种只承认自然事物对于人类的工具价值的人类中心主义，必然导致人类对自然界的恣意掠夺，并因此而导致了生态平衡的破坏；只有从根本上走出人类中心主义的观念，承认自然事物的"内在价值"，给自然事物以伦理关怀或道德关爱，才能使生态环境从价值的"根"上得到保护，才能根治当代的生态失衡问题。显然，根据非人类中心主义环境伦理学的"内在价值"说，保持生态平衡的价值取向应该是以自然为本或以物为本。在我看来，非人类中心主义环境伦理学的这种看法是极其荒谬的。众所周知，事物的价值是相对于人或人的需要而言的，价值就是客体对主体需要的满足关系。我们说某一事物具有价值，就是也只是因为它能满足主体的需要、符合人的利益。离开人类的利益和需要，我们并不否认自然界的各种事物如占据特定生态位的生物对于维持生态平衡具有重要作用，但决不能说它们具有什么与人类的需要和利益毫不相干的"内在价值"！这些自然事物能够起到维持生态平衡的作用，因而被人们认为是有价值的，恰恰是因为生态平衡符合人类的利益和需要。倘若地球上根本不曾有人类，那么，即使生态系统再完整、稳定、平衡，又有什么意义呢？或者即使整个生态系统都彻底崩溃了，又有什么关系呢？因此，我们只有从人类的利益和需要出发，只有坚持以人为本而不是以自然为本或以物为本的价值取向，才能真正从价值的"根"上有力论说保持生态平衡的重要性，也才有可能在实践中自觉而努力地保持生态平衡。

需要说明的是，在构建社会主义和谐社会过程中，在保持生态平衡的问题上坚持以人为本的价值取向，同样也是要以人民群众及其利益为本、切实保障和实现广大人民群众的根本利益。在这里，作为保持生态平衡的价值取向的以人为本，不仅与非人类中心主义环境伦理学所主张的以

自然为本或以物为本的价值取向恰相反对,而且也与人们在实际处理与
生态环境的关系时所奉持的那种以个人或少数人的利益为本的价值取向
根本对立。当代人类面临的生态失衡问题,正是在历史上一些利益主体
为了追逐个人或少数人的特殊利益、满足自身不合理的需要而不断破坏
生态环境的过程中出现的,它是那种以个人或少数人的利益为本的价值
取向的必然恶果。但是,在处理与生态环境的关系问题上,反对和摈弃那
种以个人或少数人的利益为本的价值取向,并不一定要像非人类中心主
义环境伦理学那样走入以自然为本或以物为本的歧途,而应该并完全可
以代之以以绝大多数人的利益即人民群众的利益为本。当代社会发展的
实践一再表明,生态平衡是任何国家社会经济持续发展的根本前提,而社
会经济的持续发展又是不断实现人民群众利益的根本基础。因此,保持
生态平衡就是为了切实保障和实现人民群众的根本利益。

　　总之,构建社会主义和谐社会与保持生态平衡的价值取向是完全一
致的,二者都在于以人为本,都是为了保障和实现人民群众的根本利益。

（二）保持生态平衡对构建
和谐社会的重要性

　　构建社会主义和谐社会与保持生态平衡在价值取向上的根本一致
性,使得它们之间具有一种相依相促的紧密联系。这种相依相促的关系,
首先表现为构建社会主义和谐社会内在地要求保持生态平衡,或者说,保
持生态平衡是构建社会主义和谐社会的重要保障和基本内容。

　　生态平衡是生态系统的常态,它是在自然界的惯常行程中依靠生态
系统的自我调节功能而达致的。生态失衡则是生态系统常态的破坏,它
是在外力干扰超过生态系统的自我调节能力的情况下出现的。虽然导致
生态失衡的外力干扰也可以来自自然界本身,但今天人类面临的生态失
衡问题主要是由人类自身对生态系统的破坏性影响造成的。例如,在农

业开发和城市化过程中,人类大规模地把自然生态系统转变为人工生态系统,严重干扰了生态系统的正常运行;对各种自然资源的掠夺性开采,严重破坏了生态系统的物质循环;向自然界倾泻的各种人工产品和废物,严重污染和毒害了生态系统的物理环境和生物组分,等等。而作为人类对生态系统破坏性干扰的结果,生态失衡又会反过来报复和惩罚人类,或是使人类的生存直接受到威胁,或者使社会经济的发展面临重重困难。因此,生态平衡的破坏即生态失衡,意味着人与自然之间的矛盾和冲突,意味着人与自然关系的不和谐。从这个角度来看,保持生态平衡,就是要实现人与自然关系的和谐。

保持生态平衡、实现人与自然关系的和谐,是构建社会主义和谐社会的重要保障条件。社会主义和谐社会是人与人、人与社会和谐相处的社会。但是,如果没有生态平衡、没有人与自然关系的和谐,人与人、人与社会的和谐相处就不可能得到保障,社会和谐就无法实现。正如胡锦涛同志所指出:"大量事实表明,人与自然的关系不和谐,往往会影响人与人的关系、人与社会的关系。如果生态环境受到严重破坏、人们的生产生活环境恶化,如果资源能源供应高度紧张、经济发展与资源矛盾尖锐,人与人的和谐、人与社会的和谐是难以实现的。……如果不能有效地保护生态环境,不仅无法实现经济社会的可持续发展,人民群众也无法喝上干净的水,呼吸上清洁的空气,吃上放心的食物,由此必然引发严重的社会问题。"①而一个生态环境恶劣、经济社会发展停滞不前、人民群众生活质量低下、环境公害等社会问题频发的社会,必然不可能是一个和谐社会。因此,构建社会主义和谐社会,必须努力保持生态平衡、实现人与自然关系的和谐。

保持生态平衡、实现人与自然关系的和谐,也是构建社会主义和谐社会的基本内容。生态平衡和人与自然关系的和谐,不仅是人与人、人与社会关系和谐的保障条件,而且也是人们之间社会关系和谐的重要表现。

---

① 胡锦涛:《在省部级主要领导干部提高构建社会主义和谐社会能力专题研讨班上的讲话》,载《光明日报》2005 年 6 月 27 日。

构建社会主义和谐社会,最为关键的就是要使人们之间的利益关系得到有效协调,即使全体人民"各得其所"。唯有"各得其所",人们才能"各尽其能",也才可能和谐相处。因此,为了实现构建社会主义和谐社会的任务和目标,党中央特别强调要妥善协调各方面的利益关系,尤其是要正确处理个人利益与集体利益、局部利益与整体利益、当前利益与长远利益的关系。而作为社会是否和谐的根本表征,人们之间的利益关系包括个人利益与集体利益、局部利益与整体利益、当前利益与长远利益的协调状态和协调程度,不仅直接体现在人们的政治、经济、文化活动中,而且也会通过人与自然的关系表现出来。换句话说,一个社会的生态环境的状态、人与自然的关系是否和谐,反映着人们之间的利益关系是否协调。生态失衡就反映着人们之间的利益关系尚未得到协调,它实际上是特殊利益主体追逐个人或少数人的眼前的、直接的利益的恶果,它意味着特殊利益主体在破坏生态平衡的同时也损害了社会的整体利益和长远利益。可见,生态失衡或生态平衡的破坏,从表面上看是人与自然的关系出了问题,是人与自然的关系不和谐,但从实质上看则是人与人的社会关系出了问题,是人与人、人与社会的关系不和谐。一句话,生态失衡是人们之间的利益矛盾和冲突在人与自然关系上的表现。因此,构建社会主义和谐社会,实现人与人、人与社会关系的和谐,理当包括谋求生态平衡和人与自然关系的和谐。

需要指出的是,作为人们之间社会关系和谐之重要表现的生态平衡和人与自然关系的和谐,不仅反映着共生于同一个社会中的不同利益主体之间的利益关系处于一种协调状态,而且也反映着前代人与后代人之间的利益关系得到了有效的协调。而我们之所以说生态失衡是人们之间的利益矛盾和冲突在人与自然关系上的表现,就是因为生态失衡本身是一些人追逐自身特殊利益而破坏生态环境的恶果,它必然使人们的生存和发展陷入困境、使社会经济的持续发展变得不再可能,因而既严重损害了同时代人的利益,又严重侵犯了后代人的利益。为了保持生态平衡、协调人与自然的关系,环境伦理学曾提出了用以协调人们之间的利益关系的两个基本价值原则,即代内公平原则和代际公平原则。所谓代内公平,就是一定时期内不同国家、不同地区的人们都应享有平等地利用自然资源的权利,一部分的发展不得以损害另一部分的发展权利为代价;而所谓代际公平,则是指不同世代的人在与自然生态环境的关系上都应享有同等的权利和义务,前代人的发展不得以损害后代人的发展机会为代价。"可持续发展"就是在两个基本价值原则的指导下确立的并充分体现了这两个基本价值原则的一种新的发展观,它是"既满足当代人的需要,又不对后代人满足其需要的能力构成危害的发展",其基本含义有两个方面:一是优先考虑当代人,尤其是世界上贫困人民的需要;二是在生态环境可以支持的前提下满足人类眼前和将来的需要。① 我们正在努力构建的社会主义和谐社会,就应该是一种可持续发展的社会、一种同时实现了代内和谐与代际和谐的社会。因此,代内公平和代际公平也应该成为我们构建社会主义和谐社会过程中处理人与自然关系的基本价值原则。也只有坚守这两个基本价值原则,我们才能有效地保持生态平衡、实现人与自然关系的和谐,从而真正完成和实现构建社会主义和谐社会的任务和目标。

综上所述,保持生态平衡、实现人与自然关系的和谐,既是构建社会主义和谐社会的重要保障条件,又是构建社会主义和谐社会的基本内容;生态平衡和人与自然关系的和谐不仅是人与人、人与社会关系和谐的基础,而且也是人们之间社会关系和谐的重要表现;社会主义和谐社会所谋求的人们之间社会关系的和谐同时包括代内和谐与代际和谐,没有生态平衡和人与自然关系的和谐,代内和谐与代际和谐均无法实现,构建社会主义和谐社会的任务也无法完成。

(三) 构建和谐社会对保持生态平衡的意义

构建社会主义和谐社会与保持生态平衡之间相依相促的关系,也表

---

① 参见刘大椿等:《环境问题——从中日比较与合作的观点看》,中国人民大学出版社1995年版,第46页。

现为保持生态平衡需要我们大力构建社会主义和谐社会,或者说,构建社会主义和谐社会是我们保持生态平衡、实现人与自然关系和谐的重要措施和基本途径。

要论说构建社会主义和谐社会对于保持生态平衡、实现人与自然关系的和谐的意义,我们有必要进一步考察导致生态平衡的破坏即生态失衡的原因。应该说,人类对自然界惯常行程的干扰和对生态系统的破坏并不是当代特有的现象,早在近代它就以端倪、征兆的形式出现,并曾伴随着近现代工业技术文明的发展经历了一个长期的演变过程。针对近代在欧洲和美洲的许多地方出现的因对自然资源的掠夺性开采而导致的生态破坏现象,恩格斯曾经严重地警告道:"我们每走一步都要记住:我们统治自然界,决不像征服者统治异族人那样,决不是像站在自然界之外的人似的,——相反地,我们连同我们的肉、血和头脑都是属于自然界和存在于自然之中的;我们对自然界的全部统治力量,就在于我们比其他一切生物强,能够认识和正确运用自然规律。"[①]也就是说,人类对自然界的支配和统治必须建立在正确地认识和运用自然规律的基础之上,否则,就会出现人与自然之间的矛盾和冲突,就会招致自然界的报复。恩格斯指出,要解决人与自然之间的矛盾、协调人与自然的关系,人们首先必须学会正确地认识自然规律,克服那种对于自己支配和统治自然的行为后果的短视,尤其是要克服那种"自古典古代衰落以后出现在欧洲并在基督教中取得最高度的发展"的、把精神和物质、人类和自然、灵魂和肉体对立起来的"荒谬的、反自然的观点"[②]。"事实上,我们一天天地学会更正确地理解自然规律,学会认识我们对自然界的习常过程所作的干预所引起的较近或较远的后果"[③],并愈来愈认识到自身和自然界的一致,因而也学会并有可能去支配和调节我们生产行为所引起的较远的自然后果。"但是要实行这种调节,仅仅有认识还是不够的。"[④]这是因为,出现人与自然

---

① 《马克思恩格斯选集》第4卷,人民出版社1995年版,第383—384页。
② 《马克思恩格斯选集》第4卷,人民出版社1995年版,第384页。
③ 《马克思恩格斯选集》第4卷,人民出版社1995年版,第384页。
④ 《马克思恩格斯选集》第4卷,人民出版社1995年版,第385页。

的矛盾,不仅有属于人类认识不完善方面的原因,而且还有属于社会关系、社会制度不合理方面的原因。"到目前为止的一切生产方式,都仅仅以取得劳动的最近的、最直接的效益为目的。那些只是在晚些时候才显现出来的、通过逐渐的重复和积累才产生效应的较远的结果,则完全被忽视了。""在西欧现今占统治地位的资本主义生产方式中,这一点表现得最为充分。支配着生产和交换的一个个资本家所能关心的,只是他们的行为的最直接的效益。"①"西班牙的种植场主曾在古巴焚烧山坡上的森林,以为木灰作为肥料足够最能盈利的咖啡树施用一个世代之久,至于后来热带的倾盆大雨竟冲毁毫无掩护的沃土而只留下赤裸裸的岩石,这同他们又有什么相干呢? 在今天的生产方式中,面对自然界以及社会,人们注意的主要只是最初的最明显的成果。"②因此,要真正解决人与自然之间的矛盾、协调人与自然的关系,"需要对我们的直到目前为止的生产方式,以及同这种生产方式一起对我们的现今的整个社会制度实行完全的变革"③。

虽然恩格斯的以上论述主要是对近代资本主义生产方式条件下人与自然的矛盾及其协调途径的分析,但它同样也适用于当代的生态失衡问题,因为当代的生态失衡就是从历史上人与自然的矛盾演变而来的,它是人类长期干扰自然界的惯常行程、破坏生态系统的一种累积性结果。从本质上说,当代的生态失衡是由人类以往不合理的实践造成的,而这种不合理的实践首先是一种在错误观念导引下的实践,这种错误观念也就是恩格斯所指出的那种把人类与自然界对立起来的"荒谬的、反自然的观点",其荒谬性就在于它从根本上背离了自然规律。同时,导致当代生态失衡的那种不合理的实践也是一种在不合理的社会关系中进行的实践,这种社会关系是建立在人们之间的利益分化、利益对抗的基础之上的,它本质上是妨碍人们正确地运用自然规律的。因此,要真正解决和克服当代的生态失衡问题、协调人与自然的关系,就必须从根本上消除上述造成

---

① 《马克思恩格斯选集》第 4 卷,人民出版社 1995 年版,第 385 页。
② 《马克思恩格斯选集》第 4 卷,人民出版社 1995 年版,第 386 页。
③ 《马克思恩格斯选集》第 4 卷,人民出版社 1995 年版,第 385 页。

生态失衡的那种不合理实践的观念根源和社会根源。

在当前我国社会主义条件下，要从根本上消除上述造成生态失衡的那种不合理实践的观念根源和社会根源，从而有效地保持生态平衡、实现人与自然关系的和谐，就必须大力构建社会主义和谐社会。这是由我们所处的时代条件和我国社会的特定情况共同决定的。

首先，保持生态平衡、实现人与自然关系的和谐，需要我们深刻地认识人与自然关系和谐的重要性、牢固地确立和自觉地实践人与自然和谐相处的观念。应该说，借助当代的环境科学，我们已对有关生态自然规律有了较深刻的认识。但是，从人们的现实实践看，那种把人类与自然界对立起来的"荒谬的、反自然的观点"并没有绝迹。因此，在构建社会主义和谐社会过程中，一方面，我们要大力普及有关生态自然规律的知识，大力加强环保教育，使人们充分认识到那种把人类与自然界对立起来的"荒谬的、反自然的观点"及其导致的破坏自然生态系统的实践的有害性；另一方面，我们也要努力帮助人们认识到生态平衡和人与自然关系的和谐对于实现人与人、人与社会关系和谐的重要意义，使人们牢固地确立和自觉地实践与生态自然规律相适应的人与自然和谐相处的观念。只有这样，我们才能真正消除上述导致生态失衡的观念根源，为保持生态平衡、实现人与自然关系的和谐提供认识上的保障。

其次，保持生态平衡、实现人与自然关系的和谐，更需要我们协调人们之间的利益矛盾和利益冲突，努力消除妨碍人们正确运用自然规律的社会关系因素，大力强化和完善正确运用自然规律的社会机制。在以公有制为基础的我国社会主义社会中，从总体上看，人们的根本利益、长远利益是完全一致的，这为人们正确地运用自然规律、有效地保持生态平衡和实现人与自然关系的和谐提供了无限的可能性。但另一方面，我们也应该看到，随着我国改革的不断深入，特别是随着社会主义市场经济的发展，人们之间的利益分化日趋明显，利益多元化的格局已经形成，不同利益群体之间的矛盾和冲突大量涌现，这些利益矛盾和冲突不仅直接威胁着我国政治社会的稳定，而且还经常性地在人与自然的关系上表现出来，对生态平衡造成不同程度的破坏。正是为了协调人们之间的利益矛盾和冲突、实现人民群众的整体利益和长远利益,同时也兼顾不同方面、不同社会阶层的利益,党中央提出了构建社会主义和谐社会的任务和目标。也只有通过大力构建社会主义和谐社会,以政策、法律等形式有效地协调人们之间的利益矛盾和利益冲突,我们才能逐渐完善正确运用自然规律的社会机制,为保持生态平衡、实现人与自然关系的和谐提供强有力的社会关系、社会制度方面的保障。

总之,保持生态平衡、实现人与自然关系的和谐,既要求我们正确地认识自然规律并牢固地确立和自觉地实践与生态自然规律相适应的人与自然和谐相处的观念,又要求我们协调人们之间的利益矛盾和利益冲突、强化和完善正确运用自然规律的社会机制,它们都只有通过大力构建社会主义和谐社会才能真正实现。

七

生态文明建设的价值论审思

进入 21 世纪以来,建设生态文明日渐成为中国共产党的执政理念。2002 年党的十六大报告指出,全面建设小康社会的重要目标之一,是促进人与自然的和谐,推动整个社会走"生态良好的文明发展道路"。2007年党的十七大报告明确提出,"建设生态文明"是"实现全面建设小康社会奋斗目标的新要求"。2012 年党的十八大报告把生态文明建设纳入中国特色社会主义事业"五位一体"总体布局,强调要"把生态文明建设放在突出地位,融入经济建设、政治建设、文化建设、社会建设各方面和全过程,努力建设美丽中国,实现中华民族永续发展"。2017 年党的十九大报告又将"物质文明、政治文明、精神文明、社会文明、生态文明"五个"文明"并提,强调"要牢固树立社会主义生态文明观,推动形成人与自然和谐发展现代化建设新格局"。与上述过程相伴随,生态文明建设日渐凸显为我国学界的一个理论热点,人们围绕着这一论题作了大量的探讨,从若干方面深化了对这一论题的理解,但也显露出不少需要澄清的问题。在这里,我们拟对其中的几个主要问题作一哲学价值论的审思。

（一）生态文明建设的价值目标

　　什么是生态文明？这是我们谈论和谋划生态文明建设时必须首先弄清和回答的问题。然而，正是在这一前提性问题上，学术界比较流行的看法存在着相当大的偏差。

　　在国内关于生态文明的研究和讨论中，许多人认为，生态文明是一种不同于以往的农业文明和工业文明的新的文明，是人类文明的新形态。例如，早在20世纪90年代初国内生态文明研究的起步阶段，申曙光在其研究生态文明的系列论文中就认为，"工业文明发展到今天，从总体上讲，已经完成它的历史使命，正从兴盛走向衰亡；生态危机正是工业文明走向衰亡的基本表征；一种新的文明——生态文明将逐渐取代工业文明，成为未来社会的主要文明形态"①。"生态文明是一种新的文明，是人类社会发展过程中出现的较工业文明更先进、更高级、更伟大的文明。"②国内较早研究生态文明的余谋昌先生也认为，人类社会发展已经经历了三个历史发展阶段：渔猎社会是前文明时代；农业社会是第一个文明时代；工业社会是第二个文明时代；现在将进入新的第三个文明时代——生态文明时代。"工业文明已经'过时'了"，生态文明是"人类文明的新形态"③。直到目前，这种关于生态文明的"文明新形态"论仍然相当盛行。例如，徐春教授写道："生态文明将是工业文明之后新的人类文明形态。它和以往的农业文明、工业文明既有连接之点，又有超越之处。"④王雨辰

---

　　① 申曙光、宝贡敏、蒋和平：《生态文明——文明的未来》，载《浙江社会科学》1994年第1期。

　　② 申曙光：《生态文明构想》，载《求索》1994年第2期。

　　③ 余谋昌：《生态文明：人类文明的新形态》，载《长白学刊》2007年第2期。

　　④ 徐春：《人类文明进入生态化时代》，载《社会科学报》2018年8月23日。

教授同样认为："生态文明是超越工业文明的新型文明形态。"①此外，还有不少人提出，农业文明属于"黄色文明"，工业文明属于"黑色文明"，而生态文明则属于"绿色文明"。② 总之，上述这些人认为，生态文明是继农业文明（"黄色文明"）、工业文明（"黑色文明"）之后出现的人类文明的一种新形态（"绿色文明"）。按照这种关于生态文明的"文明新形态"论，生态文明建设的价值目标就是废止目前的工业文明，创造一种不同于农业文明（"黄色文明"）和工业文明（"黑色文明"）的新的文明形态即生态文明（"绿色文明"）。

上述这种关于生态文明的"文明新形态"论是难以成立的，生态文明不是也不可能是一种新的文明形态。所谓生态文明，其实就是生态化的文明，或者说就是使我们现有的工业文明生态化。之所以说生态文明不是也不可能是超越工业文明的一种新的文明形态，主要有以下原因。

首先，生态文明并不是一种独立的文明形态。所谓文明，就是人类在改造客观世界的过程中所取得的物质成果和精神成果的总和。物质生产活动是人类改造客观世界的实践的最基本形式，而农业生产和工业生产又是人类物质生产活动的两种基本形式，人类正是在农业生产和工业生产这两种最基本的物质生产实践活动中先后创造了农业文明和工业文明。也正因如此，农业文明和工业文明成为人类文明前后相继的两种主导形态或独立形态，人类文明也只可能有这样两种独立形态。生态文明的核心要义在于人与自然的和谐共生，建设生态文明的关键在于保护自然、优化人与自然的关系，但保护自然、优化人与自然关系的活动只能内在于农业生产和工业生产活动之中，人与自然的和谐共生也只能通过完善和优化农业生产和工业生产来实现。有人认为，建设生态文明，强调的

---

① 王雨辰：《习近平生态文明思想的三个维度及其当代价值》，载《马克思主义与现实》2019 年第 2 期。

② 参见江山：《黄色文明—黑色文明—绿色文明——农机化发展必须适应"绿色文明"的兴起》，载《福建农机》2000 年第 2 期；贾峰：《告别黑色工业文明　迈向绿色生态文明》，载《世界环境》2007 年第 6 期；范和生、刘凯强：《从黑色文明到绿色发展：生态环境模式的演进与实践生成》，载《青海社会科学》2016 年第 2 期。

是人类不仅要改造客观世界而且要保护客观世界，"所谓生态文明，是指人类在改造客观世界的同时又主动保护客观世界，积极改善和优化人与自然的关系，建设良好的生态环境所取得的物质与精神成果的总和"①。这种对"改造客观世界"的理解是非常狭隘的，似乎人类改造客观世界就只能是"征服"甚至"破坏"客观世界。其实，人类"保护客观世界"如修复生态环境同样也属于人类"改造客观世界"的范畴，人类"积极改善和优化人与自然的关系，建设良好的生态环境所取得的物质与精神成果"同样也属于人类改造客观世界所取得的成果，它主要是通过完善和优化农业生产和工业生产来实现的。当然，在工业文明成为人类文明的主导形态以后，农业生产日益被工业化，农业生产活动及其成果逐渐成为工业文明的有机组成部分。在这种情况下，作为人们完善和优化农业生产和工业生产的成果，生态文明是从属于工业文明的。也就是说，生态文明是在工业文明的基础上并且是在完善和优化工业文明的过程中产生的一种依附性文明，它本身并不是一种独立的文明形态。

其次，工业文明没有并且永远也不会过时，生态文明没有也不可能超越工业文明。正如上述，文明是人类改造客观世界的物质成果和精神成果的总和，而人类改造世界的活动是借助于一定的技术手段来进行的。技术是人类改造世界的工具和方法的总和，其中，各种物质工具是人的自然力（包括体力和脑力）的放大和延伸，而作为技术的各种方法则是对于人类经验和科学知识的程序化运用。各种技术手段使人类能够改变既有事物的性质和功能，甚至能够创造出客观世界自发发展过程中永远也不会出现的新事物，它是人类改造客观世界的力量倍增器。人类文明的起源和发展，就始终是与技术发明和技术进步紧密联系在一起的。在远古的新石器时代，人类开始使用磨制石器，发明了农业和畜牧业，由此从野蛮时代步入文明时代，即开创了农业文明。尔后，青铜器和铁器的发明和应用等农业技术革命，又不断地把农业文明推进到新的发展阶段。18 世纪以蒸汽技术的发明和应用为标志的第一次工业技术革命使人类进入工

---

① 邱耕田：《对生态文明的再认识——兼与申曙光等人商榷》，载《求索》1997 年第 2 期。

业文明时代,而 19 世纪以电力技术的发明和应用为标志的第二次工业技术革命,20 世纪中叶以后以电子计算机的发明和应用为主要标志的第三次工业技术革命或信息技术革命,则使工业文明的浪潮不断推进。诚然,以往工业文明的发展是以生态环境的破坏为代价的,从这种意义上说,以往的工业文明的确可以称为"黑色文明",这种"黑色文明"是以往各种工业技术应用的消极后果。但是,工业文明并不必然是"黑色文明",工业文明也并没有衰落。实际上,随着技术的变革,工业文明本身也是在不断地转型升级的。人们通常根据工业技术水平的不同而把人类工业文明已经经历和正在经历的发展过程划分为四个时代,即工业 1.0、2.0、3.0、4.0 时代,其中,工业 1.0 是机械设备制造时代,工业 2.0 是电气化与自动化时代,工业 3.0 是电子信息化时代,而工业 4.0 则是智能化时代。工业 4.0 概念是德国政府在 2013 年制订的《高技术战略 2020》中最先提出的,它旨在开发和应用新一代的革命性技术,降低对自然资源的消耗和对自然环境的压力,实现产业升级与环境保护并举。这些新的革命性技术中,有很多都属于生态技术。生态技术是工农业生产中有利于节约资源和能源、能够有效保护生态环境的各种手段和方法的总称。目前已有的生态技术种类繁多,包括能够提高资源利用效率、减轻生产过程中环境压力的各种替代技术,能够在生产源头节约资源和减少污染的各种减量技术,能够延长原料或产品使用周期从而减少资源消耗的各种再利用技术,能够将生产过程中产生的废弃物转化为有用的资源或产品的各种资源化技术,等等。需要指出的是,生态技术不过是新的或"绿色的"工业技术,它仍然属于工业文明的范畴。例如,就替代技术而言,作为消耗臭氧层物质 CFC-12 的代用品,四氟乙烷已被广泛用作汽车空调、冰箱、工商制冷设备的制冷剂,同时也被用作气雾剂产品的抛射剂、清洗剂以及生产泡沫塑料的发泡剂。其中,CFC-12 是工业制品,而四氟乙烷同样也是工业制品。目前,这些生态技术的应用,已经催生了初具规模的生态产业体系,包括生态农业、生态工业、生态第三产业等。这类生态技术的进一步发展和大规模应用,完全可以使工业文明由"黑色文明"转化为"绿色文明"。作为新的工业技术的生态技术的广泛应用及其前景表明,过时的仅仅是作为"黑色文明"的工业文明,而"绿色文明"即生态文明将成为工业文明的未来发展方向。也就是说,生态文明并不会终结或超越工业文明,而只会赋予工业文明以全新的面貌,使工业文明绿色化。而如果离开了工业文明的基础,特别是如果没有作为新的工业技术的各种生态技术,生态文明就永远只能是一座空中楼阁。其中的道理其实非常简单:皮之不存,毛将焉附?

上述关于生态文明的"文明新形态"论,不仅在理论上难以成立,而且在实践上是非常有害的。这种"文明新形态论"的基本前提是认为工业文明已经过时和必须予以废止,如果将这种观点付诸实践,对于像中国这样的发展中国家来说无异于自废武功、自毁前程。新中国成立70年来,特别是改革开放40年来,中国大力推进工业化,工业文明水平不断提高,使中国从一个贫穷落后的农业大国发展成为世界第一工业大国和世界制造业中心,工业产值已达GDP百分之四十左右,为中国在世界主要经济体中的地位的提升和中华民族的伟大复兴做出了突出重要的贡献。当前,中国尚处于工业化进程的后期和从工业大国向工业强国转型的关键时期,这种转型过程又与中华民族从富起来到强起来的跃升进程恰相一致并且构成后者的重要基础。从世界范围来看,目前各国都在大力开发和应用新的工业技术,以互联网、大数据和人工智能为主要标志的第四次工业技术革命亦即所谓的绿色工业技术革命正在悄然兴起,它将对全球产业结构和各国综合竞争力产生巨大影响。在这样的情况下,我们如果像上述"文明新形态"论者那样侈谈工业文明已经过时并废止工业文明,而不是注重为工业文明注入绿色要素、积极融入第四次工业技术革命和走新型工业化道路,全力推进和完成中国的工业化进程,使中国真正由一个工业大国变成名副其实的工业强国,那么,就会使中国重蹈错失第一、二次工业技术革命的机遇并只是侥幸赶上第三次工业技术革命末班车的覆辙,中华民族伟大复兴的历史进程很可能会又一次被冲断和延误。

总之,生态文明建设的价值目标,并非是要创造一种超越工业文明的新型的文明形态,而是要为工业文明的发展植入一种生态维度,建设一种生态化的工业文明,使工业文明由以往的"黑色文明"发展为"绿色文明"。

（二）生态文明建设的价值本位

所谓生态文明建设的价值本位，亦即生态文明建设到底应该以什么为价值本位。生态文明建设涉及人与自然两个方面，其实质是要协调人与自然的关系、实现人与自然的和谐共生。那么，建设生态文明，到底是为了维护人类的利益，从而应该以人类为价值本位，还是为了维护自然界的利益，从而应该以自然事物为价值本位呢？换句话说，到底应该坚持人类主义的立场，还是应该秉持非人类中心主义的立场呢？

20世纪中叶以来的西方生态文明理论的主流观点是非人类中心主义的，其理论表现形式主要有动物解放论、动物权利论、生物中心论、生态中心论等等。这种观点认为，我们强调要保护生态环境、确认人对自然的道德义务和责任，不是为了人类的利益和对人类需要的满足，不是基于自然事物相对于人类的工具价值，而是基于自然界的利益和自然事物本身具有的"内在价值"。美国学者泰勒认为："内在价值被用来表示这样一些目标，这些东西自身就被当作目的而为有意识的存在物所追求。"[1]在他看来，所有有机体都具有内在价值，因为它们和人一样具有目的、需要和利益。他说："全部有机体，不论是有意识的还是无意识的，都是目的论为中心的生命，也就是说，每个有机体都是一种完整的、一致的、有序的'目的—定向'的活动系统，这些活动具有不变的趋向，那就是保护和维持有机体的存在。"[2]另一位美国学者罗尔斯顿则认为："自然的内在价值是指某些自然情景中所固有的价值，不需要以人类作参照。潜鸟不管有

---

① Paul W. Taylor, *Respect For Nature: A Theory of Environmental Ethics*, New Jersey: Princeton University Pres, 1986, p. 73.

② Paul W. Taylor, *Respect For Nature: A Theory of Environmental Ethics*, New Jersey: Princeton University Press, 1986, p. 122.

没有人在听它,都应继续啼叫下去。"①"在我们发现价值之前,价值就存在大自然中很久了,它们的存在先于我们的认识。"②他举例论证说,数的属性确实是存在于自然中的,尽管对这种数字属性的体验要等到人产生后才出现,同样,美感属性和审美能力也是存在于自然界中的。③ 在当代西方生态文明理论、特别是环境伦理学研究中,这种自然事物"内在价值"说如此流行,以致英国学者奥尼尔径直断言:"持一种环境伦理学的观点就是主张非人类的存在和自然界其他事物的状态具有内在价值。这一简洁明快的表达已经成为近来围绕环境问题讨论的焦点。"④而在上述这些西方学者看来,既然自然事物本身具有"内在价值",它们也就拥有和人类一样的生存和发展权利,理当受到我们的平等对待,人类不应有任何仅把自然事物视为实现自己目的的工具和手段的虚妄的优越感。从这一非人类中心主义的立场出发,西方生态文明理论的主流观点对人类中心主义的价值观念进行了激烈的批判。人们认为,历史上和现实中的那种只承认自然事物对于人类的工具价值的人类中心主义,必然导致人类对自然界的恣意掠夺,并因此而必然导致当代的生态危机;只有从根本上走出人类中心主义的价值观念,承认自然界的利益和自然事物的"内在价值",给自然事物以伦理关怀或道德关爱,才能使生态环境从价值的"根"上得到保护,才有可能克服当代的生态危机。

在近年来我国的生态文明理论研究中,许多人也都沿袭了西方生态文明理论的主流观点及其非人类中心主义立场。在他们看来,人类中心主义是使农业文明成为"黄色文明"、使工业文明成为"黑色文明"的罪魁祸首,是当代生态危机的"罪恶之源",因此,要克服当代的生态危机、建设生态文明,必须从根本上否定、反对、突破或走出人类中心主义。

---

① [美]霍尔姆斯·罗尔斯顿:《哲学走向荒野》,刘耳、叶平译,吉林人民出版社2000年版,第189页。

② [美]霍尔姆斯·罗尔斯顿:《环境伦理学》,杨通进译,中国社会科学出版社2000年版,第294页。

③ 参见刘湘榕:《生态伦理学》,湖南师范大学出版社1992年版,第318—320页。

④ 徐嵩龄主编:《环境伦理学进展:评论与阐释》,社会科学文献出版社1999年版,第135页。

上述国内外生态文明理论研究中以自然事物为价值本位的非人类中心主义立场是很成问题的,它对人类中心主义的理解存在着严重的失误。"人类中心主义"概念中的"人类"一词,既可相对于"非人类"即自然事物而言,也可相对于"个体"和"群体"而言。与此相应,在价值论层面上,人类中心主义概念也常常是在两种极其不同的意义上被使用的:一是仅指以人类整体的、长远的利益作为处理人与自然关系的根本价值尺度的价值取向;二是概指在处理与自然的关系时人们总是把自身的需要和利益置于首要地位这样一种价值取向。显然,前者是一种狭义的人类中心主义(类本位的人类中心主义),它与以个体利益和群体利益作为处理人与自然关系的根本价值尺度的各种形式的个体中心主义和群体中心主义(个体本位和群体本位的人类中心主义)相对立;后者则是一种广义的人类中心主义,它既包括狭义的人类中心主义(类本位的人类中心主义),也包括各种形式的个体中心主义和群体中心主义(个体本位和群体本位的人类中心主义)。但是,自从人类进入文明时代以来,在利益分化特别是私有制占主导地位的社会条件下,类本位的人类中心主义即把人类的整体的、长远的利益奉为根本价值尺度的人类中心主义从来都未曾成为人们现实实践活动的价值取向,在人们的现实实践活动中起作用的向来是各种形式的个体中心主义和群体中心主义,后者如种族中心主义、阶级中心主义、国家中心主义、地域中心主义等等。从历史上看,正是在个体中心主义和群体中心主义的支配下,各种不同的利益主体为了最大限度地追逐自己特殊的、眼前直接的利益,向大自然展开了残酷的掠夺和暴虐的征战,而丝毫不去考虑这种行为对自然生态环境的长远影响,其结果便是造成了当代的生态危机。上述非人类中心主义立场把历史上个体中心主义和群体主义所酿成的恶果记到整个人类中心主义的头上,笼而统之地断言人类中心主义是导致当代生态危机的罪恶之源,显然是一叶障目,把个体中心主义和群体中心主义混同于整个人类中心主义,并由否定个体中心主义和群体中心主义而走向了否定一切形式的人类中心主义。

从国内外生态文明理论研究的实际情况看,人们站在非人类中心主义立场上对人类中心主义的批判,其矛头所指其实也正是各种形式的个体中心主义和群体中心主义。非人类中心主义认为,之所以说人类中心主义是当代生态危机的祸根,是因为"它必然导致自然生活中的人类沙文主义、物种歧视主义"①。对此,英国学者海华德曾作过分析和阐述。他说:"在环境伦理学和生态政治学中被置于人类中心主义名义下加以批判的是这样一种做法:关心人类的利益却无视其他物种的利益,甚至以牺牲其他物种的利益为代价。"②海华德认为,人们在这里所批判的实际上是人类沙文主义和物种歧视主义而不是人类中心主义本身,人类中心主义并不必然导致人类沙文主义和物种歧视主义;人类沙文主义和物种歧视主义是可以克服的,而人类中心主义则是难以避免的。应该说,海华德对非人类中心主义的人类中心主义批判的概括是准确的,但他对人类中心主义的辩护却是不得要领的。问题的关键在于,人类沙文主义或物种歧视主义是指那种只强调和重视人类这个种群的利益而根本无视其他物种利益的观念和行为,而非人类中心主义把人类中心主义指认为人类沙文主义和物种歧视主义,并进而视为当代生态危机的根源,完全是抽象地谈论问题。历史上和现实中那些恣意破坏生态环境如大肆污染空气和水体、杀戮野生动物的行为,有哪一种体现了强调、重视人类作为一个种群的利益? 它们都不过是为了追逐和满足某些个人或群体的私利。显然,非人类中心主义所批判的人类沙文主义和物种歧视主义,实质上不过是各种不同形式的个体中心主义和群体中心主义。值得特别注意的是,在西方生态文明理论研究中,正是由于看到了非人类中心主义所批判和拒斥的人类中心主义实际上只是各种不同形式的个体中心主义和群体中心主义,所以不少人都致力于人类中心主义的理论重建。例如,美国学者诺顿曾经区分了两种不同类型的人类中心主义即"强人类中心主义"与"弱人类中心主义",并且反对"强人类中心主义"而推崇"弱人类中心主义"。他认为,"强人类中心主义"一味追求满足人的"感性偏好"即"当

---

① 刘湘溶:《生态伦理学》,湖南师范大学出版社 1992 年版,第 49 页。

② Tim Hayward, *Political Theory and Ecological Values*, Cambridge, UK: Polity Press, 1998, p. 46.

前可以通过某些明确体验来得以满足的个体愿望或需求"①,只关心个体
需要和眼前利益,把自然界视为征服、宰制的对象和供人任意索取的原料
仓库,因而是一种典型的人类沙文主义;"弱人类中心主义"虽然也认为
必须满足那些保障人类生存的"感性偏好",但强调对这些"感性偏好"的
满足应该受到"理性偏好"的指导和制约,而所谓"理性偏好"是指"一个
人经过深思熟虑之后才会表达的愿望或需求,他断定这些愿望或需求与
一种可以被理性地接受的世界观相一致"②,因而它实际上体现了人类的
整体利益和长远利益。诺顿所反对和拒斥的"强人类中心主义"实际上
就是各种形式的个体中心主义和群体中心主义,而他所主张的"弱人类
中心主义"则是那种类本位的人类中心主义,亦即把人类的整体的、长远
的利益奉为根本价值尺度的人类中心主义。此外,约纳斯和佩珀的"弱
人类中心主义"、墨迪的"现代人类中心主义"、海华德的"开明的人类中
心主义"等对人类中心主义的现代重建,也都提出了与诺顿的"弱人类中
心主义"大致相同的理论主张。

　　在生态文明理论研究中坚持非人类中心主义的立场,必定一开始就
陷入理论上自相矛盾的境地。西方生态文明理论研究中的非人类中心主
义有各种不同的具体表现形式,但它们无一例外地都是以人以外的自然
或自然事物为中心的。问题在于,作为生态文明理论研究关注的对象,人
们所谓的自然或自然事物虽在人之外,却并非与人不相干,而是作为人类
生存和发展条件的生态环境。因此,生态文明理论研究中的非人类中心
主义实质上就是主张以生态环境为中心,这在理论上本身就是自相矛盾
的。事实上,生态环境总是相对于人而言的,是以人为中心的,它本身就
预设了人类的中心地位。实际上,人类中心主义的立场是不可能完全超
越的,可能超越的只是某种具体形态的人类中心主义。而要真正克服当
代的生态危机、建设生态文明,就必须超越或走出各种形式的个体中心主

---

　　①　Byran G. Norton, " Environmental Ethics and Weak Anthropocentrism ", *Environmental Ethics*, Vol.6, No.2(Sumer) ,1984.

　　②　Byran G. Norton, " Environmental Ethics and Weak Anthropocentrism ", *Environmental Ethics*, Vol.6, No.2(Sumer) ,1984.

义和群体中心主义,走入以人类整体的、长远的利益作为处理人与自然关系的根本价值尺度的人类中心主义,亦即必须坚持以人类整体作为价值本位。如果像以往国内外生态文明理论研究中的非人类中心主义者那样拒斥一切形式的人类中心主义,包括那种将人类整体的、长远的利益奉为根本价值尺度的人类中心主义,那就必然会得出各种反人道主义、甚至反人类的荒谬结论。例如,有的持非人类中心主义立场的生态文明理论研究者竟然宣称:"人类是生命世界的癌症。"①"当地球上的最后一个男人、女人或儿童消失时,那绝不会对其他生物的存在带来任何有害的影响,反而会使它们受益,因为人类文明的发展对它们的生存所造成的破坏就会立刻停止。如果站在它们的立场上看,人类的出现确实是多余的。"②因此,尽管一些非人类中心主义的生态文明理论研究者声称要建立一种所谓的"新人道主义",但他们所奉行的非人类中心主义实际上是一种十足的兽道主义!

(三) 生态文明建设的价值追求

生态文明建设的价值目标即建设生态化的工业文明,必须通过以人类为价值本位的价值追求来实现。生态文明建设的价值追求,就是努力实现生态正义。只有自觉追求生态正义,才能实现生态文明的价值目标,使生态文明成为现实。

所谓生态正义,就是所有人包括代内所有人和代际所有人都能平等地享有利用生态资源的权利,同时又能公平地分担保护生态环境的责任和义务。美国学者巴里曾说:"在柏拉图的时候,如同我们的

---

① Murray Bookchin, "Social Ecology versus Deep Ecology", *Socialist Review*, Vol. 88, No. 3, 1988.

② Andrew Brennan, *The Ethics of the Environment*, Boston: Dartmouth Publishing Company Limited, 1995, p. 208.

时代一样,任何正义理论的核心问题都是对于人与人之间不平等关系的辩护。"①巴里对历史上各种正义理论的评价敏锐地提示了正义理论的对象,即正义理论是研究人与人之间的社会关系的,而正义就是人们之间权利和义务关系的价值属性。作为社会正义的表现形式之一,生态正义同样也是指人们之间权利和义务关系的公平、正当性,只不过在这里人们之间的权利和义务关系是以生态环境为中介的。由于生态环境是社会物质生活条件的重要内容,任何人都必须生活于一定的生态环境之中,所以以生态环境为中介的人们之间的权利和义务关系是一种关涉到所有人的普遍的社会关系。也正因如此,虽然从历史上看生态正义是20世纪中叶以来才凸现出来的一种社会正义,但它有着较之其他形式的正义更为丰富的内容。具体来说,生态正义具有两个不同的维度:一是代内正义,即同时代所有人,无论其种族、民族、国籍、性别、职业、信仰、教育程度和财产状况如何,都能够平等地享有生态权益和公平地分担生态责任;二是代际正义,即各个世代的人都担有保护生态资源可持续性的责任和义务,前代人对生态资源的开发和利用不应该损害后代人的生态权益。在这里,无论是代内正义还是代际正义,其所规定的都是以生态环境为中介的人与人之间的权利和义务关系。至于一些人所谓的"种际正义"或"自然正义",则根本不属于生态正义的范畴,不可能成为生态正义的维度,因为人与纯粹的自然或自然事物之间并不存在权利和义务关系。虽然一些非人类中心主义者也主张动物的权利,认为动物应该从人那里获得"平等的关心"的道德权利,并且认为人可以作为动物的道德"代理人",但他们都忽视了一个重要之点,即正义并不仅仅意味着享有某种权利,它同时也意味着担负相应的责任和义务,是权利和义务的有机统一。对于任何道德主体来说,如果只有权利而没有义务,是没有正义可言的,其权利也不可能得到辩护和确认。正如卡尔·科恩所说:"只有在那些相互之间实际上做出或者能够做出道德要求的存在物之间,权利才会产生并能

① ［英］布莱恩·巴里:《正义诸理论》,孙晓春、曹海军译,吉林人民出版社2004年版,第3页。

被清晰地加以辩护。""权利的持有者必须拥有领会义务准则的能力,这些准则支配包括他们自己在内的所有的人。""只有在一个能够对道德判断加以自我约束的存在物的共同体中,一项权利的概念才能被正确地唤起。"①而如果说人可以在道德上为动物的权利主张"代言"和为动物的权利辩护,那么,人也能够"代理"动物履行相应的责任和义务吗?例如,当19世纪澳洲野兔泛滥以致造成生态灾难时,人如何作为野兔的道德"代理人"既为其权利主张"代言"又代其履行相应的生态义务呢?只要问一问这类问题,动物权利论和"种际正义"说就会不攻自破。总之,只有代内正义和代际正义构成的生态正义,才是生态文明建设的价值追求。

那么,如何才能有效实现生态正义从而实现生态文明呢?对此,当代西方生态学马克思主义作了不懈探索。生态学马克思主义认为资本主义制度是当代生态危机的真正根源,并从以下三个方面对资本主义的生态非正义性质进行了分析和批判:首先,资本主义的本性是反生态的,资本主义制度内在地包含着不可克服的生态矛盾。奥康纳认为,生态可持续性要求与资本主义的逐利本性是根本相冲突的,资本主义必然会使自然界沦为资本自我扩张的"水龙头"和随意污染的"污水池"。福斯特指出,资本自我增殖即资本积累的无限欲望是资本主义与所有其他社会制度的主要区别,而"资本的扩张本性与地球有限生态系统之间必然会出现矛盾冲突"②。佩珀认为,以追求利润为唯一目的的资本主义本质上是敌视生态环境的,"资本主义的生态矛盾使可持续的或'绿色的'资本主义成为一个不可能的梦想,因而是一个骗局"③。其次,资本主义生产方式必然导致生态危机。福斯特把资本主义生产方式比喻为"踏轮磨房的生产方式",用以说明资本主义为了实现资本的增殖而必然无限度地扩大生产,从而必然消耗更多的自然资源和向自然界倾注更多的污染。然而,自

---

① Carl Cohen,"The Case for the Use of Animals in Biomedical Research",*The New England Journal of Medicine*,Vol.135,No.14,1986.

② [美]约翰·贝拉米·福斯特:《生态危机与资本主义》,耿建新译,上海译文出版社2006年版,第69页。

③ [英]戴维·佩珀:《生态社会主义:从深生态学到社会正义》,刘颖译,山东大学出版社2005年版,第139页。

然资源和自然界的自净能力都是有限的。"在有限的环境中实现无限扩张本身就是一个矛盾,因而在全球环境之间形成了潜在的灾难性的冲突。"①佩珀指出,资本主义生产方式所遵从的"成本外在化"原则必然导致生态危机。他认为,为了实现利润的最大化,资本主义生产必然会遵循"收益内在化和成本外在化"②的原则,资本家是不愿意做保护环境、控制污染等增加生产成本的事情的,他们会将这些生产成本"外在化"即转嫁给整个社会,让他人和子孙后代为他们破坏生态环境的逐利行为付出代价。不仅如此,发达资本主义国家还奉行生态帝国主义或生态殖民主义策略,向发展中国家转移生态环境问题,包括掠夺发展中国家的生态资源和向发展中国家转移污染物,由此造成了全球性的生态危机。再次,资本主义消费模式必然导向生态危机。生态学马克思主义认为,要使资本主义无限度地扩大生产以实现资本的不断增殖成为可能,必须使所生产出来的商品被消费者购买和消费,因此,人为地创造出各种各样的需求、激发人们对商品的无止境的欲望,从而无限度地扩大消费即"大量消费"和"大量废弃",就成为资本主义消费模式的必然选择,这种把消费视为人生目的和幸福的消费主义的消费模式的自然结果就是生态灾难。奥康纳认为,商品消费率的不断增长是资本主义社会的内在趋势,它的必然伴生物就是生态灾难。③福斯特指出:"资本主义是一种直接追求财富而间接追求人类需求的制度。实际上,第一个目的完全超越和改造了第二个目的。""商品的使用价值越来越从属于它们的交换价值。生产出的使用价值主要是为了满足虚浮的消费,甚至对人类和地球具有破坏性(从满足人类需求的意义上讲毫无用途);而且在现代市场力量的驱使下,人类还

---

① 〔美〕约翰·贝拉米·福斯特:《生态危机与资本主义》,耿建新译,上海译文出版社2006年版,第2页。

② 〔英〕戴维·佩珀:《生态社会主义:从深生态学到社会正义》,刘颖译,山东大学出版社2005年版,第106页。

③ 参见〔美〕詹姆斯·奥康纳:《自然的理由——生态学马克思主义研究》,唐正东等译,南京大学出版社2002年版第,第330页。

产生了追求这些具有破坏性商品的欲望。"①在生态学马克思主义看来，既然资本主义是生态非正义的、资本主义制度是当代生态危机的根源，那么，要实现生态正义、建设生态文明，就必须从根本上废除资本主义制度，实现生态社会主义。生态学马克思主义所设想的生态社会主义乌托邦，是一个走出了资本逻辑或市场逻辑、实行生产资料公有制、国家有计划地对生态资源进行按需分配、"生产的更少"而又能"生活得更好"的社会。在那里，生态危机不复存在，生态正义最终得到了实现。

在解读西方生态学马克思主义的资本主义批判时，国内学界有一种颇有代表性的观点，在这种观点看来，西方生态学马克思主义没有像其他西方生态哲学思潮那样拘泥于抽象的价值观来谈论生态危机及其解决途径、把解决生态危机的途径简单地归结为"走出人类中心主义"还是"走入人类中心主义"，而是把生态危机的主要原因归结为资本主义制度及其生产方式的存在，认为解决生态问题的首要前提是必须变革资本主义的制度，而这正是西方生态学马克思主义不同于其他西方生态哲学思潮的地方，也是其理论的深刻之处；其他西方生态哲学思潮仅仅拘泥于价值观的批判不仅不可能从根本上解决生态问题，而且还模糊了生态危机的实质，在客观上起到了为资本辩护的作用，只有生态学马克思主义才是一种本质上反对资本主义的生态学。② 在我看来，这种观点是非常值得商榷的，它力图对生态学马克思主义予以特别的肯定和赞誉，实则有时贬低有时又拔高了它。实际上，价值观决不是什么"抽象的"东西，而是对现实利益的切实反映和自觉追求，并且每时每刻都在支配着人们的思想倾向和行事方式。同时，价值观批判与资本主义制度批判也决不是截然分殊或完全对立的。资本主义生产方式是资本主义制度的内在构成部分，而资本主义制度文化与其他各种形式的文化一样都是以一定的价值观为核心的，因此，只有深入到价值观批判，资本主义批判才能真正触及资本

---

① ［美］约翰·贝拉米·福斯特：《生态危机与资本主义》，耿建新译，上海译文出版社2006年版，第90页。

② 参见王雨辰：《反对资本主义的生态学——评西方生态学马克思主义对资本主义社会的生态批判》，载《国外社会科学》2008年第1期。

主义制度的内核和灵魂。应该说,生态学马克思主义的资本主义批判是触及了资本主义制度的灵魂的,因为其资本主义批判的矛头所向就是作为资本主义制度之核心的个人主义的价值观,后者的具体表现形式即分别以个体和群体为本位的个体中心主义和群体中心主义。生态学马克思主义的资本主义批判的具体对象是资本逻辑,即资本必然追求无限度的增殖和利润最大化,资本主义无限度地扩大生产和无限度地扩大消费不过是资本扩张逻辑的两种具体表现;资本主义制度之所以是反生态的,就是因为它牢牢地受到资本逻辑的宰制,或者说,资本主义制度本身就是按照资本逻辑设计的。而资本逻辑则是个体中心主义和群体中心主义对资本的必然要求,它不过是个体中心主义和群体中心主义内在逻辑的集中展现;受资本逻辑控制的资本主义制度,处处都淋漓尽致地体现了个体中心主义和群体中心主义。从这种意义上说,生态学马克思主义的资本主义批判的可贵之处,恰恰就在于它没有仅仅停留在对资本主义制度是当代生态环境问题的根源的简单指认上,而是进一步揭示了资本主义制度生态非正义的价值论秘密;生态学马克思主义对资本逻辑的批判实质上就是对资本主义制度的价值观批判,即对资本主义条件下的个体中心主义和群体中心主义的批判。而生态学马克思主义之所以把废除资本主义制度、实现生态社会主义视为实现生态正义、建设生态文明的根本途径,也就是因为在他们看来,只有废除资本主义制度才能消解资本逻辑,而生态社会主义就是一种摆脱了资本逻辑控制、克服了个体中心主义和群体中心主义的社会。正如佩珀所说:"生态社会主义的人类中心主义是一种长期的集体的人类中心主义,而不是新古典经济学的短期的个人主义的人类中心主义。"①从这里也可以看出,在如何解决当代生态危机的问题上,生态学马克思主义并非像一些人所说的那样超越了"走出人类中心主义"还是"走入人类中心主义"的"抽象的"价值观之争,而是主张走出个体中心主义和群体中心主义这两种分别以个体和群体为本位的人类

---

① ［英］戴维·佩珀:《生态社会主义:从深生态学到社会正义》,刘颖译,山东大学出版社2005年版,第340页。

中心主义即"强人类中心主义"而走入以人类为本位的人类中心主义即"弱人类中心主义"。

认识到生态学马克思主义对资本逻辑的批判实质上是对个体中心主义和群体中心主义即个人主义价值观的批判、它比单纯对资本主义制度的批判更为深刻和更为根本,对于当代中国社会实现生态正义、建设生态文明是极其重要的。当代中国同样也面临着极其严峻的生态环境问题,这种生态环境问题显然不能归因于资本主义制度或资本主义生产方式,因为当代中国实行的是社会主义的根本制度。当代中国生态环境问题的主要祸根,同样也是各种形式的个体中心主义和群体中心主义。在新中国成立以后的 30 年间,生态环境问题就已日益凸现,特别是全国性的毁林开荒、毁草种粮、围湖造田导致了大面积的生态破坏,而支配和诱使这些破坏生态环境行为的正是追逐特殊的、眼前直接的利益的各种形式的个体中心主义和群体中心主义。中国改革开放以来,个体中心主义和群体中心主义对生态环境的危害又被资本逻辑空前放大了。本来,作为新中国的缔造者,毛泽东在《新民主主义论》、《论联合政府》、《论人民民主专政》及新中国成立以后的有关论著中曾经多次阐述了在新中国的经济建设中既要发展和利用资本又要节制资本的重要思想。然而,从新中国 70 年来的建设实践看,前 30 年中我们基本上没有发展和利用资本,那时中国日益凸现的生态环境问题也与资本逻辑无关;后 40 年中我们积极利用和发展资本但又未能有效节制资本,致使资本逻辑不仅侵入社会政治生活,带来了严重的腐败问题,而且使原有的生态环境问题空前升级,造成了当代中国的生态危机。由此我们也可以看出,西方生态学马克思主义认为只要废除资本主义制度就能走出资本逻辑、从而克服生态危机,显然是把问题简单化了。事实上,虽然资本主义制度最集中地展现了资本逻辑,但它并不是资本逻辑能够起作用的唯一社会条件。马克思曾经说过:"资本通过自己的增殖来表明自己是资本。"①因此,无论是在何种社会,只要存在着资本,资本逻辑就必然会表现出来。在我国社会主义建设

---

① 《马克思恩格斯文集》第 7 卷,人民出版社 2009 年版,第 397 页。

过程中,尤其是在我国尚处于社会主义初级阶段、多种经济成分长期并存和私人资本、国际资本大量存在的条件下,资本逻辑同样也会发生作用。既然如此,我们在发展和利用资本的同时就必须特别重视节制资本。所谓"节制资本",并不是完全消解资本逻辑,因为不按资本逻辑行事的资本根本就不是资本,而是要对资本逻辑加以限制,用毛泽东的话说,就是要把它限制在"不能操纵国民生计"①或"有益于国计民生"②的范围内。显然,保护生态环境、克服生态危机是涉及国计民生的大事,节制资本自当包括不让资本的逐利活动破坏生态环境。而要有效地节制资本,实现生态正义,建设生态文明,仅有社会主义的根本制度是远远不够的,还必须建立一套能够切实保护生态环境的体制机制,包括严格的环境立法、完善的环境监管体制以及生态修复、补偿机制等等。也正是基于这种认识,党的十八大以来,我国高度重视生态文明制度体系建设,制定、完善和实施了一系列关于生态文明建设的制度规定和法律法规,使我国生态环境保护的体制机制逐步确立和日趋完善。只有在我国社会主义根本制度的基础上充分发挥这些生态环境保护体制机制的作用,我们才能有效防范包括资本逻辑在内的各种个体中心主义和群体中心主义对生态环境的侵害,真正实现生态正义,使生态文明成为现实。

---

① 《毛泽东选集》第 3 卷,人民出版社 1991 年版,第 1061 页。
② 《毛泽东书信选集》,人民出版社 1983 年版,第 306 页。

八

新冠疫情背景下生态文明建设
若干问题再思考

新冠病毒肺炎疫情爆发以来,不仅成为自然科学众多相关学科联合攻关的重大课题,而且也受到人文社会科学研究者的高度关注。新冠疫情直接表现为人与自然关系上出现的严重问题,是人与自然之间的矛盾和冲突的集中体现,它对人类生存和发展的严重威胁足以表明它是整个当代生态危机的构成部分和重要表现。新冠疫情的爆发和蔓延,既空前凸显了坚持绿色发展理念、保护生态环境、建设生态文明的特殊重要性,也给生态文明建设及其理论研究提出了诸多需要深刻反思的问题。新冠疫情对人类生命健康的威胁、所造成的各种经济社会问题及其深广影响,把生态危机的灾难性后果真切地展现在每个人面前,使我们对之有了深刻而具体的认识和体验。因此,即使是对于以往我们曾经探讨过的生态文明建设问题以及我们对这些问题的探讨本身,我们也有必要加以再思考。正是在这一背景下,复旦大学哲学学院王凤才教授、中国人民大学马克思主义学院张云飞教授、中南财经政法大学哲学院王雨辰教授、福建师范大学马克思主义学院杨晶博士等国内几位长期从事生态文明理论研究的学者撰写了一组文章,①针

---

① 参见《东岳论丛》同期发表的王凤才:《生态文明:人类文明4.0,而非"工业文明的生态化"——兼评汪信砚教授的〈生态文明建设的价值论审思〉》;张云飞:《面向后疫情时代的生态文明抉择》;王雨辰:《论生态文明的本质与价值归宿》;杨晶:《再探生态文明建设的价值目标》。以下凡引这几篇文章,只提及作者姓名,不再一一标注。

对本人发表的《生态文明建设的价值论审思》①（以下简称《审思》）一文所探讨的几个问题提出了不同的观点和看法。我在这里拟结合几位学者的质疑就相关问题作进一步的探讨。

（一）　生态文明的本质

我在《审思》一文中认为，那种主张工业文明已经过时和必须予以废止、生态文明是一种超越工业文明的新型文明形态的"文明新形态论"不仅在理论上难以成立，而且在实践上是非常有害的；生态文明并不是一种超越工业文明的新的文明形态，它不过是一种生态化的工业文明，也可以说是使现有的工业文明生态化。这一看法受到几位学者的一致质疑。不过，他们质疑的理据各不相同，由此导向的结论亦即对生态文明的本质包括对生态文明与工业文明的关系的看法也很不一样。

张云飞教授明显也是不同意"文明新形态论"的，因为他并不认为生态文明是一种文明形态。但在他看来，我在文章中认为生态文明是在工业文明的基础上并且是在完善和优化工业文明的过程中产生的一种依附性文明的观点"事实上窄化和矮化了生态文明"；"生态文明不是依附于工业文明的文明，而是一切文明存在的基础和条件"。

张云飞教授认为生态文明是一切文明存在的基础和条件，这种对生态文明的本质的看法可称为"文明基础论"。这种"文明基础论"必然会面临以下一些困难问题。

第一，生态文明真的是与人类文明相伴始终的吗？对于这一问题，张云飞教授的回答是肯定的。在他看来，"生态文明存在着一个从原始发生到现实发生、从自发发生到自觉建设、从零星表现到系统呈现的过

---

① 参见汪信砚：《生态文明建设的价值论审思》，载《武汉大学学报》（哲学社会科学版）2020年第3期。

程"。另外,根据王凤才教授的转述,张云飞教授认为"史前社会预示着生态文明的发生,但他强调史前社会只能称为渔猎文化,不能称为渔猎文明"。这样一来,生态文明甚至在人类进入文明时代以前的野蛮时代即史前社会就已经发生。这个说法似乎有些自相矛盾,恐怕也是大多数人都难以接受的。其实,与一切人类文明一样,生态文明是人类自觉追求、自觉创造的成果,因此,生态文明的发生有一个基本前提,那就是人类自觉的生态意识的形成,即明确认识到自然生态环境对于人类生存和发展的重要性,并由此主动协调人与自然的关系、追求人与自然的和谐共生。如果离开了这个前提,是没有生态文明可言的;离开这个前提讲生态文明,就会认为只要生态没有受到破坏、人与自然关系总体上和谐就是生态文明,甚至会得出人类出现以前地球上的生态文明程度最高的荒谬结论。据王凤才教授转述,张云飞教授认为:"生态文明不是讲原初自然的问题,而是人化自然的二重性问题,是人与自然和谐共生的成果和水平。"这个说法我是很赞成的。但是,当张云飞教授论证生态文明"是一切文明存在的基础和条件"时,他所讲的更像是生态自然问题(虽然不是"原初自然的问题"),而不是以自觉的生态意识为中介的生态文明问题。例如,他认为,"史前社会预示着生态文明的发生",但史前社会的人们肯定没有自觉的生态意识。再如,他说:"在人类文明的演化过程中,按照生态'序参量'调控历史发展,就会形成生态文明。"但是,在以往的文明史上,生态"序参量"是自发地起作用的,人们还不可能在自觉的生态意识指导下来按照生态"序参量"调控历史发展。

第二,生态文明也是作为"黄色文明"、"黑色文明"的农业文明和工业文明的基础和条件吗?对于这个问题,张云飞教授的回答也应该是肯定的。因为同样根据王凤才教授的转述,张云飞教授认为,在划分文明的形态时,"渔猎文化、农业文明、工业文明、智能文明,属于一个系列"。显然,根据张云飞教授的看法,生态文明虽然不是一种文明形态,但农业文明和工业文明却都是历史上先后出现的文明形态;而既然生态文明是一切文明的基础和条件,当然它也是农业文明和工业文明的基础和条件。按照通常的理解,既然生态文明是一切文明的基础和条件,那么,没有生态文明这个基础和条件,就不会有任何文明,当然也不会有农业文明和工业文明。于是,就会出现这样一个问题:历史上建立在生态文明基础上的农业文明和工业文明怎么又变成了严重破坏生态环境,甚至导致生态危机的"黄色文明"、"黑色文明"呢? 如果事情是这样的话,我们建设生态文明又有什么意义呢? 这是"文明基础论"面临的最大困难问题。

第三,"生态兴则文明兴,生态衰则文明衰"能够说明生态文明是一切文明存在的基础和条件吗? "生态兴则文明兴,生态衰则文明衰"是体现习近平生态文明思想的重要论断,它对于当代中国生态文明建设具有重要指导意义。但是,我们能否反过来说,历史上曾先后有过农业文明、工业文明之"兴",说明早已有了生态文明之"兴"呢? 张云飞教授的回答是肯定的,因为他正是用它来论证生态文明是一切文明存在的基础和条件的。但在我看,即使不考虑"生态兴"是否意味着生态文明,答案也未必能够那么肯定。这是因为,从农业文明到工业文明,以往人类文明的发展一直是在破坏生态之路上裸奔的,以往的人类历史不是张云飞教授所说的生态文明而是生态破坏"从零星表现到系统呈现"的过程,也正因如此,所以人们把以往的"农业文明"和"工业文明"称为"黄色文明"和"黑色文明",只不过在当代以前人类历史上的各个时期里,人类对生态环境的破坏在总体上尚未超出自然界所能承受的限度,因而先后出现了农业文明和工业文明之"兴"。但是,即使是在人类文明的早期,也有一些例外的极端情况。张云飞教授就曾举过极好的例子。他说:"由于采用刀耕火种、斩尽杀绝等粗放的生产方式和生活方式,达到很高发展程度的玛雅文明、楼兰文明遗憾地从地球上消失。"不过,这个例子恰恰构成了"文明基础论"的反例,它说明玛雅文明、楼兰文明之"兴"不仅不是建立在生态之"兴"基础上的,反而是以破坏生态环境为代价而发展起来的;而当其对生态环境的破坏超出特定地域的生态环境所能承受的限度时,这类地域性的独特文明也就必然烟消云散。

王凤才教授、王雨辰教授、杨晶博士则都是生态文明的"文明新形态论"者。其中,王凤才教授、王雨辰教授认为,之所以说生态文明是人类文明新形态,是因为生态文明与工业文明所体现的世界观、自然观、发展方式、消费方式、管理方式乃至生产方式都根本不同;生态文明对工业文明的超越,是生态哲学世界观和自然观(或"和谐论"自然观)对机械论哲学世界观和自然观(或"征服论"自然观)的超越,是以生态理性为基础的可持续绿色发展对以经济理性为基础的不可持续的黑色发展的超越,是民主化管理体制对高度集中的管理体制的超越。主要是基于这些理由,王雨辰教授批评我"忽视了生态文明概念中除了有技术要素之外还有社会制度和意识形态要素",而王凤才教授则否定现有的工业文明能够完全生态化,认为即使能够生态化的工业文明也不能称为生态文明。

在我看来,王凤才教授、王雨辰教授等人对关于生态文明的"文明新形态论"作了更系统的论述,为"文明新形态论"添加了一些新的内容,包括王凤才教授对生态文明作为文明新形态的概括即"人类文明4.0"说、王雨辰教授关于生态文明对工业文明的超越的集中阐释等。但是,他们关于"文明新形态论"的一些主要论据以前也并非完全没有人论及过,我也没有完全"忽视"他们提到的一些方面。在这里,需要讨论的主要有以下两个问题。

一是文明形态划分的标准问题。虽然王凤才教授、王雨辰教授等人没有将其作为前提性问题加以讨论,但他们对"文明新形态论"的阐述实际上都是以对这个问题的某种回答为前提的,而这些前提的科学性直接决定着其"文明新形态论"能否成立。虽然王凤才教授在文中提到"我们可以根据不同的标准划分文明形态",但他所作的划分只是从不同的角度来进行的,并没有讨论划分标准问题。他说:"从人与社会的关系上看,可以划分为:奴隶制文明、封建制文明、资本主义文明、社会主义文明,以及未来的共产主义文明;从人与自然的关系上看,则可以划分为:原始文明、农业文明、工业文明、生态文明。"在王凤才教授的这一论述中,前一个系列的划分标准是明确的,即社会形态;而后一个系列的划分标准是不清楚的。正是划分标准不明确,导致他把生态文明视为继农业文明、工业文明之后的一种文明新形态(我对他的"原始文明"概念也持怀疑态度)。我同意王凤才教授的这样一个判断,即农业文明、工业文明的区分是"从人与自然的关系上看"的。但是,从人与自然的关系看,文明是人类改造自然所取得的各种物质和精神成果的总和,而农业生产和工业生产则是人类改造自然的两种基本活动,它们又都是借助于一定的技术手段来实现的。其中,农业技术主要是人类自然肢体的延伸和人类经验的程序化运用,而工业技术则是人类体力、脑力的倍增器和人类科学知识的程序化运用,它们构成了两类不同的基本技术形态。从人与自然的关系看,技术形态就是人类文明的划分标准,农业文明和工业文明就是根据技术形态的不同来划分的,以技术形态为标准来划分的人类文明也只可能有农业文明和工业文明两种基本形态或独立形态。生态文明是生态技术运用的结果,但生态技术不过是生态化的工业技术,也正因如此,生态文明并不是一种独立的文明形态而是生态化的工业文明。王凤才教授和张云飞教授认为我的这种看法会通向历史终结论或文明终结论,我觉得不会,正如共产主义者不会认为共产主义社会就是人类历史的终结一样。在人类文明的未来发展问题上,我不是工业文明终结论者,而是工业文明升级论者。我坚信,人类的技术进步是无止境的,因而工业文明的发展和升级也是无止境的。例如,正如生态文明是工业文明的升级、是生态化的工业文明一样,目前方兴未艾的智能技术带来的智能文明也是工业文明的升级,是智能化的工业文明。

至于王雨辰教授批评我"忽视了生态文明概念中除了有技术要素之外还有社会制度和意识形态要素",并基于这些"社会制度和意识形态要素"而认为生态文明是一种超越工业文明的新型文明,我想也是由于他混淆了不同系列文明的划分标准。任何一种文明形态当然不会只有一些孤立的技术因素,要是那样的话,技术因素根本就无法发挥作用,从而也根本不会有所谓的文明;即使是按技术形态划分的农业文明和工业文明,肯定也包含着一定的"社会制度和意识形态要素"。但是,如果特别强调文明中的"社会制度和意识形态要素",那么,也就转换了文明划分的角度即是"从人与社会的关系上看"的,相应地,也就应该变换文明划分的标准即按社会形态来划分。但是,正如上述王凤才教授所说,从人与社会的关系上看,以社会形态为标准,文明也只能划分为奴隶制文明、封建制文明、资本主义文明、社会主义文明以及未来的共产主义文明。即使我们可以根据其所包含的"社会制度和意识形态要素"的不同而把工业文明与生态文明区别开来,我们也不能断言生态文明是一种超越工业文明的新的文明形态,从而划分出农业文明、工业文明、生态文明这样一个文明系列,因为农业文明与工业文明是按技术形态来划分的,我们不能在同一个文明系列中使用两种不同的文明划分标准。而只要我们坚持用同一个标准来划分文明形态,就难以得出关于生态文明的"新文明新形态论"。

二是工业文明与近代机械论世界观、自然观的关系问题。王凤才教授、王雨辰教授认为,作为一种新的文明形态,生态文明与工业文明的最本质区别在于其背后的世界观、自然观及其所决定的发展观或发展模式,生态文明对工业文明的超越最主要地表现在生态哲学世界观、自然观对机械论世界观、自然观的超越上。基于这一看法,王凤才教授还特别强调,现有的工业文明不可能完全生态化,即使它能够生态化也不能称为生态文明。长期以来,在国内外学界,像王凤才教授、王雨辰教授这样把工业文明与机械论世界观、自然观捆绑在一起的看法,是比较常见的。事实上,在这个问题上,王雨辰教授主要也是转述西方生态文明理论的观点。但是,对于这种比较流行的看法,我是很怀疑的。

首先,工业文明与机械论世界观、自然观并无必然联系。西方近代机械论自然观是在 17 世纪形成的,它最初由笛卡尔提出,很快就被牢固地奠置在牛顿力学的科学基础上,然后又由霍布斯和洛克从自然科学扩展到哲学领域,成为系统的机械论世界观。毫无疑问,肇始于 18 世纪中叶的工业文明自然也会受到那个时代占统治地位的机械论世界观、自然观的影响。但是,我们不能说工业文明就是机械论世界观、自然观的产物,更不能说离开了机械世界观、自然观就不会有工业文明。工业文明的核心是工业技术,但是,即使是最早的工业技术即蒸汽机技术也决不是在机械世界观、自然观的指导下发明的,甚至也不是在相关的科学理论指导下发明的,因为"工业革命初期的发明——采用自动纺织机器——主要应归功于一些没有受过教育的工匠"①。事实上,蒸汽机技术的发明和蒸汽

---

① [英]J. D. 贝尔纳:《科学的社会功能》,陈体芳译,商务印书馆 1982 年版,第 64 页。

机的生产使用要早于关于蒸汽机的科学理论——卡诺循环理论和热力学第二定律的提出。

其次，工业文明与生态世界观并非水火不容。近代机械论世界观、自然观是人类认识发展特定阶段上的产物，人类认识并不会永远停留在那个水平上。事实上，20世纪中叶以来，随着复杂性科学的发展，机械论世界观、自然观日益被生态世界观、自然观所取代，表现为实体（原子、元素等）论向有机整体论、机械决定论向自组织演化论、人与自然关系分离对立论向二者协同发展论的转化。而这种生态世界观、自然观也日益成为现代工业文明的灵魂，近几十年来工业技术的生态化或生态技术的发展，所依据的就是这种生态世界观。作为工业文明的核心，工业技术说到底还是一种工具。就像爱因斯坦在谈论科学的应用时所说的那样："怎样用它，究竟是给人带来幸福还是带来灾难，全取决于人自己，而不取决于工具。刀子在人类生活上是有用的，但它也能用来杀人。"①依据机械世界观、自然观，工业技术可以成为人类征服、宰制自然的屠刀；而依据生态世界观、自然观，工业技术也完全可以成为协调人与自然关系、保护自然生态的利器。因此，王凤才教授关于现有的工业文明不可能完全生态化、即使能够生态化也不能称为生态文明的断言，着实是令人费解的。

从总体上看，在生态文明的本质问题上，上述"文明基础论"和"文明新形态论"尚不足以令人信服。其中，张云飞教授认为我"窄化和矮化了生态文明"，而我倒认为他泛化了生态文明，他所说的"生态文明"更像是"生态自然"。尽管他特别强调生态文明的重要性，但他的"文明基础论"事实上会淡化生态文明建设的必要性。王凤才教授、王雨辰教授的"文明新形态论"对工业文明的理解似存偏颇，其中，王雨辰教授研究生态学马克思主义"入戏"太深，而王凤才教授的"人类文明4.0"说尚有待展开论证。

---

① 《爱因斯坦文集》第3卷，许良英等译，商务印书馆1979年版，第56页。

（二）生态文明建设的价值取向

按照我对生态文明的本质的理解，我在《审思》一文中认为，建设生态文明的目的在于维护人类的利益，因而应该以人类为价值本位、坚持和践行以人类整体的、长远的利益作为处理人与自然关系的根本价值尺度的人类中心主义；主张生态文明建设是为了维护自然界的利益、应该以自然事物为价值本位的非人类中心主义的立场，不仅必然在理论上陷入自相矛盾的境地，而且还会得出各种反人道主义、甚至反人类的荒谬结论。对于这一关于生态文明建设的价值取向的看法，张云飞教授、特别是王凤才教授作了不同方式的详细回应。

张云飞教授是不认同非人类中心主义立场的，但他也表示不赞同人类中心主义的价值取向，甚至根本否定任何意义上的人类中心主义，认为"'人类中心主义'只是生态中心主义炮制出来的神话"。在他看来，在生态文明建设的价值取向上，"我们不应该坚持人类中心主义，而应该坚持人道主义"。

关于张云飞教授所说的坚持人道主义的价值取向问题，我们留待下文讨论。在这里，我想结合他关于人类中心主义的看法，对生态文明建设是否应该坚持类本位的人类中心主义的价值取向的两个相关问题作些讨论。

第一，人类中心主义是否仅仅是"生态中心主义炮制出来的神话"。尽管我并不赞成一些人把西方思想史上常常将追溯到古希腊哲学家普罗塔哥拉的那种主体性哲学和"征服论"自然观称为人类中心主义，但我不能同意人类中心主义仅仅是"生态中心主义炮制出来的神话"的看法。一方面，即使把人类中心主义仅仅理解为西方生态文明理论的一种价值取向，在西方生态文明理论研究中，作为人类中心主义价值取向反对者的非人类中心主义也决不仅限于生态中心主义。例如，动物解放论、动物权利论、生物中心论也是反人类中心主义的。况且,还有那么多学者如帕斯莫尔、麦克洛斯基、墨迪、诺顿等人都这样那样地主张人类中心主义而反对生态中心主义。甚至有的生态学马克思主义者也赞同人类中心主义,只不过其所主张的"生态社会主义的人类中心主义是一种长期的集体的人类中心主义"①。另一方面,更为重要的是,之所以会有那么多人激烈地反对人类中心主义,他们也并不是像堂·吉诃德那样与风车作战,乃是因为他们所反对的东西确实是历史上和现实中人们的社会实践活动所体现出来的某种价值取向。不过,"人类中心主义"是一个充满理论陷阱的概念,必须小心翼翼地加以使用。为此,我在《审思》一文中特地区分了狭义的人类中心主义与广义的人类中心主义,前者即类本位的人类中心主义,亦即以人类整体的、长远的利益作为处理人与自然关系的根本价值尺度的价值取向;后者既包括类本位的人类中心主义,也包括以个体利益和群体利益作为处理人与自然关系的根本价值尺度的各种形式的个体中心主义和群体中心主义即个体本位和群体本位的人类中心主义。在我看来,国内外学界关于人类中心主义与非人类中心主义的许多无谓争论,就是由于不区分这两种意义上的人类中心主义所造成的。在以往的人类历史上,类本位的人类中心主义从未真正成为人们现实实践活动的价值取向,在这一点上我与张云飞教授之间没有太大的分歧。我们的主要分歧在于:在我看来,经常被人们不加区分而笼而统之地冠以"人类中心主义"之名而加以批判的个体本位和群体本位的人类中心主义,决不像张云飞教授所说的那样只是人们"炮制出来的神话",而是向来在人们的现实实践活动中真正起作用的价值取向。从历史上看,正是在个体本位和群体本位的人类中心主义的支配下,人们为了最大限度地追逐自己眼前的、直接的特殊利益而对大自然进行了残暴的掠夺。因此,个体本位和群体本位的人类中心主义就是当代生态危机的价值论根源。不过,张云飞教授与我之间的分歧有时似乎又仅仅只是语词上的,因为他明确表示:

---

① ［英］戴维·佩珀:《生态社会主义:从深生态学到社会正义》,刘颖译,山东大学出版社2005年版,第340页。

"与其说是人类中心主义造成了生态危机,不如说是个人主义、利己主义、拜金主义造成了生态危机。""在私有制社会中,人们总是从自己的阶级立场看待人与自然关系的,并不存在人类中心主义。"在这里,他所说的个人主义、利己主义、拜金主义以及阶级立场,当其表现在人与自然关系上时恰恰就属于个体本位和群体本位的人类中心主义。如果他意识到这一点,我想他可能就不会认为人类中心主义只是"生态中心主义炮制出来的神话"。

第二,坚持类本位的人类中心主义是否必要和可能。在这个问题上,张云飞教授似乎有些犹豫和迟疑。一方面,对于我所提出的必须"走入以人类整体的、长远的利益作为处理人与自然关系的根本价值尺度的人类中心主义,亦即必须坚持以人类整体作为价值本位"的观点,他表示"原则上似乎没错,但尚待论证和推敲"。另一方面,他实际上似乎又否定了坚持类本位的人类中心主义的可能性和可行性,并且上述他关于"'人类中心主义'只是生态中心主义炮制出来的神话"的论断本身就包含着这种否定。在这里,有几个重要之点需要加以辨析。

首先,能否将人类中心主义确立为生态文明建设的价值取向?张云飞教授认为,"将人类中心主义确立为生态文明的价值取向,存在着割裂人与自然有机联系的危险",因为"价值是一个关系范畴,而不是一个实体范畴"。他的言下之意是"人类中心主义"是一个实体范畴,因而不能"将人类中心主义确立为生态文明的价值取向"(应该更准确地表述为"将人类中心主义确立为生态文明建设的价值取向")。在我看来,"人类中心主义"并不是一个实体范畴,无论何种意义上的人类中心主义都是指人们处理人与自然关系的价值取向,它本身就是反映人与自然关系的,所以并不存在"割裂人与自然有机联系的危险"。

其次,坚持类本位的人类中心主义是否必要?类本位的人类中心主义是指以人类整体的、长远的利益作为处理人与自然关系的根本价值尺度的人类中心主义,因此,坚持类本位的人类中心主义是否必要,主要取决于是否存在着需要加以维护的人类整体的、长远的利益。张云飞教授认为,"在私有制社会中,根本不可能存在人类整体的、长远的利益","只有在社会主义社会中,人类整体的、长远的利益才成为可能和现实"。这个说法有点令人费解,它等于说人类整体的、长远的利益在当代世界上既存在又不存在,或某些地方存在而在另一些地方又不存在。按照我的理解,人类整体的、长远的利益也就是区别于各种特殊利益主体的眼前的、直接的利益的人类的共同利益,它应该在同时代任何社会制度条件下都存在。当然,人类的共同利益的存在必须有一个前提,那就是现实的类主体的形成。虽然从哲学上说人类也是一类重要的主体即类主体,但在以往的历史上类主体仅仅只是一种逻辑设定,其内涵是指无数世代的人的总和,因而以往也根本就不存在什么人类的共同利益。不过,这种情况在当代发生了根本变化。当代全球化的发展促成了一个内在有机和风险共担的全球社会,使得整体人类成为一个命运共同体,并由此使得类主体得以现实生成。与此相应,人类整体的、长远的利益即共同利益也获得了两方面的现实规定性:一方面,从人与人的社会关系看,在当代全球社会中,各个民族、各个国家之间出现了全球分工、全球协作的普遍的相互依存关系,而正如恩格斯所说,人类的共同利益不过就是"彼此有了分工的个人之间的相互依存关系"①;另一方面,从人与自然的关系看,当代出现了全球性的生态危机,它们对整个人类生存和发展都构成了严重威胁。既然在当代人类共同利益业已形成,为了维护人类共同利益,就有必要坚持类本位的人类中心主义。习近平强调构建人类命运共同体,也就是为了维护人类共同利益。

再次,坚持类本位的人类中心主义是否可能?在当代,以人类整体的、长远的利益或共同利益作为处理人与自然关系的根本价值尺度亦即坚持类本位的人类中心主义是完全可能的。我完全同意张云飞教授所说的"西方国家绝不会为了人类整体的、长远的利益牺牲自己的利益",但这并不意味着坚持类本位的人类中心主义是不可能的,因为坚持类本位的人类中心主义并不是要求哪个国家为了人类共同利益而牺牲自己的利益。问题在于,由当代全球性的相互依存关系和全球性的生态危机体现

---

① 《马克思恩格斯选集》第1卷,人民出版社1995年版,第84页。

出来的人类共同利益并不是外在于各种特殊利益的东西,而是各种特殊利益得以实现的共同的基本条件,因此,维护人类共同利益就是维护自己的特殊利益,而人们要实现自己的特殊利益,首先必须自觉维护人类共同利益。例如,如果无视当代全球性的相互依存关系,像特朗普治下的美国那样推行贸易保护主义或者谋求美国经济与中国脱钩,那么美国自己的利益同样也会受到损害。再如,如果任由全球问题和生态危机进一步恶化,最后大家都会一起完蛋,没有任何人能够幸免,因而任何像特朗普鼓吹"美国优先"那样谋求特殊利益的企图都是扯淡。

王凤才教授不同意我对"非人类中心主义"的总体否定,尤其不同意我"为'人类中心主义'所作的辩护"。他认为,要克服当代生态危机、建设生态文明,既要放弃非人类中心主义,也要走出个体本位和群体本位的人类中心主义,但并非回到类本位的人类中心主义,而是走向生态协调论,实现人与自然的和解。

王凤才教授对非人类中心主义生态文明理论作了详细而清晰的梳理和阐述,它使我们对非人类中心主义的复杂情况有了更准确的把握,尽管这并不会影响我对非人类中心主义的总体否定。在这里,我想结合王凤才教授关于生态文明建设价值取向的见解,对以下两个问题作进一步的论述。

首先,如何看待当代生态危机的根源?生态文明建设是人类在面临生态危机情况下的战略选择,只有首先弄清生态危机的根源,我们才能对症下药般地确立生态文明建设应有的价值取向。关于当代生态危机的根源问题,上文已作过阐述,这里有必要作进一步的讨论。对于这个问题,王凤才教授的回答是比较含糊的。比如说,一方面,他肯定我对个体本位和群体本位的人类中心主义的批判,认为正是这种类型的人类中心主义"应该为当代生态危机负责";另一方面,他又不加区分地断定"'人类中心主义'应该为生态危机负有主要责任",并批评我"不承认正是'人类中心主义'导致了生态危机";同时,他又认为,生态危机的深层原因在于工业文明发展模式及其背后的征服论自然观,生态危机就是工业文明模式或科技文明模式的危机;此外,他还认为,"生态危机实质上是文化危机"。诚然，正如他所说，"生态危机的原因是复杂的、综合的"。但是，他并没有说明这诸多原因之间的关系。而按照我对当代生态危机的根源的理解，所有这些不同的方面都能得到统一的理解和说明。在我看来，从价值论上说，个体本位和群体本位的人类中心主义就是当代生态危机的直接根源，它是深藏并贯穿于其他也这样那样促成了生态危机的各种原因之中的内核。近代机械论、"征服论"自然观虽然与工业文明并无本质联系，但却是与个体本位和群体本位的人类中心主义这种价值取向紧密结合在一起的，并且构成了这种价值取向的世界观基础。这种价值取向也支配了以往的工业文明发展模式，它利用各种工业技术掠夺和侵害自然界，使以往的工业文明成为一种"黑色文明"。因此，以往的工业文明实际上是一个"背锅侠"，该谴责的不是工业文明本身而是支配着以往工业文明发展模式的那种价值取向。这种价值取向也是近现代工业文化的核心，甚至构成了以往全球化的价值论基础，以往的全球化就是建立在对这种价值观念的认同基础上的。总之，是个体本位和群体本体的人类中心主义导致了当代的生态危机。所以，我并没有像王凤才教授所说的那样"不承认正是'人类中心主义'导致了生态危机"，同时我也不同意他所说的"'人类中心主义'应该为生态危机负有主要责任"这个全称判断。

其次，人类能否完全超越人类中心主义？"超越人类中心主义"与人们通常所说的"走出人类中心主义"有所不同，走出人类中心主义的前提是已经走入了人类中心主义。从历史上看，人类以往只走入了个体本位和群体本位的人类中心主义，而类本位的人类中心主义还只是生态文明建设应有的价值取向，因而类本位的人类中心主义只存在是否走入而不存在走出的问题。超越人类中心主义，是指既走出个体本位和群体本位的人类中心主义，又不走入类本位的人类中心主义。从逻辑上看，超越人类中心主义，就只能走入非人类中心主义。因此，王凤才教授关于既要放弃非人类中心主义也要走出个体中心主义和群体中心主义、但并不归于类本位的人类中心主义而是"走向生态协调论"的主张，在逻辑上似有矛盾。其实，非人类中心主义也只是生态文明理论研究的一种不切实际的主张，人类以往没有、未来也不可能真正走入非人类中心主义，因为人类不可能真正为了自然界的利益和基于自然事物本身的"内在价值"而保护自然生态环境。就此而论,非人类中心主义的生态文明理论是很不真诚的。既然人类不可能真正走入非人类中心主义,那么,王凤才教授主张的生态协调论放弃非人类中心主义的立场是明智的,但其同时又要超越人类中心主义的立场则是没有可行性的。

事实上,人只能从人的立场出发、基于人的利益看问题、处理人与自然的关系。马克思也早就说过:"人们奋斗所争取的一切,都同他们的利益有关。"①"任何人如果不同时为了自己的某种需要和为了这种需要的器官而做事,他就什么也不能做。"②因此,人们在处理人与自然的关系时,人类中心主义的立场是不可能完全超越的,能够超越的只是某种具体形态的人类中心主义。这一结论,同样也适用于王凤才教授提出的"生态协调论"。例如,他指出,生态协调论主张人与自然的互惠共生,认为只要人类的行为能够促进人与自然的和谐就是正确的,而走向生态协调论是为了通过人向自然妥协而实现"人与自然的和解"。那么,为什么要使人与自然互惠共生,特别是凭什么也要让自然受惠以及自然受惠的标准是什么? 为什么只要人类的行为能够促进人与自然的和谐就是正确的? 为什么要实现"人与自然的和解"? 人与自然不和谐或者不和解咋就不行? 只要进一步追问一下这些问题,在"放弃非人类中心主义"的前提下,就必然会归于人类中心主义的立场。并且,鉴于王凤才教授在阐述人与自然的和解问题时强调"这里的'人'是指作为整体的人,或曰'人类'",他所回归的人类中心主义一定是类本体位的人类中心主义。我在《审思》一文中曾说:"要真正克服当代的生态危机、建设生态文明,就必须超越或走出各种形式的个体中心主义和群体中心主义,走入以人类整体的、长远的利益作为处理人与自然关系的根本价值尺度的人类中心主义。"王凤才教授提出的生态协调论,在精神实质上与我的上述观点完全一致,但却与他自己的下述结论是相矛盾的:"只要站在人类中心主义的

① 《马克思恩格斯全集》第1卷,人民出版社1956年版,第82页。
② 《马克思恩格斯全集》第3卷,人民出版社1960年版,第286页。

立场上,就不可能真正克服当代生态危机,更不可能建设生态文明。"

（三）生态文明建设的正义追求

我在《审思》一文中还试图对生态正义及其实现问题进行探讨。文章认为,作为生态文明建设的价值追求,生态正义具有且仅有代内正义和代际正义两个维度;只有在社会主义根本制度的基础上建立一套能够切实保护生态环境的体制机制并充分发挥其作用,才能有效防范包括资本逻辑在内的各种形式的个体中心主义和群体中心主义对生态环境的侵害,真正实现生态正义。关于这一问题,几位学者都提出了各自不同的看法,其中也包含着对我的观点的质疑。因此,我认为有必要对这一问题作进一步的探讨。

生态正义及其实现涉及太多的方面,几位学者的看法及对我的观点的质疑有不少共同点。因此,在这里我不再分别回应不同学者的看法,而拟完全按问题来进行讨论。

第一,生态正义概念及讨论生态正义的方法论。王雨辰教授对当代西方生态文明理论特别是生态学马克思主义研究中"生态正义"与"环境正义"这两个概念之间的区别作了较详细的梳理和辨析,并由此批评我认为生态正义由代内正义和代际正义构成的观点"把'生态正义'与'环境正义'的不同含义和价值指向混同起来"。王凤才教授则阐述了西方政治哲学语境中"社会正义"的特定内涵,指出它作为一种"实质正义"是相对于"程序正义"即"形式正义"而言的,并由此比较委婉地批评我不应该强调"生态正义"是一种"社会正义"。两位学者都对国外马克思主义有精深研究、成就斐然,他们关于国外马克思主义的知识自然远比一般人丰富,其相关辨析和阐述也确实有利于拓展我们的认识。但是,我认为,与专门解读西方生态文明理论不同,当我们探讨生态文明及其建设问题时,我们完全不必依循西方学术话语和研究范式。也许有人会说我不按规则出牌,但我对这类规则本身的合理性就存疑。其实,我对生态正义概念的使用也是有依据的。在我看来,在考察生态文明建设的价值追求时,本来就应使用"生态正义"而不是"环境正义"概念。这是因为,环境可区分为生态环境和社会环境,"生态正义"实即"生态环境正义"的简化,而"环境正义"概念的外延明显要大于"生态正义"概念,所以用环境正义来标示生态文明建设的价值追求是不恰当的。因此,在这个问题上,我并不认为西方学者的概念更为严谨。再说,如果只能按西方生态文明理论的话语方式来区分生态正义与环境正义,那么,我们还需要在"生态文明"之外再创造和使用一个"环境文明"概念,讲生态文明建设时必须同时讲环境文明建设。但是,至少到目前为止,人们并没有这样做。

至于我说生态正义是一种社会正义,主要是强调它是社会性的正义,这也是有其针对性的。非人类中心主义者之所以认为生态正义应该包括甚至就是指种际正义或自然正义,是因为在他们看来,生态正义等生态伦理原则的确立,意味着伦理学的研究对象和伦理道德所适用的范围从人与人之间的关系扩展到了人与自然之间的关系,各种生态伦理原则就是用来调整人与自然之间的关系的。例如,泰勒在《尊重自然》一书中就曾说过:"环境伦理学所关心的是人与自然界间的伦理关系。规范这一伦理关系的原则决定着我们对地球及居住在地球上的所有动植物的义务和责任。"[1]实际上,伦理学就是人伦之学,所有的伦理道德原则都是用来调整人与人之间的社会关系的,包括生态正义在内的生态伦理原则也不例外,只不过它们所调整的是被自然或生态环境所中介了的人与人之间的关系,亦即代内不同人以及不同世代的人之间的生态利益关系。而非人类中心主义强调种际正义或自然正义,实际上否认了生态正义是一种社会正义。在这个问题上,张云飞教授的观点也似是有矛盾的。一方面,他认为:"人与社会的关系影响和制约着人与自然的关系。这样,生态正义问题就被提上议程。正义就是人们得其应得。"这实际上是肯定了生态

---

[1]　Paul W. Taylor, *Respect for Nature: A Theory of Environmental Ethics*, New Jersey: Princeton University Press, 1986, p. 3.

正义是关涉人们之间社会关系的社会正义;另一方面,他又强调"种际正义"或"自然正义"也是生态正义的重要构成方面,这实际上又否认了生态正义是一种社会正义。

第二,生态正义实现的社会制度条件。王雨辰教授特别认同生态学马克思主义对资本主义生态危机的诊断和对资本主义制度生态非正义性的批判,强调变革资本主义制度和生产方式对于实现生态正义(用他的话来说应该叫作"环境正义")的决定性意义,认为"任何文明形态都必须以一定的社会制度和生产方式体现出来,这就意味着在资本主义工业文明下,只有环境保护,却没有真正意义上的生态文明建设"。张云飞教授也把社会制度视为实现生态正义、建设生态文明的决定性条件,同样强调资本主义制度是当代生态危机的根源,认为"在私有制的情况下,不可能存在公平正义,当然也不存在生态正义","只有在社会主义条件下,才能真正谈得上公平正义,才能真正实现生态正义"。王凤才教授则表达了不同的意见,"不赞同生态学马克思主义过分地将生态正义、生态文明与社会制度硬扯在一起",认为主张在私有制的情况下不存在生态正义的看法就是"将生态正义问题与所有制问题过度地联系在一起","主张不要将生态问题与制度问题过度地牵扯在一起"。

在生态正义实现的社会制度条件问题上,我对上述两种看法都持既有某种程度的赞同又有一定保留的态度。生态学马克思主义对资本主义制度生态非正义性质的批判是值得肯定的,从某种意义上说,资本主义制度和生产方式也确实是资本主义生态危机的根源。但是,正如前述,从价值论上看,直接导致生态危机的是个体本位和群体本位的人类中心主义。这种价值取向产生的土壤是现实社会中人们之间的利益分化关系,也就是说,如果要进一步追问这种价值取向背后的根源的话,那就是现实社会中人们之间的利益分化。不过,人们之间的利益分化关系要实际地影响人与自然的关系,特别是要造成生态危机,必须通过人们对自身特殊利益的追逐。正是在这个意义上,我们说个体本位和群体本位的人类中心主义是生态危机的价值论根源。如果说近代机械论、"征服论"自然观构成了这种价值取向的世界观基础,近现代各种工业技术被其用作"作案"手段,那么,生产资料私有制则为其提供了制度保障。私有制以社会根本制度的形式确认了现实社会中的利益分化关系,成为个体本位和群体本位的人类中心主义的天然同谋。正是基于这一点,我不完全同意王凤才教授的看法,我认为讨论生态问题不能完全不考虑社会制度因素。但我也不完全同意王雨辰教授和张云飞教授的看法,因为资本主义制度不过是私有制的一种形式,而私有制又不过是对现实社会中人们之间利益分化关系的确认。与资本主义私有制相比,私有制是促成生态危机的更为一般的社会因素,所以不能把"资本主义制度和生产方式是生态危机的根源"视为一个普遍命题;而与私有制相比,人们之间的利益分化关系是导致生态危机更为始原的因素,所以也不能认为消灭了私有制就能克服生态危机、实现生态正义。根据这些情况,与其说资本主义私有制或私有制是生态危机的根源,不如说人们之间的利益分化关系是生态危机的根源,而从价值论上看,不如说建立在人们之间利益分化关系基础上的个体本位和群体本位的人类中心主义是生态危机的根源。

当然,在历史上的私有制社会里,生态危机毕竟是到资本主义发展阶段才出现的。资本主义私有制同样也是对人们之间利益分化关系的确认,是个体本位和群体本位的人类中心主义的制度保障。但是,与历史上的私有制不同,资本主义私有制是按资本逻辑设计的,而资本逻辑即资本必然追求无限度的增殖和利润最大化最大限度地适应了个体本位和群体本位的人类中心主义的需要,所以受资本逻辑控制的资本主义制度淋漓尽致地体现了个体本位和群体本位的人类中心主义。王雨辰教授、王凤才教授归责于工业文明的经济理性、消费主义、物质主义实际上都是从属于资本扩张逻辑的,是资本逻辑的必然要求,因而也都是服务于个体本位和群体本位的人类中心主义的。同时,资本主义社会里发展起来的工业技术赋予人类面对自然界时的空前强大的能力,特别是工业技术的资本主义应用使得个体本位和群体本位的人类中心主义更是如鱼得水。可以说,资本逻辑和工业技术给资本主义制度插上了以往的私有制所没有的两个翅膀,使得个体本位和群体本位的人类中心主义在资本主义社会有了以往时代所无法比拟的活动空间。借助于资本主义制度和生产方式,个体本位和群体本位的人类中心主义对生态环境的侵害最终突破了自然界所能忍受的极限,出现了一种总的累积性的结果即当代生态危机。

正是基于上述理解,所以我的《审思》一文在评析生态学马克思主义及国内生态学马克思主义研究时认为:"资本主义生产方式是资本主义制度的内在构成部分,而资本主义制度文化与其他各种形式的文化一样都是以一定的价值观为核心的,因此,只有深入到价值观批判,资本主义批判才能真正触及资本主义制度的内核和灵魂。应该说,生态学马克思主义的资本主义批判是触及了资本主义制度的灵魂的,因为其资本主义批判的矛头所向就是作为资本主义制度之核心的个人主义的价值观,后者的具体表现形式即分别以个体和群体为本位的个体中心主义和群体中心主义。"王凤才教授说我对生态学马克思主义的看法"做出了不同于通常的理解",并认为我"与王雨辰教授的商榷是值得商榷的"。我承认事情完全可能像王凤才教授所说的那样,"王雨辰等人的理解符合生态学马克思主义的原意",但如果是那样的话,生态学马克思主义的资本主义批判就没有真正触及资本主义制度的灵魂,王雨辰教授等人虽然没有贬低但却拔高了生态学马克思主义的资本主义批判。张云飞教授则在评析我关于"只有深入到价值观批判,资本主义批判才能真正触及资本主义制度的内核和灵魂"的看法时认为"这一跳跃确实很惊险",根据我的猜想,其言下之意可能是认为我在这里背离了社会存在决定社会意识、经济基础决定上层建筑的唯物史观基本原理。其实,我并没有背离唯物史观。首先,我的这一论断不是一种历史哲学的结论,而是对生态学马克思主义的资本主义批判的价值论考察,而从价值论上说,对资本主义的生态哲学批判就应该上升到对于作为资本主义制度的灵魂的个人主义价值观的批判。其次,更为重要的是,作为个人主义价值观的具体表现形式,个体本位和群体本位的人类中心主义也是由一定社会经济基础决定的,而其产生的土壤就是比一切私有制都更为始原的人们之间的利益分化关系。强调个体本位和群体本位的人类中心主义是生态危机的价值论根源或直接根源,不过是确认现实社会中人们之间的利益分化关系才是生态危机产生的最终决定因素。

在我国社会主义条件下,同样也存在着生态危机。关于我国的生态危机,在张云飞教授看来,它与资本主义国家的生态危机"异因同果","就新中国的情况来说,前三十年的问题主要是由于科学认知不足造成的,后四十年的问题主要是由发展方式不当造成的"。我不赞同这种看法。我认为,无论是在资本主义社会还是社会主义社会,导致生态危机的原因是一样的,都是个体本位和群体本位的人类中心主义。在我国社会主义社会,虽然消灭了资本主义私有制,但并没有真正消除个体本位和群体本位的人类中心主义产生的土壤,即比私有制更为始原的人们之间的利益分化关系。我国目前处于社会主义初级阶段,实行的是公有制为主体、多种所有制经济共同发展,按劳分配为主体、多种分配方式并存的社会主义市场经济体制等基本经济制度,这本身就是对不同利益主体客观存在的制度确认。而随着我国社会主义市场经济的发展,人们的利益诉求也日益多元化。这些都说明,我国社会主义社会并没有也不可能消除人们之间的利益分化关系。而只要存在着人们之间的利益分化关系,就必然会存在着个体本位和群体本位的人类中心主义及其对生态环境的破坏。同时,在当前我国社会,资本逻辑仍然存在和起作用。资本逻辑也就是资本条件下个体本位和群体本位的人类中心主义的逻辑,只要存在着资本,就必然会存在着资本逻辑,而资本逻辑又必然会为个体本位和群体本位的人类中心主义张目。人们能够做的就是通过制度建设把资本逻辑限制在"不能操纵国民生计"①的范围内,包括尽可能地不让它破坏生态环境。其实,尽管生态学马克思主义严厉批评资本主义社会中资本扩张逻辑及其支配下的无限度的扩大生产和无限度地扩大消费对生态环境的破坏,但发达资本主义国家早已建立了一整套限制资本逻辑、保护生态环境的制度。与之相比,过去四十余年里我们在积极利用和发展资本的过程中忽视了对资本逻辑的限制,其结果就是我国的生态危机甚至比发达资本主义国家远为严重。也正因如此,所以当前我国特别重视和强调生态文明制度体系建设。

---

① 参见《毛泽东选集》第 3 卷,人民出版社 1991 年版,第 1061 页。

第三,生态正义在生态文明价值追求中的地位。作为生态文明的价值追求,生态正义是人们在当代生态危机日益严重的情况下提出的用以协调人与自然的关系,由此调整代内和代际人们之间生态利益关系的生态伦理原则。对于生态文明建设来说,强调并努力实现生态正义是绝对必要的,它能够强化人们的生态意识、引领人们加强生态文明制度建设,从而能够防范和遏制人们对生态环境的破坏,防止生态危机进一步恶化。但是,我同意王凤才教授的这一看法:"即使实现了生态正义,也未必能够实现生态文明。"这是因为,生态正义原则本质上属于一种防御性原则,按照生态正义原则并为了实现生态正义而建立的生态文明制度也只是一种生态环境保护制度。在目前条件下,由于社会生活中人们之间的利益分化关系的现实存在,个体本位和群体本位的人类中心主义无时无刻都莫不在起作用,即使建立了完善的、充分体现生态正义原则的生态环境保护制度,即使这种生态环境保护制度能够有效防范人们对生态环境的破坏,即人们慑于制度的强制力、害怕破坏生态环境会受到惩罚而收敛其对生态环境的破坏行为,人们也很难做到主动地、自觉地保护生态环境和追求人与自然的和谐。因此,作为生态文明建设的价值追求,生态正义只是生态文明建设的"最低纲领",强调生态正义只是为了应对生态危机,在实践上它也只能促进生态治理。同时,我赞同张云飞教授的一个观点:"实现人道主义和自然主义的统一是生态文明的最终价值取向和价值理想"(应该更准确地表述为"实现人道主义和自然主义的统一是生态文明建设的最终价值取向和价值理想")。人道主义与自然主义的统一是生态文明建设的"最高纲领"。"共产主义,作为完成了的自然主义,等于人道主义,而作为完成了的人道主义,等于自然主义,它是人和自然界之间、人和人之间的矛盾的真正解决,是存在和本质、对象化和自我确证、自由和必然、个体和类之间的斗争的真正解决。"[1]只有在不再存在人们的利益分化关系、个体利益和群体利益与人类共同利益融为一体的共产主义社会,才会从根本上克服个体本位和群体本位的人类中心主义,才会

---

[1]　《马克思恩格斯文集》第 1 卷,人民出版社 2009 年版,第 185 页。

实现人道主义与自然主义的统一,从而才会真正实现人与自然的和谐共生、建成生态文明。

新冠疫情的爆发、蔓延及其全球防控实践使我更加坚信,生态文明是一种生态化的工业文明,生态文明建设就是要为工业文明植入一种生态维度;生态文明建设必须坚决反对个体本位和群体本位的人类中心主义,必须走入和坚持类本位的人类中心主义;要实现生态文明建设的价值追求即生态正义、克服当代生态危机,仅仅变革资本主义制度和生产方式是远远不够的,还必须在社会主义根本制度的基础上建立一套健全的生态文明制度体系。新冠疫情是人与自然的矛盾和冲突的表现,从这个意义上说,疫情防控本身就是进行生态文明建设。如果没有工业文明发展积累的成果,我国根本不可能取得抗击疫情的胜利并对全球疫情防控做出重大贡献;而如果不努力推进工业文明的生态化,也不可能真正从源头上防控这类疫情。疫情无国界,病毒是人类的共同敌人;新冠病毒的高传染性、高致病性及全球防控实践表明,只有坚持类本位的人类中心主义,维护人类的共同利益,最终取得全球抗击疫情的胜利,各个国家才能真正保护本国人民的生命健康。制度因素对于疫情防控不能说不重要,但并不是决定性的因素,在疫情防控中,中国的答卷可以得高分,但有的资本主义国家做得也不赖。最为重要的还是要有一套疫情防控的有效体制机制,防止个体本位和群体本位的人类中心主义耽误疫情防控时机、破坏疫情防控合作,努力实现疫情防控中的社会正义。如果把疫情防控与制度问题过度地牵扯到一起,反倒会因制度自信而忽视疫情防控的具体体制机制建设,其结果必然无补于做好疫情防控工作。这也是全球疫情防控实践中某些国家的惨痛的教训。

九

社会稳定：治国安邦的根本前提

自从人类社会产生以来，社会稳定就一直是人类努力谋求的一种社会状态，它既是人们的社会生活得以正常进行的必要条件，也是一个民族和国家走向兴盛的根本前提。特别是在当今世界上，在和平与发展已成为时代主题却又不时受到种种干扰和冲击的情况下，对于那些不发达国家来说，能否有效地保持社会的稳定，更是关系到它们能否把握住历史的机遇、实现自身社会经济的高速持续协调发展，关系到它们的现代化发展战略能否得到顺利的实施。这既是两百多年来的世界现代化进程给我们提供的深刻启示，也是 20 世纪以来百余年社会主义国家的现代化建设实践包括中国社会主义现代化建设实践给我们留下的宝贵的经验教训。

（一） 社会稳定的本质和特征

什么是社会稳定？社会稳定具有哪些最基本的特征？这是我们研究社会稳定时必须首先予以回答的问题。深入地考察和科学地说明社会稳定的本质规定和基本特征，不仅有助于我们正确地区分什么样的社会状态属于社会稳定、什么样的社会状态不属于社会稳定，而且也是我们深刻地理解社会稳定的重要性，从而自觉地保持和努力实现社会稳定的必要前提。

1. 社会稳定的本质规定

从最一般的意义上说，所谓稳定，也就是稳固安定、没有变动的意思。但是，与这种单纯词义学意义上的稳定概念不同，我们所说的社会稳定不是社会生活的稳而不动、静止不变，而是指社会生活的安定、协调、和谐和有序，是通过人们的自觉干预、控制和调节而达到的社会生活的动态平衡。

要正确地理解社会稳定的概念，必须注意把握以下几个方面。

第一，社会稳定是社会生活的有序性和可控性状态。

人类的社会生活包含着政治、经济、文化等诸多的领域，生活在社会中的人们每日每时都在进行着各种政治、经济和文化活动。在这些活动中，人们之间必然要进行各种各样的社会交往，结成极其复杂的社会关系。而在形形色色的社会关系中，最根本的是人们之间的生产关系，其他的各种社会关系如政治、法律、道德和思想文化关系都是建立在生产关系的基础之上的，并且必然会随着生产关系的变化而变化。人们的社会活动和社会关系，就构成了社会生活的基本内容。在人类社会的发展过程中，虽然不同时代的社会生活各有其不同的特点，但各个时代的统治者和治国者们都力图保持社会生活的有序性和可控性。所谓社会生活的有序性，是指人们的社会活动的组织性和社会关系的协调性，就是说，人们的各种社会活动或社会行为都按照一定的社会规范得到了有效的组织，人们之间的社会关系在一定的社会规范的范导下显得协调、和谐。而所谓社会生活的可控性，则是指现行的社会规范能够有效地组织人们的社会活动、协调人们之间的社会关系，即使人们的社会活动中出现了一些越出现行社会规范的行为、人们之间的社会关系上出现了一些不协调、不和谐的情况，这种越轨行为或社会关系的这种不协调、不和谐及其导致的消极后果也总是能够被有效地限制在一定范围之内，不会对社会生活产生全局性和毁灭性的影响,并且最终能够被现行的社会规范这样那样地消解掉。这种社会生活的有序性和可控性,是任何一个时代人们的社会生活得以正常进行的必要前提。

上述社会生活的有序性和可控性就是社会稳定的基本表现,换句话说,社会稳定就是社会生活的有序性和可控性状态。当一个社会的社会生活处于这种有序性和可控性状态时,我们就说该社会是一个稳定的社会;而当一个社会的社会生活失去这种有序性和可控性亦即陷入无序和失控的状态时,则意味着该社会是一个不稳定的社会。

第二,社会稳定是人们自觉调控活动的结果。

作为社会稳定的基本表现,社会生活的有序性和可控性状态并不是一种无矛盾的状态,更不是一种静止不变的状态。事实上,人类的社会生活本身充满了各种复杂的矛盾,它不仅内在地贯穿着生产力与生产关系、经济基础与上层建筑这两对人类社会的基本矛盾,内存着由社会基本矛盾所决定和影响并为人类社会的各个发展阶段所特有的矛盾,而且还包含着人们之间因利益对立、文化差异和观念分歧而产生的各种政治、经济和思想文化方面的矛盾。这些复杂的社会矛盾及其引发的各种各样的社会冲突,必然会破坏人们社会活动的组织性和社会关系的协调性,使人们的社会生活处于经常不断的变动之中。因此,要保持社会的稳定,就必须自觉地对社会生活进行调控。

对社会生活的调控总是借助一定的社会规范来进行的,而各种社会规范的基本功能也正在于范导人们的社会活动和社会关系、调控人们的社会生活从而保持社会的稳定。在各种用以调控社会生活的社会规范中,法律和道德是最具有代表性的,运用它们对社会生活进行的调控分别属于"硬调控"和"软调控",这也就是社会学中通常所说的"硬控制"和"软控制"。硬调控一般具有严格规定的程序并带有强制的性质,它通过运用各种国家强制力将人们的社会活动和社会关系的变化规定在一定范围之内来维持社会生活的有序性和可控性、达到保持社会稳定的目的。用以进行硬调控的社会规范除法律外还有政策,包括以国家的名义制定并应用于政治、经济和文化等社会生活各个领域的规章和准则,违背这类社会规范就会受到各种法律的、行政的或经济的制裁和处罚,有时甚至会受到军事干预和武力镇压。与硬调控不同,软调控既没有严格规定的程序也不具有强制的性质,而是借助社会舆论、文化传统和教育的力量,力图使外在社会生活的有序性和可控性的客观要求内化为人们的自觉追求,并由此校正人们的行为、协调人们之间的社会关系,达到保持社会稳定的目的。用以进行软调控的社会规范除道德外也还有其他一些形式,如风俗习惯等,违背这类社会规范虽然不会受到以国家强制力为保证的制裁,但却会受到社会舆论的谴责和社会心理的鄙弃。也正因如此,这类社会规范同样在社会生活的调控中发挥着不可替代的作用,它们有时甚至比各种以强力为保证的社会规范更为重要,也就是说,软调控有时比硬调控更为重要。对此,两千多年前的孔子(公元前551—公元前479)就已有明确的认识。在对社会生活的调控问题上,孔子特别强调的就是"德"和"礼"而不是"刑"、是软调控即"德化"和"礼教"而不是硬调控即刑罚。他认为,刑罚只能惩办于犯罪之后,而"德化"和"礼教"却能防患于未然;硬调控不过使人苟免于罪过而难于归心,软调控则让人自觉形秽、使人真心归服。他所谓的"礼之教化也微,其止邪也于未形,使人日徙善远恶而不自知也"(《礼记·经解》),"导之以政,齐之以刑,民免而无耻;导之以德,齐之以礼,有耻且格"(《论语·为政》),说的就是这个道理。当然,要保持社会稳定,对社会生活的硬调控与软调控都是不可缺少的。在任何一个社会中,硬调控与软调控也总是结合在一起的,它们相互补充,共同维系着社会的稳定。

可见,社会稳定并不是社会生活的自然状态,而是人们自觉调控活动的结果。没有各种健全的社会规范,没有对社会生活的各种形式的硬调控和软调控,就不会有社会的稳定。

第三,社会稳定是相对于社会的不稳定而言的,而社会的不稳定有种种不同的情况,对它们及其与社会稳定的关系必须加以具体分析。

在现实生活中,社会的不稳定亦即社会生活的失序和失控状态的具体表现形式是多种多样的,其中,有两种最典型的情况;一是社会生活陷入严重的波动甚至动乱的局面;二是社会处于急剧的变革和革命之中。

虽然这两种情况都是社会失稳的表现,但它们与社会稳定的关系是有重大差异的。

正如前述,社会生活本身充满了各种复杂的矛盾和冲突,在它们的作用和影响下,社会生活必然处于经常不断的变动之中。因此,只要没有从根本上危及社会生活的有序性和可控性,社会生活的变动完全是正常的,变化和扰动乃是社会生活的常态。但是,我们所说的社会生活的严重波动和动乱却不是这种一般意义上的变化和扰动,它们不是社会生活的常态,而是社会生活的病态表现。而作为社会生活的病态表现,社会生活的严重波动和动乱在失序和失控程度上又是有所不同的,它们实际上构成了社会失稳过程中依次升级的两个不同阶段。其中,社会生活的严重波动是指社会生活的某个领域出现了意想不到的剧烈动荡,它意味着该领域的社会生活已处于某种程度的无序和失控状态,并对整个社会生活的有序性和可控性构成了巨大的威胁,如我们通常所说的政治风波、经济危机、金融动荡等等就属于这种情况;而动乱则是这种社会生活的严重波动进一步发展的结果,是整个社会生活特别是社会政治生活的极端无序和严重失控状态。在发生动乱的情况下,社会生活的正常秩序被彻底破坏,法定的政治活动程序运转失灵,政府的职能不能得到有效的发挥,社会生产和国家经济建设陷入瘫痪或半瘫痪状态,人们的思想极度混乱,社会的治安状况趋于恶化,甚至连人们最基本的人身权利和生命财产安全也没有保障。导致社会生活严重波动和动乱的具体原因是各不相同的,对一个特定的社会而言,它可能是由于内部矛盾的激化,也可能是因为外部冲突的升级;可能源于自身制度或体制的不完善,也可能出自某些社会势力的蓄意破坏。但无论是由哪种原因引起的,社会生活的严重波动和动乱总是对社会生活的有序性和可控性的否定,它在任何意义上都是人们正常社会生活的破坏力量,也是人类社会在任何时候都应努力加以防止和避免的。概言之,社会生活的严重波动和动乱与社会稳定是根本对立的。

就其作为社会生活的失序和失控状态而言,社会的急剧变革和革命与社会生活的严重波动和动乱具有共同性,二者都意味着社会的极端不稳定。但是,与社会生活的严重波动和动乱不同,社会的急剧变革和革命本身并不是社会生活的病态表现,毋宁说它们是疗治社会生活的病态、使社会生活从一种充满痼疾的稳定状态走向一种新的稳定状态的基本方式和途径。作为社会稳定对立面的社会生活的严重波动和动乱是社会生活的病态表现,但社会稳定未必就是社会生活的常态。虽然社会稳定是人们的社会生活得以正常进行的必要前提、是人类一直都在努力谋求的一种社会状态,但这并不意味着任何情况下的社会稳定都有助于人们社会生活的正常进行,也不意味着任何社会在任何时期都是越稳定越好。人类历史的发展过程中有时出现这样的情况:虽然一个社会的生产关系与生产力、上层建筑与经济基础之间已经出现严重的背离,生产关系已明显地成为生产力发展的桎梏,绝大多数社会成员的物质和精神文化生活长期得不到改善,或者对社会政治和精神文化生活的现存秩序与社会经济生活的变化极不适应,整个社会的各种矛盾日益深重,人们怨声载道,但借助各种形式的硬调控和软调控,该社会在一定时期内仍然被维持在稳定状态。这种情况下的社会稳定同样也是社会生活的一种病态或者说是一种病态的社会稳定,它不仅时刻都在耗散和破坏着人们正常的社会生活,而且还构成了社会发展的巨大障碍。只有彻底打破这种情况下的社会稳定,才能为正常的社会生活和社会的发展创造出必要条件。而要做到这一点,唯有通过社会变革和革命。社会变革和革命的矛头总是直指现存社会的社会规范及其所竭力维系的社会稳定,它是社会基本矛盾空前尖锐化的必然结果。马克思指出:"社会的物质生产力发展到一定阶段,便同它们一直在其中运动的现存生产关系或财产关系(这只是生产关系的法律用语)发生矛盾。于是这些关系便由生产力的发展形式变成生产力的桎梏。那时社会革命的时代就到来了。"①可见,社会变革和革命完全是社会发展中的合规律性现象。在发生社会变革和革命的情况下,原有社会生活的有序性和可控性被迅速摧毁,社会生活的各个领域必然出现暂时的秩序真空,人们的社会活动和社会关系表现出普遍的失范,整个社会处于剧烈的震荡之中。从这个角度看,社会变革和革命作为社

---

① 《马克思恩格斯选集》第 2 卷,人民出版社 1995 年版,第 32—33 页。

会不稳定状态的不稳定程度丝毫也不亚于社会的严重波动和动乱。但是，社会变革和革命所引发的社会不稳定只是使人们的社会生活获得新生前的阵痛，它在冲破原有社会那种危机四伏的病态稳定的同时，必然催生和创造出一种新的、更加适合人们正常社会生活和社会发展客观要求的社会稳定。从人类历史上看，经过社会变革和革命后建立起来的新的社会，总是这样那样地使社会基本矛盾以及由社会基本矛盾决定的其他社会矛盾得到了一定程度的解决，使各种社会规范更能适应调控人们的社会活动和社会关系的需要，使人们社会活动的有序性和可控性得到了进一步的提高，因而也总是一个更加稳定的社会。因此，社会的变革和革命对社会生活的有序性和可控性的否定是有条件的，它与社会稳定并不是截然对立的。

上述表明，虽然社会生活的严重波动和动乱与社会的急剧变革和革命都是社会失稳的典型表现形式，但它们却有着本质上的不同，其与社会稳定的关系也迥然有别。前者在任何时候和任何情况下都是与社会稳定根本对立的，而后者则使人类社会不断地走向更高程度的稳定。

2. 社会稳定的基本特征

上述表明，社会稳定既不是社会生活无矛盾的、静止不变的状态，也不是社会生活的自然状态，而是社会生活的有序性和可控性状态，是人们自觉调控活动的结果；它与社会生活的严重波动和动乱根本对立，但却往往借助社会变革和革命来实现自身的更新和发展。这些都是我们从不同的侧面对社会稳定概念所作的分析，它们共同构成了社会稳定的复杂本质规定性。而社会稳定的复杂本质规定性，决定着社会稳定必然具有多方面的特点或特征。分析和阐释社会稳定的一些最基本的特征，也是我们对社会稳定进行释义所不可缺少的一个重要组成部分。

我们认为，社会稳定具有以下三个基本特征。

首先，社会稳定具有相对性和可变性。

我们说，作为社会生活的有序性和可控性状态，社会稳定并不是社会生活的自然状态,而是人们自觉调控活动的结果。这本身就意味着社会稳定是相对的,而社会的不稳定则是绝对的。社会稳定的相对性主要是指它的有条件性和暂时性,并具体表现在这样几个方面:其一,我们说某一社会是稳定的,一般是就其社会生活的整体态势而言的,但一个整体上稳定的社会往往包含着一些不稳定的因素。对一个国家来说,当人们的社会活动基本上是在现行法律和政策规定的范围内有组织、有领导地进行的,人们之间的政治、经济和思想文化等方面的社会关系基本上是和谐、协调的,社会生活没有出现大的动荡,绝大多数的社会成员都能安居乐业,我们就说这个国家的社会是稳定的。但是,这并不排斥该国家社会生活的某些方面可能存在着有时是相当严重的矛盾,也不排斥该国家的某些地区可能已经出现了这样那样的冲突,只不过这些矛盾和冲突暂时被各种力量限制在一定范围之内,其所引起的社会生活的变化和扰动尚未超出正常社会生活的阈值,因而它们并未破坏社会整体上的稳定,而是属于对于社会稳定具有某种潜在威胁性的不稳定因素。在任何一个整体上稳定的社会中,这类不稳定因素都是大量存在的。其二,我们说某一社会是稳定的,有时是就其特定领域的社会生活即社会政治生活的状况而言的,但一个社会在政治上稳定并不意味着在其他方面也必然稳定。社会政治生活的核心是国家政权及其活动方式,而国家政权则是调控整个社会生活的强大力量。因此,在全部社会生活中,社会政治生活具有一种主导性的作用。与此相应,社会政治生活的稳定或政治稳定在整个社会稳定中也占有特殊重要的地位,它既是社会稳定的重要内容,也是整个社会稳定的必要条件。如果一个国家的政局动荡不安,不同民族、阶级或政党之间严重对抗,非法政治组织活动猖獗,政府更迭和国家政权的转换频繁,那么,这个国家也就无法有效地组织社会的经济和文化建设,社会的经济形势必然趋于恶化,人们的思想就会陷入混乱。可以说,没有政治稳定,就不可能有整个社会的稳定。也正因如此,有些人甚至把整个社会的稳定归结为政治稳定,认为社会稳定就是"社会政治发展的有序状态"。在现实生活中,人们在谈到社会稳定问题时,他们所说的社会稳定有时实际上也就是政治稳定。然而,政治稳定只是整个社会稳定的必要条件而非充分条件,政治稳定并不能保证其他领域的社会生活也必然稳定。这是因为,社会生活的其他领域如经济领域和思想文化领域都有自己特殊的活动方式和运作规律,要保持这些领域中社会生活的稳定,除了政治稳定这个大前提外,还必须有与这些领域的特殊活动方式和运作规律相适应的健全的社会规范,如能够有效地推进社会经济建设和文化事业的体制、政策和措施。否则,即使有了政治上的稳定,即使一个国家能够凭借国家政权的力量对社会生活的其他领域进行各种形式的干预和控制,也难以保持这些领域中社会生活的稳定。在古今中外的历史上,一个社会在政治上稳定而在其他方面却不稳定如出现经济衰退或文化萧条局面的现象是并不鲜见的。其三,我们说某一社会是稳定的,有时又是就其特定时期内社会生活状况而言的,但一个社会在一个时期内稳定并不意味着在另一个时期也必然稳定。任何一个社会的社会生活都不仅有其空间方面的特性,即具有一定的规模、包含着诸多的领域,而且也有其时间方面的特性,即总要经历不同的发展阶段或时期。而我们所说的社会稳定,无论是上述社会整体上的稳定还是特定社会领域的稳定即政治稳定,都只能是特定时期内社会生活的一种有序性和可控性状态。由于一个整体上稳定的社会中总是包含着大量不稳定的因素,一个政治上稳定的社会未必在其他方面也稳定,因而一个社会在特定时期内的稳定并不能保证它在另一个时期内也能同样稳定。如果企求使某一特定形式的社会稳定一劳永逸地保持下去,那只能是一种不切实际的幻想。

社会稳定的相对性内含着并决定了它的可变性。所谓社会稳定的可变性,是指社会的稳定状态及稳定程度是随着人们的社会活动和社会关系,特别是随着各种社会矛盾和冲突的变化而不断变化的。承认社会稳定的可变性,并不与人们保持社会长治久安的努力相矛盾,也不会动摇人们保持社会稳定的决心和信心,恰恰相反,它还有利于人们更加自觉地去保持社会稳定。事实上,也正是由于社会稳定是可变的,所以才有一个如何保持社会稳定的问题。值得注意的是,既然任何社会稳定都是相对的、都是特定时空范围内并因而具有特定形式和特定程度的社会稳定,那么,社会稳定的变化就并非只有单一的方向,并非只能向不稳定方向变化,而是有着两个根本不同的方向,就是说,它既能变为不稳定,也能变得更加稳定。而一个社会到底是变为不稳定还是变得更加稳定,则取决于两个方面的因素:一是该社会各种社会矛盾和冲突的发展状况;二是该社会是否能够对人们的社会活动和社会关系进行有效的调控。如果一个社会的各种矛盾特别是社会基本矛盾具有对抗的性质已空前尖锐,不从根本上变革现存社会就无法消解这些社会矛盾引发的激烈社会冲突,那么,尽管该社会暂时还被各种调控手段维持在稳定状态,它或迟或早都会向并且只能向不稳定方向变化。而在一个社会的基本矛盾并不具有对抗性质或并未激化的情况下,如果该社会能够根据社会生活的新变化而及时地完善有关的社会规范,合理地调控人们的社会活动和社会关系,有效地消除各种各样的不稳定因素,它就能够不断地提高自身的稳定程度,从而向着更加稳定的方向变化。

其次,社会稳定具有动态性和过程性。

我们说,作为社会生活的有序性和可控性状态,社会稳定并不是社会生活的稳而不动、静止不变,而是社会生活的动态平衡。这又意味着社会稳定具有动态性特征。社会稳定的动态性与社会稳定的可变性是既相联系又有区别的。如果我们把某一特定时空范围内具有特定形式的社会稳定视作社会生活的一种定态的话,那么,社会稳定的可变性就是指社会生活的此种定态可以变为他种定态。我们说社会稳定的变化有两个不同的方向,它既可以变为不稳定,也可以变得更加稳定,这里的"不稳定"和"更加稳定"都是相对于社会生活原有定态的他种定态。与此不同,社会稳定的动态性则是指稳定作为社会生活的一种定态本身也是动变着的,换言之,社会稳定作为社会生活的有序性和可控性状态本身也是一种动变着的状态,这种动变着的状态我们通常称之为动态平衡。当然,社会稳定的动态性与可变性的区分是相对的,因为作为社会生活的一种定态,社会稳定的动变超过一定的阈值就会使社会生活过渡到他种定态。可以说,广义的社会稳定的可变性本身就包括其动态性。

社会稳定具有动态性,社会稳定是社会生活的动态平衡,这是由社会系统的特殊性质决定的。根据现代系统科学的理论,人类社会是一种复杂的开放系统,而社会稳定就是社会系统宏观上的有序性和可控性状态,它与封闭系统的稳定状态有着本质的区别。封闭系统处于与外界隔绝的状态,不会受到环境的干扰,其变化的方向是从不平衡趋向平衡。平衡态是封闭系统自发变化的"吸引中心"。虽然封闭系统也会受到来自系统内部微观元素的各种扰动,这些扰动会这样那样地使系统在某个局部区域产生对平衡态的微小偏离,但随着时间的延续,这些微小偏离会不断地减至为零,系统的自发变化必然会回复到扰动前的平衡态。因此,封闭系统的平衡态是一种稳定态。需要指出的是,现代系统科学所讲的这种作为封闭系统自发变化方向的"平衡"实际上是一种静态平衡,亦即系统内部及系统与环境之间没有任何宏观过程的热力学平衡,或者用热力学的语言来说是系统的熵取极大值的完全无序和混乱的死寂状态。对于封闭系统来说,稳定就意味着系统达到了静态平衡,而这正是社会系统要努力避免的一种状态。事实上,社会系统也不可能走向这种静态平衡或热力学平衡态。作为一种复杂的开放系统,社会系统每时每刻都在与周围的自然环境、社会环境进行着各种物质、能量及信息的宏观交流,其内部也在不断地进行着各种宏观的物质转移和定向的能量与信息传输,这是任何一个社会系统得以存在的基本前提。因此,社会系统内部及社会系统与环境之间是存在着各种各样的宏观过程的,社会系统的演化方向是从平衡趋向远离平衡。现代系统科学所讲的这种"远离平衡"并不是我们通常所说的不平衡,而是一种动态平衡。一方面,远离平衡意味着系统摆脱了那种混乱无序的状态而具有了某种组织性和有序性,而这正是我们通常所说的"平衡"和"稳定"的基本含义;另一方面,在远离平衡状态,系统内部及系统与环境之间的各种宏观过程使得系统中始终存在着不可控制的随机扰动,而作为系统组成元素的平均效应值,整个系统的宏观状态即系统的组织性和有序性时时都在伴随着这种随机扰动而不断地涨落。因此,对于社会系统这样的开放系统来说,稳定就意味着系统达到了动态平衡。

既然社会稳定具有动态性、社会稳定是社会生活的动态平衡,那么,社会稳定就必然表现为一个过程,具有过程性特点。要说明社会稳定的过程性,就必须考察社会系统的涨落对于作为社会系统宏观状态的社会稳定的影响。现代系统科学认为,涨落,即来自系统内部或外部的各种扰动使系统的某些局域对系统宏观状态的微小偏离,在封闭系统和开放系统中都是存在的。但是,在封闭系统中,涨落本来就是很小的,同时又是不断衰减的,因此它对系统的宏观状态并不产生什么影响。而在开放系统中,在系统处于远离平衡态时,控制参数到达临界值,涨落会被逐渐放大并在大范围里出现,成为能够根本改变系统原有状态的巨涨落。在现代系统科学看来,从涨落走向巨涨落是开放系统自发变化过程的必然结果。显然,对于社会系统而言,涨落是不可避免的,也是完全正常的,它并不意味着社会不稳定,而只是说明社会稳定具有动态性或社会稳定是一种动态平衡,但巨涨落却是反常的,它会破坏社会系统的稳定性,使社会系统失去原有的动态平衡。因此,要保持特定社会系统宏观上的稳定状态,就必须防止涨落向巨涨落变化。这种防止之所以可能,关键在于社会系统并不是自发地变化的。在社会系统中,不仅作为系统最基本组成元素的个人都在有意识、有目的地自觉活动着、选择着,而且整个系统的宏观状态也无时不受到人们的自觉调控。在社会系统处于宏观上的稳定状态的前提下,每当出现这样那样的涨落时,正是借助人们的自觉选择和自觉调控,系统又能回复到涨落前的平衡状态。由是,任何特定形式的社会稳定都必然呈现为平衡、涨落、平衡这样一个平衡与涨落不断交替的过程。

再次,社会稳定还具有形式上的多样性。

我们说社会稳定是社会生活的有序性和可控性状态,这是我们对一切形式的社会稳定的共同本质所作的一种理论上的抽象和概括。其实,社会稳定总是与特定时空范围内的社会生活相关联的,总是特定社会的稳定,其所标示的是特定社会的一种现实状态。而任何特定的社会如一个民族或一个国家都有其特殊的历史文化传统和现实生活条件,这些方面的因素必然会这样那样地影响该社会的现实状态,使其社会稳定带有自己的个性色彩和自己独特的形式。因此,社会稳定在具体表现形式上是多种多样的。

社会稳定形式的多样性可以从两个最基本的方面来加以分析。第一，依其性质的不同，我们可以把各种形式的社会稳定区分为常态的社会稳定和超常态的社会稳定。常态的社会稳定，是在顺应社会系统的开放性质，亦即保持特定社会系统内部及其与周围的自然和社会环境之间正常的物质、能量和信息交换的前提下，而达到的社会生活的有序性和可控性状态。因此，常态的社会稳定必是整个社会生活开放、活跃和充满生机的状态。我们今天所倡导和要努力保持的社会稳定，就是这种常态的社会稳定。超常态的社会稳定，有时亦称"超稳定"，虽然它也是社会生活的一种有序性和可控性状态，但这种有序性和可控性状态却是通过人为地阻隔特定社会系统与外部社会环境之间正常的物质、能量和信息交换来实现的。诚然，在超常态稳定的社会系统内部及其与外部自然环境之间也存在着这样那样的宏观过程，因而超常态的社会稳定在一定意义上也仍然还是社会生活的动态平衡。但是，由于缺乏对外部社会环境的开放性，这种超常态稳定的社会系统所包含的宏观过程必然极其有限，其整个社会生活会越来越趋于僵化。可见，超常态的社会稳定实际上是社会生活的封闭和停滞状态。从历史上看，中国数千年的封建社会在多数时期内就曾处于这种形式的稳定状态。而在今天，任何一个国家和民族则都应该努力避免这种形式的社会稳定。第二，依其实现途径的不同，我们又可以把各种形式的社会稳定区分为政策性稳定和结构性稳定。政策性稳定是依靠不断制定和实施新的政策来应付经常变动着的社会生活而达致的社会稳定，这种形式的社会稳定只是一种"急则治标"的结果，它往往难以长久地保持下去。结构性稳定则是依靠完善有关的社会结构（包括社会的政治结构、经济结构和文化结构）以从根本上化解各种社会矛盾和冲突即通过"求因治本"而达致的社会稳定，它的实现意味着人们的社会生活达到了不令则行、无为而治的高度制度化水平。政策性稳定和结构性稳定，实际上体现了在如何保持社会稳定问题上的两种不同思路。致力于政策性稳定，往往是着眼于如何使不稳定的社会恢复稳定，在对社会生活进行调控时所注重的首先是寻找不稳定的因素。与此不同，致力于结构性稳定，一般是着眼于如何使社会保持长久的稳定，在对社会生活进行调控时所注重的首先是寻找稳定的因素。显然,虽然政策性稳定在某些情况下也是必要的,它总比社会不稳定要好,但要保持社会的长治久安,关键还在于实现结构性稳定。

总之,社会稳定是一种极其复杂的社会现象,它具有多方面的基本特征。把握社会稳定的这些基本特征,不仅能够进一步加深我们对于社会稳定的本质规定性的理解,而且也有助于我们弄清应该如何保持社会稳定和应该努力实现怎样的社会稳定。

（二）现代化与社会稳定

所谓现代化,是指自工业革命以来人类社会由传统农业社会向现代工业社会大转变的过程,是在工业化及其创造的现代生产力的巨大推动下人类社会的经济、政治、思想文化等各个领域发生深刻变革的过程。虽然世界上各个国家和地区走上现代化道路的时间很不相同甚至相差甚远,但现代化本身是一个世界性的历史进程却是一个不争的事实。在当代,现代化更是已成为整个世界的发展大潮,它深刻地寄寓着经济上落后的国家和地区赶超西方发达国家的期盼和希望。

如果说社会稳定历来都是治国兴邦的根本前提,那么,现代化则是当今世界上各个民族和国家走向繁荣富强的必由之路。因此,要论说社会稳定的特殊重要性,就不能不考察现代化与社会稳定之间的关系。两百多年来的世界现代化进程和 20 世纪以来社会主义国家的现代化建设实践表明:没有社会稳定,就难以顺利地实现现代化,特别是不可能实现那种追赶型的现代化。

1. 世界现代化进程的历史反思

人类社会的现代化肇始于 18 世纪后期,发端于英国的工业革命。工业革命是以机器大工业生产代替工场手工业生产的过程，它既是人类历史上从未有过的技术大革命，也是生产关系的重大变革。发生在两百多年前的这场工业革命使资本主义生产方式在西欧取得了决定性的胜利，它引导人类社会从农业文明时代进入到了崭新的工业文明时代，从而开创了世界性的现代化进程。迄今为止，这一进程已经历了三次大推进的浪潮。①

现代化的第一次大浪潮是在第一次工业革命的推动下形成的，时间大约是从18世纪后期到19世纪中叶，这是发端于英国尔后向西欧扩散的工业化过程。正如一些研究现代化问题的学者所指出的，工业革命并不仅仅是经济、技术或生产结构方面的变革，而是史无前例的"双元革命"，即经济大革命与政治大革命的结合。这里所说的政治大革命，是指在英国发生工业革命的同时1775—1783年在北美发生的独立战争、1789年在法国发生的大革命、19世纪席卷拉丁美洲的殖民地革命和19世纪40年代风靡欧洲的革命。这些革命前后联成一气，构成了整整一个"大西洋革命"时代。历史上最大的经济大革命与最大的政治大革命相结合，首先把西欧和北美的部分地区卷入了工业化和现代化的大浪潮中。当然，由于具体历史条件的差异，各国工业革命的进程和深度并不完全相同。英国在18世纪60年代就开始了工业革命，至19世纪30年代末，机器大生产在英国的产业结构中占据了明显的优势，它标志着英国已成为一个初步工业化的国家。美国19世纪初也进入了工业革命时期，并于19世纪50年代末基本完成了工业革命。到19世纪中叶，工业化也扩散到了西欧那些疆域不大、资源丰富和农业生产率高的国家，如法国、德国、意大利、西班牙、荷兰等。这些率先完成工业化的国家幸运地坐上了现代化的头班车，通常被称为现代化的"先行者"。

现代化的第二次大浪潮是在第二次工业革命的推动下出现的，时间大约是从19世纪下半叶至20世纪初，它是一个工业化在西欧和北美核心地区取得巨大成就并向其他地区扩散的过程。一方面，与以蒸汽机为

---

① 参见罗荣渠：《现代化新论》，北京大学出版社1993年版，第131—142页。

技术标志的第一次工业革命相比较,以发电机、电动机和内燃机为技术标志的第二次工业革命对工业化和现代化进程的推进作用更加巨大,它使得在现代化的第一次大浪潮中已初步实现工业化的国家在产业结构方面发生了重大变化,各国的发展水平趋于接近,其从事农业劳动人口的比例进一步迅速降低,形成了世界上的发达工业区。作为这一过程的结果,19世纪后期世界经济出现了爆炸性的大增长,而20世纪初期作为世界上最年轻的新兴工农业大国的美国在经济实力上一跃而超过英国。另一方面,这次大推进的浪潮还使现代化的中心区域从西欧扩大到了东欧和北美,并波及世界上其他的一些地区。西欧和北美核心地区在第一次现代化浪潮中形成的技术优势、世界市场和经济增长势头,首先扩散到了其周边地区,特别是那些同属基督教文明的国家。在东欧,俄国走上了探索从资本主义向社会主义转变的现代化新道路,并于第二次世界大战前初步实现了工业化。在"新世界",美国高效率商品农业基础上的工业化开启了加拿大、澳大利亚、新西兰等自由移民国家的发展道路。与此同时,这次现代化浪潮还使拉丁美洲受到了明显的影响,并开始向其他异质文明地区推进。独立革命后,拉美各国开始了艰难的工业化起步;在非基督教文明地区,这次现代化大推进的浪潮和西方列强的向东扩张在埃及、土耳其、中国和日本等国都激起了强烈的回应,它们纷纷试图通过输入工业化的方式来探索防御性现代化的道路。但是,在拉美和其他非西方文明国家中,只有日本通过制度重建成功地实现了军国主义式的工业化,挤进了现代新兴工业国家的行列。在第二次大推进浪潮中完成工业化的国家,虽然没有现代化的"先行者"那么幸运,但它们毕竟搭上了现代化的第二班车,通常被称为现代化的"后来者"。

现代化的第三次大浪潮是与第三次工业革命即当代的新技术革命相伴而生的,它涌现于第二次世界大战以后,是一次席卷亚、非、拉广大地区的真正全球性的大变革。在这次现代化浪潮中,新技术革命的推动,再加上两次世界大战和第一次世界性的经济危机之后资本主义现代化模式的变化,使得战后资本主义世界出现了长达20年之久的经济持续增长的空前繁荣局面,它促使那些在20世纪前期实现了工业化的国家相继步入了现代化的高级阶段,并形成了以资本密集、技术密集、资源浪费、劳力节省、大众消费和福利主义为特征的发达资本主义文明。与上述发达国家的工业化和现代化向更高阶段升级遥相辉映的是,广大亚、非、拉地区的发展中国家也全力投入了追赶型的现代化。在这些地区,战后殖民主义体系的瓦解和洲际性的民族解放运动促成了世界历史上继大西洋革命后出现的最大政治风暴——第三世界革命,它把占世界人口大多数并一直处于现代世界发展边缘的为数众多的国家都卷入了现代化的浪潮。几十年来,中国和东欧的一批国家根据本国国情努力探索自己的工业化道路;西亚、北非伊斯兰文明区的新兴石油输出国从半农半牧社会走上了经济突发性增长的道路,实现了以石油工业为特征的畸形工业化;拉美各国则积极探寻自主性工业化道路,正在向现代工业社会过渡。但是,第三次现代化浪潮中最为引人注目的,还是东亚地区的工业化所取得的巨大成就。在这里,第二次世界大战中一败涂地的日本,通过战后重建,迅速跃居为仅次于美国的世界经济大国;通常被称为亚洲"四小龙"的中国台湾、韩国、中国香港、新加坡等东亚的一些边缘农业国和地区,以远远超过早期工业化国家相同阶段的发展速度,开创了以发展民用工业和出口导向为特点的新工业化道路;而中国大陆也发生了翻天覆地的变化,并从一向被讥为"东亚病夫"的农业国一跃而成为新兴的工农业大国。20 世纪 60 年代以来,以日本领头,东亚大陆边缘逐渐出现了一个新兴的工业带,成为第三次现代化浪潮中一道亮丽的风景线。也正因如此,所以有人认为第三次现代化浪潮的中心区域已转移到东亚地区。尽管第三次现代化浪潮目前正方兴未艾,现阶段正在全力投入追赶型现代化的各个国家和地区在发展水平上也各不相同,但所有在这次大浪潮中才全面启动工业化进程的国家和地区都只是赶上了现代化的末班车,它们都是名副其实的现代化的"迟到者"。

上述三次现代化大推进的浪潮,就构成了既具有内在的连续性又具有明显的阶段性的世界现代化进程。这一进程,实际上也就是世界上的三大批国家先后被卷入现代化浪潮的过程。而在这三批国家中,只有第一批国家即先行者的现代化属于地道的内源型现代化,它是西欧社会独特历史条件下的产物。马克思在研究西欧资本主义的起源问题时曾经指出:"资本主义生产方式是一种特殊的、具有独特历史规定性的生产方式","现代生产方式,在它的最初时期,即工场手工业时期,只是在现代生产方式的各种条件在中世纪内已经形成的地方,才得到发展"。① 马克思所说的这种"独特历史规定性"或独特的"条件",就是商业资本主义的勃兴。早在 13 世纪,西欧的商业资本主义就已开始萌芽,那里的商业资本就已开始取代土地资本并带动社会发生缓慢的变化。15 世纪以后,西欧社会的变化逐渐从多方面展开:在经济上,表现为农业生产技术的进步,伴随着地理大发现而来的商业资本向海外的扩张和大西洋贸易的兴起;在政治上,表现为王权的兴起以及随之出现的重商主义和中央集权化;在思想上,则表现为宗教改革、实验科学的兴起和启蒙运动的开展。最后,几个世纪以来积累起来的零星的经济技术创新以及社会制度、结构和思想方面的创新,终于汇集成了突破传统社会的巨大动力,导致了 18 至 19 世纪之交的经济大革命和政治大革命。西欧国家走上现代化道路的这一漫长过程是渐进的、自发完成的,它的动力完全来自内部;其现代化的进程一般都没有引起突发性的社会大震荡,更没有遭受过外力造成的边缘化的扭曲。即使是英国的清教革命和光荣革命、荷兰起义以及美国的独立战争,也都没有造成与传统的断然决裂和尖锐持久的政治冲突。因此,第一批国家即先行者的现代化是在一种比较协调、有序的稳定社会环境中缓慢启动和实现的。

与上述第一批国家的情形完全不同,第二批国家和第三批国家的现代化都是不同形式的外源型、强制型和追赶型现代化,就是说,其现代化的动力并非源于内部而是来自外在的压力,因而它们都是被迫走上现代化道路的。

作为现代化的后来者,第二批国家实现现代化的条件与第一批国家已有很大的差别。现代化的第一次浪潮已明显拉大了世界上各大文明区的发展差距,形成了人类历史上自农业革命以来的第二次大分化:世界的

---

① 《马克思恩格斯全集》第 25 卷,人民出版社 1974 年版,第 993、372 页。

一端是新兴的工业国和现代工业文明，那里内源的现代生产力在新技术的基础上不断持续增长；另一端则是传统的农业国和古典农业文明，现代化的挑战打断了它们社会的自然发展过程，使其被迫形成不平等的国际专业化，那里的农业仍在原始落后的技术基础上停滞与徘徊，或是在外来现代生产力的压迫下出现扭曲的增长。对于非西方世界特别是非基督教文明国家来说，问题还不止于此。在那里，到处都存在着外源的现代性与自身传统之间的复杂矛盾和深刻冲突。所有这些，使得那些被卷入第二次现代化浪潮的国家一开始就处于一种内外交困的被动状态，它们往往需要经过相当长的时间才能将社会的发展调适到现代化的方向上来。在这样一种情况下，一个国家如果无法有效地保持社会的稳定，其现代化即使被启动也一定会出现断裂。关于这一点，第二次浪潮中日本现代化的成功和其他一些国家现代化的被延误就是一个有力的证明。日本现代化的成功固然有着多方面的原因，但其中一个不可忽视的重要方面，就是它在现代化的启动和推进过程中有效地维系了社会的稳定，特别是独特而有效地处理了现代性与传统的关系。与日本形成鲜明对照的是，同是在19世纪下半叶开始启动现代化的拉美、埃及、土耳其和中国等则都由于没有社会的稳定而成了第二次现代化浪潮中的落伍者。应该说，拉美地区比所有这些国家都更早受到欧洲变革的冲击。但是，19世纪拉丁美洲的独立运动后最关键的几十年中，拉美各国却一直没能找到维持起码的社会稳定的办法，特别是社会政治生活长期处于混乱和动荡的状态，因而其工业化的起步异常艰难，那里的现代化至少被延误了大半个世纪。当然，在上述国家中，与日本现代化启动时期的情形最具有可比性的还是中国。当鸦片战争中西方列强的坚船利炮冲破了中国长期闭锁的国门以后，中国在19世纪后期也曾被迫启动了防御性的现代化。然而，自鸦片战争以后的一百余年中，西方资本主义国家接连不断的军事侵略和武力干涉，一次又一次地冲断了中国原本也只是初步启动的现代化进程，并使中国半殖民地化的程度日益加深。同时，及至20世纪初，中国迟迟还没能向统一的现代民族国家过渡，内部纷争不断、内战频繁，因而也缺乏外源型或强制型现代化所特别需要的强大的国家组织力量和制度保障。长期的内忧外患、战火延绵的社会动乱局面,致使中国痛失了在第二次现代化浪潮中起飞的良机。

第三批国家实现现代化的条件,就更不同于第一批国家,也有别于第二批国家。对于现代化的迟到者来说,现代化与社会稳定的关系问题已变得空前地棘手:没有社会的稳定就难以有效地推进现代化,但只有实现了现代化才会有长远的社会稳定;现代化必须以社会稳定为前提,但现代化过程又必然滋生出种种不稳定的因素。塞缪尔·P. 亨廷顿所谓的"现代性孕育着稳定,而现代化却滋生着动乱",就是对现代化的迟到者面临的这种两难处境所作的概括。之所以会出现这种两难处境,其根源乃在于第三批国家的现代化不可避免地要受制于这样一些"迟发效应":一是错位效应。应该说,第二批和第三批国家的现代化都带有追赶型特点。但是,与第二批国家当初的情形不同,第三批国家与发达国家之间的差距已经拉得很大,因而它们的这种追赶只能在一种目标错位的情况下进行,即不仅要追赶发达国家早已达到的历史目标,而且还要追赶它们正在迈向的目标。这样一来,现代化迟到者的任务就空前地繁重,社会稳定对它们来说也就至关重要,因为稍有闪失,它们的一切目标都会落空。二是高速效应。由于目标错位,第三批国家的现代化就必须把过去西方国家一二百年间所经历的渐进发展过程压缩到几十年中来完成。现代化的高速推进,必然使早期现代化国家中曾经出现过的种种失调和社会危机以更加激烈的方式表现出来,从而带来社会不稳定因素的激增。三是同步效应。第三次现代化浪潮的一个突出特点,就是全球范围内数以百计新独立的国家同步推进现代化。如果说当初早期现代化国家拥有夺取农业世界的廉价劳动力、资源和市场、独占海外殖民地的先发优势,因而它们尚能较容易地解决自身发展中出现的各种矛盾和危机,那么,对于齐头奔向现代化的第三批国家来说,一旦出现类似的矛盾和危机,它们现在不再具有化解矛盾的任何优势,也已无处可以转移危机。四是示范效应。对于致力于追赶型现代化的第三批国家的人们来说,发达国家的政治、经济和文化生活必然会对他们具有一种示范作用,使他们产生种种不切实际的期望。而一旦期望不能兑现,他们就会萌生对现实社会的不满。此外,还有人口效应、环境效应等，它们同样也都加剧了第三批国家所面临的两难处境。面对这样一种两难处境，任何一个国家要想实现在第三次现代化浪潮中的起飞，都不能不把保持社会稳定摆在头等重要的位置，努力求得现代化与社会稳定的统一。事实上，东亚地区之所以能够成为第三次现代化浪潮的中心区域，其根本原因之一就在于它比较成功地应付了上述的两难处境，在全力推进现代化的同时基本上保持了社会的稳定。与东亚地区形成鲜明对照的是撒哈拉以南的非洲，后者代表着第三次现代化浪潮中的另一个极端。20世纪60年代以来，位于该地区的一些国家不仅人口生育率奇高，环境日益退化，而且部落和种族之间的暴力冲突极为频繁，政局一直动荡不安，甚至还没有从村社或部落国家向现代国家过渡，因而它们的现代化至今仍前途未卜。

上述表明，随着世界现代化进程的不断向前推进，现代化与社会稳定的关系变得越来越复杂，但无论是在世界现代化进程的哪一个发展阶段上，社会稳定始终都是现代化的一个必要条件。对原初的内源型现代化是这样，对外源型、强制型和追赶型现代化特别是当代第三批国家的追赶型现代化就更是如此。

2. 社会主义国家现代化建设实践的经验教训

进入20世纪以后，人类社会的现代化终于突破了早先单一的资本主义模式，出现了另一类完全不同的创新性模式——社会主义现代化模式，它至今已经历了百余年的实践。百余年来社会主义国家的现代化建设实践，既是20世纪以来世界现代化进程的一个不可分割的重要组成部分，也是20世纪以来整个社会主义运动的核心内容。

第一个社会主义现代化模式是由俄国十月革命后新生的苏联在短短的十几年时间中开创的。第一次现代化浪潮涌现以后，在这次浪潮中自发形成的私有制、自由市场和现代资产阶级国家机构相结合的资本主义现代化模式经过半个多世纪的发展，其内部固有的深刻矛盾日益明显地暴露出来，并终于引发了资本主义世界近三十年的发展性危机，它首先表现为 1914 至 1918 年期间的第一次世界大战。这次大战中形成的严峻的革命形势给俄国造成了脱离资本主义世界体系的特殊机遇,促使其在 20 世纪后期资本主义工业化所积累的一些成功经验的基础上走上了社会主义的现代化模式创新之路。与原生的或"古典"的资本主义现代化模式不同,俄国十月革命后所开创的社会主义现代化模式是一种公有制、计划指令与有限市场相结合以及集权型现代国家机构的统一体。这一模式的创新特点在于,它首先在上层建筑领域内进行变革,用政治革命带动经济革命,把国民财富和资源分配的权力转移到国家手中,通过国家调配有计划地发展以国营企业和集体化农业为主导的国民经济,为突出国防现代化而走优先发展重工业的工业化道路。显然,这是在内部经济自发发展动力不足的情况下采取非常手段进行的追赶型现代化。早在十月革命胜利后不久,列宁就为苏联的这种社会主义现代化模式制定了一条著名的公式:"苏维埃政权加全国电气化。"正是在苏维埃政权的强大推动下,苏联的工业化进程突飞猛进,很快缩小了与发达资本主义国家的经济差距。十月革命以前,苏联的经济还是十分落后的,其工业总产值在欧洲居于第四位、在世界上居于第五位。而从实行第一个五年计划、大规模地开展社会主义现代化建设的 1928 年起到 1940 年期间,苏联的工业总产值以年均增长 21% 的速度向前发展,迅速超过英、法、德等欧洲发达资本主义国家而跃居欧洲第一位,成为世界上仅次于美国的第二大工业强国。而苏联工业化的上述成就,正好是在资本主义世界 1929—1933 年爆发经济危机以及危机后长期萧条的背景下取得的。这一鲜明的对照,充分显示了新生的社会主义现代化模式的蓬勃生机和巨大活力。

第二次世界大战以后到 20 世纪 70 年代末,社会主义国家的现代化建设实践进入了一个新的时期。一方面,苏联的社会主义现代化进程继续迅速向前推进。苏联的国民经济在战后的恢复速度大大快于西欧各国,20 世纪 50—60 年代也一直以较高速度发展,70 年代后期的发展速度尽管有所下降,但仍然高于大多数资本主义国家。进入 70 年代以后,苏联的钢、石油、天然气、焦炭、化肥、拖拉机等的产量均居世界首位,并已成为在经济、政治、军事等各方面几乎与美国并驾齐驱并能与之相抗衡的世界一流强国。另一方面,更为重要的是,战后东欧的一批国家和东亚的中国等也走上了社会主义道路,各国都根据苏联原创的社会主义现代化模式开展了大规模的现代化建设。东欧在历史上一直是欧洲最落后的地区,除捷克斯洛伐克和民主德国在战前的工业化程度较高以外,其他国家都是落后的农业国。50—70年代,这些国家的经济都出现了高速增长,在社会主义现代建设上取得了突出的成就。例如,战后几乎是在一片废墟上重建自己国家的波兰,1979年工业生产在国民经济中的比重从1946年的23%上升到了50%,钢产量占世界第9位,造船占第6位,发电和汽车制造均占第10位,已从一个落后的农业国转变为具有相当水平的工业国;战前有"三百万乞丐的国家"之称的匈牙利,其现代化建设成就也很明显,到70年代,农业年均递增率超过4%,粮食、蛋类的人均占有量居欧洲第一位;而战前人均收入在整个欧洲倒数第一的罗马尼亚,战后30年中工业总产值增长了32倍,其年均增长速度接近世界平均速度的两倍。至于捷克斯洛伐克、民主德国和保加利亚,则已成为比较发达的工农业国家。与大多数东欧国家相似,战后中国的社会主义现代化建设也是在相当低的历史起点上开始的。1949年的中国是一个贫穷落后的农业国家,农业人口的比例占95%以上,国民经济中的90%是分散的个体农业和手工业经济,现代工业屈指可数,其落后程度几乎与古代没有多大区别。就是在这样的基础上,经过近30年的时间,中国从无到有地建立起了一个独立自主的国民经济体系和比较完整的大工业体系。从1952至1978年,中国的国民生产总值年均增长6.5%,工业总产值年均增长10%以上,初步实现了工业化。不过,在这30年中,中国用来扎扎实实搞现代化建设的时间并不多。1958年以后,特别是"文化大革命"的10年中,中国社会主义现代化的进程事实上已被中断。

　　20世纪70年代末以后,社会主义国家的现代化建设实践出现了不同的情形,并最终导致了两种不同的历史命运。进入80年代以后,苏联原创的并基本上为东欧各国仿效的社会主义现代化模式所特有的那种高度集中的计划经济体制中存在的问题越来越明显地暴露出来,其主要表现是:经济结构畸形,重、轻、农的比例严重失调;经济效益低下,经济发展速度明显下降;商品供应紧张,通货膨胀日益严重,人民的生活水平得不到提高甚至下降。此外,苏联还有其国力越来越难以承受的庞大的国防开支问题,而东欧各国则面临着超出其偿还能力的巨额外债。所有这一切,使得苏联和东欧各国在 80 年代中期陷入了严重的经济困难和危机。为了克服这种困难和危机,苏联和东欧各国纷纷起而改革,但这种改革很快就偏离了社会主义方向,其结果便是 80 至 90 年代之交的东欧剧变和苏联解体。与此形成鲜明对照的是,70 年代末以后,通过全方位的改革开放,中国很快突破了苏联原创的社会主义现代化模式,逐渐探索出了一种以公有制为主体、多种经济成分并存的所有制结构与市场经济相结合的、有中国特色的社会主义现代化模式,并由此取得了举世瞩目的成就。在苏东国家陷入经济困境并发生剧变的 1979—1991 年期间,中国的国民生产总值年均增长 8.6%,增速居世界第二位;工业年均增长 12.1%,大大高于 2.3% 的同期世界平均增长水平;农业年均增长 5.9%,高出世界平均水平 4 个百分点;人均国民生产总值增长 7.5%,高出世界平均水平 6 个百分点。在这短短的 13 年中,中国的工业生产总值翻了两番多,人均国民生产总值增长了 1.4 倍,经济实力在世界上的位次明显上升。1992 年以后,中国的经济继续高速发展。1993 至 1996 年,中国国内生产总值年均增长 11.6%,城镇居民人均收入年均增长 6.9%,农民人均收入年均增长 5.4%,并提前 5 年实现了国民生产总值较 1980 年翻两番的战略目标。至 2017 年,中国 GDP 总量超越了世界上绝大多数发达国家,稳居世界第二经济体的位置。所有这些,都标志着中国的社会主义现代化建设出现了一派繁荣兴旺的景象。

上述三个时期,就构成了百余年来社会主义国家现代化建设实践的发展历程。在这一历程中,除苏联一开始就进行了社会主义现代化模式创新之外,20 世纪 50 年代以来其他国家的社会主义现代化建设实践基本上都是首先仿效苏联模式,然后才转向新的探索。苏联原创的这种社会主义现代化模式,同样也是有其"独特历史规定性"的。这种模式形成的历史条件大致包括:第一,传统社会结构老化,但传统的权势集团仍牢固地把持着政权,经历过不成功的或流产的初始现代化尝试;第二,由于社会的贫困化或其他某种特殊的原因,造成了严重的国内危机;第三,外国资本的渗透,经济不独立,并长期受到"边缘化"的威胁;第四,具有较长的专制或中央集权制(包括统制经济)传统;第五,形成了强有力的领导现代化的政治组织。在这样一种历史条件下,苏联为了集中调配国家资源,从内部主要是农业筹集大量资金,推行公有制、国有化和农业的集体化,推行指令性经济和优先发展重工业的工业化战略,加强贸易和市场的中央统制,限制甚至在一个时期内割断与资本主义世界市场的联系,这种现代化模式在当时是很有必要的,它在从欠发达经济向现代经济转变的一定阶段上具有重要的意义。① 也正因为这种模式适应了特定历史条件下的客观需要,所以尽管在开创这一模式的时期苏联处在资本主义国家的四面包围之中,其国内的政治和经济生活中也曾出现过这样那样的失误,但苏联的社会主义现代化仍然得以高速推进,并在初步工业化特别是国防现代化的基础上取得了反法西斯战争的辉煌胜利。从整体上看,在这一时期,苏联社会主义现代化模式的开创促进了国内社会的稳定,而苏联社会主义现代化建设的巨大成就也是在两次世界大战之间相对和平的国际局势和相对稳定的国内环境中取得的。当然,这并不是说这一时期国内外的各种不稳定因素对苏联的社会主义现代化建设没有影响。如果说当时国际上法西斯势力的猖獗所导致的第二次世界大战曾冲断了苏联的社会主义现代化进程,使苏联在战后整整花费了十年的时间来恢复国民经济,那么,这一时期苏联国内政治和经济生活中出现的一些重大失误,如肃反的扩大化、对农业和轻工业的忽视等,则已为后来苏联的演变埋下了祸种。

社会主义国家现代化建设实践发展历程的第二个时期,也就是苏联原创的社会主义现代化模式在本国继续推行并基本上为东欧各国和中国所仿效的时期。应该说,在战后初期,这一模式,无论是对于苏联国民经济的恢复,还是对于东欧各国和中国医治战争创伤,集中十分有限的人力、物力和财力在尽可能短的时间内实现社会主义工业化,迅速建立起当

---

① 参见罗荣渠:《现代化新论》,北京大学出版社1993年版,第154—155页。

时还是空白的重工业,都是很有成效的,它与当时这些国家处于粗放阶段的工业化和经济发展要求也是相适应的。但是,20世纪60年代以后,随着这些社会主义国家物质基础的建立和世界形势的变化,特别是随着国际局势的缓和以及新技术革命所导致的社会生产和经济发展的集约化,这一模式特别是其高度集中的计划经济体制就越来越不利于社会的稳定和生产力的发展。对此,苏联和东欧各国也曾有所认识。事实上,苏联从20世纪50年代中期起就在探索改革问题,60年代更是掀起了改革的高潮,并于1965年全面推行了新经济体制,以后又对新经济体制作了许多改进,但苏联的这些改革并没有真正突破原有模式的基本框架。与此同时,东欧的一些国家也曾试图结合自己的国情探索本国社会主义现代化建设的道路,并对它们从苏联那里仿效来的社会主义现代化模式进行了一些改革,但由于各种复杂的原因,这些国家的改革一直难以向深层推进,没有触及原有模式的根本问题。在20世纪60、70年代,苏联和东欧国家的改革曾在一定程度上克服了其原有模式的某些弊端,促进了社会的稳定,并因此曾一度出现过经济持续高速增长的繁荣局面;而在它们的改革中未能从根本上加以克服的原有模式的突出弊端,则又日益显现为社会生活中的不稳定因素,成为这些国家社会主义现代化建设实践发展过程中的重大隐患。在同一时期,如果说苏联和东欧各国社会生活中的不稳定因素基本上还处于潜伏状态,那么,中国经过短暂而有成效的七八年时间的社会主义现代化建设之后,则不仅面临着与苏东同样的原有模式的弊端问题,而且其社会生活的失稳已成为严酷的现实。20世纪50年代中期以后,各国社会主义现代化建设实践中都曾出现过急躁冒进的倾向并实施了不切实际的高速度政策,所不同的是,苏东国家的急躁冒进主要是在对原有模式的改革中表现出来的,而中国虽然也在"大跃进"时期刮过三年之久的"共产风"和"浮夸风",但却连像苏东国家那样哪怕是极其有限的改革也未曾进行过,倒是出现了一场又一场的政治运动,并最终陷入了"文化大革命"期间长达十年之久的全面内乱,使整个国民经济濒临崩溃的边缘。"文化大革命"这场自己乱自己的运动,使中国社会主义现代化建设遭到了严重的挫折,也使近百年来的中国现代化进程又一次在极其关键的时期受到了延误。

社会主义现代化建设实践发展历程的第三个时期,则是苏联原创的社会主义现代化模式陷入危机和有中国特色的社会主义现代化模式逐渐形成的时期。20世纪80年代中期苏联和东欧各国所面临的经济困难和危机,实质上是苏联原创的社会主义现代化模式的危机,它是这一模式中长期积存的弊端所招致的恶果。不过,单是这一模式的危机并不必然导致后来苏东国家的剧变,因为20世纪80年代中期这一模式的弊端给苏东国家带来的经济困难和危机,还远没有20世纪70年代末中国"文化大革命"结束时的情况那么严峻。苏东国家的剧变,其重要原因之一就是这些国家应对危机的措施失当及其导致的社会失稳。当经济困难和危机到来以后,苏联在20世纪80年代中后期也曾重提并进行了两年的改革,制定和实施了所谓的"加速战略",但这种"加速"的重点仍然还是放在重工业上,结果使其本已严重畸形的经济结构更加不合理,使农、轻、重的比例更加失调。当改革未见明显成效后,苏联不是认真地总结经验,调整政策,全力克服原有模式的弊端,而是在所谓的"新思维"的指导下匆忙地转向了政治体制改革。以主张无条件、无保留、无限制的"民主化"和"公开性"为基本方针的"新思维"的泛滥,不仅鼓励和纵容了各种敌对势力,把苏联国内各种反社会主义和民族分裂主义势力骤然释放出来,而且动摇了人民群众对社会主义的信念,使人们的思想产生了极大的混乱,从而从根本上摧毁了苏联社会的稳定局面,使整个国家的政治、经济和民族危机空前加剧。正是在"新思维"引发的步步升级的动乱局面中,苏联在短短的两三年时间内急剧向资本主义演变并完全解体。同样也是在"新思维"的诱导下,20世纪80年代中后期在改革中遇到严重困难的东欧各国也纷纷仿效苏联,把改革变为改向,并在一片社会动乱中发生了向资本主义的剧变。当然,苏东国家的剧变与西方资本主义国家的"和平演变"战略也有密切的关系。20世纪40年代后期以来,西方资本主义国家就一直在不断地炮制和实施对社会主义国家的和平演变战略,企图通过意识形态方面的思想渗透来达到它们用战争、武力威胁和经济封锁所达不到的目的。但是,西方资本主义的和平演变战略之所以能够在20世纪80

至 90 年代之交的苏东国家得手,关键还在于这些社会主义国家在"新思维"的折腾下自己首先乱了阵脚。在苏东国家改革最困难的时期,国内外的各种敌对势力正是利用了"新思维"泛滥的有利时机,大肆渲染和夸大社会主义现代化建设中出现的问题,煽动群众的不满情绪,最后乱中取胜的。可见,苏东国家的经济困难和危机是通过"新思维"直接或间接地导致的社会失稳才引发它们的剧变的。在同一时期,中国的社会主义现代化建设之所以出现了一种与苏东国家截然不同的命运,其根本原因之一就在于中国从"文革"的十年动乱中吸取了深刻的教训,在加速和不断深化改革开放的同时始终注意保持社会的稳定。事实上,新时期中国的社会主义现代化建设过程中也曾不断出现各种各样的困难,也一直面临着西方资本主义国家"和平演变"战略的挑战,甚至还曾出现过 1989 年春夏之交那样严重的政治风波,但由于中国冷静沉着、应对得当,牢固地保持了社会稳定,因而能够迅速突破苏联原创的社会主义现代化模式,成功地探索出一种有中国特色的社会主义现代化模式,并取得社会主义现代化建设的巨大成就。

总之,在现代化与社会稳定的关系问题上,百余年来社会主义国家的现代化建设实践既积累了许多成功的经验,也有不少以高昂的代价换来的沉痛教训。这些经验和教训汇集起来就是:没有一个稳定的社会环境,就根本谈不上搞社会主义现代化建设;社会主义现代化建设不以社会稳定为前提,势必导致车毁人亡。

(三)改革、发展与社会稳定

在当代现代化大浪潮席卷全球各个国家和地区的情况下,发展已成为时代的一个重要主题。而要发展,各个国家和地区就必须努力调整和完善自身的社会制度、结构或体制,就必须在社会生活的各个领域里进行改革。如果说两百多年来的世界现代化进程终于在当代鸣奏起了一部宏伟壮丽的交响曲,那么,改革和发展毫无疑问地就是这部交响曲的主旋律或最强音。但是,改革和发展并不是能够一蹴而就的,也不是可以不要任何条件的,它们都必须以社会稳定为前提。"没有稳定的环境,什么都搞不成,已经取得的成果也会失掉。"①只有在一种稳定的社会环境中,改革才有可能取得明显的成效,发展才有可能达到预期的目标。

1. 改革与社会稳定

所谓改革,就其字面含义来说,就是革除和变更事物中旧的、不合理的部分,使其更好地适应客观实际情况或变化了的形势。而我们在这里所说的改革,则是指在维持社会的根本制度的前提下,依靠这种制度本身的力量而对现行社会的结构或体制进行某种形式的革新和改造,它实际上是现行社会制度的自我调整和自我完善。这种意义上的改革,可以只是在社会生活的某一个别领域中进行,如经济体制改革、政治体制改革等等,也可以是在社会生活的各个领域中同时展开。但是,由于特定社会制度下社会生活各个领域的内在共生性和密切相关性,无论是哪种形式的改革都必然是牵一发而动全身,即使是社会生活个别领域中的改革也往往会产生某种整体效应、引起社会生活各个方面的深刻变化。从这种意义上说,改革也是一场深刻的社会革命。

应该说,社会生活中的改革并不是当代才出现的新事物。在人类历史上,在东西方各个国家古代和近代的不同发展时期,我们到处都能发现人们在社会生活的不同领域中进行改革的范例。但是,与历史上各个时期的情况不同,在当代人类社会中,改革已不再是某一国家为了某种特殊目的而在社会生活的特定领域中进行的个别性或局域性现象,而是一种广泛的、普遍的社会现象,它已成为一种世界性的潮流。

第二次世界大战以后,国家垄断资本主义的出现,可谓是发达资本主义国家对原生的或古典的资本主义现代化模式特别是对其中的资本主义

---

① 《邓小平文选》第3卷,人民出版社1993年版,第284页。

生产关系进行改革的结果和集中表现。20世纪以前,以现代私有制与充分自由化的市场相结合为特征的古典的资本主义现代化模式,曾显示了对现代生产力发展的巨大适应性,并有力地促进了资本主义经济的增长。但是,资本主义经济的自由放任也带来了日益严重的社会失控,特别是造成了空前的生产过剩和贫富悬殊,并最终导致了20世纪的三大灾难即两次世界大战和第一次世界性的经济危机,它们使所有的国家都受到了极其严重的影响。面对资本主义经济的结构性矛盾,西方发达资本主义国家纷纷都开始了对古典发展模式的改革,并出现了垄断资本与国家政权相结合、强化国家对经济的干预和调控的国家垄断资本主义的趋势。国家垄断资本主义的出现,不仅使发达资本主义国家中的经济决策体制和经济调节体制发生了变化,而且还调整了资本主义所有制的形式和国民收入的分配形式,它们意味着这些国家中经济的国有化成分和计划性程度的增长。这些改革,使得战后资本主义经济出现了长达20年的持久繁荣局面。20世纪70年代以后,由于现代工业技术出现了群体性的成熟和停滞,国家干预因其消极影响发作而失灵,资本主义经济又开始转入长时期的病态。在这种情况下,西方发达国家又普遍出现了从凯恩斯主义向凯恩斯主义、货币主义和供应学派相结合的方向转移的经济政策调整和相应的国际经济关系调整,出台了一系列加强市场竞争机制、控制通货膨胀、刺激储蓄和投资、改善国际金融和贸易关系的改革措施。20世纪90年代以后,随着所谓的"第三条道路"在西方发达国家政坛上的得势,这些国家中又出现了强化国家和政府对社会经济生活的调控作用的趋势。通过上述这些改革,当代资本主义的发展模式日趋多样化。

社会主义国家的改革也是从二战后就陆续开始,其主题主要是如何克服苏联原创的社会主义现代化模式特别是其高度集中的计划经济体制的弊端。斯大林逝世后,在赫鲁晓夫的倡导下,20世纪50年代的苏联就开始突破某些理论禁区,逐步实行了一些改革。在这次改革中,苏联不仅批判了对斯大林的个人崇拜,而且首先在工业和建筑业管理方面采取了一些改革措施。至60年代中期,以柯西金为代表,又陆陆续续地进行一次范围更加广泛的经济体制改革。在东欧社会主义国家中,最早进行改革的是南斯拉夫。1948 年南共第五次代表大会就注意到不能照搬苏联模式的问题,肯定了社会主义条件下同样也存在着价值规律,提出要重视经济组织的作用和防止官僚主义,并随后就制订和实施了一些改革措施。匈牙利、波兰、民主德国和捷克斯洛伐克等,在 20 世纪 50 年代中后期也开始在一些领域中进行了初步的改革。20 世纪 60 年代,苏东国家又掀起了经济体制改革的热潮。不过,虽然这些改革当时也曾在一定程度上促进了苏东社会主义国家的经济发展,但它们只是限于在苏联模式的基本框架内做一些修修补补的工作,不仅没有触及原有模式的根本问题,而且还带有急躁冒进的突出特点,因而并未取得预期的效果。20 世纪 70 年代末以后,社会主义国家又出现了新的一轮改革热潮,并由于改革的策略不同而出现了两种不同的历史命运。其中,苏东国家因改革策略失当引起社会失控而发生剧变,而中国则通过全方位的改革成功地突破了苏联模式,探索出了一种有中国特色的社会主义现代化模式。20 世纪 90 年代初中国社会主义市场经济体制的确立,标志着这一模式的初步形成。

与上述发达资本主义国家和社会主义国家的改革遥相呼应并在它们的促动下,在战后民族解放运动中获得独立的广大的亚、非、拉第三世界国家也逐渐走上了探索发展民族经济的艰难道路。这些新独立的国家取消了殖民地附属国时期外国资本享有的经济特权,不同程度地赢得了经济自主权,因而其经济形势在战后均有较大的改观。但是,由于这些国家在经济上还没有完全摆脱对发达资本主义国家的依附地位,特别是受到 20 世纪 70 年代以后发达资本主义国家长期病态的牵连,加之自身在政策上又出现了某些失误,因而到 20 世纪 80 年代以后普遍地陷入了严重的经济困境。为了解除这种困境,许多发展中国家都先后开始了结构性的经济调整和改革。由于各自的具体情况不同,它们所进行的结构性的经济调整和改革在具体内容和做法上也有很大的差异,有应急性的,也有根本性的;有局部性的,也有全局性的。从总体上看,这些国家都在通过调整和改革努力探索适合自己民族经济发展的模式。

当代世界上不同类型的国家之所以都在致力于对自身的制度、结构或体制进行改革,其原因不仅是由于许多国家都存在着一个如何使自己的发展模式适合本国的国情问题，同时也在于当代世界经济形势的变化使各个国家都面临着空前的机遇和挑战：一是新技术革命的迅速发展所带来的经济发展的高度集约化，使得国际经济竞争日趋激烈，而面对这一形势，各国原有的经济结构或体制都表现出某种程度的不适应性；二是战后经济的全球化趋势，使得世界经济的整体相关性和相互依存性空前强化，各个国家若不自觉地顺应这一趋势就会在国际经济交往中处于不利的地位。而虽然各国改革的性质、内容和方式各不相同，其目的却都是为了提高经济效益、加速经济和社会的发展，谋求社会的长远稳定。在这一点上，即使是西方发达资本主义国家也不例外。且不说战后这些国家发展模式的变化直接地就是为了避免再出现 20 世纪上半叶那样的经济危机和社会灾难，就是 20 世纪 70 年代以来它们所进行的经济政策和经济关系调整也同样是为了实现经济的稳定增长、保持社会的协调和安定。例如，这些国家在经济政策和经济关系调整中之所以特别关注抑制通货膨胀、降低社会的失业率、增加社会救济和社会福利的支出、改善国际金融和贸易关系，就是为了消除各种不稳定因素、防止国内外经济关系的失衡，避免社会的失稳和失控。至于二战后社会主义国家和其他第三世界国家的改革，情况就更是如此。这些国家不仅面临着原有发展模式的各种突出弊端，而且还面临着因与发达国家之间的差距而产生的巨大压力，当代世界经济形势的变化所提供的机遇和挑战对它们的意义尤为显著。在这种情况下，任何一个国家如果违背潮流、不进行自身的调整和改革，其结果肯定是要在激烈的国际竞争中落伍，最终必然陷入落后挨打、危机重重的社会动乱状态。在这方面，社会主义国家也是有过深刻教训的。在东欧国家中，罗马尼亚自 20 世纪 60 年代齐奥塞斯库执政以后，经济上基本上执行了一条拒绝改革的路线。到 1988 年，罗马尼亚的公有制经济在国民收入中的比重已占到 97%。这种固守苏联模式并将其发展到极端的高度集中的单一公有制和其重、轻、农比例严重失调的经济结构，使罗马尼亚的经济长期停滞不前，各种社会矛盾日益加深，也使人们逐渐丧失了对社会主义的信心，并最终导致了整个国家的动荡和剧变。在中国，1956 年党的八大前后，党中央对苏联经济体制中的某些问题就曾有所觉察,改革的任务也已提到了党的面前,并在这种形势下产生了毛泽东关于十大关系的论述。但是,"左"的指导思想很快又占了上风,不仅没有实施改革,反而出现了急躁冒进的"大跃进",并终于导致了"文化大革命"。所有这些都说明,只有自觉地顺应世界的潮流进行改革,各个国家的社会经济发展才有出路,才有可能实现社会的长治久安。

在当代条件下,不进行改革肯定迟早会出现各种形式的社会失稳,但改革本身又往往会在当下引发社会一定程度的不稳定。改革是一场深刻的社会革命,它决不只是在旧的体制的某些环节上进行或对旧的体制某些方面的修修补补,而是社会结构或体制的全面深刻创新,因而它必然改变长期以来人们所习惯了的社会生活,特别是会牵动社会各方面的利益关系,从而会产生种种不稳定的因素。在这种情况下,如果改革的策略失当、措施不力,或是目标定得过高而带来急性病流行,或是对问题的诊断不明而病急乱投医,或是顾此失彼而导致一些不稳定因素恶性膨胀,都会引起社会的严重波动、混乱甚至动乱。在这一方面,苏东国家改革的失败提供了最深刻的教训。20 世纪 50 至 70 年代期间,虽然苏东国家搞了一轮又轮的改革,虽然一些东欧国家也曾提出过不能照搬苏联模式的问题,但从总体上看,它们的改革都是在对苏联模式存在的问题诊断不明的情况下进行的,因而都是不得要领的。这些国家的改革不仅没有触及原有模式的要害问题,而且还是在"迅速进入共产主义"这样一种急躁冒进的"左"的思想指导下进行的,赫鲁晓夫甚至在 1961 年就曾宣布苏联已进入"全面展开共产主义建设时期",结果改革在它们那里变成了任意改变生产关系。由于急于求成,东欧国家在自身财力不足的情况下,一方面在国内推行了高积累的政策,另一方面又纷纷向西方国家大举借债。高积累必然影响人民生活水平的提高,为了缓和人民群众的不满,这些国家不得不长期背负着巨额财政补贴的包袱。特别是 20 世纪 80 年代进入还债高峰期后,沉重的外债更是压得这些国家喘不过气来。正是改革的策略失当和措施不力,使得苏东国家的经济和社会生活在 20 世纪 80 年代中期陷入了危机四伏的境地。80 年代后期,当改革进入攻坚阶段时,苏东国家又把苏联模式这种社会主义现代化建设的具体形式所内存的弊端归结于社会主义制度本身,并由否定前者而根本抛弃了后者,因而把改革变成了改向。但是,私有制与市场经济的结合并没有解决这些国家国民经济中的问题,反而使它们出现了更为严重的经济衰退和社会动荡。由此可见,与罗马尼亚拒绝改革的恶果完全一样,像上述苏东国家那样失策的改革同样也会破坏社会的稳定。

改革之所以会在一定程度上引发社会的失稳,其根本原因还在于以下两个方面:第一,改革是一项复杂的社会系统工程。在当代,各个国家的改革一般都是首先在经济领域中展开的。但是,经济领域不过是整个社会有机体的一个组成部分,它与社会生活的其他领域之间有着紧密的共生和互渗关系。因此,随着经济体制改革的深入,改革必然要超出经济领域的范围而扩大到政治、军事、外交、教育、科技、文化等各个方面,并引起人们思想观念的深刻变化。在这一过程中,各种新的情况和问题会不断出现,各种困难和阻力也会蜂拥而至。因此,如果没有一种积极稳妥的总体改革方案、设计周密的改革进程和切实可行的改革措施,那么,当改革向纵深方向推进时,就会手忙脚乱、顾此失彼,其结果便是整个社会生活的失序、失控和失稳。第二,改革中会出现各种失误。在当代,无论是哪种类型国家的改革都是无先例可循的,这不仅是因为各国所面临的具体情况各不相同,照抄别国的改革经验注定是行不通的,更重要的还在于当代各个国家的改革都是为了适应世界经济形势的新变化并基本上是齐头并进的。因此,任何国家的改革同时也就是一种探索,而在探索的过程中总免不了会出现这样那样的失误。如果改革中出现了重大的失误而又不能及时地得到纠正,也就可能引起社会的严重波动甚至动乱。上述这两个方面之间是密切关联着的:正是改革的复杂性决定着人们在改革中可能会出现各种失误,而改革中的各种失误又强化了改革的复杂性。二者之间的这种内在关联性,对于发展中国家来说尤为突出。就西方发达国家而言,尽管它们的改革也曾出现过各种失误、这些失误也曾引起过社会经济生活的波动,但由于这些国家的先发优势已使它们形成了较完善的自修复机制,因而它们改革的失误往往能较快地得到纠正,其所造成的波动一般都没有演变为剧烈的社会动荡。亨廷顿之所以说"现代性孕育着稳定",其道理也正在于此。与此不同,发展中国家的改革一旦出现重大失误,特别是如果这种失误又没能得到及时的纠正,就不仅会加大它们与别的国家之间的发展差距,而且还会摧毁民众本来就十分脆弱的心理承受能力、失去他们对改革的支持,各种保守和反对势力也会相机而动,由此引发的社会动荡即使是没有冲断改革的进程也必然会使整个改革更加艰难复杂,并使改革中的失误更加难于得到纠正;反过来,如果改革在顺利推进过程中取得了预期的成效,经济增长速度得到了明显的提高,民众尝到了改革的甜头,那么后续改革的复杂性和艰巨性也就大大减轻了。上述两个方面及其内在的相关性表明,改革本身也内在地呼唤和迫切地需要社会的稳定,因为无论是要有计划、有步骤和循序渐进地推进改革,还是要在改革出现失误的情况下及时地认清造成失误的原因并使失误得到纠正,没有一个稳定的社会环境都是根本不可能的。20世纪80年代中后期苏联在其不得要领的经济体制改革未果之后面对危机四伏的社会手忙脚乱地转入政治体制改革,苏联解体后俄罗斯在剧烈的社会动荡中用激进的"休克疗法"匆忙地转向市场经济,这些改革之所以均告失败,其原因盖出于此。而中国的改革虽然也曾产生过一些失误,改革的过程中也曾遇到过这样那样的矛盾、阻力和困难,但由于有一个稳定的社会环境,因而顺利地渡过了各种难关,始终能够循序渐进地把改革不断推向前进。

上述表明,要实现社会的长远稳定就必须改革,改革却又会在一定程度上引发社会的不稳定,而要有效地推进改革则又不能没有社会的稳定。改革与社会稳定之间的这种错综复杂的关系,是当代各个国家特别是发展中国家在改革中都感到十分棘手的难题。面对这一难题,在改革中退缩是没有出路的,如果因为改革有风险、可能会引发社会失稳就不改革或在改革中裹足不前,到头来势必导致更加严重、更加剧烈的社会不稳定。实际上,从根本上看,改革与社会稳定是完全一致的,它既以社会稳定为必要前提,又是实现社会稳定的基本途径。改革不仅能够根除现实社会生活中的隐患,把各种潜在的不稳定因素消灭于未萌状态,同时还能化解或缓和既已出现的各种社会矛盾,使其不至于进一步激化而危及社会稳定。更为重要的是,改革还是社会发展的强大动力。通过制度的完善或体制的转换,改革在促进社会发展的同时还能为社会生活带来一种结构性稳定,使社会形成一种自修复的稳定机制。只有改革本身引起的和改革过程中出现的不稳定,才是改革与社会稳定的关系作为一个世界性难题而引人注目的最主要之点。这种不稳定,可视为社会为实现自身的长远稳定所付出的代价,因为只有通过改革使社会形成一种结构性稳定或稳定机制,才会有社会的长远稳定。当然,既然是代价,就必须计算机会成本、考虑合不合算,就应有一个合理的限度,即必须以不危害社会整体的和长远的稳定为前提。像苏联解体后的俄罗斯那样,不计算机会成本,不全面地权衡利弊得失,侈谈什么"长痛不如短痛",企图用激进的"休克疗法"来解决改革中的问题,其所付出的代价未免太过高昂,它就好比是用休克的办法来给人治病,结果不仅没有治好病,反而在治病的过程中休克差一点变成了真正的死亡。如果说改革中的失误是难免的,那么把由此造成的社会不稳定这种代价降低到最低限度则是完全可能的。而要做到这一点,关键是要始终牢固地树立"稳定压倒一切"的意识,努力避免改革的失误,并在改革已经出现失误的情况下及时地纠正这种失误。也只有这样,才能为改革营造一种稳定的社会环境,稳步地把改革推向前进,并通过改革走向社会的繁荣富强和更加稳定。

2. 发展与社会稳定

从最一般的意义上说,发展是事物前进的变化或上升的运动。不过,我们在这里所要论说的发展并不是这种一般意义上的发展,即不是泛指任何事物的发展,而是特指社会的发展。所谓社会发展,也就是以经济增长为基础、动力和核心内容的社会生活的全面进步。一方面,任何社会的发展都必须以经济增长为物质基础并都是在经济增长的推动下实现的。没有经济的增长,整个社会的发展就无从谈起。正如以色列著名社会学家艾森斯塔德所说:"经济领域在发展和现代化方面居于首要地位,经济问题的解决,对于现代社会及其政治体制的存活与发展、保障现代化的延续、持续增长,以及任何制度领域的持续发展(无论是政治的、经济的还是社会组织的领域），都具有头等重要的意义。"①但是，另一方面，社会发展并不等于单纯的经济增长，而是包括经济、政治、思想文化等各个领域在内的社会生活的全面进步，是社会的物质文明程度和精神文明程度的同步提高。

人类社会自产生以来就一直处于不断发展的过程之中，但其发展的态势在不同的历史时期是很不相同的。自 18 世纪下半叶的工业革命以后，人类社会的发展不仅表现出了空前加速的趋势，而且还获得了前所未有的新质内容。如果说第一次工业革命开启了世界的现代化进程，使人类社会出现了从传统农业社会向现代工业社会的大转变，那么，现代化或从传统农业社会逐渐走向现代工业社会就构成了两百多年来人类社会发展的基本内容。第二次世界大战以后，随着亚、非、拉广大第三世界国家民族解放运动的蓬勃兴起和现代化浪潮在全球范围内的迅速推进，以现代化为基本内容的发展更是成为一种世界性的潮流。战后产生的当代社会发展理论，就直接源自对于广大发展中国家的现代化道路、模式、战略和方针政策的研究。不过，在当代人类社会中，发展并不像早期的社会发展理论所认为的那样只是发展中国家的事情，就是发达国家同样也有一个不断发展自己的问题，二者的区别仅仅在于：对于发展中国家来说，发展的基本内容是实现现代化，即从传统农业社会走向现代工业社会；而对于发达国家而言，发展则意味着从工业社会走向"后工业社会"或信息社会。更为重要的是，在当代，全球范围内各个国家的发展表现出了一种普遍的相互依存性。特别是人们已越来越明确地认识到，发展中国家今天在经济、政治、文化、资源、环境等诸方面所面临的各种发展困境，其原因并不仅仅出自这些国家自身，它们实际上是过去发达国家以落后国家中社会生活的边缘化扭曲为代价换取自身的发展所造成的恶果，是长期以来不平等的国际政治经济秩序的产物；如果这些发展困境得不到解除，发展中国家的发展就会步履艰难，发达国家的发展也会由此受到严重的拖

①　[以]S. N. 艾森斯塔德：《现代化：抗拒与变迁》，张旅平等译，中国人民大学出版社
1988 年版，第57—58 页。

累和制约。而要有效地解除这些发展困境，就必须协调各个国家的发展战略，建立一种新的、平等的国际政治经济秩序。也正是基于上述这样一些事实，所以我们说发展已成为当今时代的一个重要主题。

与改革一样，任何社会的发展也只有在一种稳定的社会环境中才是可能的。没有社会的稳定，改革也好，发展也好，都最多也只是一种善良的愿望。在当代，发展是时代的一个重要主题，而和平则是时代的另一个重要主题。和平与发展同时都成为时代的主题，这决不是偶然的。世界和平意味着有了一个稳定的国际政治环境，而这正是当代任何一个国家的发展所不可缺少的外部条件。无数的历史事实说明，没有一个和平的国际环境和稳定的国际局势，在世界战乱不已、动荡不宁的情况下，任何一个国家都不可能集中精力来从事自己的经济建设，更不可能谋得现代社会的发展所特别需要的有利的国际政治经济秩序的支撑。第二次世界大战结束以后，尽管也没有从此天下太平，世界上的各种矛盾和冲突仍然此起彼伏、连绵不断，甚至还不时爆发了一些相当激烈的战争，但它们始终都被各种力量限制在一定的级别和范围之内，一直没有再发生世界性的大战，国际政治局势表现出一种整体上和平的态势。20 世纪 90 年代以来，随着苏联的解体、东西方冷战的结束和世界格局的多极化，这一和平态势又得到了进一步的强化。正是在这样一种相对和平、稳定的国际政治环境中，战后发达资本主义国家中出现了长达 20 年之久的持续经济增长和现代化的升级，战后新独立的广大第三世界国家对于发展自己民族经济道路的长期不懈的探索也才成为可能。也正是在这样一种相对和平、稳定的国际政治环境中，东亚地区的日本通过战后重建奇迹般地再度崛起，中国台湾、韩国、中国香港、新加坡等"四小龙"的经济迅速起飞，而中国大陆的社会主义现代化建设也取得举世瞩目的巨大成就，从而使这一地区成为当代全球性现代化浪潮的中心区域。值得特别注意的是，如果说战后世界上其他许多地区都仍然发生过一些局域性的武装冲突和战争，那么，东亚地区则一直基本上相安无事，这无疑是战后这一地区经济持续增长的一个极其重要的原因。而战后的世界和平之所以长期得以存续，其根本原因仍然在于它是各国社会经济发展的内在需要和客观要求。

帝国主义瓜分和重新瓜分世界的两次世界大战,给全世界人民都带来了深重的灾难,它们不仅使广大发展中国家的人民深受其害,就是在许多发达国家中人民的生命财产也遭受了重大损失。正是这一严酷的现实,促使了战后各国特别是发展中国家人民的觉醒和反战情绪的高涨,它们与战后发达资本主义国家对社会经济生活的干预和调节的强化、发展中国家为改善国际政治经济秩序所作的努力以及各国民主化的发展等反映当代人类社会发展要求的趋向一起,成为制约战争的重要因素,使世界上再没有出现特大规模的战争。在当代世界上,以美国为首的西方资本主义国家倚仗其经济、科技和军事实力,继续推行其霸权主义和强权政治,是极其不得人心的。战后世界历史的发展也表明,进行军备扩张和战争,只会阻碍社会经济的发展,使国家被动落后。苏联之所以在 20 世纪 80 年代中、后期陷入严重的经济危机,一个重要的原因就是它与美国之间的疯狂军备竞赛使其长期背负着超出其国力的巨额军费开支,这种军备竞赛最后终于把苏联的国民经济彻底拖垮。而美国虽然不仅没有受到两次世界大战的破坏,反而其经济还借以得到了发展,大发了战争之财,但它最终仍然也没能超越上述铁的定律。二战后美国经济长期衰退,朝鲜战争就是一个开端,而越南战争则是一个重大的转折点。可见,当代两个超级大国中一个完全解体而另一个出现经济长期衰退的局面,都是违背世界潮流而尚武好战的结果。在当代世界各国的发展所需要的外部条件中,除了稳定的国际政治环境以外,稳定的国际经济环境也是极为重要的。战后世界经济的一个突出特点就是出现了空前规模的全球化趋势,任何一个国家的经济都被整合进了全球分工、全球协作和全球贸易的世界经济体系。在这一体系中,任何一个局域性的扰动都会迅速波及全球各个国家和地区,而任何一国的经济崩溃都可能对其他国家造成灾难性的影响。战后一些国家的经济之所以能够迅速起飞,也就得益于这一时期它们所面临的相对稳定的有利国际经济环境。特别是像亚洲"四小龙"那样的一些国家和地区能够凭借"出口导向型"发展战略取得成功,没有稳定的国际经济环境更是难以想象的。而战后在一些国家和地区特别是20 世纪末东南亚地区爆发的金融危机,则使世界上许多国家的经济发展都受到了不同程度的冲击,甚至使整个世界经济都面临着极为严峻的形势。所有这些都说明,在当代人类社会的全球化趋势日益强化、各国发展之间的相互依存性越来越突出的情况下,没有一个稳定的国际环境,任何国家都休想顺利地实现自身的发展。

发展不仅要求以稳定的国际环境作为其外部条件,更需要以稳定的国内环境作为其赖以向前推进的基地。没有国内社会的稳定,各国的发展无异于后院起火或被釜底抽薪,因而也就注定是不会有什么结果的。而在作为发展之必要条件的国内社会稳定中,首要的也是政治稳定。社会政治生活的核心是国家政权及其活动方式,而国家政权则是调节包括经济在内的整个社会生活的强大力量。世界现代化发展的历史进程表明,几乎所有后发国家的现代化都是在内部经济动力不足的情况下经由国家政权的推动、采取自上而下的方式进行的;没有统一的现代民族国家的形成,没有强有力的国家政权机构,这些国家的现代化发展要么迟迟难以启动,要么就会中途出现断裂。在当代,不仅发展中国家对于自身民族经济发展道路的探索要靠国家政权来保证,就是在发达国家中国家政权和政府对社会经济发展的干预和推动作用也是十分明显的。如果一个国家的政局动荡不安、国家政权不能得到有效的行使或政权转换和政府更迭频繁、政策没有连续性和守常性,甚至出现民族分裂和国家分崩离析的局面,也就根本无从谈论社会经济的发展。在这方面,拉美国家独立以来曲折多舛的现代化发展道路就是一个最好的说明。19 世纪初拉丁美洲的独立运动以后,拉美各国虽然模仿北美和西欧建立起了形式上的资产阶级共和国,但却长期处于独裁、混乱和无政府状态之中,缺乏最起码的政治稳定。例如,在独立后的半个多世纪内,墨西哥曾出现过数以千计的兵变,三十多位军人总统先后成立过五十多届政府。政治上的这种极端不稳定,严重地阻碍了经济的发展,使拉美社会长期停滞不前。直到 20 世纪初,经过艰难的革命改造,拉美各国的政局才逐步趋向稳定,其现代化的发展也才迈入一个新的时期。而经过 1934 至 1940 年卡德纳斯当政时期的政治改革,墨西哥也由拉美地区政治上最不稳定的国家变成了政治上最稳定的国家。这种政治上的稳定,使墨西哥自 20 世纪 40 年代开始长期保持了有时年增长率甚至超过 10% 的高速经济增长，创造了世所瞩目的"墨西哥奇迹"。除墨西哥以外，战后几乎其他所有拉美国家的发展都仍然受到政局不稳的拖累，而每当政局动荡影响经济发展时，这些国家就随之出现军人独裁，以高压手段维持国内秩序、保持经济增长。尽管上述拉美地区各国的具体情况有所不同，但它们都说明了国内政治稳定对于社会经济发展的特殊重要性。在政治稳定之外，国内经济形势的稳定、人们思想情绪的稳定以及社会秩序的安定也都是发展所必不可少的条件。其中，经济形势的稳定尤为重要，它不仅直接制约着社会经济的发展，而且与国内的政治稳定、人们思想情绪的稳定以及社会秩序的安定之间有一种紧密的互动关系。当一个国家的宏观经济形势看好、社会经济结构合理、经济政策适宜而连续、经济建设的配套措施健全，这种经济形势的稳定就会带来社会经济的持续发展和人民生活水平的不断提高，并由此会促进整个社会的稳定。反之，当一个国家的宏观经济调控失灵或出现愈演愈烈的通货膨胀、国民经济的各种比例关系严重失调、经济决策频频失误或朝令夕改、经济建设所需要的配套措施不力或相互脱节，则不仅会导致经济的衰退和人民生活质量的下降，而且还会诱发政局不稳、人心恐慌和社会秩序的混乱，它们反过来又会加剧社会经济的衰退，并由此使整个国家陷入日益深重的经济危机。关于这一点，新中国成立以来中国的社会主义现代化建设实践从正反两个方面都提供了再好不过的证明。如果说 1958 年以后特别是"文化大革命"十年期间是政治动乱、经济形势恶化、人们的头脑发热和社会秩序混乱一起把中国的整个国民经济推向了崩溃的边缘，那么，20 世纪 70 年代末以来则是政治稳定、经济形势稳定、人们的思想情绪稳定和社会秩序安定之间的良性互动引领出了中国社会经济的飞速发展。也正因如此，所以邓小平曾经语意深重地说："中国的问题，压倒一切的是需要稳定。没有稳定的环境，什么都搞不成，已经取得的成果也会失掉。"①中国要实现自己的发展目标，"需要两个条件，一个是国际上的和平环境，另一个是国内安定团结的政治局

---

① 《邓小平文选》第 3 卷，人民出版社 1993 年版，第 284 页。

面,使我们能有领导有秩序地进行社会主义建设"①。

发展以社会稳定为其必要前提,没有稳定的国际政治经济环境和稳定的国内社会环境,任何国家都不可能或很难实现社会的发展。但是,当代各个国家特别是发展中国家在其发展过程中却又往往会出现一定程度的不稳定。在这一点上,发展与改革也是类似的。不过,发展过程中出现不稳定的原因与改革过程中出现不稳定的原因却是很不相同的。

在当代,任何国家的发展都不可能是自然而然地实现的,它们必然都是实施一定发展战略的结果。但是,并不是任何发展战略都能有效地促进发展,因为发展战略有一个优劣的问题。发展战略的优劣,首先就在于它是否适应本国的具体国情和世界经济形势的变化。而一个国家的发展战略无论是不适应本国的国情还是不适应世界经济形势的变化,都会使其在发展过程中出现社会失稳。百余年来社会主义国家现代化发展的过程就充分地证明了这一点。苏东国家之所以在20世纪80年代中期陷入了严重的经济困境和发展危机并最后发生剧变,其重要原因之一就在于苏联原创的现代化模式中以优先发展重工业为显著特点的发展战略在50年代以后越来越不能适应世界经济形势的变化。尽管这一发展战略当时具有反资本主义国际包围的重要政治意义,也适应了世界经济处于粗放发展时期落后国家工业化的需要,为二战前苏联的国防现代化和战后初期苏东国家战争创伤的医治及东欧国家工业化的起步立下了汗马功劳,但在50年代以后,苏东国家仍然长期奉行这一发展战略而始终没能对它进行实质性的调整,则显然背离世界经济发展日益集约化的趋势;而对于东欧国家来说,又还有一个与本国国情不相适应的问题。结果,这一发展战略逐渐使苏东国家国民经济中重、轻、农的比例严重失调、经济困境和社会矛盾日益加深,并因此使苏东国家的社会政治生活在20世纪80、90年代之交发生了强烈的震荡和剧烈的变化。而中国则由于自20世纪70年代末以来成功地跳出了这一发展战略,逐渐探索出并实施了一种既立足于中国的国情又努力适应世界经济形势变化的发展战略,因而

---

① 《邓小平文选》第3卷,人民出版社1993年版,第210页。

在始终保持社会稳定的前提下实现了社会经济的高速发展。

发展战略的优劣,还在于它所依据的发展观是否合理。在片面的发展观导引下形成的发展战略,也会使发展过程中出现社会失稳。值得注意的是,在对社会生活的理解、解释和说明上,"发展"并不是一个纯粹的描述性概念,而是一个具有特定价值内涵的规范性概念。正如英国学者西尔斯所说:"我们不能回避那些实证主义者轻蔑地称作'价值判断'的问题。'发展'必然是个规范性的概念,几乎同改进是同义词。如果佯装不知,则正好是隐瞒自己的价值判断。"[①]不同的发展观所追求的价值目标不同,其对于什么是发展、什么不是发展所作的价值判断就会大不一样,依据它们而制定的关于应该如何致力于发展的决策即发展战略也会迥然有别。西方传统发展理论的发展观所追求的基本价值目标是经济的繁荣。在它看来,发展只是一种经济现象即单纯的经济增长,只要经济增长了,政治民主、社会公平、文化发展和人民的生活幸福就会自然而然地实现;由于西方发达国家经济的迅速增长是通过工业化道路实现的,因而工业化甚至西方化也就相应地被视为发展的最有效途径。20 世纪 50 至70 年代初期,许多发展中国家所奉行的就是依据这一发展观而制定的带有强烈"西化"特征的"增长第一"的发展战略。然而,这一发展战略所依据的发展观本身是十分片面的,西方传统发展理论贩卖这一发展观的目的乃在于把第三世界国家的发展纳入资本主义的世界体系,使其从属于这一体系的中心即西方发达资本主义国家的需要。结果,"增长第一"发展战略的实施虽然也确曾给一些国家带来了一时的经济繁荣,但人们所预期的政治民主、社会公平、文化发展和人民的生活幸福等却并没有随着经济的增长得到兑现,反而还使这些国家经济的殖民化不断加深,对西方发达国家的依附日益严重,包括资源浪费、环境恶化、经济危机等在内的各种社会问题和社会矛盾越来越尖锐,这些国家的社会生活也由此出现了普遍的失稳。面对这一情况,一些研究第三世界国家发展问题的学者

---

① ［英］杜德利·西尔斯:《发展的含义》,载《现代化:理论与历史经验的再探讨》,张景明译,上海译文出版社 1993 年版,第 47 页

尖锐地指出:"可以按照中心的模式发展这种神话正在消失。"①也正是在这一情况下,目前各个国家都在调整自己的社会发展观念,努力制定和实施以社会生活的全面进步为价值目标的可持续发展战略。

对于当代各个发展中国家来说,造成发展过程中社会失稳的原因,除发展战略失当以外,还有社会生活各个领域和各个方面发展的不同步性问题。一方面,社会的发展的确要以经济增长为基础并往往首先表现为经济的迅速增长,而经济增长又要求并必然带来政治和思想文化等社会生活其他领域的深刻变化,但是,经济、政治和思想文化的发展变化在现实生活中不可能是完全同步的。在现代化发展过程中,随着经济的高速增长,传统的政治制度、政治结构和文化价值系统会迅速瓦解,而新的政治制度、政治结构和文化价值系统却难以在短期内形成。这样一来,就会使社会生活中出现一系列的"真空"现象,如权威真空、制度真空、价值真空等,它们不仅会使现代经济增长所特别需要的强有力的政府、完善的科层制度和高度的文化价值认同等保障条件得不到满足,而且还会造成严重的社会整合危机,甚至会引起社会与政治的分裂。社会生活各个领域发展的不同步性,除上述政治和思想文化发展相对于经济增长的滞后性外,还表现为各种不正常的超前现象。由于早先民族解放运动的需要,也由于发达国家的示范作用,许多发展中国家的发展过程中都存在着政治上的超前动员、生活方式上的超前消费以及思想、价值观念上的超前意识,它们不仅超越了这些国家经济发展的现状,而且也超越了它们政治民主的制度化水平。这些超前现象必然激发起人们的各种过高的期待和欲望,使人们对现实产生严重的失望和不满情绪,从而诱发社会的失稳。例如,政治上的超前动员会大大地激发人们的民主意识和参政要求,而经济的发展在使这种民主意识和参政要求得到进一步强化的同时又加剧了人们之间经济上的不平等并使社会政治生活中更为普遍的腐败现象成为可能,但发展中国家早期发展过程中出现的上述各种"真空"现象使得它们

---

① [阿根廷]劳尔·普雷维什:《外围资本主义:危机与改造》,苏振兴、袁兴昌译,商务印书馆1990年版,第9页。

既不可能有效地规范社会的政治经济生活,也不可能把政治上的超前动员所激发起的民主意识和参政要求有效地整合到一定的政治体系之中,于是就必然引发各种复杂的社会矛盾。对此,亨廷顿也曾指出:"经济发展加剧了经济不平等,同时社会动员又降低了这种经济不平等的合法性。现代化的这两个方面在一起,就导致政治不稳定。"①对于社会主义国家来说,这种社会政治的不稳定又因西方资本主义国家意识形态的渗透而变得更加难于防范。另一方面,要实现经济的迅速增长,就必须高速推进工业化,这样一来,又会导致畸形的都市化和各个地区发展的不同步性。在一些发展中国家,最发达的地区通常都是一些迅速膨胀的工业化大城市,其发展水平已与西方最发达的城市不相上下,而广大的内陆农村地区仍然是典型的农业社会,至于其他中小城市和沿海等交通便利的地区则属于二者之间的过渡形态。在这样一种由各个地区发展的不同步性造成的多元结构的社会中,社会成员往往会产生多样化的有时是相互冲突的社会要求,如知识分子和青年学生要求自由和民主,工人和城镇居民要求提高生活水平和实现社会公正,而农民则关注和要求温饱。但是,在社会发展的特定阶段上,各个发展中国家的政府又只能集中精力解决某一方面的问题,于是就可能造成对某些社会群体要求的忽视,从而播下社会动荡的种子。同时,各个地区发展的不同步性造成的城乡之间、发达地区与落后地区之间差距的扩大,还可能使它们之间的关系恶化,引起各种复杂的社会矛盾和社会问题,甚至会导致民族尖锐对立和国家分裂的局面。此外,发展中国家的发展都带有明显的追赶性质,其发展过程中必然出现的高速效应又使得上述所有发展的不同步性及其引发社会失稳的可能性大大强化了。"不仅社会和经济现代化会产生政治不稳定,而且不稳定的程度也同现代化的速度相关。……'无论从静态或动态标准来衡量,向现代化变化的速度越快,政治上的不稳定就越大。'""在二十世纪,亚洲、非洲和拉丁美洲的大部分地区,由于现代化发展得比早先进行现代化

---

① [美]塞缪尔·P. 亨廷顿:《变动社会的政治秩序》,张岱云等译,上海译文出版社 1989年版,第64页。

的国家快得多,政治上不稳定成为普遍现象。"①政治方面的情况是这样,社会生活其他领域的情形亦复如此。

前述发展以社会稳定为其必要前提与发展过程中又往往会出现一定程度的不稳定也构成了一对尖锐的矛盾,它同样也是当代各个发展中国家所面临的一个难题。不过,值得注意的是,与改革中的情形不同,发展过程中出现的不稳定并不是发展本身引起的。就其本性和可能来说,发展只会推动社会走向更高程度的稳定。西方发达国家的社会之所以在整体上较发展中国家更为稳定,其根本原因就在于它们在现代化发展方面达到了较高的水平。"现代化程度较高的社会一般比现代化程度较低的社会更加稳定。"②当代各个发展中国家在其发展过程中之所以会出现社会的不稳定,就其一般原因而言是上述的发展战略失当和社会生活的各个领域、各个方面发展的不同步性所致,但其最根本的原因还在于这些国家自身的不发达或低度发展,即既已有了一定程度的发展却又还未能达到较高的发展水平。当代的发展理论研究表明,不仅发展中国家普遍地较发达国家更为不稳定,而且发展中国家中非贫穷国家即发展水平较高的国家也较贫穷国家即发展水平较低的国家更为不稳定。当然,这并不是说发展中国家为了保持社会稳定而可以不致力于发展,因为一个贫穷落后的社会即使暂时是稳定的也必然是危机四伏的,如果它不加速发展自己终将会面临灭顶之灾。正如邓小平所说:"稳定和协调也是相对的,不是绝对的。发展才是硬道理。"③因此,面对上述发展与社会稳定的难题,当代各个发展中国家无论是放弃发展的努力还是减缓发展的速度都无济于事,唯一的出路就是选择明智的发展战略并采取切实有效的发展措施,在牢固保持社会稳定的前提下高速地推进社会的发展,努力求得社会稳定与社会发展的高度统一。

---

① [美]塞缪尔·P.亨廷顿:《变动社会的政治秩序》,张岱云等译,上海译文出版社1989年版,第49—50页。

② [美]塞缪尔·P.亨廷顿:《变动社会的政治秩序》,张岱云等译,上海译文出版社1989年版,第43页。

③ 《邓小平文选》第3卷,人民出版社1993年版,第377页。

综上所述,在稳定、改革、发展这三者中,稳定是改革和发展的大前提;改革是社会发展的强大动力,也是消除各种不稳定因素、使社会走向稳定的最基本途径;而发展则是改革的最终目的,只有它才能真正导向长远的社会稳定。

十

构建人类命运共同体的本真意涵

构建人类命运共同体，是党的十八大以来习近平系列重要讲话中多次申述的一个重要外交战略，是为了应对当代人类面临的共同挑战、维护和实现全人类的共同利益而提出的中国方案。尽管这一中国方案已经受到国际社会的高度关注和普遍的积极评价，"构建人类命运共同体"的理念甚至于 2017 年 2 月被写入联合国社会发展委员会第 55 届会议通过的"非洲发展新伙伴关系的社会层面"决议中，但迄今为止国内学界对习近平关于构建人类命运共同体思想的理解和阐释却是有很大欠缺的，许多人甚至并不明确甚至误解了习近平所提出的构建人类命运共同体的本真意涵。对此，有必要加以澄清。

（一）问题的提出

据不完全统计，自党的十八大以来，习近平已在一百三十多个场合、共计一百八十多次使用"人类命运共同体"概念。在很多场合，习近平强调人类、世界或国际社会越来越成为或已经成为你中有我、我中有你的命运共同体。例如，2013 年 3 月，习近平在莫斯科国际关系学院的演讲中指出："我们所处的是一个风云变幻的时代,面对的是一个日新月异的世界","这个世界,各国相互联系、相互依存的程度空前加深,人类生活在同一个地球村里,生活在历史和现实交汇的同一个时空里,越来越成为你中有我、我中有你的命运共同体"。① 2014 年 3 月,习近平在巴黎联合国教科文组织总部发表演讲时说:"当今世界,人类生活在不同文化、种族、肤色、宗教和不同社会制度所组成的世界里,各国人民形成了你中有我、我中有你的命运共同体。"② 2014 年 11 月,习近平在致首届世界互联网大会贺词中写道:"互联网真正让世界变成了地球村,让国际社会越来越成为你中有我、我中有你的命运共同体。"③ 2017 年 1 月,习近平在世界经济论坛 2017 年年会开幕式上的主旨演讲中指出:"人类已经成为你中有我、我中有你的命运共同体,利益高度融合,彼此相互依存。每个国家都有发展权利,同时都应该在更加广阔的层面考虑自身利益,不能以损害其他国家利益为代价。"④

在另外的许多场合,习近平又强调要"构建"、"建设"、"打造"、"共创"、"迈向"人类命运共同体。例如,在博鳌亚洲论坛 2015 年年会上,习近平在主旨演讲中主张"通过迈向亚洲命运共同体,推动建设人类命运共同体"⑤。2015 年 9 月,习近平在第七十届联合国大会一般性辩论时强调:"我们要继承和弘扬联合国宪章的宗旨和原则,构建以合作共赢为核心的新型国际关系,打造人类命运共同体。"⑥ 2017 年 1 月,习近平在联合国日内瓦总部的演讲题目就是《共同构建人类命运共同体》,他在这一演讲中提出了构建人类命运共同体的五项主张,并明确表示"构建人类命

①　习近平:《顺应时代前进潮流　促进世界和平发展——在莫斯科国际关系学院的演讲》,载《人民日报》2013 年 3 月 24 日。

②　习近平:《在联合国教科文组织总部的演讲》,载《人民日报》2014 年 3 月 28 日。

③　《习近平致首届世界互联网大会贺词》,新华网 2014 年 11 月 19 日。

④　习近平:《共担时代责任　共促全球发展——在世界经济论坛 2017 年年会开幕式上的主旨演讲》,载《人民日报》2017 年 1 月 18 日。

⑤　习近平:《迈向命运共同体　开创亚洲新未来——在博鳌亚洲论坛 2015 年年会上的主旨演讲》,新华网 2015 年 3 月 28 日。

⑥　《习近平谈治国理政》第 2 卷,外文出版社 2017 年版,第 522 页。

运共同体是一个美好的目标"①。2017 年 10 月，习近平在党的十九大报告中又进一步指出："我们呼吁，各国人民同心协力，构建人类命运共同体，建设持久和平、普遍安全、共同繁荣、开放包容、清洁美丽的世界。"②2018 年 1 月，习近平在致中国—拉美和加勒比国家共同体论坛第二届部长级会议的贺信中又说："当今世界正处于大发展大变革大调整时期，各国相互联系和依存日益加深，人类面临许多共同挑战。中国同拉美和加勒比国家地理相距虽然遥远，但同属发展中国家，世界和平、发展繁荣和人民幸福是我们共同追求的梦想。中国人民愿同拉美和加勒比各国人民携手并进，为推动构建人类命运共同体作出更大贡献。"③

近年来，在解读和阐释习近平关于构建人类命运共同体思想时，人们依据习近平的这些不同表述，对构建人类命运共同体作了两种很不相同的理解。有些人认为，当代人类你中有我、我中有你的事实说明人类命运共同体业已形成，我们要做的事情就是把它建设好、维护好。例如，有人提出："人类命运共同体虽然在某种意义上已经存在，但却是基础不牢、十分脆弱。……因此，人类必须不断建设这个命运共同体，使之不断巩固、强化。""既然人类命运共同体已经存在，那么构建人类命运共同体就应当从现实出发，脚踏实地，而不是破旧立新式的完全重建。"④另一些人则认为，当代人类你中有我、我中有你的事实只是为人类命运共同体的形成提供了可能，要使这种可能变为现实，尚须我们去构建、打造和共创。例如，有人特别强调说："构建人类命运共同体，是人类社会一项长期、复杂而又艰巨的历史过程，绝非一日之功，更难凭一国之力，既不会一蹴而就，一步到位，也不可能一呼百应，一往无前。国际社会和世界各国应该充分认识构建人类命运共同体的时代背景、历史责任、现实基础和未来前

---

① 《习近平谈治国理政》第 2 卷，外文出版社 2017 年版，第 548 页。

② 习近平：《决胜全面建成小康社会　夺取新时代中国特色社会主义伟大胜利——在中国共产党第十九次全国代表大会上的报告》，人民出版社 2017 年版，第 58 页。

③ 《习近平致中国—拉美和加勒比国家共同体论坛第二届部长级会议的贺信》，载《人民日报》2018 年 1 月 23 日。

④ 刘建飞：《人类命运共同体的现实与未来》，载《学习时报》2018 年 6 月 11 日。

景,积极投身参与构建人类命运共同体的伟大实践进程,积极主动而又循序渐进地持续不断地为构建人类命运共同体添砖加瓦、增光添彩。……各国政府和人民必须共同研究磋商,坚持因时而异、因地制宜、捕捉机遇、共商共建、因势利导、顺势而为的基本原则、思路和步骤,逐步做到由浅入深、由表及里、由易到难、由点到面,让人类命运共同体的美好愿景一步一步变为现实。"①显然,根据前一种看法,所谓构建人类命运共同体,是指把已经形成的人类命运共同体建设得更好;而按照后一种看法,所谓构建人类命运共同体,则是指使人类命运共同体从可能变成现实。虽然这两种理解都有一定的文本依据,但它们都没有完整地把握习近平关于构建人类命运共同体的思想,都没有正确理解构建人类命运共同体的本真意涵。

(二) 全球化与人类命运共同体的形成

一切共同体都是由于某种能够把人们联系起来的纽带而形成的,例如,共同的地缘、共同的血缘、共同的文化和共同的利益,能够分别形成地缘共同体、血缘共同体、文化共同体和利益共同体。人类命运共同体属于一种利益共同体,但是,在这里,作为能够把整个人类联系起来的纽带的共同利益,不是一般的利益,而是生死攸关、决定着人类命运和前途的重大利益或根本利益。人类命运共同体就是由共同的根本利益而促成的具有共同命运的人类共同体。

那么,这种促成人类命运共同体形成的共同的根本利益到底是什么呢? 深究这一问题,我们就能明白为什么习近平一方面强调人类已越来越成为一个命运共同体而另一方面又强调我们要着力构建人类命运共

---

① 董俊山:《构建人类命运共同体的困惑与破解》,载《时事报告(党委中心组学习)》2017 年第 2 期。

同体。

　　人类共同利益的出现是以现实的人类主体的形成为前提的。众所周知，从哲学上看，人类也是一类重要的主体，即类主体。然而，在以往的人类历史上，人类主体只是一种抽象的理论设定，它并没有获得任何现实的规定性，与此相应，人类共同利益也完全是一种虚幻的东西。在人类历史上漫长的时期里，特别是在利益分化和私有制占主导地位的社会条件下，世界上有的只是各种各样的特殊利益，如不同的部落利益、国家利益、民族利益、种族利益、个人利益等，而从未有过什么人类的共同利益。然而，这一切随着全球化的发展而发生了根本改变。全球化进程肇始于近代伴随着地理大发现而来的西方资本向海外的扩张和资本主义的世界化发展。关于这一过程，马克思、恩格斯在《共产党宣言》中描述说："不断扩大产品销路的需要，驱使资产阶级奔走于全球各地，它必须到处落户，到处开发，到处建立联系。""资产阶级，由于开拓了世界市场，使一切国家的生产和消费都成为世界性的了。……新的工业的建立已经成为一切文明民族的生命攸关的问题；这些工业所加工的，已经不是本地的原料，而是来自极其遥远的地区的原料；它们的产品不仅供本国消费，而且同时供世界各地消费。旧的、靠本国产品来满足的需要，被新的、要靠极其遥远的国家和地带的产品来满足的需要所代替了。过去那种地方的和民族的自给自足和闭关自守状态，被各民族的各方面的互相往来和各方面的互相依赖所代替了。"①各民族之间的这种互相往来和相互依赖关系的不断发展，在当代最终促成了一个"你中有我、我中有你"的全球性社会，使得人类真正开始作为一个整体来生存、活动和发展，使人类真正成为一类现实的主体，从而使人类的共同利益成为可能。

　　在当代全球化中，进一步促使人类的共同利益由可能变成现实的主要是以下两类重要因素。

　　一是全球分工。马克思、恩格斯曾经指出："随着分工的发展也产生了单个人的利益或单个家庭的利益与所有互相交往的个人的共同利益之

---

　　① 《马克思恩格斯选集》第 1 卷，人民出版社 1995 年版，第 276 页。

间的矛盾;而且这种共同利益不是仅仅作为一种'普遍的东西'存在于观念之中,而首先是作为彼此有了分工的个人之间的相互依存关系存在于现实之中。"①在当代,人们之间全球性的交往和普遍的相互依存关系的最重要内容就是人们之间的全球分工和全球协作,而当分工发展到全球规模即全球分工时,作为"彼此有了分工的个人之间的相互依存关系"的人类的共同利益也就成为现实,即有了全球分工的人们之间必然会有着全球性的相互依存关系。以这种全球性的相互依存关系为纽带,人类已成为一个利益共同体。不过,这种意义上的人类利益共同体还不是人类命运共同体,像某些人那样把这种意义上的人类利益共同体混同于人类命运共同体是不恰当的。这是因为,作为人们之间全球性相互依存关系的人类共同利益并非生死攸关、决定着人类命运和前途的根本利益,其道理很简单:即使没有这种全球性相互依存关系,即使是在各个民族和国家彼此相互隔离的原始闭关自守状态下,人类社会也仍然能够存在和缓慢发展。不仅如此,这种性质的共同利益还是可以替代的。例如,在近期的中美贸易战中,作为对美国政府对中国商品加征 25% 关税的反制措施,中国政府也对原产于美国的大豆等同等规模的美国产品加征 25% 关税。对于中国国内以大豆为原料的企业来说,它们无须再进口需多付 25% 关税的美国大豆,完全可以转而选择从欧洲、巴西、阿根廷或其他国家进口大豆。也就是说,中美之间大豆供需依存关系所表现出来的共同利益是完全可以替代的。因此,建立在人们之间全球性相互依存关系基础上的人类利益共同体不仅不是一种命运共同体,而且即使是作为一种利益共同体也是相当脆弱的。

二是全球问题。当代的全球性社会是一个全球风险共担的社会,这种"风险"因各种全球问题的出现而变成了现实。当代的全球问题种类繁多,如环境污染、生态危机、恐怖活动、金融风险、核威胁等等。在当代的全球性社会中,任何一个局域性的事变都往往产生全球性的影响,各种地区性的矛盾、冲突和战争都有可能引起全球性的政治、经济和文化大波

---

① 《马克思恩格斯选集》第 1 卷,人民出版社 1995 年版,第 84 页。

动,并因此有可能演变成或衍生出新的全球问题。正如习近平所说:"人类也正处在一个挑战层出不穷、风险日益增多的时代。世界经济增长乏力,金融危机阴云不散,发展鸿沟日益突出,兵戎相见时有发生,冷战思维和强权政治阴魂不散,恐怖主义、难民危机、重大传染性疾病、气候变化等非传统安全威胁持续蔓延。"①这些全球问题的出现,促成了另一种形式的人类的共同利益。在这里,人类的共同利益是以否定的形式表现出来的,即全球问题对整个人类生存和发展都构成了严重威胁;不解决这些全球问题,整个人类的生存和发展都难以为继。显然,这种形式的人类的共同利益对整个人类都是生死攸关的,是决定人类前途和命运的根本利益。仅就人与自然关系上的全球问题而言,早在 1972 年罗马俱乐部的研究报告《增长的极限》就曾明确地指出,到目前为止,世界经济、人口、粮食消费和资源消耗都是按指数方式增长的,但地球上生产粮食的土地、可供开采的资源和容纳环境污染的能力都是有限的,无法支撑无限度的经济增长;如果世界经济的增长方式保持不变,那么,地球上可供利用的资源将在一百年内被耗尽,地球的生态系统也将会全面瓦解;而如果维持目前世界上的人口增长率和资源消耗速度不变,那么,由于粮食短缺,或者由于资源枯竭,或者由于严重的环境污染,世界经济有朝一日会突然崩溃。同时,这种形式的人类的共同利益也是不可替代的。例如,环境污染和生态危机对人类生存和发展的威胁都是无法回避、无法转嫁的。"宇宙只有一个地球,人类共有一个家园。霍金先生提出关于'平行宇宙'的猜想,希望在地球之外找到第二个人类得以安身立命的星球。这个愿望什么时候才能实现还是个未知数。到目前为止,地球是人类唯一赖以生存的家园,珍爱和呵护地球是人类的唯一选择。"②值得特别注意的是,随着当代全球问题的出现而以否定的形式表现出来的人类共同利益,并不是与人们的各种特殊利益毫不相关的东西,也不是像一些人所说的那样是人们的各种特殊利益的公约数,而是人们的各种特殊利益得以实现的共同的

---

① 《习近平谈治国理政》第 2 卷,外文出版社 2017 年版,第 538 页。
② 《习近平谈治国理政》第 2 卷,外文出版社 2017 年版,第 538 页。

根本前提,就是说,只有克服和解决各种全球问题,人类才有可能继续生存和持续发展,当今世界上的各种特殊利益也才可能得到实现。只有这种以否定的形式表现出来的人类共同利益,或者说,只有全球问题对人类共同的根本利益的否定,才使得当代人类已成为一个名副其实的命运共同体。

正因为当代已经出现了对整个人类都生死攸关的重大的根本利益,所以习近平强调人类已越来越成为一个"你中有我、我中有你"的命运共同体,或者也可以说,人类命运共同体业已形成。

(三) 从实然的人类命运共同体到
应然的人类命运共同体

虽然随着当代人类根本的共同利益的出现人类命运共同体已经成为现实,但这种实然的人类命运共同体决非应然的人类命运共同体。一方面,这种人类命运共同体不是人类自觉构建的产物,而是以往的人类活动所造成的、远远超出人类所预料的一种总的累积性的结果,它对整个人类都有一种被强加的性质,所有人都是被动地卷入其中的。另一方面,更为重要的是,这种人类命运共同体是所有人都不愿意却又不得不生活于其中的命运共同体。在这种人类命运共同体中,虽然把人们联系起来的纽带也是人类共同利益,但它却是以否定形式表现出来的人类共同利益,即各种全球问题对整个人类生存和发展的严重威胁,因而没有人愿意沾染而只是被迫地承受这种所谓的共同利益。尤其需要指出的是,当代各种全球问题主要是由以往西方发达国家所主导的全球化,特别是资本的全球扩张和不平等的国际政治经济秩序所造成的,但它们却使得当代全球性社会共担风险,任何国家都不可能置身事外、独善其身。对于广大发展中国家来说,它们没有分享全球化的红利却要承受全球化的代价和负面效应,甚至还要为发达国家损人利己的行为买单,因而是这种人类命运共同体的最大受害者。正因如此,所以在人类命运共同体已经成为实然的情况下,习近平仍然还在强调要"构建"、"打造"、"共创"、"迈向"人类命运共同体。

今天,构建人类命运共同体,实际上就是要从上述实然的人类命运共同体迈向应然的人类命运共同体。按照习近平在党的十九大报告中的阐述,这种应然的人类命运共同体,就是以共赢共享为核心理念的人类命运共同体,就是持久和平、普遍安全、共同繁荣、开放包容、清洁美丽的人类命运共同体。在这种人类命运共同体中,作为把人们联系起来的纽带的人类共同的根本利益已由否定形式转化为肯定形式,即由人类的生存和发展面临着共同威胁转化为人类共同繁荣、共同发展。只有构建这样一种人类命运共同体,才能破解实然的人类命运共同体给当今世界各国和整个人类造成的困境,才能真正拯救整个人类的命运。

构建应然的人类命运共同体,应从以下三个方面入手。

首先,在世界范围内大力倡导和强化人类命运共同体意识。构建人类命运共同体,从实然的人类命运共同体迈向应然的人类命运共同体,也可以说是由自在的人类命运共同体迈向自为的人类命运共同体。实然的人类命运共同体是一种自在的人类命运共同体,它是自发地形成的,实质上是资本扩张逻辑的必然产物。正是哪里有利可图资本就会出现在哪里、怎样能够攫取超额利润资本就会怎样运作的资本扩张逻辑以及以往主要是为西方资本全球扩张服务的不平等的国际政治经济秩序,促成了当代人类"你中有我、我中有你"的风险共担的全球性社会,无意间催生了实然的人类命运共同体。与此不同,应然的人类命运共同体则是一种自为的人类命运共同体,它是按照共赢共享的理念有意识、有目的地组织起来的,只能是人类自觉构建的结果。因此,要从实然的人类命运共同体迈向应然的人类命运共同体,首先必须唤醒和强化人们对于人类命运共同体的自觉意识。

一是要使世界各国的人们都认识到,人类已经成为一个命运共同体,但实然的人类命运共同体仅仅意味着人类的灾难、意味着人类命运多舛和前途莫测。尽管 20 世纪中叶以后,特别是自罗马俱乐部的研究报告

《增长的极限》发表以来,各种全球问题对人类生存和发展的严重威胁已在全球范围内引起了人们的高度关注,但仍有不少人对各种全球问题已使人类成为一个命运共同体及其消极意义缺乏应有的认识。一方面,至今仍有一些人根本无视全球问题的存在及其所促成的人类命运共同体。例如,近年来,某些国家的政客不时宣称,所谓"气候变化"不过是一些科学家所编造的"谎言"或"骗局"。更有甚者,形形色色的利益主体仍然在为了自己的特殊利益而加剧各种全球问题,如破坏环境、支持恐怖主义、图谋核扩散等等,似乎他们能够置身于以其所漠视和损害的人类共同利益为纽带的人类命运共同体之外。另一方面,即使是一些严谨的学者,他们中有些人虽然也看到了当代全球化促成了一个全球性社会,但却并不承认这种全球性社会是一个具有消极和否定意义的人类命运共同体,甚至还因这种全球性社会的出现而乐观地谈论什么"大同世界"或"统一世界"问题。例如,20 世纪 70 年代,在当代全球性社会初露端倪之时,汤因比与池田大作就曾非常认真地讨论过"统一世界的课题",其中,汤因比"期待着出现一个新的世界宗教,作为大同世界各国人民的精神纽带"①。美国社会学家罗兰·罗伯森在其研究全球化的专著中也坚信,"走向世界统一性的趋势毕竟是不可抗拒的"②。所有这些都表明,要使人们在当代人类命运共同体的形成及其否定意义问题上形成共识,尚需做多方面的努力。

二是要使世界各国的人们充分意识到,实然的人类命运共同体并不是人类的宿命,在实然的人类命运共同体之外还有一种应然的人类命运共同体,一切都取决于人类自己的选择。我们之所以说应然的人类命运共同体是一种自为的人类命运共同体,就是因为它是人类有意识地选择的结果,是对自在的即实然的人类命运共同体的否定和超越。值得特别注意的是,对实然的人类命运共同体的否定和超越,并不意味着对全球化

① [英]A. J. 汤因比、[日]池田大作:《展望二十一世纪——汤因比与池田大作对话录》,荀春生、朱继征等译,国际文化出版社公司 1985 年版,第 304 页。
② [美]罗兰·罗伯森:《全球化:社会理论和全球文化》,梁光严译,上海人民出版社 2000 年版,第 37 页。

本身的否定。诚然,各种全球问题确实是当代全球化的产物,或者说,当代全球化的确引发或加剧了各种全球问题,但这只是旧的国际政治经济秩序引导下的全球化的负面效应,我们不能因为全球化的这些负面效应而否定全球化本身。正如习近平所说:"经济全球化确实带来了新问题,但我们不能就此把经济全球化一棍子打死,而是要适应和引导好经济全球化,消解经济全球化的负面影响,让它更好惠及每个国家、每个民族。"①像近年来美国特朗普政府那样逆全球化的潮流而动,动辄对其他国家挥舞贸易保护主义的大棒,甚至不惜对外发动贸易战,尽管从某种意义上说也属于对于当代全球问题的一种回应和面对实然的人类命运共同体的一种选择,但这种用"美国利益优先"取代维护全人类共同利益的所谓的战略抉择是根本背离历史发展趋势的,也是不可能真正成功的。

其次,着力加强肯定形式的人类共同利益的建设。肯定形式的人类共同利益即人类共同繁荣、共同发展,是世界各国人民的共同愿望,是能够把世界各国人民联系和凝聚起来的纽带。构建人类命运共同体,最为重要的就是加强这种人类共同利益建设、强化和扎牢维系人类命运共同体的纽带。近年来,习近平先后谈到过的"中国—东盟命运共同体"、"中拉命运共同体"、"亚洲命运共同体"、"中巴命运共体"、"中越命运共同体"、"中非命运共同体"等等,莫不是通过强化共同利益的纽带而形成的,它们为我们构建人类命运共同体提供了有益的借鉴。我国倡导和推动的"一带一路"建设,就是通过强化共同利益的纽带来构建人类命运共同体的重要实践。习近平明确地说:"我提出'一带一路'倡议,就是要实践人类命运共同体理念。"②在实施"一带一路"倡议的过程中,我国紧紧抓住"互联互通"这一着力点,把"一带一路"倡议的内容具体化为政策沟通、设施联通、贸易畅通、资金融通、民心相通的"五通"发展,而贯穿于这

---

① 习近平:《共担时代责任 共促全球发展——在世界经济论坛2017年年会开幕式上的主旨演讲》,《人民日报》2017年1月18日。

② 习近平:《携手建设更加美好的世界——在中国共产党与世界政党高层对话会上的主旨讲话》,《光明日报》2017年12月2日。

"五通"的核心则是利益相通即共赢共享。"一带一路"建设实践表明，首先聚焦区域共同利益、建设区域命运共同体，然后不断延展共同利益的纽带，步步为营，积小胜为大胜，是建设人类命运共同体的有效途径。正因如此，所以习近平在博鳌亚洲论坛2015年年会上的主旨演讲《迈向命运共同体　开创亚洲新未来》中强调："我们要把握好世界大势，跟上时代潮流，共同营造对亚洲、对世界都更为有利的地区秩序，通过迈向亚洲命运共同体，推动建设人类命运共同体。"①

再次，向世界广泛传播并积极推动世界各国践行构建人类命运共同体的中国方案。按照习近平阐述的这一中国方案，构建应然的人类命运共同体，也就是要努力建设以下五个"世界"：一是坚持对话协商，建设一个持久和平的世界。即要在各国之间建立起平等相待、互商互谅的伙伴关系，实现世界各国一律平等，相互尊重主权，相互尊重各国自主选择社会制度和发展道路的权利，相互尊重各国推动经济社会发展、改善人民生活的实践；以对话解决争端，以协商化解分歧，走出一条"对话而不对抗，结伴而不结盟"的国与国交往新路。二是坚持共建共享，建设一个普遍安全的世界。即在世界范围内树立共同、综合、合作、可持续的安全观念，营造公道正义、共建共享的安全格局，坚决反对弱肉强食和穷兵黩武，统筹应对传统和非传统安全威胁，反对一切形式的恐怖主义。三是坚持合作共赢，建设一个共同繁荣的世界。即推动世界各国互帮互助、同舟共济，促进贸易和投资自由化和便利化，反对贸易保护主义，使经济全球化朝着更加开放、包容、普惠、平衡、共赢的方向发展。四是坚持交流互鉴，建设一个开放包容的世界。即尊重世界文明多样性，努力促进和而不同、兼收并蓄的文明交流，使各种文明取长补短、共同发展，让文明交流互鉴成为推动人类社会进步的动力、维护世界和平的纽带。五是坚持绿色低碳，建设一个清洁美丽的世界。即牢固树立尊重自然、保护自然的意识，走绿色、低碳、循环、可持续发展之路，坚持环境友好，合作应对气候变化，

---

① 习近平：《迈向命运共同体　开创亚洲新未来——在博鳌亚洲论坛2015年年会上的主旨演讲》，新华网2015年3月28日。

保护好人类赖以生存的地球家园。构建应然的人类命运共同体、建设以上五个"世界"的根本目的,则是为了实现世界各国人民共赢共享。只要我们积极推动世界各国践行构建人类命运共同体的中国方案,应然的人类命运共同体一定能够成为现实。

十一

价值共识与和谐世界

　　人类的行为和活动总是在一定的思想观念的指导下进行和展开的，人们之间的有效交往、社会的有序运行，都必须具备一定的观念前提。价值共识就是这类重要观念前提之一。在人类社会共同体中，只有形成了某种形式的价值共识，人们才有可能为了共同的利益而奋斗，也才有可能照顾彼此不同的关切和利益，并在相互交往中尊重差异、包容多样。可以说，价值共识是和谐世界的重要前提和保障。在一个民族和国家的范围内，没有价值共识，就难以实现社会和谐；在各个民族和国家之间，没有价值共识，就不会有真正的世界和平。

（一）价值共识的两种基本形式

　　所谓价值共识，是指人们在相互交往中，通过深层次的思想沟通和交流，在价值观念上形成某种协调、一致的意见。众所周知，价值观念是人们对于主客体之间客观的价值关系的观念把握，是人们在认识和实践活动中所形成的关于客体对主体是否具有价值、具有什么样的价值以及具有多大的价值的看法。价值共识就是在这种反映着一定的客观的价值关系的价值观念上达成的共识,因此,价值共识属于一种观念层面上的东西,虽然它也经由价值共识主体的价值观念反映着某种客观的价值关系,即它终归是对某种价值的共识,但它与客观的价值关系如人们通常所说的"普遍价值"、"共同价值"是有本质区别的。同时,价值共识也有别于价值观念。尽管价值共识总是与价值观念相联系的,是人们在价值观念上达成的一种共识,没有各种互不相同的、差异性的价值观念的存在及其相互交往,也就无所谓价值共识,但是,价值共识本身并不是某种形式或某种性质的价值观念,而是不同价值观念在其相互交往中所达致的协调、一致的状态,并往往表现为人们对于某种价值观念的赞同、肯认或尊重的态度,而这种态度最终又会导致人们的价值观念的变化或社会行为的调适。因此,我们不能把价值共识与价值观念混为一谈,特别是不能误认为价值共识的达成意味着价值共识主体必定形成了共同的价值观念。

作为不同价值观念交往的结果,价值共识主要有以下两种基本形式。

一是价值认同。在价值观念的交往过程中,人们有时被交往对方的价值观念所同化,自觉地或非自觉地赞同和接受对方的价值观念,这就是我们所说的价值认同。价值认同是价值共识的一种基本形式,也是以往唯一真正受到人们关注和重视的价值共识形式。

价值认同主要有三种不同的情况:第一,相互交往的人们原本持有根本对立的价值观念,但他们的交往缓解了其价值观念之间的紧张关系,其中的一方部分地或全盘地放弃了自己的价值观念,转而赞同和接受了对方的价值观念。在这种情况下,价值认同表现为人们用交往对方的价值观念来替代自己原有的价值观念。第二,相互交往的人们持有存在重大差异但并不相互对立的价值观念,他们之间的交往弥合了其价值观念的差异,其中的一方或彼此之间吸纳了对方的某些价值观念,而这些价值观念是自己从前未曾有过的。在这种情况下,价值认同表现为人们借鉴和吸收交往对方的价值观念来填补自己价值观念上的空白。第三,相互交往的人们原本持有部分相同的价值观念,他们之间的交往突显了其价值观念的部分重叠性。在这种情况下,价值认同表现为人们对交往对方价值观念中与自己价值观念相重叠的内容产生强烈的共鸣。

二是价值认异。所谓价值认异,是指在价值观念的交往中,虽然人们彼此并不赞同和接受对方所持有的价值观念,但他们基于对相互之间历史、文化、社会地位、利益关切等方面的差异的认知而完全理解对方所持价值观念由以产生的缘由和根据,并由此包容、体谅和尊重它。价值认异也是价值共识的基本形式,但以往人们并没有对这种价值共识形式给予应有的关注和重视。

与上述价值认同的复杂情形大体对应,价值认异也主要有三种不同的情况:第一,相互交往的人们原本持有根本对立的价值观念,他们的交往虽然并没有使其中的一方部分地或全盘地认同对方的价值观念,但却消释了其价值观念之间的敌意,彼此不再把对方的价值观念视为威胁。在这种情况下,价值认异表现为人们对交往对方持有自己所反对的价值观念的包容。第二,相互交往的人们持有存在重大差异但并不相互对立的价值观念,他们之间的交往虽然并没有使其相互借鉴和吸收对方的价值观念,但却消除了他们的价值观念之间的隔膜,他们不再把彼此的价值观念视为互不相容的东西。在这种情况下,价值认异表现为人们对交往对方持有自己既不反对也不赞同的价值观念的体谅。第三,相互交往的人们持有部分相同的价值观念,他们之间的交往虽然并没有为其相同的价值观念带来增量,但却增进了他们对其价值观念中非重叠部分的了解,彼此不再把这些非重叠的价值观念看作他们之间的障碍。在这种情况下,价值认异表现为人们对交往对方持有与自己部分不重叠的价值观念的尊重。

作为价值共识的两种基本形式,价值认同和价值认异表现出不同的致思路向。其中,价值认同重在"求同",它是人们就认可和接受相同的价值观念而达成的价值共识。与此不同,价值认异则重在"存异",它是人们就各自认可和接受不同的价值观念而达成的共识。以往人们之所以在很大程度上忽视了价值认异这种价值共识形式,其原因就在于人们往往倾向于用求同性思维看待价值共识并由此把价值共识归结为价值认同,似乎价值共识的达成意味着价值共识主体必定形成了共同的价值观念。其实,价值共识不过是人们在价值观念上达成的协调、一致的意见,人们可以在价值观念的"求同"上达成协调、一致的意见，也完全可以在价值观念的"存异"上达成协调、一致的意见，因而价值共识可能形成也可能并不形成共同的价值观念。我们之所以强调价值共识的达成并不意味着价值共识主体必定形成了共同的价值观念，其原因也正在于此。

价值共识之所以会采取价值认同和价值认异两种不同的形式，根源于人类社会生活条件的共同性和差异性。众所周知，人是一种社会的存在物，人总是生活在各种各样的社会共同体之中。社会共同体的形式是多种多样的，大到民族和国家，小到特定社会中的各类群体，都是不同形式的社会共同体。在一定历史时期内，生活于特定社会共同体的人们必然具有某些最一般的共同的社会生活条件，如共同的血缘、共同的地域或自然环境、共同的文化传统等等。这种共同的社会生活条件，就是人们价值认同的客观基础。一方面，共同的社会生活条件使得生活于特定社会共同体内的人们的价值认同成为必要。对于任何一个社会共同体来说，共同的社会生活条件都要求生活于社会共同体内的人们认同某些基本的价值并由此形成某些共同的价值观念，否则，这些共同的社会生活条件就会遭到破坏，以这些共同的社会生活条件为前提的特定社会共同体的生存和发展就会受到严重的威胁。另一方面，共同的社会生活条件也使得生活于特定社会共同体内的人们的价值认同成为可能。共同的社会生活条件，必然会使人们具有某些共同的利益关切和价值诉求，因而必然会使人们这样那样地认同一些共同价值、形成一些共同的价值观念。可以说，共同的社会生活条件构成了生活于社会共同体内的人们的价值认同的充分必要条件，而由这种价值认同而形成的共同价值观念，既是维系特定社会共同体的精神纽带，也是特定社会共同体区别于其他社会共同体的精神标识。

人类社会生活条件既有共同性又有差异性。如果说社会生活条件的共同性决定了价值认同的必要性和可能性，那么，社会生活条件的差异性则对价值认异提出了客观要求。首先，不同的社会共同体有不同的社会生活条件，它要求生活于不同社会共同体中的人们之间实现价值认异。德国社会学家滕尼斯曾根据其产生原因的不同而把共同体区分为三种形式,即血缘共同体、地域共同体和精神共同体。他认为,共同体中的每个人都会有一种归属感,他们在共同体中过着"持久的和真正的共同生活"①,因为每个共同体都有着共同的社会生活条件,如每个家族有着共同的血缘、每个社区都有着共同的地域,等等。滕尼斯所说的这些共同体的特点其实也正是不同共同体之间的区别,也就是说,不同共同体的区别就在于它们各自有着不同的社会生活条件。虽然滕尼斯对"共同体"与"社会"的严格区分是成问题的,他所谓的"共同体"也只限于一些小共同体如家庭或家族、社区、学术共同体等,但他关于不同共同体的特点和区别的分析还是有普遍意义的。就大的社会共同体来说,它们的社会生活条件也是有显著的不同的。例如,国家是按地域来划分的,不同民族有着不同的历史、语言、文化和心理,而地域、历史、语言、文化、民族心理等都是人们社会物质生活或精神生活的条件。不同的社会生活条件必然会使人们认同不同的价值和形成不同的价值观念。在不同社会共同体的价值观念交往中,如果没有起码的价值认异,那么,不同社会共同体之间就会产生激烈的价值观念冲突,而这种价值观念冲突又必然会引发各种剧烈的社会冲突。其次,同一社会共同体中不同的人也有不同的社会生活条件,它使得生活于同一社会共同体中的人们之间也有必要实现价值认异。我们说生活于特定社会共同体的人们必然具有某些最一般的共同的社会生活条件,并不意味着他们的社会生活条件是完全相同的。事实上,对于生活于同一社会共同体中的人们来说,除了那些最一般的共同的社会生活条件以外,他们的绝大部分社会生活条件是因其社会地位的差异而各不相同的。即使是那些最一般的共同的社会生活条件,对于同一社会共同体中的不同的人来说也往往具有很不相同的意义。例如,一般来说,对于特定历史时期一个国家内的所有人来说,作为社会物质生活条件之决定性因素的生产方式是同样的,但同一生产方式对不同的人的意义却是很不一样的,其中,有些人占有生产资料并因此而在生产过程和产品分配

---

① [德]斐迪南·滕尼斯:《共同体与社会——纯粹社会学的基本概念》,林荣远译,北京大学出版社 2010 年版,第 45 页。

中居于支配地位,有些人不占有生产资料并因此而在生产过程和产品分配中处于被支配、被剥削的地位。诸如此类的不同的社会生活条件,必然使生活于同一社会共同体中的人们在价值观念上表现出很大的差异。在同一社会共同体内人们的价值观念交往中,如果没有必要的价值认异,那么,人们之间也会产生激烈的价值观念冲突,而这种价值观念冲突又必然引发各种复杂的社会矛盾。

(二) 价值共识与社会和谐

所谓社会和谐,是指社会成员的各种社会关系特别是利益关系得到了有效协调、社会生活安定有序、人们能够和谐相处。社会和谐并不是社会从来就有的天然属性,并不是社会的自然状态。可以说,在进入文明时代以前,社会的自然状态并不是一种和谐的状态,至少不是人们所希冀的那种和谐状态。近代英国契约论者霍布斯认为,自然状态下的人充满私欲、自私自利和相互仇视,"人对人是狼",因此,自然状态是所有人反对所有人的赤裸裸的战争状态;[①]正是为了结束这种普遍的战争状态,人们才不得已订立契约、建立国家。另一些契约论者如英国的洛克和法国的卢梭虽然视自然状态为"完备无缺的自由状态"或"和谐完美的状态",但他们并不认为自然状态就是理想的和谐状态。例如,洛克认为,在自然状态下,人们面临着"一种尽管自由却充满着恐惧和经常危险的状况"[②],因为那种"完备无缺的自由状态"并没有一种外在的权威作保障,而这也正是人们订立契约、建立国家的原因;而在卢梭看来,虽然自然状态是一种每个人都自由、平等、独立的和谐完美的状态,但"当时自然状态中不利于人类生存的种种障碍,在阻力上已超过了每个个人在那种状态中为了

---

① 参见[英]霍布斯:《维利坦》,黎思复、黎廷弼译,商务印书馆 1985 年版,第 194—195 页。

② [英]洛克:《政府论》下篇,叶启芳、瞿菊农译,商务印书馆 1964 年版,第 77 页。

自存所能运用的力量","于是,那种原始状态(人人自由平等的状态)便不能继续维持,并且人类如果不改变其生存方式,就会消灭"①,在这种情况下,人们便订立契约,让渡自己的权利,建立起国家。尽管社会契约论的国家起源观是错误的,但他们都这样那样地揭示了自然状态的种种缺陷,表明自然状态下并没有真正的社会和谐。事实上,社会和谐是人为建构的产物,是社会治理的结果。而在社会治理过程中,要实现社会和谐,一个极其重要的方面就是必须努力促成社会成员的价值共识。

正如前述,价值共识有价值认同和价值认异两种不同的形式。在任何一个社会中,价值认同和价值认异对于促进社会和谐都是极为重要的,但要真正发挥它们在促进社会和谐方面的作用,首先必须明确价值认同和价值认异的应然指向和关键对象,即为了实现社会和谐人们应该特别注意在什么样的价值观念上"求同"或"存异"。

马克思说:"统治阶级的思想在每一时代都是占统治地位的思想。这就是说,一个阶级是社会上占统治地位的物质力量,同时也是社会上占统治地位的精神力量。"②在任何社会中,占统治地位的思想必定也包括占统治地位的价值观念即核心价值观,这种核心价值观就是统治阶级期盼获得社会成员价值认同的首要对象。核心价值观是凝聚社会成员、维系社会共同体的精神纽带,是保持社会团结和稳定、实现社会和谐最为重要的精神资源。统治阶级要维护自己的统治、实现社会和谐,首先就必须使全体社会成员认同核心价值观。人类历史一再证明,当一个社会的核心价值观深入人心,获得了社会成员的高度认同时,社会生活就会呈现出协调有序、安定和谐的局面;而当一个社会的核心价值观受到严峻挑战、不再为社会成员所认同时,社会生活便会陷入混乱无序、动荡不宁的状态。例如,春秋战国时期,孔子曾用"礼崩乐坏"来描述当时中国奴隶社会核心价值观即周礼为诸侯大夫所践踏的情形,而其外在社会表现则是当时奴隶制度的风雨飘摇和社会秩序的分崩离析。中国封建社会之所以

① [法]卢梭:《社会契约论》,何兆武译,商务印书馆2003年版,第16页。
② 《马克思恩格斯选集》第1卷,人民出版社1995年版,第98页。

能持续两千多年的时间，并且其间历经多次农民起义的沉重打击和改朝换代却总能使封建社会秩序恢复如初，根本原因之一就是其核心价值观即"仁义礼智信五常之道"深入人心，成为封建社会成员普遍认同的道德信条和行为准则。也正因如此，虽然辛亥革命在1912年就已推翻了清王朝的统治、结束了中国两千多年的封建帝制，但真正给中国封建社会以毁灭性打击、使其永远不再可能借尸还魂的还是后来发生的彻底反对封建文化、结束了封建旧文化统治的新文化运动。总之，在任何一个社会中，没有社会成员对核心价值观的高度认同，社会的和谐与稳定是根本不可想象的。

核心价值观是相对于非核心价值观而言的。在任何一个社会中，既有核心价值观，也会有许许多多的非核心价值观。例如，在一个国家中，除了作为核心价值观的统治阶级的价值观以外，还有各个被统治阶级以及其他各种社会群体如不同民族、不同社会阶层的价值观，相对于整个国家的核心价值观而言，这些被统治阶级或其他各种社会群体的价值观就属于非核心价值观，尽管在这些被统治阶级和其他各种社会群体内部、相对于其成员来说它们也是某种意义上的核心价值观。为了实现社会和谐，如果说必须努力使全体社会成员认同核心价值观，那么，对于非核心价值观则必须区别对待。非核心价值观有各种不同的情况，其中，有些非核心价值观是与核心价值观恰相反对、根本对立的。对于这类非核心价值观，价值认同和价值认异都是不适用的，只能加以批判、改造和促使其转化。如果这种批判、改造和转化工作促成人们放弃了这类非核心价值观并转而认同核心价值观，那么，也就实现了前述第一情况的价值认同。而如果这种批判、改造和转化工作归于失败，这类非核心价值观对核心价值观构成了严峻的挑战、甚至取代了核心价值观，那么，社会生活迟早会陷入动乱状态乃至最终解体。这也说明，站在统治阶级的立场上看，对那些与核心价值观根本对立的非核心价值观进行批判、改造和转化工作，促使人们放弃这类非核心价值观和认同核心价值观，对于实现社会和谐是特别重要的。至于其他各种非核心价值观，由于其与核心价值观并不矛盾和冲突，它们完全可以在一个社会中同时并存和起作用，因而都可以并应该成为价值认同或价值认异的对象。在这类非核心价值观的相互交往中，根据实际情况促成人们的价值认同或价值认异，是有利于实现社会和谐的。例如，在一个多民族的国家中，不同民族往往有不同的社会生活条件，有不同的历史和文化，因而会有不同的价值观念。一般来说，相对于其所属国家的核心价值观而言，各个不同民族的价值观都属于非核心价值观。而在不同民族的价值观交往中，只要这些价值观与核心价值观不相矛盾和冲突，就应该努力使它们求同存异，即或者使它们相互肯认、相互吸纳和产生重叠性共鸣，从而实现第一、二、三种情况的价值认同，或者使它们相互包容、体谅和尊重，从而实现第一、二、三种情况的价值认异。这种或者表现为价值认同或者表现为价值认异的价值共识，对于促进民族融合、民族团结和各民族的和睦相处是极其重要的。

上述以社会和谐为目标的价值认同和价值认异，都不可能是自然而然地实现的，而是人们积极开展价值观念交往的结果，其中往往充满复杂的矛盾、冲突和激烈的斗争。即使是作为统治阶级的价值观的核心价值观，要获得社会成员的普遍认同，也不是一蹴而就的。例如，以自由、民主、平等、人权为内容的资产阶级价值观是资本主义社会的核心价值观，它在西方社会获得人们的普遍认同、从而成为资本主义社会的主流价值观，就曾经历了一个复杂、曲折的过程，其间不仅出现了新兴资产阶级与宗教神学和封建专制主义作殊死搏斗的文艺复兴运动和启蒙运动这两次人类历史的重大思想解放运动，而且还发生了英国资本主义革命、北美独立革命、法国大革命等以往人类历史上空前未有的政治大革命。1689 年英国议会通过的《权利法案》、1776 年美国发布的《独立宣言》、1789 年法国颁布的《人权宣言》，最终以法律的形式将以自由、民主、平等、人权为内容的资产阶级价值观确立为资本主义社会的核心价值观，使其成为资本主义国家整合人们的思想、规范人们的行为和维护资产阶级统治的强大精神力量。至于在被统治阶级和其他各种社会群体的非核心价值观的交往中，即使这些非核心价值观与核心价值观并不相矛盾和冲突，它们要获得交往对方的认同或认异，往往也要经历一个复杂的过程。比如说，中华民族在其形成和发展过程中，曾历经多次因边疆地区少数民族人口向中原地区迁徙和中原地区汉族人口向边疆地区迁徙而引起的民族大融合。这种民族大融合最为重要的特征之一,就是汉民族与少数民族在相互交往中达成了某种价值共识,它既表现为马克思所说的"野蛮的征服者,按照一条永恒的历史规律,本身被他们所征服的臣民的较高文明所征服"①,即蛮族入侵中原地区后反被汉文化及其价值观所同化,亦即汉文化及其价值观这样那样地被少数民族的人们所认同,也表现为汉民族的人们对少数民族的文化及其价值观的部分认同或认异,由此形成了多元一体的中华文化及其价值观,后者成为中华民族这一共同体中各民族和谐共处的重要基础。在这一过程中,无论是少数民族的人们对汉文化及其价值观的认同,还是汉民族的人们对少数民族的文化及其价值观的部分认同或认异,都是人们艰苦努力的结果。例如,鲜卑族的拓跋氏统一华北、建立北魏政权以后,面对国内此起彼伏的农民起义,为了缓和民族矛盾和社会冲突,孝文帝先后进行了一系列旨在表明自己是黄帝的传人和论证北魏政权的正统性、实质上是认同汉文化及其价值观的汉化改革,包括尊孔子、行汉制、说汉话、穿汉服、用汉名等,其最终结果是使鲜卑人几乎完全认同了汉文化及其价值观,使鲜卑族彻底融合成为汉族的一部分。孝文帝的这些改革曾遭遇到鲜卑守旧贵族的激烈反对,甚至还爆发了武装叛乱,孝文帝对守旧势力的武装叛乱进行了严厉镇压,这才保证了其汉化政策的推行。

当前,我国正在努力构建社会主义和谐社会。积极化解人们的价值观念冲突、着力促成社会成员的价值共识,对于构建社会主义和谐社会是极其重要的。在构建社会主义和谐社会的过程中,我们首先要大力培育社会主义核心价值观,使全体社会成员自觉地认同社会主义核心价值观。2012 年 11 月,党的十八大报告首次对中国社会主义核心价值观作了科学的表述,并将其凝炼和概括为三个"倡导",即"倡导富强、民主、文明、和谐,倡导自由、平等、公正、法治,倡导爱国、敬业、诚信、友善"②。2013

---

① 《马克思恩格斯选集》第 1 卷,人民出版社 1995 年版,第 768 页。
② 胡锦涛:《坚定不移沿着中国特色社会主义道路前进 为全面建成小康社会而奋斗——在中国共产党第十八次全国代表大会上的报告》,载《人民日报》2012 年 11 月 18 日。

年12月,中共中央办公厅印发的《关于培育和践行社会主义核心价值观的意见》指出,党的十八大对社会主义核心价值观的凝炼和概括,"是我们党凝聚全党全社会价值共识作出的重要论断"①。需要特别指出的是,这里所说的"全党全社会价值共识"是就社会主义核心价值观的应有内容而言的,是指全党全社会都深刻地认识到上述24个字是社会主义核心价值观应有的基本内容,而并不是说全社会实际上已经就上述24个字达成了价值共识,尤其不是说全社会实际上已经认同了社会主义核心价值观,否则,我们也就没有必要特别强调要大力培育社会主义核心价值观。事实上,大力培育社会主义核心价值观,其目的就是要使全体社会成员自觉认同和积极践行社会主义核心价值观。只有大力培育社会主义核心价值观,通过教育引导、舆论宣传、文化熏陶、制度保障,使社会主义核心价值观内化为人们的自觉追求、外化为人们的行为实践,才能把整个社会凝聚成为一个整体,全体社会成员才能齐心协力地为中国特色社会主义事业和中华民族伟大复兴的战略目标而奋斗,我们的社会才能和谐稳定,我们的国家才能长治久安。

在构建社会主义和谐社会过程中,在努力使全体社会成员自觉地认同社会主义核心价值观的同时,我们还必须注意协调社会成员的不同价值观的关系,积极促成他们之间的价值认异。社会主义和谐社会,是全体人民各尽其能、各得其所而又和谐相处的社会。"社会主义的本质,是解放生产力,发展生产力,消灭剥削,消除两极分化,最终达到共同富裕。"②因此,在社会主义社会里,广大人民群众的根本利益是完全一致的,这是人们能够和谐相处的根本基础。但是,在社会主义和谐社会的构建过程中,人们所尽之"能"以及由此所得之"所"是有很大差别的,因而人们的具体利益和价值诉求必然是各不相同的。特别是随着改革的深入和社会主义市场经济的不断发展,我国社会人们之间的利益分化日趋明显,利益多元化和人们的价值诉求多样化的格局已经形成。各种不同的具体利益

---

① 中共中央办公厅:《关于培育和践行社会主义核心价值观的意见》,载《人民日报》2013年12月24日。

② 《邓小平文选》第3卷,人民出版社1993年版,第373页。

和价值诉求必然会在社会意识层面上得到反映和体现,从而必然会使不同的社会群体和个人产生不同的价值观念。对于这些各不相同的价值观念,只要它们与社会主义核心价值观不相冲突,我们都应该予以包容、体谅和尊重,从而实现不同社会群体和个人之间的价值认异。这种价值认异,实质上是承认不同社会群体和个人的具体利益及价值诉求的合理性。只有如此,我们才能化解这些不同的价值观念的冲突及其所反映的人们的现实利益的矛盾和冲突,维护和实现社会的和谐与稳定。习近平在十八届五中全会的报告中提出的"共享"发展理念,强调发展的成果要由全体人民共享,对于协调当前我国社会的利益矛盾、增进人民的团结、构建社会主义和谐社会具有重要的战略指导意义。而要牢固树立和自觉践行"共享"发展理念,首先就必须在全社会促成不同社会群体和个人之间的价值认异,承认不同社会群体和个人的具体利益及价值诉求的合理性。

(三) 价值共识与世界和平

以价值认同和价值认异为基本形式的价值共识,不仅是社会和谐的必要条件,而且也是世界和平的重要保障。当代以来,人类社会进入了一个新的历史时期,和平成为时代的重要主题之一。但是,我们说和平是时代的主题,是就当代世界的整体格局而言的,仅仅是指当代以来没有再发生以往两次世界大战那样的世界规模的战争。事实上,当代世界并不太平。在当代世界和平的整体格局下所呈现出来的,是不同民族、国家、地区、种族之间此起彼伏的矛盾、冲突和战争。虽然到目前为止这些矛盾、冲突和战争一直被各种力量限制在一定的级别和范围之内,但这些看似局域性的矛盾、冲突和战争却有着全球性的影响,往往引起全球范围内政治、经济、文化的大波动,因而对整个世界的和平构成了严重威胁。而这些矛盾、冲突和战争产生的重要根源之一,就是全球范围内普遍而激烈的价值观纷争。要化解这些价值观纷争、维护世界和平,必须努力寻求全球范围内的价值共识。

作为价值共识的一种基本形式,价值认同对于世界和平历来都有着非常重要的影响,并且构成了数百年来对世界和平有着本质重要性的全球化的观念前提和基础。近代,西方资本向海外的扩张、世界贸易的发展及其带来的世界上各民族的普遍交往和相互依存关系的形成,推动了人类历史向世界历史的转变,也开启了人类社会的全球化进程。20 世纪上半叶,作为全球化进程中最为重大的历史事件,帝国主义瓜分世界和重新瓜分世界的两次世界大战、两次世界大战之间的世界性经济危机以及战后素有世界政府之称的联合国的成立,促成了人类历史向世界历史转变的完成,也标志着一个全球性社会的初步形成。当代以来,人类社会全球化的方式发生了根本变化,即由外在化向内在化的方式转变,也就是说,它不再像以往那样只是表现为人们在政治、经济、文化等各个领域里的社会交往的规模上的扩大和地域上的扩张,而是不断向全球范围内人们之间的内在结合的方向发展。例如,从社会经济领域看,当代全球化不再只是表现为人们之间经济交往规模的全球扩张,而是主要表现为市场经济作为一种最为有效的资源配置方式和最为优化的经济运行机制得到了全球范围内人们的普遍认同,各国都以市场经济为基础参与世界经济的分工与协作,由此促成了全球经济的一体化。与此相应,当代人类全球性社会也变得更加有机化和高度组织化。① 在这样一种全球性社会中,各个国家和地区都被结合在一定的国际组织中,人们的各种全球性活动都要受到一定国际规范的制约,各种世界性问题也都被置于全球治理体系的框架内来协商和解决。显然,如果没有某种价值认同作为观念前提和基础,上述全球化过程和当代的全球性社会都是根本无法想象的。

事实上,近代以来的全球化确实也是以价值认同为观念前提和基础的。不过,这种价值认同只是对西方价值观念的认同,它主要采取了以下

---

① 参见汪信砚:《全球化与反全球化——关于如何走出当代全球化困境问题的思考》,载《北京大学学报》(哲学社会科学版)2010 年第 4 期。

两种形式：一是强制认同。以往的全球化一直是由西方发达国家主导的，与此相应，全球化中的价值认同也主要表现为西方国家利用其经济、科技和军事方面的实力和优势强行地把非西方国家的人们纳入其价值观念的怀抱，以便为其资本和商品的全球自由流动开道。在近代，这种强制认同主要是通过殖民化来实现的。马克思曾用三个"从属于"来描述以殖民主义运动为基础的近代全球化的性质："它使未开化和半开化的国家从属于文明的国家，使农民的民族从属于资产阶级的民族，使东方从属于西方。"①马克思所说的这些"从属于"首先是指价值观念层面的，即被迫接受西方国家的价值观念。毛泽东在论述近代中国半殖民地化的过程时曾说，帝国主义不仅对中国进行军事侵略、政治压迫和经济剥削，"对于麻醉中国人民的精神的一个方面，也不放松，这就是它们的文化侵略政策。传教，办医院，办学校，办报纸和吸引留学生等，就是这个侵略政策的实施。其目的，在于造就服从它们的知识干部和愚弄广大的中国人民"②。毛泽东在这里所说的"服从"，主要就是指对西方价值观念的"服从"，即认同西方价值观念。20世纪以来，这种强制认同主要是通过市场化来实现的。特别是在当代的全球化中，几乎人类生活的一切有用之物都被列入了自由贸易的清单、都成为市场行为的追逐对象，人们在市场上不仅贩卖以实物形式呈现出来的各种商品，而且还出售思想、观念和各种符号，而支配这个无所不包的市场的规则却是由西方国家利用其先发优势而单独制定的，它们处处都浸染着西方国家的价值观念。对于非西方落后国家的人们来说，他们被动地卷入全球化进程和被纳入市场化轨道，也就意味着他们不得不接受那些强加于他们的市场规则所体现的西方价值观念。二是引诱认同。在以往的全球化进程中，除了上述通过殖民化和市场化实现的强制性的价值认同以外，西方国家还特别重视非强制性地引诱非西方国家的人们认同西方价值观念。20世纪以来，通过市场化来实现对西方价值观念强制认同的最大阻力来自实行计划经济的社会主义国

---

① 《马克思恩格斯选集》第1卷，人民出版社1995年版，第277页。
② 《毛泽东选集》第2卷，人民出版社1991年版，第629—630页。

家,因此,西方国家尤其重视引诱社会主义国家的人们对西方价值观念的认同,甚至把它提高到战略的层面。这突出地表现在西方国家对社会主义国家的和平演变战略上。例如,冷战后期美国制定和实施的"超越遏制战略",其基本内容就是要利用流行音乐、经济援助、帮助设计改革方案等各种诱饵对社会主义国家进行全面的思想渗透,使社会主义国家的人们认同西方价值观念,并由此使社会主义国家向资本主义国家和平演变。需要特别指出的是,以上述强制认同和引诱认同两种形式实现的非西方国家的人们对于西方价值观念的认同,都属于前述第一情况的价值认同,即西方国家强制或引诱非西方国家的人们用西方价值观念来替代其自身原有的价值观念,它实质上是西方价值观念的对外输出和普遍化扩张,因而最终必然遭到非西方国家人们的强烈反对,并由此引发了全球范围内普遍而激烈的价值观冲突,特别是西方价值观念与非西方价值观念的冲突。近代的殖民化与反殖民化、20 世纪以来的市场化与反市场化、当代的和平演变与反和平演变、美国的"9·11"事件以及 21 世纪以来的阿富汗战争、伊拉克战争、利比亚战争、叙利亚战争等等,从某种意义上说都是西方价值观念与非西方价值观念之间激烈冲突的外部社会表现。由此可见,以往全球化中的对西方价值观念的认同不仅没有带来世界和平,而且它所引起的全球范围内的普遍而激烈的价值观冲突对世界和平构成了严重的威胁,而以这种价值认同为观念前提和基础的全球化过程中甚至还发生了像两次世界大战那样惨绝人寰的世界规模的战争。

上述表明,全球化必然会以某种价值认同为观念前提和基础,但并不是任何性质、任何形式的价值认同都有利于世界和平。以往全球化中对西方价值观念的认同之所以有害于世界和平,其根本原因在于西方价值观念乃是反映西方价值这种特殊价值的特殊价值观念,以对这种特殊价值观念的认同作为全球化的观念前提和基础是与全球化的本质要求相抵牾的。全球化意味着全球范围内的人们日益结合为一个紧密的整体,意味着全球性社会的形成和不断发展,意味着全人类共同生活条件的形成和整个人类已成为一个社会共同体。与以往的其他各种社会共同体不同,当代的全球性社会具有一系列独特的规定性。一方面,当代的全球性社会是一个全球分工、全球协作的社会。在当代的全球性社会中,各国经济社会的发展相互影响、紧密依存,因而必然是一荣俱荣、一损俱损。另一方面,当代的全球性社会也是一个全球风险共担的社会。当代全球性社会面临着一系严峻的共同问题和挑战,如环境污染、生态危机、资源短缺、人口膨胀、气候变化、粮食短缺、网络攻击、疾病流行、毒品走私、恐怖活动、金融风险、核威胁、跨国有组织犯罪等等,它们对整个人类的生存和持续发展都构成了严重的威胁,任何国家都不可能置身事外、独善其身。当代的全球性社会的这些特点表明,当代人类已经成为一个名副其实的命运共同体;构建公平合理的全球治理体系,有效应对各种全球性问题的挑战,建设好人类命运共同体,事关全人类的共同利益。当代全球性社会的价值认同,最为重要的就是对基于人类命运共同体的生存和发展需要、反映全人类的共同利益、共同价值的全球价值观的认同。诚然,在当代的全球性社会中,全球价值观不可能是价值认同的唯一对象,但是,其他的各种价值认同如前述第二、三种情况的价值认同都应服务于对全球价值观的认同,至少不应与对全球价值观的认同相冲突,只有这样,它们才能真正适应全球化的本质要求,才能成为当代全球化的可靠的观念前提和基础。目前,这种反映全人类的共同利益、共同价值的全球价值观正在逐渐形成。近年来,中国政府反复倡导人类命运共同体意识,倡导以国际权力观、共同利益观、可持续发展观和全球治理观为基本内容的全球价值观。习近平在第七十届联合国大会所作的题为《携手构建合作共赢新伙伴 同心打造人类命运共同体》的讲话中指出,"和平、发展、公平、正义、民主、自由,是全人类的共同价值"①。中国政府所倡导的全球价值观,深刻地反映了全人类的共同价值,并正在逐步获得世界各国的认同。大力促进对这种全球价值观的认同,必将对维护和促进世界和平做出重要贡献。

要维护和促进当代世界和平,不仅需要当代世界各国的人们自觉认

———————————

① 习近平:《携手构建合作共赢新伙伴 同心打造人类命运共同体——在第七十届联合国大会一般性辩论时的讲话》,载《人民日报》2015年9月29日。

同反映全人类共同利益、共同价值的全球价值观,而且还必须在当代世界文化交往中努力促进和实现不同民族和国家的人们之间的价值认异。文化交往本身是当代世界人们之间全球性交往的一个极其重要的方面,同时它又必然内在地渗透在人们之间全球性交往的其他各个方面的内容之中。文化的核心是价值观念,不同文化之间的交往实质上是不同价值观念之间的交往。不同的价值观念说到底是不同的利益和需要、不同的价值诉求的观念表达。反过来说,不同民族和国家之所以有不同的价值观念,乃是因为它们有着不同的利益和价值诉求。以往全球化中西方国家强制和引诱非西方国家的人们认同非西方价值观念之所以必然会引起全球范围内普遍而激烈的价值观冲突和各种外部社会冲突,其根本原因就在于西方国家无视非西方国家的特殊利益和价值诉求,试图把自己的价值观念强加于非西方国家,而这种被强加的西方价值观念与非西方国家的实际利益和价值诉求是根本相左的。即使是在当代全球性社会中,全人类共同利益和共同价值的形成,也并不意味着各个民族和国家的利益和价值诉求之间的差异的消失,从而也不意味着各个民族和国家都会形成完全相同的价值观念。随着当代全球性社会的发展,当代全球价值观必然会获得全球范围内越来越多的人的认同,但反映自身特殊利益和价值诉求的各个民族和国家的独特的价值观念必将继续存在和发挥作用。只要各个民族和国家的这些独特的价值观念并不与全球价值观相矛盾和冲突,它们就都有存在的理由和根据,各个民族和国家对彼此的独特价值观念就应该予以包容、体谅和尊重,而这也就是我们所说的价值认异。

在当代全球性社会中,倡导各个民族和国家之间的价值认异,也就是倡导各个民族和国家之间开展平等的文化交往,它能够促成有利于世界和平的文化生态。文化交往的目的是为了使处于不同文化中的人们达致某种价值共识,至于最终达致的是何种形式的价值共识,则取决于文化交往的性质。在不同文化之间的平等交往中,价值认同并不常见,价值共识经常地、大量地表现为价值认异;而以往全球化中出现的非西方民族和国家的人们普遍认同西方价值观念的情形,则是西方中心论主导下的不平等的文化交往的产物。价值认异不仅是不同文化平等交往的结果,而且也是不同文化平等交往的前提，也就是说，一种文化只有理解了他种文化存在的理由和根据、能够对彼此之间的差异表示包容、体谅和尊重，才有可能真正平等地对待它。因此，倡导各个民族和国家之间的价值认异，能够促进各个民族和国家之间的平等的文化交往，能够有效消解以往全球化中不平等的文化交往所引起的价值观冲突和各种外部社会冲突，从而有利于维护和促进世界和平。

在当代全球性社会中，倡导各个民族和国家之间的价值认异，也就是倡导合作共赢的国际关系，它能够促成有利于世界和平的国际环境。"合作共赢"是多年来中国政府对外关系的基本原则。党的十八大报告指出："中国将继续高举和平、发展、合作、共赢的旗帜，坚定不移致力于维护世界和平、促进共同发展。""合作共赢，就是要倡导人类命运共同体意识，在追求本国利益时兼顾他国合理关切，在谋求本国发展中促进各国共同发展，建立更加平等均衡的新型全球发展伙伴关系，同舟共济，权责共担，增进人类共同利益。"①正如前述，不同民族和国家的不同价值观念，归根到底是其不同的利益和价值诉求的观念表达。因此，倡导各个民族和国家之间的价值认异，强调不同民族和国家在价值观念上应该相互包容、体谅和尊重，也就是强调各个国家"在追求本国利益时兼顾他国合理关切"，它体现了合作共赢的精神，有利于消解因不公平、不合理的国际关系所导致的各种国际矛盾和冲突，从而有利于维护和促进世界和平。

---

① 胡锦涛：《坚定不移沿着中国特色社会主义道路前进　为全面建成小康社会而奋斗——在中国共产党第十八次全国代表大会上的报告》，载《人民日报》2012 年 11 月 18 日。

十二

当代中国社会道德理想境遇的反思

道德理想是人们对社会道德生活应然状态的观念建构,是人们根据社会发展的总体价值目标并在对社会道德生活的实然状态进行批判性反思的基础上确立起来的。一定社会的道德理想,寄寓着该社会人们在道德方面的向往和追求,是该社会道德价值观念的集中体现。而一定社会的道德价值体系中道德理想的地位及其起作用的状况,对于该社会的道德生活态势和整个社会的发展都具有重要的制约作用。反思当代中国社会道德理想的境遇,总结其中的经验教训,对于促进当前我国市场经济条件下道德建设的健康发展具有重要意义。

(一) 当代中国社会道德理想的境遇

道德是调整人们之间以及个人与社会之间关系的行为规范的总和。作为社会道德价值体系的一个特定的层次,道德理想的功能也在于调整人们之间的社会关系,并且也是随着人们之间的社会关系的发展而变化发展的。当代中国社会的道德理想,是与社会主义的生产关系紧密联系在一起的,是为了调整以社会主义生产关系为基础的人们之间的社会关系而确立起来的。但是,在迄今为止的七十多年的中国社会主义发展史上,这种道德理想却经历了一种十分特殊的境遇。

新中国成立以后,为了适应社会主义生产关系和社会主义社会新型的人际关系健康发展的需要,作为社会主义道德价值体系之核心内容的社会主义道德理想也逐渐形成。这种社会主义的道德理想,一方面深刻地反映了社会主义生产关系的本质规定和社会主义社会人们之间社会关系的性质,另一方面也充分地吸收了中国传统道德智慧中的积极因素。社会主义道德理想的内容极其丰富,涉及社会生活的各个领域和人们之间社会关系的各个方面,其中,最基本的有这样两个方面:第一,在人己关系(个人与他人之间的关系)上,社会主义道德理想强调要"毫不利己,专门利人";第二,在公私关系(个人与集体、社会、国家等的关系)上,社会主义道德理想又强调要"大公无私"。综合这两个最基本的方面,也就是要无己无私或"全心全意为人民服务"。这就是社会主义道德理想的本质内容。

应该说,上述社会主义的道德理想与社会主义生产关系的发展要求是相适应的,它充分地体现了社会主义道德的先进性。在新中国成立以后相当长的一段历史时期内,这种社会主义的道德理想,在规范和引导人们的社会行为、提升人们的精神境界和塑造良好的社会道德风尚等方面发挥了极其重要的作用,成为社会进步的一种重要精神动力和智力资源。20世纪50年代我国出现的良好的社会风气和人们积极向上的精神面貌,就是与大力弘扬这种社会主义的道德理想分不开的。

然而,随着极"左"思潮在中国社会思想政治领域中的滋生和盛行,当代中国社会的道德生活逐渐偏离了健康发展的轨道,社会主义的道德理想也日益被片面化。特别是在"文化大革命"中,上述社会主义的道德理想被严重扭曲,并被理解为全体社会成员都应严格遵循的行为准则。按照这种理解,只有体现了"全心全意为人民服务"这种社会主义道德理想的行为才能受到社会道德舆论的肯认,而没有达到这种道德理想的要求的行为统统都应该受到道德上的谴责。于是,在我国社会的道德生活中,出现了以道德理想为基本标准的善恶二分的道德评价,即凡是符合道德理想的行为都被视为善举,而凡是偏离了道德理想的行为都被视为恶行。在这种情况下,一切与个人的"私"和"利"相关的行为都成了道德评价所鞭挞的对象,对个人正当利益的要求被说成是"资产阶级个人主义",个人正常的生活享受被斥责为"资产阶级的生活方式"。

改革开放以来,特别是随着社会主义市场经济的建立和发展,我国社会的道德生活和人们的道德价值观念又逐步发生了新的重大变化。一方面,在以追求最大限度的利益为目标的市场经济的冲击下,过去在我国社会生活中盛行的某些与经济社会发展的要求不相适应的、过时了的道德价值观念受到了挑战,与市场经济相适应的某些新的道德价值观念逐渐形成,个人的正当利益、要求及个人的价值日益受到社会的尊重和社会道德舆论的支持。另一方面,在我国市场经济的发展过程中,由于法制和道德建设的相对滞后,商品交换的原则也侵蚀到了社会政治和精神文化生活领域,出现了唯利是图、见利忘义、钱权交易的现象,一些社会成员的国家意识、集体意识和奉献精神不断减弱,个人主义、拜金主义和享乐主义的思想日益膨胀。在市场经济的发展给我们的道德建设所带来的这双重效应的共同作用下,前述社会主义的道德理想越来越受到人们的冷落甚至嘲讽。今天,即使是在社会的公共生活中我们也很少见到以"毫不利己,专门利人"、"大公无私"为核心内容的社会主义道德理想的宣传和教育,甚至在大众媒体上也基本上看不到"全心全意为人民服务"的提法。从总体上说,当前我国社会正处于一种道德理想的缺失状态。

（二）当代中国社会道德理想境遇的根源

上述社会主义道德理想的境遇是我国社会道德生活极不健全的表现。但是,这种境遇并不是社会主义道德理想本身必然会有的,而是由我们在道德建设中的失误所致,是我们长期未能认清和摆正道德理想在社会道德价值体系中的地位的结果。

任何一个社会的道德价值体系都包含着道德理想和道德规范这两个基本层次,并通过这两个基本层次来表明它倡导什么、认可什么和禁止什么。在一定社会中,当某一社会事物或行为体现了或合符该社会所倡导的道德理想,它就具有了善的道德价值属性,就会被人们视作高尚的东西或善举;而当某一社会事物或行为背离或违反了该社会最基本的道德规范,它就具有恶的道德价值属性,就会被人们判定为不道德的东西或恶行。而在善与恶之间还存在着一个广阔的中间地带,处于这一地带的社会事物或行为既没有达到道德理想所要求的水准,也没有背离起码的道德规范,因而在道德价值属性上既谈不上善,也不至于恶,它们因其符合一般的道德规范而属于"正当的"、"可接受的"或"能认可的"。这也就是说,依据特定社会的道德价值体系,我们可以按其道德价值属性的不同而将社会事物或人的行为区分为三类情况:一是善的,这类社会事物或行为体现了或合符该社会的道德理想;二是正当的,它们合符该社会的基本道德规范;三是恶的,它们背离了该社会的基本道德规范。其中,第一类和第二类都受到特定社会道德价值体系的肯认,亦即都被认为是"道德的",只不过二者在道德价值上处于不同的层次;而第三类则被认为是"不道德的",并必然受到特定社会道德价值体系的禁止。事实上,在任何一个社会的道德价值体系所肯认的社会事物和行为中,体现了或合符道德理想的总是极少数,大多数的社会事物或行为都仅只是"正当的";而当恶的东西超过了"正当的"东西时,就意味着该社会的道德价值体系甚至整个社会生活的崩溃或解体。如果无视或否认善恶评价的极性特征,把善恶等同于社会事物或人的行为的全部道德价值属性并对其只作善恶二分的评价,就会要么使善屈就于正当,要么把本属正当的东西划归于恶的范畴,从而会削弱善恶评价的规范作用,模糊或淡化其扬善除恶的意义,甚至会阻滞社会生活的正常发展。

前述社会主义道德理想的境遇,其根源就在于人们混淆了社会道德价值体系中道德理想和道德规范这两个基本层次。本来,无己无私或"全心全意为人民服务"只是社会主义的一种道德理想,是社会主义道德建设所追求的目标。倡导这一道德理想,并不是要求所有的社会成员都将它作为自己的行为准则,而是为了在全社会形成一种正确的价值导向和高尚的道德追求。在现实生活中,即使人们的行为达不到这一道德理想所要求的道德水准,也并不意味着人们的行为是不道德的,它们也并不因此就一定要受到道德上的谴责,因为这些行为虽不合符社会主义道德理想但却完全可以因其符合社会主义的基本道德规范而仍然属于"道德的"范畴。然而,正如前述,在极"左"思潮盛行的情况下,社会主义道德理想却被当成了全体社会成员都应严格遵循的行为准则,而是否体现或合符社会主义的道德理想则被理解为判别人们的行为是否道德的基本标准。这种理解和做法,表面上看是把社会主义道德理想放置到了一种极为重要的地位,实际上则是把它降低到了道德规范的层次,降低到了要求人人都予以践行的行为准则的水平。更为重要的是,现实社会中能够真正做到"全心全意为人民服务"、做到"毫不利己,专门利人"和"大公无私"的人毕竟只是极少数,大多数人是难以达到这种社会主义道德理想所要求的道德水平的,因此,当人们把社会主义道德理想降低到道德规范的层次、设定为全体社会成员都应严格遵循的行为准则时,实际上也就把它变成了与现实社会生活格格不入的空想。

社会道德价值体系中道德理想和道德规范这两个基本层次的混淆,必然带来社会道德评价上的混乱。如上所述,以社会道德价值体系中的道德理想和道德规范这两个不同层次为依据,我们本应把一切社会事物或人的行为的道德价值属性区分为"善"、"恶"以及介于这两者之间的"正当"等三种不同情况。但是,如果像极"左"思潮盛行时期的情况那样,社会主义道德理想被降低到道德规范的层次、被设定为全体社会成员都应严格遵守的行为准则,从而整个社会道德价值体系实际上被原本只是它的一个层次的道德理想所取代,那么,人们也就只能以这种道德理想为基本标准来判别一切社会事物和人的行为的道德价值属性,并由此只对它们作出善恶二分的道德价值评价。在这种道德评价中,一方面,随着社会主义道德理想被降低到道德规范的层次,那些合符社会主义道德理想的社会事物或行为原本具有的"善"或"高尚"的道德价值属性实际上也就相应地被降低为"正当",而那些践行了社会主义道德理想的道德楷模也不再被认为具有任何示范作用和教育意义;另一方面,既然社会主义道德理想被当成了对一切社会事物和人的行为进行善恶二分的道德价值评价的基本标准,那么,那些本来虽不合符这种道德理想但却仍然属于"正当"的社会事物或人的行为势必被划归"恶"的范畴。毫无疑问,道德评价的功能乃在于扬善除恶。而如果"善"或"高尚"这种稀有的道德价值得不到珍视,社会的道德楷模得不到应有的褒扬,本属"正当"的事物或行为反而还要受到社会道德舆论的谴责,那么,这样的道德评价又还有什么意义呢?

（三）当代中国社会道德理想境遇的经验教训

回顾以往我国社会主义道德理想的境遇,分析导致这种境遇的根源,其目的不是要否定我国社会主义道德建设的既往成就,也不是要哀叹我们以往道德建设中的失误,而在于更好地进行社会主义道德建设。当前,我国正在努力建设与社会主义市场经济相适应的道德价值体系。而以往我国社会主义道德理想的境遇,为当前我国市场经济条件下的道德建设提供了一些极为重要的经验教训。

首先,加强市场经济条件下的道德建设,我们应该继续大力倡导"全心全意为人民服务"的道德理想。

恩格斯曾经指出:"人们自觉地或不自觉地,归根到底总是从他们阶级地位所依据的实际关系中——从他们进行生产和交换的经济关系中,获得自己的伦理观念。"①同样,社会主义道德所反映的归根到底也是人们之间的经济关系,而人们之间的经济关系又集中地表现为利益关系。正是社会主义社会人们之间利益关系的特殊规定性,为我们倡导"全心

---

① 《马克思恩格斯选集》第3卷,人民出版社1995年版,第434页。

全意为人民服务"这一社会主义的道德理想提供了客观的依据。一方面,在社会主义社会里,人们之间的利益关系,包括个人利益、集体利益和国家利益三者之间的关系、局部利益与整体利益的关系、眼前利益与长远利益的关系等等,从根本上来说是完全一致的。社会主义社会人们相互之间在根本利益上的一致性,使得社会成员中的某些先进分子有可能践行以"毫不利己,专门利人"和"大公无私"为核心内容的"全心全意为人民服务"的道德理想,从而使得这一社会主义道德理想不致流于空泛。另一方面,社会主义社会中的人们毕竟属于不同的利益主体,人们相互之间在利益上毕竟还存在着这样那样的矛盾和冲突。而要调整人们之间的利益关系、协调人们之间的利益矛盾和冲突,在全社会范围内大力倡导"全心全意为人民服务"这一既立足于现实又高于现实的社会主义道德理想是绝对必要的。因此,面对前述社会主义道德理想的境遇,我们决不应由此怀疑"全心全意为人民服务"这一社会主义道德理想本身的合理性和必要性。事实上,只要我们认清和摆正这一道德理想在社会主义道德价值体系中的地位,这一道德理想就会在社会主义道德建设中发挥极其重要的作用。关于这一点,我国 20 世纪 50 年代道德建设方面的成就就是一个很好的证明。

值得注意的是,在当前市场经济条件下的道德建设过程中,一些人在强调我们的道德价值体系要与市场经济相适应的同时,在相当大的程度上忽视了社会主义道德理想的建设。这些人正确地看到了过去我们要求全体社会成员都践行"全心全意为人民服务"这一社会主义道德理想的做法所带有的空想性质,但他们却由此全然否弃"全心全意为人民服务"的社会主义道德理想,把社会主义的道德价值体系归结为与市场经济相适应的若干具体的道德规范。

我们在上文中曾说当代中国社会正处于道德理想的缺失状态,其原因也正在于此。这种完全抛弃社会主义道德理想、满足于把人们的社会行为维持在道德底线水平上的倾向,势必给我们的道德建设带来严重的损失。

其次,加强市场经济条件下的道德建设,我们应该努力制定和完善与市场经济相适应的各类具体的道德规范。

作为社会道德价值体系的两个基本层次,道德理想与道德规范对于社会道德生活的健康发展来说缺一不可、不可偏废,二者在社会的道德生活中执行着不同的功能。其中,道德理想是激励性的,其功能主要在于"拔高",即通过少数先进分子的示范作用来提升整个社会的道德水平;而道德规范则是禁止性的,其功能主要在于"守常",即通过社会舆论的劝导作用来维持社会道德生活的常规水平。如果没有道德理想,社会道德生活的进步就会失去精神动力,人们的社会行为至多也就只能维持在道德底线水平;而如果没有具体的道德规范,则不仅会使社会的道德理想流入空泛,而且还会使整个社会的道德生活陷入极度混乱的状态。因此,我们既不应像上述一些人那样用具体的道德规范来取代"全心全意为人民服务"的道德理想,也不应像极"左"思潮盛行时期那样用"全心全意为人民服务"的道德理想来代替具体的道德规范。

在当前市场经济条件下的道德建设中,我们尤其要注意社会公共生活中道德规范的制定和完善。社会公共生活包括经济生活、政治生活和文化生活等领域,每个领域都应有一套健全的道德规范。例如,在社会经济生活中,我们要大力倡导诚实守信、公平竞争、等价交换等道德规范,这既是社会主义道德建设的需要,也是市场经济健康发展的内在要求。也正是在这种意义上,我们说市场经济是一种道德经济。除了社会公共生活各个领域的道德规范外,我们也要高度重视制定和完善那些对社会公共生活的各个领域都有重要影响的道德规范,如公民道德规范、党政干部和国家公务员的道德规范,等等。在制定和完善社会公共生活的道德规范时,我们还要处理好这些具体的道德规范与社会主义的道德理想的关系,因为它们乃是统一的社会主义道德价值体系的两个基本层次。从总体上说,社会主义的道德规范应该尽可能地体现"全心全意为人民服务"的道德理想。当然,这并不是主张所有的道德规范都必须是道德理想的具体化。如果是那样的话,我们又会重犯过去那种以道德理想代替具体的道德规范的错误。实际上,不同类型的道德规范与道德理想的关系是不同的,我们应该分别对待。例如,制定和完善社会经济生活的道德规范主要是为了协调市场经济条件下人们之间的利益关系,防范唯利是图、见利忘义的市场行为;而制定和完善党政干部和国家公务员的道德规范则是为了保证党和国家的公职人员忠实地履行自己的职责、捍卫广大人民群众的利益,因而这类道德规范应该更直接地体现全心全意为人民服务的道德理想。

再次,加强市场经济条件下的道德建设,我们还应该加大道德宣传的力度、强化道德评价和道德舆论的功能,努力在全社会形成一种正确而强有力的道德价值导向。

在社会主义市场经济条件下,"全心全意为人民服务"的道德理想和各类具体的、与市场经济相适应的道德规范,就是我们进行道德评价的标准。有了这两个层次的道德评价标准,我们就有可能对社会事物和人们的行为的道德价值属性作出恰如其分的判定。但要使道德评价真正起到抑恶扬善的作用,我们还必须加大道德宣传的力度。而在进行道德宣传时,我们必须坚持先进性与广泛性的结合,既要对那些合符各类具体的道德规范的事物或行为作出充分的肯定、在道德舆论上给予应有的支持,更应该对那些合符或体现了"全心全意为人民服务"的道德理想的道德楷模、道德典范大力地进行褒扬。只有借助于这种道德宣传和道德舆论的作用,我们才能把各类道德规范的"他律"转化为人们心中的"自律"、把道德理想内化为人们的自觉追求,在全社会普遍形成一种人心向善的道德风尚。

十三

中国文化走出去:意涵、目的和路径

近些年来,随着中国崛起并日渐走向世界舞台的中央,我们越来越重视中国文化走出去的问题,甚至已把它提高了战略的高度来加以强调。那么,中国文化走出去到底是什么意思? 为什么要让中国文化走出去? 怎样才能让中国文化走出去? 显然,这些问题的答案都决非自明的。但是,要真正实施中国文化走出去战略,首先就必须认真清理、正确理解和明确回答这些问题。

(一) 中国文化走出去的意涵

中国文化走出去,是对中国文化的国际传播的通俗表达。在英文中,传播(Communication)一词有多种不同的含义,如通讯、沟通、交际、交流、交往等,它是一种通过传递信息而分享经验和知识、交流思想和感情的过程。在实际生活中,不同的传播活动是有不同的目的和效果的,因此,人们对传播有各种不同的界定。例如,在传播学发展过程中,有人强调传播的认知意义,认为传播就是信息的传递,而信息则是不确定性的消除；①有人强调传播的"对话"和"共享"性质，认为传播是主客体之间的相互作用，或者是变独有为共有的过程；还有人强调传播对受众的影响，认为传播是传播者以语言等媒介影响他人行为的过程。作为一种文化传播，中国文化走出去也可以从上述这些不同的方面来加以考察。依目的和实际效果的不同，中国文化走出去可以有两种不同的意涵。

一是认识论意义上的中国文化走出去。传播的目的之一是分享经验和知识，如传统手工艺在师徒之间的传承、农业生产经验的世代流传、科学知识在历史上的近传远播，都主要是基于这种目的的传播。在这种性质的传播中，不仅传播的内容主要是经验和知识，而且传播活动本身也是为了增进传播对象或受众的知识。这种性质的传播主要表现为经验和知识由传播者向受众的单向流动，即使其间偶尔也会有传播者与受众之间的互动，但这种互动类似于那种师徒之间的交流，而并不真正具有"对话"的性质。而当人们把中国文化走出去定位于分享经验和知识时，它就是认识论意义上的中国文化走出去。从这种意义上说，中国文化走出去就是让中国文化走出国门，使世界上其他国家的人们认识、了解和熟悉中国文化。我们在世界各地开办孔子学院、讲授中国语言文化，把中国的各种文化产品翻译为他国文字，派遣各类文化团体和文化人士出国访问和交流，以各种不同的方式向外国人介绍中医和中国人的饮食、武术、民间工艺等等，就是在推动这种意义上的中国文化走出去。例如，有人在总结孔子学院过去 15 年的发展成就时指出：除了传统的汉语教学外，"孔子学院还开设了中医、武术、书法、中国民族舞蹈、商务等特色课程，有针对性地传播汉语知识，提高了汉语的使用率和实用性"②。有人在全面考察在美国开创的孔子学院的情况以后总结说，美国各地孔子学院开设的课程以语言类为主，综合型孔子学院也开设一些文化类课程，如中国茶文化、中国太极、汉字书写与汉字文化以及中国的烹饪、音乐、舞蹈、戏曲、太

---

① 参见［美］香农：《通信的数学理论》，贾洪峰译，上海科学技术出版社 1982 年版，第 3—7 页。

② 李国青、万丁丁：《孔子学院发展的成就与经验探析》，载《边疆经济与文化》2019 年第 11 期。

极、剪纸、绘画、旅游等等。① 显然,所有这些活动都旨在增加人们对中国文化的见识。总之,认识论意义上的中国文化走出去,目的是为了让世界上其他国家的人们了解和熟悉中国文化,使他们对中国文化由不知到知、由知之甚少到知之较多。

二是价值论意义上的中国文化走出去。传播的另一个重要目的是交流思想和感情、形成某种共识。很多传播学家都非常强调要通过传播而实现人们对思想观念的共享,传播学的奠基人之一皮尔士甚至认为传播就是人与人之间心灵的沟通。在这种性质的传播中,人们的思想交流、观念分享和心灵沟通,其所涉及的内容远远超出了关于"是什么"、"怎么样"等问题的知识层面,已然进到了关于"应如何"问题的价值判断层面。而且,即使其中伴有知识性内容,它也是为推送和说服受众接受这种价值判断服务的。而当人们这样来理解中国文化走出去时,它就是一种价值论意义上的中国文化走出去。从这种意义上说,"中国文化走出去"就是要通过各种形式的文化交往,使世界各国的人们同情地理解和欣然地接纳中国文化。众所周知,文化的核心是价值观念。各种文化的价值观念都是一个庞大的复杂系统,其中,居于顶端的是各种价值理想,居于底层的是人们的价值心理,而居于中间层次的则是用以规范和制导人们的社会活动的各种价值规范,表现为法律规定、道德准则、宗教戒律、风俗习惯等。这样一些价值观念,是文化的各种具体表现形式如物质文化、精神文化、制度文化等的内在禀赋和灵魂,也是文化的根本性质的决定因素以及一种文化区别于他种文化的基本特征。我们通常说世界上有几大文化圈,如西方文化圈、东亚文化圈、伊斯兰文化圈、印度文化圈、东欧文化圈等,这些文化圈之间最显著的区别就是人们持有不同的价值观念。尽管不同的亚文化之间的区别也主要表现在价值观念上,但它们之所以被归类为同一个文化圈,还是因为它们分享着许多相同的价值观念、在价值观念上具有一些明显的共同特点。因此,不同文化之间的交往实质上是不

---

① 参见崔建新:《美国孔子学院纵横谈——为孔子学院十五周年而作》,载《国际汉语教学研究》2019 年第 3 期。

同价值观念之间的交往,文化的冲突本质上是价值观念的冲突,拒斥一种文化就是拒斥它的价值观念;同样地,理解和接纳一种文化,关键就在于理解和接纳它的价值观念。概言之,价值论意义上的中国文化走出去,目的在于让世界上其他国家的人们理解和接纳中国的价值观念。

上述两种意义上的中国文化走出去是内在相关的,它们实际上是中国文化走出去的两个阶段或两个层次,其中,价值论意义上的中国文化走出去必须建立在认识论意义上的中国文化走出去的基础上。这是因为,从人类认识的一般秩序看,人们只有首先明确了"是什么"和"怎么样"的问题即对事物有了基本的认识、获得了关于事物的一定知识后,才能回答"应如何"的问题、形成一定的价值判断或决定是否接受某种价值观念。同样,在文化传播中,也只有首先让人们了解和熟悉一种文化,才可能使他们理解和接纳这种文化的价值观念。在当今世界上,由于各种不同的原因,某些外国人对中国所知甚少,对中国文化的看法也相当片面和负面,有的人甚至仍停留在中国男人还拖着长辫子、女人还裹着小脚的印象上。在这种对中国文化没有真切的了解和认识的情况下,要想使人们理解和接纳中国的价值观念、实现价值论意义上的中国文化走出去,是根本不可能的事情。

不过,认识论意义上的中国文化走出去并不必然会带来价值论意义上的中国文化走出去。这是因为,人们了解和熟悉一种文化,并不一定会理解和接纳这种文化的价值观念。一方面,当一种文化已经成为历史的沉渣时,即使有人花大力气传播它,人们也不可能理解和接纳这种文化的价值观念。有人认为,文化有差异,但并没有高低之分。这种观点根本否定了文化的历史进步性。事实上,文化是随着人类历史的发展而不断进步的。站在今天的角度看,封建文化显然是落后的、腐朽的。而如果有人试图在当今世界上去传播这种落后的、腐朽的文化,那么,那些不识时务的传播者即使能让人们对这种文化耳熟能详,它也不可能引起人们的共鸣。另一方面,当一种文化本质上具有逆历史潮流、违背人类良知甚至反人类性质时,即使它能在一定范围内传播,它终究会被世界上绝大多数具有正义感的人们所批判和唾弃。例如,法西斯主义文化、恐怖主义文化在当今世界上已经广为人知,但绝大多数人都不会理解和接纳这类文化的价值观念。当然,所有这些,都仅仅说明认识论意义上的中国文化走出去并非价值论意义上的中国文化走出去的充分条件,它并不否定前者是后者的绝对必要条件。

综观世界文化发展的历史,我们看到,一些国家的文化成功地走出去,莫不是从认识论意义上的"走出去"进到价值论意义上的"走出去",最后使其他国家的人们理解和接纳这些国家的文化,特别是它的价值观念。反过来说,也只有实现了价值论意义的"走出去",一种文化才算真正实现了"走出去"。中国文化走出去也概莫能外。

(二) 中国文化走出去的目的

为什么要让中国文化走出去?这是我们讨论中国文化走出去时必须回答的另一个重要问题。明确这一问题,不仅有助于我们认识中国文化走出去的必要性,而且也是我们思考中国文化走出去的路径的基本前提。

按照上述关于中国文化走出去的两种意涵的分析,中国文化走出去的目的就是让世界上其他国家的人们了解和熟悉中国文化、进而让人们理解和接纳中国的价值观念。但是,作为对于为什么要让中国文化走出去或者中国文化走出去的目的是什么问题的回答,这样说还是远远不够的。在这里,问题的关键在于正确地把握"理解和接纳中国的价值观念"的含义。

所谓理解和接纳其他文化的价值观念,就是实现不同文化的价值共识。作为文化交往的结果,价值共识是指人们在了解和熟悉交往对方的文化的基础上在价值观念上达成的某种协调、一致的意见。关于价值共识,学术界有这样一些经常出现并广泛流行的误解:一是把价值共识混同于价值本身。例如,有人在谈论共同价值时认为:"'共同价值'(common value)也可译为共有的价值,从词义上看,它是一个包含特定时间空间概念的词组,是在一定时空范围内,一定问题上的价值共识。"①其实,共同价值是价值的一种形式,属于主客体之间的客观的价值关系层面上的东西,而价值共识则属于思想观念层面的东西,二者之间是主观与客观、观念与现实的关系,它们之间的区别是一目了然的。二是把价值共识误认为是一种价值观念。例如,有人认为:"价值共识不是脱离各个民族的价值而独立存在的抽象共相,而是在人类文明进步中、在各民族文化交流中逐步形成的对某些基本价值的认可。"②"人类的道德自觉,尤其是世界范围内的被认可的道德规范,是一种道德价值共识。"③在这里,无论是认为价值共识是对价值的认可,还是认为被广泛认同的道德规范是一种价值共识,都把价值共识视为价值观念。然而,价值共识本身并不是价值观念而是一种知识性的东西即共同的、一致的认识,只不过这种共同的、一致的认识能够导致人们价值观念的变化。之所以要特别强调这一点,其原因在于:如果把价值共识误认为是一种价值观念,就会得出价值共识必然形成共同价值观念的结论,但事实并非如此。这一点我们可以从下文中看得很清楚。三是把价值共识归结为价值认同。例如,有人明确说:"价值共识就是对不同民族创造的物质文明和精神文明中积极合理因素的某种认同"④;"价值共识,特指在当前中国多元化的背景下,个体或者群体在承认社会现存差异的前提下努力消解或弥合分歧和差异,从而形成对根本性或基本性原则的认同。"⑤虽然把价值共识归结为价值认同的观点目前在学界相当盛行,但它不过是以偏概全,并且与上述把价值共识误认为价值观念是互为因果的。

实际上,文化交往中的价值共识有两种基本形式:一是价值认同,即一种文化中的人们赞同、认可另一种文化的价值观念,并把它接受为自己的价值观念。在这里,人们赞同、认可另一种文化的价值观念,是基于对

---

① 王晓菊、徐加:《"共同价值"——人类价值共识》,载《黑河学刊》2017 年第 1 期。
② 陈先达:《论普世价值与价值共识》,载《哲学研究》2009 年第 4 期。
③ 陈先达:《论普世价值与价值共识》,载《哲学研究》2009 年第 4 期。
④ 陈先达:《论普世价值与价值共识》,载《哲学研究》2009 年第 4 期。
⑤ 王滨、韩红蕊:《论价值共识的理论基础与社会前提》,载《中共四川省委党校学报》2016 年第 1 期。

该种文化的熟悉和了解实现的,它本身属于一种认识结果,但这种认识最终导致了价值观念的变化,即把该种文化的价值观念接受为自己的价值观念。价值认同有多种不同的形式,如自觉认同、强制认同、引诱认同等等。而无论是采取哪种具体形式,价值认同可以是放弃自己原有的价值观念并转而接受交往对方的、原来与自己的价值观念根本对立的价值观念,可以是用交往对方的价值观念填补自己价值的某些空白,也可以是对交往对方与自己相同的价值观念产生某种共鸣,从而进一步强化自己原来的价值观念。[①] 二是价值认异,即人们在了解和熟悉一种文化后,虽然并不认可、赞同和接受这种文化的价值观念,但基于相互之间历史条件和现实情势的差异能够理解这种文化的价值观念产生和存在的理由或根据,承认它的合理性,并由此尊重它。价值认异也有各种不同的情况,它可以表现为人们对自己所反对的价值观念的包容,可以表现为人们对不同文化价值观念的差异的体谅,也可以表现为对其他文化价值观念的特异性的尊重。[②] 价值共识具有价值认同和价值认异两种基本形式,意味着价值共识并不一定会形成共同的价值观念。如果说价值认同重在"求同",其结果是人们通过文化交往形成共同的价值观念,那么,价值认异则重在"存异",它不仅不会形成共同的价值观念,反而是对各种不同价值观念存在的合理性的确认。但是,作为价值共识的两种基本形式,价值认同和价值认异都意味着人们在价值观念上达成了某种协调、一致的意见,只不过前者是指人们在价值观念的"求同"上达成了协调、一致的意见,而后者则是人们在价值观念的"存异"上达成了协调、一致的意见。实际上,在不同文化交往中,价值认异是更为重要,也更为常见的一种价值共识。特别是在全球化时代,在人们每日每时都在进行全球性的文化交往的情况下,只有通过价值认异才能有效地化解各种文化冲突和维护世界文化的多样性。

---

① 参见汪信砚:《价值共识与和谐世界》,载《武汉大学学报》(哲学社会科学版)2017 年第 5 期。

② 参见汪信砚:《价值共识与和谐世界》,载《武汉大学学报》(哲学社会科学版)2017 年第 5 期。

在世界文化史上,西方文化是以往唯一成功地实现了走出去的文化。近代以来,西方资本向海外的扩张,迫切需要西方文化及其价值观念的传播为其鸣锣开道,最初由西方资本扩张推动的全球化也自然而然地伴随着西方文化及其价值观念的全球性扩散。西方文化走出去的目的,就是为西方资本和商品的全球自由流动扫清思想观念上的障碍。显然,西方文化走出去的这样一种目的只能通过人们对西方文化的价值认同来实现。然而,西方文化毕竟是一种与西方历史和西方人的生活条件相联系的文化,西方价值观念毕竟是一种特殊的价值观念,要使其为非西方国家的人们所自觉认同是相当困难的。也正因如此,近代以来,西方文化走出去的过程,实际上是西方国家利用其强大的经济、军事和科技实力以各种强制的或引诱的方式使非西方国家的人们认同西方价值观念的过程。其中,强制认同主要表现为近代的殖民主义运动和 20 世纪以来的市场化运动。近代西方国家的海外殖民运动,是以坚船利炮征服非西方国家为基础向非西方国家输入西方文化、强制非西方国家的人们认同西方价值观念的过程;20 世纪以来,非西方国家被这样那样地纳入市场化轨道,也意味着把非西方国家的人们强行地纳入西方价值观念的怀抱,因为支配这个无所不包的市场的规则是由西方国家利用其先发优势单独制定的,它们处处都浸染着西方价值观念,甚至它们本身就是西方价值观念的有机组成部分。冷战结束以来,西方国家更加重视对非西方国家人们的引诱认同,即通过对非西方国家特别是社会主义国家的全面的思想渗透,诱使非西方国家的人们认同西方价值观念,其最突出的表现就是它们在世界各地策动的"颜色革命"和对社会主义国家的和平演变。通过强制或引诱非西方国家的人们认同西方价值观念来实现的西方文化走出去,具有显而易见的文化侵略、文化殖民和价值观扩张的性质,它在各国民族主义普遍觉醒,尤其是原教旨主义盛行的当代世界已经引发了普遍而激烈的价值观冲突,成为当今世界和平的巨大威胁。

如上所述,中国文化走出去的目的是要让世界上其他国家的人们理解和接纳中国的价值观念,实现中外文化的价值共识。显然,这里所说的让其他国家的人们理解和接纳中国的价值观念或实现中外文化的价值共识,不是或主要不是谋求价值认同。一方面,全球化时代不同文化交往中的价值认同应该是对反映人类共同价值的普遍价值观念的认同,也只有反映人类共同价值的普遍价值观念才能真正为全球化所促成的全球性社会奠定思想基础,而对任何特定民族文化和特殊价值观念的认同不仅不能适应全球化和全球性社会的需要,而且最终必然会像上述西方文化及其价值观念的全球扩张那样加剧不同文化之间的紧张和冲突。另一方面,更为重要的,中国文化走出去是中国崛起的内在要求,而中国的崛起是一种和平崛起,中国文化走出去既没有内在冲动也没有外在保障像西方文化走出去那样谋求文化殖民和价值观念的普遍化扩张。作为中国文化走出去的目的,让其他国家的人们理解和接纳中国的价值观念或实现中外文化的价值共识,主要是为了求得价值认异,也就是使其他国家的人们同情、包容和尊重中国的价值观念,以便使崛起过程中的中国人的全球性活动和中国人的行事方式得到人们的理解、尊重和支持。在近年来的国际舆论中,"中国威胁论"甚嚣尘上,一些西方政客逢中必反且还很有市场,固然是多方面的复杂因素所使然,但世界上其他国家的人们不能理解和接纳中国的价值观念不能不说是其中一个重要原因。这也说明,中国文化走出去的目的亦即使其他国家的人们对中国文化的价值认异还远未实现。

(三) 中国文化走出去的路径

所谓中国文化走出去的路径,也就是怎样才能使中国文化走出去,这是我们讨论中国文化走出去时必须面对的最为重要的问题。我们辨析中国文化走出去的意涵、考察中国文化走出去的目的,都是为了正确地回答这一问题。

在我看来,要真正使中国文化走出去,必须着重做好以下两个方面的工作。

第一，大力加强文化建设，塑造好中国文化的形象。当我们讨论中国文化走出去问题时，我们所说的"中国文化"是指什么？作为中国文化的内核的中国的价值观念又是什么？有人认为，是指中国传统文化及其价值观念，这显然是很成问题的。首先，中国传统文化历经数千年的演化，形成了一幅众多流别争芳斗艳的色彩斑斓的历史画卷，即使是其中最主要的流派即儒释道诸家的价值观念也是各不相同的。例如，就生态价值观念而言，儒家主张敬畏天命、"制天命而用之"，道家强调弃绝贪欲、遵从自然，佛家认为"众生悉有佛性"并把不杀生奉为五戒之首，看似都奉持"天人合一"的观念，其义理实则南辕北辙。如果认为中国文化及其价值观念就是中国传统文化及其价值观念，那么，该以中国传统文化中的哪家哪派的学说及其价值观念为准？其次，中国传统文化毕竟是在传统农业社会土壤里生长起来的，其中还杂糅着许许多多的封建糟粕，甚至奴隶制的思想残余，因而就其整体和现成形式而言是不堪其用的。在谈到文化自信时，有人把文化自信的根据仅仅建立在中国有数千年文化传统的基础上，这样的文化自信是非常盲目的。宋朝丞相赵普曾言"半部论语治天下"，今天有的国学大师甚至断言，"其实用不着半部《论语》，有几句话就能治天下"[1]。其实，没有《论语》照样也可以治天下。问题的关键在于，人们所谓的"治天下"到底是善治还是滥治。如果说半部《论语》或《论语》中的几句话就能把天下治理好，而且治理得比没有《论语》的国家更好，那么，中国一定会远远早于西方国家实现现代化！所以，这类半部《论语》或《论语》中的几句话"治天下"的文化自信所折射的不过是一种夜郎自大的心态。这样一种无根的盲目自信是无助于中国文化走出去的。如果我们真的基于这种自信而推动中国传统文化走出去，最多也只能实现认识论意义上的中国文化走出去，因为要发达国家后工业社会、后现代社会的人们理解和接纳本质上属于农业文明的中国传统文化及其价值观念、从而实现价值论意义上的中国文化走出去，是根本难以想象的事

---

[1]　季羡林：《西方不亮，东方亮——季羡林在北京外国语大学中文学院的演讲》，载《中国文化研究》1995 年第 4 期。

情。再次,如果把中国文化走出去理解为使中国传统文化走出去,那么,即使世界上其他国家的人们对这种文化的价值观念表示理解和尊重,也并不意味着中国文化实现了价值论意义上的"走出去",因为这种文化并不能完全代表中国文化,这种文化的价值观念并不是当代中国人所真正秉持的价值观念。

我们要推动其走出去的中国文化只能是当代中国文化,即面向现代化、面向世界、面向未来的、民族的科学的大众的社会主义文化,只有这种文化才能代表中国文化的形象,也只有对这种文化我们才有理由寄寓充分自信。一方面,当代中国文化是马克思主义指导下的社会主义文化。坚持以马克思主义为指导是当代中国社会主义文化区别于任何其他文化的根本特征,而马克思主义深刻地揭示了客观世界和人类思维发展的普遍规律,是科学的世界观和方法论,是"伟大的认识工具";同时,马克思主义坚持人民立场,以实现人的自由而全面的发展和全人类解放为宗旨,反映了人类对理想社会的美好憧憬,因此,马克思主义占据着真理和道义的制高点。也正因如此,以马克思主义为指导的当代中国文化是一种科学的大众的、具有无限开放性并因而能够面向现代化、面向世界、面向未来的文化。另一方面,当代中国文化也是具有中华民族特色的文化。虽然中国传统文化就其整体和现成形式而言在今天已不堪其用,但其中有很多珍品,特别是其在漫长演进中沉淀下来的天人合一的宇宙观、革故鼎新的发展观、刚健有为的人生观、知行合一的实践和认识理论、天下大同的社会理想,集中地体现着传统社会里中国人的生命体验和独特智慧,是当代中国文化建设的宝贵思想资源。正是在利用这些宝贵思想资源的过程中,当代中国文化使中国优秀传统文化得到了发扬光大,也使自身的民族特色不断增强。不过,当代中国文化仍然有待我们大力地加以建设,不仅必须不断推进作为当代中国文化指导思想的马克思主义的中国化时代化大众化,不断推进中国马克思主义的理论创新,而且必须在新的时代条件下大力加强对中国优秀传统文化的创造性转换和创新性发展、对人类文明发展的一切积极成果的吸收和消化,还必须努力进行社会主义核心价值观建设,使党的十八阐述的"倡导富强、民主、文明、和谐,倡导自由、平等、公正、法治，倡导爱国、敬业、诚信、友善"等社会主义核心价值观念内化为全体中国人的自觉追求，由此从内到外塑造好中国文化的形象。

第二，大力加强中国特色话语体系构建，提升中国文化传播能力。中国文化走出去即中国文化的国际传播的实现情况，首先取决于中国文化的形象，但也取决于我们对中国文化的传播能力。文化传播能力是一个国家的软实力的重要表现，而软实力是一种"通过吸引而非强迫或收买的手段来达己所愿的能力"①。作为一种软实力，一个国家的文化传播能力是建立在经济、军事、科技等方面的硬实力的基础上的，但也深受其话语体系建设和发展状况的影响。西方文化之所以能够走出去，除了其具有强大的硬实力以外，也由于其注重软实力建设，在国际上形成了长期的话语霸权。一方面，作为西方文化的一个重要组成部分，西方学术文化即西方哲学社会科学在国际学术界长期占统治地位，其学术话语体系俨然成为言说一切哲学社会科学问题的准则和进入国际主流学术圈的"入门券"。另一方面，西方国家基于西方中心论的立场炮制了种种关于西方意识形态的神话，并借助全球性的政治、经济、军事、外交活动把控国际舆论的话语权。例如，西方的一些政治家和学者经常把西式民主、自由、平等、人权等宣称为"普世价值"，由此假装自己站在道义的高地上，对其他国家的政治生态指手画脚，其实质是借助西方文化的强势话语体系输出西方价值观。而与中国国际地位的提升相比，我们的话语体系建设严重滞后。这在哲学社会科学的研究方面体现得最为明显。近代以来中国哲学社会科学走上分科研究的道路是受西学东渐的影响所致。正是在近代以来西学东渐的过程中，西方哲学社会科学的各种概念、命题、理论、方法先后被翻译、介绍到中国，西方的学术话语体系也相应地被植入中国哲学社会科学研究，它虽然也曾促进了中国哲学社会科学的发展，但也使中国哲学社会科学研究长期处于外来学术的"学徒"状态。冯友兰先生概述过两种不同的治学方法，即"照着讲"和"接着讲"，②其中，"照着讲"即前

① ［美］约瑟夫·奈：《软力量——世界政坛成功之道》，吴晓辉、钱程译，东方出版社2005年版，"前言"第2页。

② 参见冯友兰：《三松堂全集》第1卷，河南人民出版社1985年版，第201—210页。

人怎么讲就怎么讲,它是哲学史的研究方法;而"接着讲"则是在前人的基础上有所前进、有所发展,它是哲学创新的方法。冯友兰先生所提出的"照着讲"和"接着讲",也可以用来描述以往中国哲学社会科学研究的基本态势,就是说,从总体上看,以往中国哲学社会科学研究实际上一直就是依循西方学术传统而"照着讲"和"接着讲"。所不同的是,作为研习中国传统哲学的两种方法,"照着讲"和"接着讲"属于冯友兰先生的方法论自觉和方法创新;而作为以往中国哲学社会科学研究的基本态势,"照着讲"和"接着讲"则标示着中国哲学社会科学研究方法论上的不自觉和不自主,因为无论是"照着"西方学术传统讲还是"接着"西方学术传统讲,实际上都是在西方学术话语体系中兜圈子,都是以洋为上、挟洋自重的表现。在今日中国学术界,这种情况是很普遍的。郑永年教授曾尖锐地批评说:中国的知识分子"不是努力发展自己的知识体系,而是继续使用西方的概念和理论。在中国土地上生存着无数的西方经济学家、西方社会学家、西方政治学家,但却没有自己的经济学家、社会学家和政治学家。结果呢? 大家越说越糊涂,越解释越不清楚","很多人像是被西方的知识体系洗脑了一般,非常满足于思维、思想被殖民的状态,掌握了几个西方概念,就觉得掌握了真理。真理在手,就高人一等。用西方概念训斥人,是很多中国知识分子的高尚职业"①。正是由于话语体系建设的滞后,所以,"在解读中国实践、构建中国理论上,我们应该最有发言权,但实际上我国哲学社会科学在国际上的声音还比较小,还处于有理说不出、说了传不开的境地"②。

中国特色话语体系构建是一个系统工程,必须从多方面着手,其中特别要把握以下三个基本点:首先,中国特色话语体系构建必须注意"顶天",即要有高站位。话语体系是由一定的概念、范畴、命题等构成的有机系统。但是,话语体系并不是一个简单的语言表达问题,它不仅有一个"如何说"的问题,更重要的是还有一个"说什么"的问题。习近平在党的

---

① 郑永年:《中国研究和中国的知识体系》,载中外文化交流中心编:《2014"汉学与当代中国"座谈会文集》,中国青年出版社 2015 年版,第 387—390 页。

② 习近平:《在哲学社会科学工作座谈会上的讲话》,载《人民日报》2016 年 5 月 19 日。

新闻舆论工作座谈会上强调，话语背后的力量是思想、是道。话语体系实际上是以抽象的概念运动反映现实的社会运动和社会关系，并由此体现出一定的思维方式、价值观念、意识形态和利益诉求。因此，中国特色话语体系的构建不能仅停留在语言符号体系重构的表层，最为关键的是要体现中国立场、中国智慧和中国价值。其次，中国特色话语体系构建也必须注意"立地"，即要立足中国实际。当代中国的社会主义现代化、社会主义市场经济的发展以及中华民族从站起来、富起来到强起来的伟大飞跃使当代中国正在经历一场史无前例的社会变革，从本质上说，中国特色话语体系的构建就必须适应这场伟大社会变革的需要。正如习近平所说的那样，我们只有以中国实际为研究起点，聚焦中国道路，研究中国问题，总结中国经验，升华中国智慧，"提炼标识性概念，打造易于为国际社会所理解和接受的新概念、新范畴、新表述"，构建具有自身特质的话语体系，才能讲好中国故事、传播中国声音。① 再次，中国特色话语体系构建还必须正确对待古今中西的各种思想资源。中国传统文化的话语体系反映的是历史上各个时期的社会生活和社会关系，体现的是当时人们的思维方式、价值观念和利益诉求，并不能搬用于当代中国。当然，中国传统文化中的某些概念、范畴、命题在今天仍然具有一定的时代意义，但即使如此，也需要对它们加以创造性的转换，就像毛泽东对"实事求是"的改造那样。同样，西方话语体系在整体上既不适合于研究中国问题，也不能适应传播中国文化的需要。西方话语体系中的某些要素凝结着人类共同的经验和知识、体现了人类共同的理想追求，能够成为中国特色话语体系构建的重要借鉴，但这些要素亦需要我们结合中国实际加以改造。总之，要提升中国文化的传播能力，我们既不能讲"古话"也不能讲"洋话"，而必须古为今用、洋为中用，构建融通古今中西各种思想资源的中国特色话语体系。

正如前述，认识论意义上的中国文化走出去和价值论意义上的中国文化走出去，实际上也是中国文化走出去的两个不同层次。从总体上看，

---

① 参见习近平：《在哲学社会科学工作座谈会上的讲话》，载《人民日报》2016 年 5 月 19 日。

在促进中国文化走出去方面,目前人们所做的大多属于认识论意义、第一个层次上的"走出去"的工作。虽然这类工作也是必要的,但还远远不够。中国文化走出去的层次需要提升,与中国制造需要升级的情况是很相似的。只有在大力加强中国文化建设、塑造好中国文化的形象的同时,努力构建中国特色话语体系、不断增强中国文化传播能力,我们才能提升"中国文化走出去"的层次,从认识论意义上的中国文化走出去跃迁到价值论意义上的中国文化走出去,让世界上其他国家的人们真正理解和接纳中国的价值观念,从而真正实现中外文化的价值共识。

附　录　一

探寻真善美的统一

——访汪信砚教授

《哲学动态》记者(以下简称记者):我还记得,80 年代中后期,您在国内哲学界首倡和系统开展了关于认识的主体性问题的研究,得到了大家的广泛响应,引起了热烈的讨论。站在今天的角度,您觉得当时关于认识的主体性问题的研究和讨论有何重要意义?

汪:今天看来,当时我和大家一起进行的关于认识的主体性问题的研究和讨论,对于尔后十多年来我国马克思主义认识论乃至整个马克思主义哲学研究的推进作用是十分明显的。首先,它使人们突破了过去马克思主义认识论研究中沿袭多年的客体至上论的研究传统和认知主义倾向,重新确立起了马克思主义认识论应有的和本有的研究范式。客体至上论曾经行时了很长一个时期,这种研究传统的重大理论缺陷今天已人所共知:它使马克思主义认识论退回到了旧唯物主义认识论的水平,并使马克思主义认识论的研究只能在认知主义的视界中兜圈子,即撇开主体而谈论主体对客体的反映、把认识活动仅仅归结为"知"的活动——单纯的知识或真理的获取过程。在当时,正是关于认识的主体性问题的研究和讨论帮助人们突破了这一研究传统,它把人们探寻的目光引向了主体自身,在扬弃那种非批判的实证的思维方式、恢复认识论应有的反思性质的同时,使人们注意到人的认识活动不仅仅只有一个求真的维度,而是同时存在着求真、趋善、臻美等三个不同的维度,并使人们在马克思主义认识论研究中重新确立起了着重探讨以选择、建构、理解、解释等为内容的主体对客体的观念改造以及真善美的统一的研究范式。之所以说是"重新确立",乃是因为马克思早已阐发了"观念的东西不外是移入人的头脑并在人的头脑中改造过的物质的东西而已"的思想,也早已提出过人的类特性之一就在于其活动能够同时按照真、善、美等不同尺度展开的看法。因此,虽然当时关于认识的主体性问题的研究和讨论直接缘起于对非经典自然科学之认识论意义的思考,但它所导向的这种研究范式实际上是在更高的认识水平上重新回到了马克思。可以说,近十多年来我国马克思主义认识论研究中几乎所有实质性的新进展都是与上述研究范式的重新确立密不可分的。其次,在更广泛的范围内,当时关于认识的主体性问题的研究和讨论对于近十多年来我国整个马克思主义哲学的研究也产生了十分重要的积极影响。虽然认识的主体性仅只是一个认识论问题,但认识论在当时马克思主义哲学中的领头地位使得关于这一问题的研究和讨论对其他领域产生了明显的示范效应和辐射作用,并在马克思主义哲学中引发了更具一般意义的主体性问题的研究和讨论。而主体性问题之所以倍受人们重视,其深层缘由仍在于人们对于真善美统一问题的关注。近十多年来,正是通过对主体性问题的深入研究,价值论和历史观在马克思主义哲学中的地位日渐凸现出来,马克思主义认识论、价值论和历史观研究的结合愈益紧密,关于马克思主义哲学体系改革问题包括实践唯物主义问题的讨论也越来越深入。

记者:我注意到,后来的几年时间中您的主要精力好像是放在科学认识论的研究上,这从您相继出版的《科学美学》、《科学价值论》和《科学真理的困惑与解读》等专著中可以明显地看出来。您能否结合您这一时期学术研究工作的主旨及其与前一个时期的联系给我们谈谈您的这三部著作?

汪:好的。如果说对认识的主体性问题的研究和对科学认识论的研究可以看作是我的学术研究工作的两个不同时期的话,那么,这两个时期之间确实是有内在联系的。其中,前一个时期主要是在"破",即"破"马克思主义认识论研究中那种客体至上论的研究传统和认知主义倾向,并在"破"的过程中达到了对于马克思主义认识论应有的和本有的研究范式的自觉,特别是明确地形成了马克思主义认识论应以探寻真善美的统一为己任的自觉意识;后一个时期则主要是在"立",即立足于过去为人们所忽视甚至贬斥的认识的主体性,按照马克思主义认识论应有的和本有的研究范式,以科学认识为范本,具体深入地探析人类认识活动中真善美的统一是否可能、为何可能以及怎样实现等问题。

我之所以选择科学或科学认识作为范本来探析人类认识中真善美的统一问题,也是有其方法论上的考虑的。我对真善美统一问题的自觉意识是在探讨认识的主体性的过程中形成和明确起来的,因而我对这一问题的研究自然也就首先是在认识论领域中展开。人类的认识有多种不同的形式,诸如常识的、神话的、艺术的、宗教的、科学的、哲学的等等。其中,科学认识不仅仅是人类认识的一种特殊形式,而且是人类认识最典型、最精致的形式,它在时间上最为晚出,但在形态上却最为高级。研究人类认识中真善美的统一问题,我们当然可以以任何一种认识形式为基点和参照,但这里却明显存在着一个优选的问题。正如人体解剖是猴体解剖的钥匙一样,科学认识这种高级的认识形式也是我们研究人类认识中真善美统一的最好范本。通过研究科学认识中真善美的统一问题去透视人类认识的其他形式并进而把握人类认识总体,这是从制高点上看问题,因而是一种优越的研究方式。上述特殊的研究主题和方法论上的自觉,使我这一时期撰写的《科学美学》、《科学价值论》、《科学真理的困惑与解读》与其他书名近似的著作很不相同,对于它们的内容和写作意旨也不能仅仅从名称上去理解。这三部著作分别从科学认识的真、善、美等三个不同的维度立论,因而在内容上各有侧重,但它们又相互衔接,实际上构成了一个有机的整体或具有内在联系的系列,其共同的主题就是透过科学认识这个范本去探寻人类认识中真善美的统一。上述三部著作中,《科学美学》最早出版,而《科学真理的困惑与解读》最后成书。从《科学美学》到《科学价值论》再到《科学真理的困惑与解读》,也就是我对科学认识中真善美统一的探寻的渐次展开的过程。其中,《科学美学》一书着重研究了科学美,并由此研究了科学认识中美与真的统一问题。该书虽然广泛地涉猎了科学美学中诸多繁难而重要的问题,但其核心命题却是"美是真理的光辉"。就该书的论题来说,这一拉丁语格言的真实哲学意蕴在于:在科学认识中,人们可以也应该由美求真、以美审真和用美启真,但美与真并不具有直接的同一性,只有那些同时又富有辩证思维的人才能真正达致美与真的统一。《科学价值论》着重研究了科学价值即科学的善,并由此研究了科学认识中善与真的统一问题,但它实际上也是对科学认识中真善美统一的较全面的探寻。该书所谓的科学的"价值"即广义的"善",不仅包括科学的道德价值(狭义的"趋善")、审美价值("臻美")、功利价值("致用"),而且也包括科学的认识价值("求真")。通过对这诸多方面的科学价值其及相互关系的考察,特别是通过对现实生活中科学价值的分裂及其根源的探讨,该书认为,科学认识中的善(广义的"善")与真或我们通常所说的真、善、美的统一既受制于一定的认识条件也受制于一定的社会条件,因而它只能是一种具体的、历史的统一。《科学真理的困惑与解读》则循着与上述两部著作反向的思路,着重研究了科学认识的真,并通过考察科学真理的本质、发现过程、检验策略、发展机理,阐述了科学真理何以善、何以美,从而也对科学认识中真善美的统一及其基础作出了一个统一的说明。

记者:近年来,您的学术兴趣好像发生了某些变化。您新近发表的论著中有许多是关于当代人与世界的关系特别是当代全球问题的,这与您以前的研究工作是否也有某种内在的联系?

汪:近年来,我的学术兴趣确实发生了一些变化。在以往的许多年间,我的研究工作主要是在认识论领域中进行的,或者说,主要是在研究认识论问题。近几年中,我的研究工作的问题域在不断扩展,特别是在自觉地研究当代人与世界的关系问题。而既然只是问题域扩展了,对新的问题的研究与我以往的研究工作也就自然是内在地联系在一起的。首先,在我近年来的研究工作中,虽然问题域发生了变化,但主题却依然如故,只不过现在是在更广泛的领域中探寻真善美的统一。其次,不仅贯穿在我的研究工作中的主题没有变化,而且指导我进行研究的方法论原则也没有改变。虽然以往我主要是在研究认识论问题,但受我的研究工作的主题即探寻真善美的统一所决定,我也并不是仅仅局限在认识论的范围内来谈论认识论问题,而是注意在认识论、价值论和历史观的结合中来把握认识论问题,这在我对科学认识中真善美的统一问题的探讨中已有明显的体现。而在问题域扩展以后,特别是在研究当代人与世界关系的过程中,新的问题更是只有在认识论、价值论和历史观的结合中才能加以把握,我也更加自觉地注意用这一方法论原则来指导自己的研究工作。

当代人与世界关系上最为引人注目的,就是各种全球问题的凸现。今天,关注和研究全球问题的人很多,但不少人在全球问题的成因及其克服途径问题上却陷入了观念决定论的泥沼,如把人与自然关系上的各种全球问题归因于人类中心论。在我看来,当代的各种全球问题实际上是历史上人类长期的不合理实践,特别是近现代工业技术文明的片面发展和科学技术的不当运用造成的恶果。这种不合理实践的形成,有认识不完善方面的原因,也有价值观念不健全方面的原因,还有社会关系和社会制度不合理方面的原因,这诸多的原因可概括为在求真、趋善和臻美等三方面出了问题。这种"不合理实践"的不合理性主要表现在实践方式上,即它不是同时按照真、善、美的尺度来处理人与世界的关系的。因此,对我而言,研究当代的全球问题,就是要探寻在人与世界关系的实践层面上如何实现真善美的统一,用通常的话说,也就是要探寻在人类实践中如何实现合规律性与合目的性的统一。

记者:看来,在过去的十多年时间里,您的科研工作中始终都自觉地贯穿着探寻真善美的统一这样一个主题。那么,您最近主编的《世纪风铃:新校园文化素养丛书》是否属于游离于这一主题之外的应时之作?

汪:我主编这套丛书,目的是为了配合当前对大学生进行的素质教育,它熔铸着我对教育哲学的思考,可以说是我对教育实践中真善美的统一的探寻,或者说是我为培养和提高青年学生自觉追求真善美的精神境界和探寻真善美的能力所作的努力,因而它同样也是服务于我的学术研究工作的主题的。

这套丛书名为《世纪风铃:新校园文化素养丛书》,丛书名称中用了一个的"新"字,这是为了把它与别的大学素质教育读物和素质教育形式区别开来。与目前整个社会在对何为素质教育问题的理解上的混乱状态相应,现有的大学素质教育读物和素质教育形式也是五花八门的。翻翻市面上的一些标有"素质教育"字眼的大学生读物,我们不难发现,编写和出版这类读物的商业冲动往往远远压倒了其对素质教育的关心。就现有的大学素质教育形式看,有的高校显然是把强化素质教育理解为在现有的课程体系之外增设一些公关、礼仪、演讲之类的课程,有的理工院校则把它理解为多举办一些人文讲座,而且是尽量从全国各地邀请不同领域的人来讲一些前沿热点问题,好像是搞得愈热闹、愈有轰动效应就表明其效果越好。依我之见,这类素质教育形式不说是误入歧途,至少也是舍近求远、舍本求末。事实上,素质教育是严格相对于和区别于应试教育的,它的目的不在于仅仅告诉学生这是什么、那是什么或这是好的、那是不好的并让学生记住,而在于培养和提高学生的文化素养。这里所说的文化素养有两个方面的内容:一是思维能力,包括思维的开拓创新能力、是非判断能力、善恶辨识能力和审美鉴赏能力;二是精神境界,它是人的理想、信念、德性、意志、情感等精神要素的总体发展状态和水平。概言之,素质教育的目的就是要培养和提高学生自觉追求真善美的精神境界和探寻真善美的能力。这样看来,各高校现有课程体系中的任何一门课程都是既可以用来进行应试教育也可以用来进行素质教育的,问题的关键是要转变教育观念、改革教学方法。当然,在目前的条件下,为了顺利实现由应试教育向素质教育的过渡,也可以并且也有必要先就强化素质教育问题开创一些示范性的形式、编写一些示范性的读物。这是我对大学素质问题所作的教育哲学思考,也是我主编这套丛书的基本意图。

记者:好了,现在我想离开您的学术研究工作的主题,请您就有关问题谈谈自己的看法。认识论向来是您的科研活动的主要领域之一,在这一领域中,我心中一直存有这样一个疑问:80年代中后期关于反映论的火热讨论到90年代好像突然沉寂了,这是否意味着后来人们不再关心这一问题?另外,您认为我国认识论研究今后的突破口在哪里?

汪:您提出的这两个问题表面看来很不相同,但它们之间实际上是有一定联系的。进入 90 年代后,直接讨论反映论问题的论著的确并不多见,但如果说人们不再关心这一问题则是不符合实际情况的。事实上,90 年代反映论的研究不仅仍然在以不同的方式继续进行,而且应该说是更加深入了。说它仍然在以不同的方式继续进行,是因为我们所有的认识论研究都必然直接间接地属于反映论的研究,但随着我在前面讲到过的认识论中新的研究范式的确立,90 年代人们更加注重对反映活动过程及其生产性、创造性特别是对反映过程中真善美的统一问题的探讨。而说它更加深入了,则主要表现在这样两个方面:第一,80 年代以前反映论的研究基本上是以自然科学认识为范本进行的,90 年代反映论研究的重心明显移向了理解和解释性的人文社会科学认识,在这里人们发现反映活动及其过程具有一些很不相同的特点;第二,如果说 80 年代中后期关于反映论的讨论使得我们对反映论的理解恢复到了马克思早已达到的水平,那么,90 年代通过对人文社会科学认识理解和解释性的反映过程以及其中真善美的统一问题的研究,我们对反映论的理解又进一步提升到了时代应有的水平。对人文社会科学认识的关注和探讨,不仅使得 90 年代反映论的研究大大深化了,而且也使得我们整个的认识论研究与当代世界哲学的发展之间逐渐达到了某种程度的合拍。随着人文社会科学在当代人类社会中地位的上升并基于人文社会科学自身学科建设的需要,人文社会科学认识论和方法论已成为当代世界哲学研究的前沿热点领域。不过,无论是在国内还是在国外,目前人们对于人文社会科学认识的研究还是很不够的。人文社会科学认识所特有的理解和解释性,使得在这里探寻真善美的统一尤其具有挑战性,就是说,它既特别困难又特别重要。深入研究人文社会科学认识特别是其真善美的统一问题,可能会使我们的认识论理论发生很大的变化。这姑且算作是对于我国认识论研究今后的突破口的一个预测吧。

记者:说了半天我们还是没有能够真正离开您的学术研究工作的主题,我再把问题放大一些试试。最近我拜读过您立足于世纪之交对马克思主义哲学作回顾、反思与前瞻的文章,觉得很受启发。我想请您基于这种回顾、反思和前瞻就今后我国的马克思主义哲学研究应如何进行的问题进一步谈谈自己的看法。

汪：这回我一定接受您的建议，尽量避免出现盲人摸象的情形，因为我很清楚自己学术研究工作的主题并不是整个马克思主义哲学研究中唯一可能的主题。谈到今后我国的马克思主义哲学研究应如何进行，我认为最重要的是首先要有一种方法论上的自觉，特别是要强化以下三个方面的意识：一是要强化民族意识，进一步推进马克思主义哲学的民族化。作为20世纪整个马克思主义哲学民族化（分化）进程的一个重要组成部分，八十年来马克思主义哲学在中国传播和发展的过程也就是一个不断中华民族化的过程。但是，在马克思主义哲学民族化的问题上，我们今天仍然面临着十分艰巨的任务。在当今世界上，无论是我们民族的历史文化传统还是其现实实践应该说都是极有特色的。因此，只要注意强化民族意识，进一步推进马克思主义哲学的民族化（深度分化），我们是能够建构起真正有民族特色的马克思主义哲学的。二是要强化人类意识，自觉关注和深入研究当代人类生存和发展所面临的共同问题。在时代主题为革命和战争的情况下，贯注在我们的马克思主义哲学研究中的主要是一种强烈的阶级意识。然而，在马克思主义哲学中阶级意识与人类意识原本是有机地结合在一起的，因为马克思早就说过：无产阶级只有首先解放全人类才能真正解放自己。在当代和平与发展已成为时代主题的条件下，全人类生存和发展的整体相关性越来越引人注目，并已成为当代马克思主义哲学不同民族分支的一个共同理论主题。在此情况下，强化人类意识，充分调动本民族的智力资源来研究当代人类生存和发展所面临的共同问题，我们就能够为促成马克思主义哲学在深度分化基础上的综合和马克思主义哲学理论形态的更新作出个性化的贡献。三是要强化世界意识，努力使中国的马克思主义哲学走向世界。毋庸讳言，过去我们的马克思主义哲学研究是缺乏世界意识的，因而中国的马克思主义哲学也从未真正走向过世界。所谓使中国的马克思主义哲学走向世界，就是要做到在世界哲学论坛上有发言权，就是要能与当代世界上的各种哲学进行实质性的对话和交锋。而要做到这一点，除了必须密切关注和深入研究当代世界哲学以外，关键当然还在于努力加强自身的理论建设。我想，只要中国的马克思主义哲学真正具有自己的民族特色,只要它对整个马克思主义哲学的发展作出了自己高度个性化的贡献,它是一定能够走向世界的。

(原载《哲学动态》1999 年第 2 期)

附 录 二

治学态度、治学方法和学风

——汪信砚教授访谈

李成龙(武汉大学哲学学院博士研究生,以下简称李):汪老师,多年来,您潜心学问,在马克思主义哲学基础理论、马克思主义哲学中国化等多个领域的研究中取得了学界有目共睹的成就。通过阅读您的论著,我们可以了解您的学术思想和学术主张。同时,我注意到以往曾有学术刊物就您的学术经历和学术思想作过访谈。在这里,我更感兴趣的是您的学术探索背后的或者说是贯穿于您的学术探索、对您的学术探索起支撑作用而人们通常又看不见的那些东西。更明确地说,我想请您谈谈作为一位人文社会科学领域的研究者应该怎样治学的问题。授人以鱼,不如授之以渔。我想,较之于具体的学术思想和学术主张,治学经验或许更能给人以启发,尤其是对于我们年轻人可能更有教益。

汪:按理说,谈治学经验,谈人文社会科学领域的研究者应该如何治学的问题,我并不完全够格,因为我深感我要学习的东西还有很多,许多同行学者在治学方面也比我做得更好。不过,作为长期从事人文社会科学研究的学者,像其他许多人一样,我对于应该如何治学的问题肯定也是有一些体会的。我愿意把自己的体会与大家分享,权当是与读者,特别是与青年学者的心得体会的交流吧。

李:谢谢汪老师同意我的访谈方案。根据我的理解,人文社会科学领域的研究者应该如何治学的问题是一个很大、很复杂的问题。它所涉及的首要问题,可能是治学态度问题。所以,我想请您先来谈谈对这个问题的看法。

汪:好的。在我看来,治学态度实际上首先是一个做人的态度,它是我们的人生态度的一个重要方面。为人与为学、为人与为文应该是一致的、统一的。我们常说文如其人,我们通常称赞某人"学为人师、德为世范",说的大概就是这个道理。大凡真正有学问的人,在做人方面一般也都为人们所称道。我们还很少听说有哪位学术大师的人品极差,相反,他们大都是些谦谦君子、人之楷模。

具体来说,我认为,我们应有的治学态度可以用三个字来概括:敬、信、爱。

我们先来说"敬"。所谓"敬",就是虔敬、敬畏。梁启超在他的《欧游心影录》中说:"学术者,天下公器也。"学术是一种具有公共性的事物,是社会文化、社会文明和人类精神世界的建设活动,它承载着探寻真理、建构人类价值体系的重任,是一种非常高尚、非常严肃的事情。也正因如此,我们对学术、学问应该有一种虔诚的敬畏之心。

一是不能随便为之、草率为之,必须慎之又慎。我们经常听说有人一年出若干部著作、发表数十篇文章,动辄就是著作等身,很难相信他们对学术有敬畏之心、有严谨的态度。还有一些人以所谓的公共知识分子自居,随意发表不负责任的学术观点和学术见解,同样也没有对学术、学问的敬畏之心。

二是应该遵循和秉承学术精神,不能有太多功利方面的考虑。所谓学术精神,不外乎科学精神和人文精神。张载所说的"为天地立心,为生民立命,为往圣继绝学,为万世开太平"可以说是学术精神的最高境界。我们一般人都达不到这种境界,但我们应该有起码的学术良心,努力追求真理、维护正义。当然,我们都是凡人,我们生活在尘世中,大学教师和研究者要评职称,每年都必须完成一定的科研工作量,所以,做学问不可能没有一点功利方面的考虑。但是,我们还是要努力记住学术的使命,我们的功利考虑不能背离社会良知和学术良心。

三是应有基本的学术操守,特别是不能破底线、踩红线。既然学术乃天下公器,它就必然会有公共的规范,它就必须接受社会,特别是学术界的监督。违反学术规范,抄袭、剽窃他人的成果,会受到这样那样的惩处。但是,我们说不能违反学术规范,不能破底线、踩红线,不应该是出于害怕受到惩处,而应该是出于对学术的敬畏。康德有句名言:"位我上者,灿烂星空,道德律令,在我心中。"在他看,人们只有把外在的他律转化为内在的自律,才会有真正的自由、自觉。事实上,我们也只有培育出对学术的虔诚的敬畏之心,才会真正自觉地遵循学术规范。有人说,中国社会出现那么多腐败现象,就是因为中国人没有宗教信仰,缺少一种敬畏心理。这个问题比较复杂,我不敢妄言。但就学术界的情况而言,一些人因为抄袭、剽窃而受到惩处,而另一些人仍然在继续不断地抄袭、剽窃,我觉得一个很重要的原因确实是对学术的敬畏之心的缺乏。

李:我觉得,虔诚的敬畏之心应该是与某种信仰相联系的。比如说,在各种宗教中,人们的虔诚和敬畏心理总是与对神的信仰联系在一起的。如果没有信仰,就很难有什么虔诚和敬畏心理。您所说的这种"敬"即对学术的虔敬、敬畏是否也关涉到某种信仰?

汪:是的,所以接下来我要说"信"。所谓"信",就是相信、信仰,就是真诚、崇奉。学者不是一般的人,而是社会的知识精英,他可以没有宗教信仰,但不能没有任何信仰,尤其是不能没有学术上的信仰。学术上的信仰可以是前人或他人提出的某种学说或主义,也可以是自己所获得的某种深信不疑的主张。一个学者如果没有任何学术信仰,那么,他在学术研究中提出的观点、得出的结论可能连他自己都不相信,他的学术研究就形同儿戏;他如果拿这样的成果去发表和出版,就非常虚伪,也是在愚弄别人。同时,人们治学、为学还应该守护自己的学术信仰,应该恒信,也就是要有自己一贯的根本学术主张。这是一个关系到作为学者的人格或学术品格的问题。有的人今天信这个学说,明天信那个主义,什么东西时髦就信什么,什么东西有市场就研究和推销什么,什么样的观点好发表就宣扬或附和什么样的观点,或者像墙头一根草,风吹两边倒,这些人的学术品格、作为学者的人格肯定是有问题的。当然,这也不是说人们不能改变自己的学术信仰,但这种改变应该是基于自己的探索,基于对真理和正义的追求。

学者应该有自己的学术信仰，对于从事马克思主义理论研究的人来说尤其如此。我们经常对自己的硕士生、博士生说，你们选择读马克思主义哲学的研究生，你们就必须通过努力学习而真心相信、信仰和服膺马克思主义。如果一年到头学习和研究马克思主义，将来成为教师又天天给学生讲马克思主义，但只是把马克思主义的教学和研究当作饭碗，并不真信马克思主义，那会是一件非常滑稽、也非常痛苦的事情。更为重要的是，只有真信马克思主义，才能在马克思主义理论研究上有所建树。因为真信马克思主义并不是一件容易的事情，必须透彻地了解马克思主义，必须把握马克思主义的精髓，必须扎实研读马克思主义的文本，而这些则是在马克思主义理论研究上有所建树的最基本前提。李达先生曾经非常形象地说："一个搞马克思主义研究的人，不能像摆摊的小贩，天晴了就把摊子摆出来，天气不好就收摊子。"这也是说，从事马克思主义理论研究的人要有对马克思主义的信仰，而且在任何情况下都要坚持自己的学术信仰。强调这一点，在今天尤其具有现实意义。

李：看来做学问不可三心二意、随波逐流，而应发乎一定的学术信仰。人们把做学问称为"治学"，意思是要严谨地研究学问，大概也是强调这一点，就像治病不能胡来一样。古人关于学问境界有很多精辟的阐述。例如，王国维曾概括出学问的三境界，其中之一便是他借北宋词人柳永的名句所说的"衣带渐宽终不悔，为伊消得人憔悴"。这种学问境界肯定要基于某种坚定的学术信仰，同时它也含有某种深沉的情感，这是否就是您所要说的"爱"？

汪：可以这么说。做学问也要用情，也要倾心地"爱"，即热爱、珍爱、爱护。一是热爱学问本身。学者的本务、事业就是做学问，理当对它充满热爱之情，要有那种一天没做学问就像好像虚度了一天的感觉。只有热爱学问，才能潜心学问。在我们今天这个充满商业气息和浮躁心理的社会，尤其应该强调这一点。当然，人们爱学问本身可能会基于不同的动机。爱因斯坦说，住在科学庙堂里的人真是各式各样，而引导他们到那里去的动机实在也各不相同：有人觉得科学能给他们以超乎常人的智力上的快感,科学是他们自己的特殊娱乐,他们在这种娱乐中寻求生动活泼的经验和雄心壮志的满足;有人之所以把他们的脑力产品奉献在科学的祭坛上,就是纯粹功利的目的;有的是为了逃避日常生活中令人厌恶的粗俗和使人绝望的沉闷,是要摆脱人们自己反复无常的欲望的桎梏而进入客观知觉和思维的世界;有的则是想以最适当的方式来画出一幅简化的和易领悟的世界图景,以自己和谐的世界体系来代替繁杂的经验的世界,并来征服它。他认为,科学庙堂如果只有前两类人,那就决不会有科学,因为这两类人只要有机会,人类活动的任何领域他们都会去干;他们究竟成为工程师、官吏、商人还是科学家,完全取决于环境;第三种动机是消极的,最后一种才是积极的。在爱因斯坦看来,最后一种人是出于科学的使命而爱科学,他们对科学的爱甚至类似于一种宗教感情,即他所说的"宇宙宗教感情"。实际上,人文社会科学研究的情况也是如此。如果不是出于学问的使命而爱学问,而是想着做学问可以得些甜头和好处,如争取到项目赚点钱、搞点资本好当官,那肯定是不可能真正潜心学问、做好学问的。

二是热爱真理。爱真理,就是不唯书,不唯上,只唯实,就是满腔热情地追求真理,这是科学精神的基本要求。只有爱真理,才能潜心探索,甘于坐板凳,不为各种功利所诱,不为各种声名所惑,才能把学问做扎实。只有爱真理,才有可能纠正、克服别人和前人的错误,在学问上有所创新、有所前进。亚里士多德说:"吾爱吾师,吾更爱真理。"因此,他才敢于多次批评他的老师柏拉图的错误,创立自己的思想体系,成为与柏拉图齐名的古代伟大的思想家。只有爱真理,才会形成独立的学术人格,不随波逐流,不人云亦云,敢于讲真话、实话,甚至为坚持真理而献身。只有爱真理,才能有宽阔的胸襟和包容的心怀。孔子说:"三人行,必有我师焉。择其善者而从之,其不善者而改之。"没有对真理之爱,是很难有这样的胸怀的。

三是珍爱自己的学术主张。特别是在人文学科的各个领域,我们往往很难把某种学术主张简单地归于真理或谬误的范畴,因为人文学科的主要任务不是生产知识、探索真理,而是建构价值观念体系。但是,一旦我们通过严肃的探索和理性的选择而形成了某种学术主张,我们就应该珍惜它、珍爱它,因为它是我们辛苦劳动的成果,是我们在学界立足的本钱。珍爱自己的学术主张,我们才会不断地深化它、完善它、推进它,使它越来越丰满、越来越可靠、越来越有学术影响,使其成为一家之言。珍爱自己的学术主张,我们就不会跟着形势走、随着气候变,今天主张这个,明天主张那个,净做些论证别人观点的没有学术含量的事情,净写些都是大话、空话、废话的文章。珍爱自己的学术主张,我们就不会随意转让、出卖自己的研究成果。

四是爱护自己的学术声誉。学术声誉是在学术活动、治学过程中建立起来的,它关系到学者的学术生命。良好的学术声誉要靠严谨治学和扎实的学问来获得,但也需要从各个方面来呵护。那些无视学术规范、抄袭、剽窃他人成果的人,那些粗制滥造、不是为申述自己的学术主张而是为发文章而发文章的人,根本就不在乎什么学术声誉,我们就不去说他们了。但在,在因学术不端而损害了自己学术声誉的人中,确也有人属于不经意间犯了错误。例如,近年来时不时被曝光的学术抄袭、剽窃案中,有不少问题作品是由研究生与导师共同署名的。虽然这些抄袭、剽窃事件的始作俑者是学生,但导师无疑负有把关不严的责任。一位学者在自己甚至都没有认真看过的作品上署上自己的名字,是极不珍惜自己的学术声誉的表现。这些抄袭、剽窃案的教训,是值得我们认真吸取的。

李:您把我们应有的治学态度概括为"敬"、"信"、"爱",它们对于人文社会科学的研究来说确实是非常重要的。但是,正确的治学态度可能还只是做好学问的基本前提。除此以外,我觉得治学方法也是非常重要,甚至更加重要的。

汪:是的。有了正确的治学态度,还必须有正确的治学方法。毛泽东曾形象地说:"我们不但要提出任务,而且要解决完成任务的方法问题。我们的任务是过河,但是没有桥或没有船就不能过。不解决桥或船的问题,过河就是一句空话。不解决方法问题,任务也只是瞎说一顿。"可见,方法是非常重要的。不过,我在这里不可能讲具体的治学方法,而只能谈些方法论原则。我把它们概括为以下几种意识。

一是经典意识。普列汉诺夫说："学者之所以成为学者，在于旁征博引。"现在的学者多是些专家，博士也专而不"博"，我自己就深感知识面窄，很多东西都不懂，因而常常难以旁征博引。虽然做不到旁征博引，但我们至少要能够引经据典，这就要求我们首先要熟读和掌握经典。人文社会科学各个学科都有自己的经典，离开了这些经典，各门学科就成了无本之木。熟悉这些经典是我们应有的看家本领，也是我们做学问的基本功。是否熟悉经典，是一门学科的专家与门外汉的重要分界线。我们经常听人说，马克思主义没有用、过时了。我们就问他读过哪些马克思主义的经典，他说没读过。这是典型的门外汉。然而，有些从事马克思主义理论研究的人其实也没有真正好好研读过马克思主义的经典，这就很不应该了。熟悉经典，开口落笔能够自如地引经据典，我们说话才会有底气，我们提出的观点才有可能有理论的依据，我们前面所讲的"敬"、"信"、"爱"等治学态度才有基础，才是真诚的。熟悉经典，方可返本开新，才能不断有所创新。西方学者的经典意识是很强的。他们言必称希腊，却又不断提出各种原创性的理论，不断涌现出有世界影响的思想家。所以，我觉得，西方学者的理论创造能力与其经典意识是有内在关联的。总之，要做好学问，必须强化我们的经典意识，必须认真研读和熟悉经典。

二是现实意识。马克思说："一切划时代的体系的真正的内容都是由于产生这些体系的那个时期的需要而形成起来的。"虽然我们不可能都去创造马克思所说的"划时代的体系"，但作为人文社会科学的研究者，我们应该有强烈的现实意识，应该密切关注时代的需要、现实实践的需要。离开了现实，离开了时代和实践的需要，人文社会科学研究就成了无源之水，其所谓的研究成果也会毫无意义。当前，强调在人文社会科学各个学科的学术研究中强化现实意识，是有很重要的现实意义的。

李：关于您前面所说的"经典意识"，我想一般人都不会有什么异议，但对于您在这里所强调的"现实意识"，有些人肯定会有不同的看法。近年来，"政治淡出，学术凸显"成为中国人文社会科学各个学科中的流行话语。这种流行话语的本质在于把学术与政治对立起来，同时它也隐含着对于学术与现实关系的某种不当看法。您觉得呢？

汪:的确如此。在人文社会科学研究中,谈到现实,人们很容易联想到政治,甚至把现实等同于政治,并常常因讨厌政治而规避现实、逃离现实。近年来,"政治淡出,学术凸显"之所以成为中国人文社会科学各个学科中的流行话语,是有其特殊的历史原因的。改革开放以前,新中国的历史上充满了各种政治运动。在历届政治运动,特别是在"文化大革命"中,我们的人文社会科学研究往往沦为一种政治工具,其主要功能是为政治运动作论证,甚至是为现实中个别政治事件作辩护。这种情况当然是不正常的,它完全扭曲了政治与学术的关系。但是,上述流行话语把政治与学术抽象地对立起来同样也扭曲了政治与学术的关系,它从一个极端走向了另一个极端。其实,与学术对立的政治只不过是一种畸形的政治。就其本真意义而言,政治不仅不应"淡出",而且应该成为人文社会科学研究的根本关切之一。一方面,如果说人文社会科学的使命是探寻真理、建构人类价值体系,那么,它当然也应该包括在社会政治领域探寻真理、建构价值体系。另一方面,更为重要的是,人文社会科学研究应该自觉地为政治服务。什么是政治? 我记得哈佛大学的一门公开课里讲,政治就是使人人都幸福。当然,这样一种看法可能并不为每个人所认同。但是,民主、自由、平等、人权是现代政治的核心理念却是毋庸置疑的。难道人文社会科学研究不应为这些价值理念鼓与呼? 再者,在当代中国,社会主义现代化建设和中华民族的伟大复兴无疑是最大的政治,难道我们的人文社会科学研究不应自觉地服务于这一最大的政治?

不过,政治关切只是我们所说的现实意识的一个方面,因为现实并不等于政治。除政治外,现实还有许多其他方面的内容,如经济、文化等,它们同样都应该成为人文社会科学研究的重要关切。需要特别强调的是,无论是对于现实的哪一个方面,人文社会科学研究都应该保持一种批判的态度,就是说,人文社会科学研究的现实意识应该内在地包含着一种批判意识。所谓对现实的批判意识,就是在对现实的关注中楔入一种理想的维度,不是简单地反映和认同现实,而是注重用一定的价值理想审视和批判现实,并通过对现实的审视和批判来追求一定的价值理想。只有秉持这种批判性的现实意识,人文社会科学研究才能既立足于现实又超越特定的现实,才能既扎根于时代和现实实践的需要又避免沦为现实生活中个别事件的论证手段和辩护工具。

三是问题意识。现实意识必须与问题意识相结合,否则,它仍然可能走入迷途。近年来学术界以热衷于制造各种新词新说、热衷于概念游戏为典型特征的形式主义的学术性诉求,实际上是对以往曾经相当流行的无批判精神的片面的现实意识的一种反拨。但形式主义的学术性诉求与它所反对的片面的现实意识却有一个共同特点,那就是都缺失学术研究应有的问题意识,都是一些不结果实的"花朵"。

我们说人文社会科学研究要关注时代和现实的需要,就是强调要研究时代的问题、现实中的问题,因为时代和现实的需要总是表现为一定的问题;只有解决这些问题,时代才能前进,现实才能发展。马克思曾说:"问题就是公开的、无畏的、左右一切个人的时代声音。"专心倾向时代的声音,扎实研究时代和现实中的问题,人文社会科学研究才能开花结果。在上世纪初的"问题与主义"之争中,胡适曾提出应"多研究些问题,少谈些主义",这在当时是反马克思主义的。今天,我们可以对这一口号或命题作一批判的改造:要谈主义,更要研究问题。当今中国人文社会科学研究的一个突出问题,就是空谈主义的太多,研究问题的太少。一方面,一些人热衷于用其他各式各样的主义来反对马克思主义,却并不去深究其他各式各样的主义对于解决中国问题的有效性;另一方面,一些人声称要坚持和发展马克思主义,但往往只停留于空谈马克思主义的道理,很少真正用马克思主义来研究和解决时代和现实中的问题。其实,如果没有问题意识,什么主义都是没有意义的;如果不是为了要解决各种问题,选择哪种主义也都是无所谓的。

李:看来问题意识真的很重要。就我个人的感受而言,问题意识似乎还很神奇:如果不想问题、不研究问题,就会觉得根本就没有什么问题;如果深入地思考和探索问题,又会带出和产生一个又一个的新问题。这是怎么回事呢?

汪:在学术研究中,问题意识是自我增值的。有些人想报科研项目却找不到恰当的课题,有些人想写文章却找不到好的题目,总觉得好像没有什么问题可研究。出现这种情况,根本原因就是平时缺乏应有的问题意识。实际上,如果我们有很强的问题意识,心中总是揣着问号,问题就会主动找上门,脑中的问题就会越来越多。于光远先生在谈治学方法时,就特别强调心中要有很多问号。他说:"问号在勤于思考的人看来是开启任何一门学问的钥匙。问号形如钩子,可以钩到很多问题的答案,没有问号,即使到了知识的宝库,也会空手而归。"不过,光是有了问题还不行,还必须对问题紧追不舍。在学术研究中,有些人脑中也不时会产生问题,但他们并不对问题深究,问题在他们那里只是匆匆的过客,对他们并没有什么实际意义。只有珍惜问题、抓住问题,像于光远先生所说的那样把问题当作财富的源泉,不停地追问下去,才会产生越来越多的问题,才能在学术研究中开花结果。

四是前沿意识。所谓前沿意识,就是要时刻关注学术研究的前沿动向,并努力站在相关领域发展的最前沿开展自己的学术研究。人文社会科学研究是一种精神生产活动,它的产品主要包括两类,即知识和价值观念。除此之外,人文社会科学研究也还有非常重要的副产品,即科学精神和人文精神,但它们是在主产品的生产过程中体现出来的并且是为主产品的生产服务的,只不过它们往往还有更广泛、更普遍的社会意义。与物质产品的生产不同,知识和价值观念等精神产品的生产都是独一无二的。其中,知识的生产只能是一次性的,重复已有的学术研究、生产已有的知识毫无意义;价值观念的生产则必须是个性化的,即只有表达了某种独特的价值观念、价值理想才会受到人们的重视,也正因如此,所以李凯尔特说历史学等人文学科的致思方向是"个别化"或"具体化"。知识和价值观念等精神产品生产的独一无二性,决定了人文社会科学的研究必须具有前沿意识,即只有站在各个领域的最前沿开展学术研究,才有可能取得有价值的成果。

站在相关领域发展的最前沿开展学术研究,无非就是做到两个方面:第一个方面是发现、把握和研究前沿问题。我们说要有问题意识,要注意发现和研究问题,首先是指要发现和研究各个领域里的前沿问题。前沿问题是指那些对相关领域的发展具有引领作用,因而需要特别重视和优先探讨的问题。前沿问题往往是一些热点问题,因为既然是前沿问题,所以一般会引起众多探讨者的关注和重视。但是,前沿问题本身也有一个为人们所发现和受到人们重视的过程,所以前沿问题并不必然是热点问题。在学术研究中,如果能够发现尚未成为热点问题的前沿问题,本身就是一个重要的贡献。也许正是在这个意义上,爱因斯坦曾说:"提出一个问题比解决一个问题更重要。"前沿问题也并不必然是全新的问题。在人文社会科学各个学科中,前沿问题有时是一些非常基础性的问题,有些基础性的理论问题在不同的历史时期一再成为前沿问题。这也是很好理解的,因为既然这些问题具有基础性,对相关学科或领域非常重要,在新的历史条件下对它们作重新思考能够带动整个学科或领域的发展,所以它们就能够反复成为前沿问题。

第二个方面是创造、引入和运用新的方法研究问题。前沿性的研究,可以是对前沿问题的研究,也可以是运用前沿性的方法所开展的研究。这里所说的前沿性的方法或新的方法是广义的方法,包括新的视角、新的视域、新的思考方式、新的分析方法,等等。即使是对于那些惯常的问题,如果能够运用新的方法开展研究,也有可能产生重要的成果。一个典型的例子,就是马克思、恩格斯对于科学社会主义的创造。马克思、恩格斯与空想社会主义者们所研究的都是无产者被资本家剥削和压迫的资本主义社会的现实问题,但由于运用了唯物辩证法,所以马克思、恩格斯从根本上超越了空想社会主义者,实现了科学社会主义的伟大创造。实际上,不仅是科学社会主义的创造,整个马克思主义理论的创立也都是马克思、恩格斯创造并运用唯物辩证法的结果。

李:我们很多人都希望像您所说的那样站在相关领域发展的最前沿开展学术研究,或者发现、把握和研究前沿问题,或者创造、引入和运用新的方法研究问题,但在实际的学术实践中却又感到非常困难。这说明,要形成前沿意识并不是一件很容易的事情。您觉得怎样做才能具有前沿意识呢?

汪:前沿意识的培育和养成是一个苦练内功的过程,就是说,要了解什么是前沿、什么不是前沿,要发现和把握前沿问题、创造或引入前沿性的研究方法,首先需要对相关领域作深入、扎实的研究,需要在学术研究方面有厚重的积累。否则,一切都是空谈。但是,这里确实也有一个方法的问题。首先,应该广泛阅读国内外学界的最新研究成果。有些人只读著作、不读报刊文章,这是不可取的。在报刊上发表的论文是人们的最新研究成果,看一篇好论文的收获完全可能不亚于读一部著作。不读报刊文章,就会失去了解学术研究前沿动向的最佳途径。有些人只读国外的论著、不看国内同行的作品,这也是让人难以理解的。难道国内同行都不行、没有一部作品值得一读? 难道众多同行中唯有自己高明? 这不只是一个文人相轻的问题,而是一种夜郎自大的心态和迷信国外学者的偏见。这种自大心理和愚蠢偏见,也必然不利于把握学术发展的前沿动向。其次,应该积极参加各种学术交流活动,特别是那些高层次的学术会议。现在是信息时代,能够比较方便地获取各种学术信息,因此,有些人可能几年都不去参加一次学术会议,甚至认为学术会议不过是"聚人",参加不参加无所谓。但是,间接地获取学术信息与面对面地交流是有本质区别的,后者不仅能够使人更有效地接受新的学术信息,而且能够激发人的思维,开启新的思路。我们也不要有太高的期望值,每次学术会议能够在一两个问题上为我们提供新的信息,使我们受到某种启发也就值了。

李:以上您分别较全面地阐述了您对治学态度和治学方法的见解。就人文社会科学领域的研究者应该如何治学这个问题而言,我觉得还有一个重要的方面,那就是学风问题。所以,接下来,我想请您就此谈谈自己的看法。

汪:确实如你所说,在人文社会科学研究中,我们不仅要有正确的治学态度和治学方法,还应养成和体现出优良的学风。我们这里所说的学风,是指人们通过学术研究活动,特别是通过学术研究的成果而体现出来的学术风气,它是学者们的学术旨趣、学术品格、思想倾向、学术价值观念、社会责任担当等等的综合反映。优良的学风,对于在人文社会科学研究中取得有价值的研究成果是非常重要的。

那么,优良的学风应该是怎样的呢? 这个问题比较复杂,可以从许多不同的角度来分析,但我觉得最根本的还是要坚持理论联系实际。谈到学风问题,我们自然会想到毛泽东在延安整风时期所撰写的系列论著和所作的重要论断。毛泽东反复强调,研究马克思主义理论必须坚持理论联系实际,亦即必须把马克思主义理论与中国革命实际相结合。他说,马克思主义理论和中国革命的关系就是箭与靶的关系,研究马克思主义理论必须"有的放矢",必须用马克思主义之"箭"去射中国革命之"的";我们只有善于应用马克思主义的立场、观点和方法,进一步地从中国的历史实际和革命实际的认真研究中,在各方面作出合乎中国需要的理论性的创造,才叫作理论和实际相联系。毛泽东在这里讲的是研究马克思主义理论所应有的学风问题,但我觉得它对于人文社会科学各门学科的研究都具有普遍的指导意义,即使是在今天也仍然如此。

毛泽东当年强调理论联系实际的优良学风,其重要目的之一是为了反对王明式的教条主义,即"把马克思列宁主义书本上的个别字句看作现成的灵丹圣药,似乎只要得了它,就可以不费气力地包医百病"。今天,就人文社会科学各个学科的学术研究而言,我们在学风方面同样也面临着反对教条主义的任务,特别是要反对以下两种新式教条主义。

一是文本崇拜,即无限夸大经典文本研究的重要性,以至于把对经典文本的研究看作是唯一有价值的学术研究。例如,在近年来的马克思主义哲学研究中,一些人不仅主张应该回到马克思,而且认为马克思主义哲学研究的基本路径应该就是对马克思主义哲学经典文本的研究。这种文本崇拜与前面我们所谓的经典意识是有本质区别的。我们说要强化经典意识,是指要重视和精通经典,把经典本文作为我们研究现实的重要思想资源;与此不同,文本崇拜根本无视现实,把学术研究等同于对经典文本的研究。文本崇拜是根本背离马克思主义的基本精神的。马克思、恩格斯并不是通过研究谁的文本,而是通过对资本主义社会的现实问题的深刻反思才创立马克思主义的。从学风上看,文本崇拜与理论联系实际是完全背道而驰的。

二是洋教条迷信,即把一些现代西方思想家抬高到至高无上的地位,对现代西方的一些学说和理论充满了迷信。在当今中国人文社会科学各个学科的学术研究中,这种洋教条迷信是普遍存在的。当今中国的一些人文社会科学学科,如经济学、政治学、社会学、法学等等,几乎都为现代西方的各种学说和理论,特别是新自由主义思潮所占领,是西方学术的天下。就是在马克思主义研究中,也广泛存在着以西解马、以西评马、以西誉马的流弊。例如,在马克思主义哲学研究中,一些人写文章,总喜欢从现代西方哲学中找论据,仿佛只有弄几句海德格尔的话,才显得有学问;仿佛只有引证一下某位现代西方学者的论著,所提观点及其论证才有说服力。在我看来,这是一种奴性十足的伪学术。不破除这种洋教条迷信,也是很难做到理论联系实际的。

正是为了反对这些新式的教条主义,我主张马克思主义中国化应该成为当代中国的理论范式。马克思主义中国化即把马克思主义与中国的实际相结合,它是当代中国人文社会科学各个学科都应该遵循的研究范式,就是说,各种学科都应该在马克思主义的指导下来研究中国的现实、中国的实际。在当前,特别是要研究中国道路。中国道路是在马克思主义的指导下开创的,它是民族的,也是具有世界历史意义的。当代中国人文社会科学各个学科只有自觉地在马克思主义指导下聚焦于中国道路,构建中国的学术话语,才有可能在当代国际学术舞台取得与中国经济崛起相匹配的地位。

李:学风问题与文风问题密切相关。近年来,中国学术界的文风问题经常成为人们公开或私下谈论的话题。我注意到一个奇怪的现象,有的文风明明是很成问题的,但却被某些人视为时尚,甚至成为一些年轻学者刻意模仿的对象。您如何看待时下学界的文风问题?

汪:广义的学风是包括文风的。毛泽东多次倡导的"新鲜活泼的,为中国老百姓所喜闻乐见的中国作风和中国气派",是一种理论联系实际的优良学风,也意味着一种清新朴实的文风。文风看似事小,实则是一个人的精神徽章。徽章是佩带于身上的人的身份、职业等的标志,而作为人的精神徽章,文风则是为文者的心性、人品、精神风貌、行事文格乃至人生观、价值观的综合表征。正因如此,所以"阅其文,乃知其人"。白居易曾写道:"言者志之苗,行者文之根,所以读君诗,亦知君为人。"文风还不只是为文者的个人行文风格问题,它与社会风气联系紧密,甚至与国运兴衰息息相关。中国历史上不同时期出现的轰轰烈烈的古文运动、白话文运动等文风改革运动,都是有广阔的社会历史背景的。就人文社会科学的学术研究而言,文风也不是可以忽略不计的问题。要促进人文社会科学研究的繁荣和健康发展,必须大力倡导清新朴实的文风。

时下学界在文风方面的问题主要表现在以下两个方面:一是用汉字写洋文。有些人著书撰文,总喜欢模仿西方学者的话语体系和言说方式,于是就出现了用汉字写洋文的现象。这显然是洋教条迷信在文风方面的表现。问题在于,人们模仿的一般都是二手的洋文即对西方理论和论著的译介。改革开放以来,中国学者对西方理论和论著的译介达到了前所未有的规模,掀起了西学东渐的新高潮。从学术文化的交流来看,这无疑具有重要的积极意义。但是,很多译介极其粗糙、学术质量极其低劣是一个不容忽视的问题。我读一些译介作品后时常会产生这样的疑问:为什么西方学者包括那些有世界影响的学术大师净写些半通不通、绕来绕去的句子?为什么他们的理论和论著那样难懂、反复阅读和琢磨却仍然不知所云?难道说他们的理论和思想如此深奥以至难以用汉语通俗易懂地表达出来?我的答案是,问题主要出在对这些理论和论著的译介上:要么是译介者的文字功夫不过关或文字表达能力较差,要么是他们本来就没有弄懂其所译介的文本。人们模仿的西方学者的话语体系和言说方式,有时就是由这类译介所构建的,很难说是西方学者本真的话语体系和言说方式。即使人们通过某些高水平的译介或通过直接阅读原始文本而惟妙惟肖地模仿了西方学者本真的话语体系和言说方式,那也不值得称道,因为它最多也不过是鹦鹉学舌。那些对西方学者的话语体系和言说方式的模仿,那些用汉字写的洋文,就好比是中国人的厨房里烹制出来的西餐,它们难以成为中国人的可口食品,更不可能具有"中国作风和中国气派"。

二是故弄玄虚,故作高深,用佶屈聱牙的语词装点门面。在时下学界,有些人矫揉造作,装腔作势,喜欢用一大堆生造的概念和语词唬人。有些年轻学者还以此为时尚,甚至竞相模仿,似乎谁生造的概念最多、谁用的语词最佶屈聱牙和最难懂,谁就最有学问,谁的思想就最深刻。某些报刊文章,从头至尾满是这类读来让人恨得咬牙切齿的不知所云的概念和语词。难怪有人把今日中国的人文社会科学研究称为"辞藻的盛宴"和"概念的竞技场"。对于时下学界这一流弊,一些前辈学者深感忧虑。陶德麟先生就曾多次对此提出明确的批评意见。他说:"文风上也要力求精密显豁。个人当然应该有各自的风格,不能规定模式,强求一律;何况语言本身也在发展,并无一成不变的定格。但中国语言毕竟有相对恒定的因素,不宜置之不顾。中国人写文章还是应该说中国人喜闻乐见的话。恕我直言,现在有的文章很像用汉字写的洋文,艰深晦涩,佶屈聱牙,不知所云。我以为也不可取。苏轼当年曾批评扬雄'以艰深文浅陋',认为'若正言之则人人知之矣',语虽尖刻,却有至理。把深刻的道理表述得准确晓畅,才是高手。"陶先生的批评是非常中肯的。写文章不能靠生造概念和语词来唬人,而应运用充分有力的论据和内在的逻辑力量来说服人。一个真正有学问、思想深刻的学者,根本不需要用生造的概念和语词装点门面,相反,各种生造的概念和语词下面往往掩盖着思想上的空洞,它们时常成为人们在一些症结问题上蒙混过关的伎俩。通观人文社会科学的各个学科,可以发现,那些成就卓著的学术大师一般在文风方面也堪称典范,他们善于用通俗易懂的语言把深奥的道理阐释得淋漓尽致。这一现象是值得我们认真省思的,那些学术大师们的文风也是值得我们认真学习的。

（原载《学术月刊》2013 年第 9 期）

附 录 三

《李达全集》与中国特色哲学
社会科学的构建

——《李达全集》主编汪信砚教授访谈

陈金清（湖北省社会科学院研究员、江汉论坛杂志社社长，以下简称陈）：汪教授，您主编的《李达全集》于 2016 年 12 月由人民出版社出版后，很快在学术界和社会上产生了重大影响，《人民日报》、《光明日报》、《中国教育报》、《中华读书报》、《中国新闻出版广电报》、《中国出版传媒商报》等多种报刊纷纷发表书评或报道，好评如潮，先后获武汉大学第十四届人文社会科学优秀成果特等奖、入选人民出版社 2017 年度十大优秀著作、中国社会科学网 2017 年度人文社科年度十本好书和 2017 年书业年度评选·年度图书，2018 年又获湖北省第十一届社会科学研究优秀成果一等奖。我想，人们对《李达全集》的高度评价，肯定还是源于其本身的价值和意义。我注意到一些书评已从不同角度对《李达全集》的价值和意义作了评析，在这里，我想请您从《李达全集》主编的角度，较全面地谈谈《李达全集》的编纂、内容和意义。

汪：好的。《李达全集》的编纂前后历时五年多时间，以各种形式参与这项工作的专家学者和研究生有近百人，因此，它是一个很大的科研团队协同攻关的成果。作为主编，我确实为《李达全集》的编纂付出了巨大辛劳和努力，同时也从这项工作中获得极大的教益、受到多方面的启示。

我很愿意与读者朋友们分享自己的一些体会和感悟。

陈:您是怎么想到要编纂《李达全集》的？我想首先请您谈谈这个问题。

汪:这要从李达在中国马克思主义史上的地位说起。李达是中国共产党的主要创建者和早期领导人之一,是中国马克思主义的启蒙大师和杰出的马克思主义理论家,是马克思主义中国化的重要代表人物。在中国早期马克思主义者中,李达具有特殊重要的地位:一是他在中国最为系统地传播了马克思主义;二是他在马克思主义理论研究方面所达到的成就最高。著名史学家侯外庐曾评价说:"抗战前,在北平敢于宣传马克思主义学说的学者,党内外都有,大家都是很冒险的。但是,就达到的水平和系统性而言,无一人出李达之右。"①更为重要的是,在中国马克思主义史上,李达是以马克思主义为指导构建中国特色哲学社会科学的拓荒者和奠基性人物。胡乔木在纪念李达同志诞辰100周年座谈会上的讲话中指出:"李达同志是我们党杰出的马克思主义宣传家、教育家、理论家、著作家,他是多方面的学者。李达同志是中国共产党的发起人之一,也是我们党早期的领导人之一。李达同志从他接受马克思主义的思想开始,为宣传马克思主义的真理奋斗到最后一息。我想,在我们党将近70年的历史上,还很少有像李达同志这样勤奋,这样有丰富的卓越的成就,这样在任何困难危险的环境下生命不息、战斗不止的马克思主义宣传家、教育家,这样坚定勇敢而不断追求进步,力求达到当代的最高水平的马克思主义理论战士。我国马克思主义理论界完全有理由以有李达同志这样一位在十月革命和五四运动以来,就以全部身心投入为坚持和发展马克思主义而奋斗,数十年如一日的前驱和榜样而自豪。"②李达一生所留下的卷帙浩繁的论著,是中国共产党和中国马克思主义理论界的一笔巨大的精神财富,也是当代中国推进马克思主义中国化、时代化和大众化的宝贵思想资源。

---

① 侯外庐:《韧的追求》,生活·读书·新知三联书店1985年版,第36页。

② 胡乔木:《深切地悼念伟大的马克思主义理论家李达同志——在纪念李达同志诞辰一百周年座谈会上的讲话》,载《武汉大学学报》(人文社会科学版)2000年第6期。

陈:我感到不解的是,既然李达在中国马克思主义史上具有如此重要的地位,那么,为何以往《李达全集》迟迟没有到得编纂和出版。

汪:您对此感到困惑是可以理解的。在我们编纂《李达全集》之前,其他中国早期马克思主义者论著整理和出版的情况不一,但大多都比李达论著整理和出版的情况要好。例如,《李大钊全集》(5 卷)、《艾思奇全书》(8 卷)均于 2006 年由人民出版社出版。陈独秀、瞿秋白的论著虽然尚未得到系统整理和出版,但相关工作也在不断推进,其中,上海人民出版社分别于 1993、2009 年出版了《陈独秀著作选》(3 卷)和《陈独秀著作选编》(6 卷),《独秀文存》多次被重印或影印,一些出版社还出版了各种形式的陈独秀诗集;也不断有各种形式的瞿秋白选集或文选出版,人民出版社还于 2013 年出版了《瞿秋白文集:政治理论编》(8 卷)。与上述这些中国早期马克思主义者相比较,李达论著是最为丰硕的,但其中只有很少一部分得到了整理和出版,那就是由李其驹、陶德麟、熊崇善、段启咸、曾勉之等人组成的李达文集编辑组整理和编纂并由人民出版社于 1980—1988 年间出版的 200 余万字的《李达文集》(4 卷)。这种情况的长期持续存在,与李达在中国马克思主义史上的重要地位确实是很不相称的。

《李达全集》迟迟没有到得编纂和出版是有原因的。一方面,在以往很长的一个时期里根本不具备李达论著整理和出版的政治条件。李达于 1966 年被诬陷为武汉大学"三家村"、"黑帮头目"并惨遭迫害致死,1974 年方得到平反昭雪。即使是在这之后的若干年间,原来被诬陷为武汉大学"三家村""黑帮分子"的李达学术助手也并未得到彻底"解放",仍然带着"犯有严重错误"的政治尾巴而处处受到歧视和压制,甚至连参加学术会议都受到百般阻挠。在这种情况下,任何与李达论著的整理和出版有关的工作都是不可能的。直到 20 世纪 70 年代末,李达文集编辑组才在极其艰难的条件下启动了《李达文集》的资料搜集工作,并经过艰辛的努力完成了《李达文集》的编辑。另一方面,《李达全集》的编纂存在着特殊的困难。要编纂《李达全集》,首先必须全面地收集李达论著。但是,即使是这项最基础性的工作,也需要克服诸多的难题:其一,李达的绝大部分著译都是在民国时期完成的,有的从未正式出版过,而公开出版过的又往往版本众多,搜集起来极其繁难,部分著译及其某些版本在国内已难觅踪影;其二,李达一生使用过的笔名多达十几种,除"李达"、"李鹤鸣"外,还有"鹤鸣"、"鹤"、"立达"、"达"、"H. M."、"江春"、"李特"、"胡炎"、"平凡"、"李平凡"、"白鸽"等,而同样也使用其中一些笔名的人不在少数,署有这些笔名的论著中到底哪些是、哪些不是李达论著往往众说纷纭;第三,李达蒙冤后,不仅他本人被抄家洗劫,而且一些与他关系密切的人也被株连,受到抄家、残酷批斗、"劳动改造"等各种形式的迫害,李达未曾发表的论著手稿、讲义、书信等绝大多数均不知去向。仅就这些情况看,编纂《李达全集》的难度就是可想而知的。

陈:《李达全集》的编纂是在什么情况下开始启动的?

汪:2010 年上半年,人民出版社与我联系,商谈《李达全集》的编纂问题。当时,我们双方就编纂和出版《李达全集》的必要性和重要性达成了共识,但都深感这样一项重要任务需要第三方的经费支持,并商定争取国家社会科学基金的立项资助。于是,当年 7 月我向国家社会科学规划办申报了"李达全集整理与研究"的国家社会科学基金重大招标项目的选题,被评审通过和列入当年第二批国家社会科学基金重大招标项目选题后,我又进行了该选题的投标,同年 12 月份被正式批准立项。国家社会科学基金重大招标项目的立项,为《李达全集》的编纂提供了经费保障,也标志着《李达全集》的编纂工作正式启动。

陈:那么,《李达全集》的编纂经历了怎样的过程呢?

汪:首要的一步,当然是全面地搜集李达论著,包括李达论著的各种版本。最初,我们根据手中所掌握的资料,包括李达本人的自传和有关记述、以往人们关于李达论著和思想的研究成果、各种形式的李达传记、李达年谱、李达著译目录、李达档案以及有关纪念和回忆文章,制订了一份尽可能详尽的李达论著目录。在开始的大约近两年的时间里,我们动用了一切可能的资源,利用了一切可能的途径,遍搜了国内各种文献收藏机构、有关数据库和部分国外重要图书馆,经过极其艰辛的努力,终于大体上完成了李达论著的收集工作。所谓"大体上完成",就是并没有完全达到预期目标。根据我们事先制订的李达论著目录,没有能够收集到的李达论著主要有三类：第一类是李达研究者公认已经无法找到的，如 1947 年李达在湖南大学法学院讲授法理学时的石印讲义《法理学大纲》下册早已遗失；第二类是我们知道其下落却无法获取的，如 1949 年 12 月李达重新入党时所写的自传全文按照有关干部管理规定至今尚未公开；第三类是人们广泛传诵、经常谈论却根本不见踪影的某些李达论著，主要包括据称是李达所翻译的考茨基著《马克思经济学说》、马克思著《政治经济学批判》、波卡洛夫等著《世界史教程》等三部译著。对于第一、二类李达论著，我们仍然作了多方面的努力，只是最终并没有什么结果。接下来，我们要重点考虑的就是第三类情况了。我带着极大的困惑对有关史实进行了详细的考证，分别撰写和发表了三篇李达传播马克思主义的重要史实勘误文章，以翔实的史料表明李达实际上未曾翻译过考茨基的《马克思经济学说》、马克思的《政治经济学批判》和波卡洛夫等人的《世界史教程》，人们关于李达这三部译著的各种记述均不过是些讹传。

陈：这样看来，李达论著的搜集工作并不是一件简单的事情，它同时也是一项艰巨的研究工作，需要对李达传播马克思主义的史实作深入的考证。

汪：是的。不过，对李达传播马克思主义的史实的考证，不仅包括澄清人们关于李达并不存在的一些论著的讹传，也包括对李达论著真伪的甄别，后者是更为复杂的事情。如上所述，李达论著使用过的笔名多达十多种，而同时期也有其他人使用过一些同样的笔名，即使是署名"李达"的也并不一定就是我们所说的李达论著。例如，《申报月刊》1944 年第 2 卷第 8、11 号发表的《上海经济的动态》和《物价管理与强化金融统制》，都署名为"李达"，以往通常都被人们列入李达论著目录中，但事实并非如此。这两篇文章运用大量详实的数据，阐述了 1942 年 12 月以后，特别是 1943 年 8 月至 1944 年 10 月上海实行战时金融统制时期的经济状态和严重问题，分析了造成当时上海通货膨胀、工业萧条和股市低迷的多方面原因，并提出了有针对性的对策建议。根据文章的内容可以肯定，这两篇文章分别写于 1944 年 6—7 月和 10 月，并且作者一定亲身生活于当时的上海并对当时上海经济，特别是金融行业进行了深入细致的实证研究。

然而,1941 年 7 月至 1947 年 2 日,李达一直困居家乡湖南零陵农村。并且,为了躲避日军追捕,李达带领全家长期在外逃难、辗转于零陵县的各个地方,途中所带粮食和衣物被土匪洗劫一空,连著作手稿和毛泽东写给他的书信也遗失了,直到 1945 年 8 月日本投降后才回到他的老家。在这种情况下,李达断不可能写出上述两篇文章。至于使用其他相同笔名的论著,以往的李达研究者们张冠李戴的情况就更多了。2015 年中国人民大学出版社出版的、由宋俭和宋镜明两位教授编的《中国近代思想家文库·李达卷》后附的"李达年谱简编"中,就有许多这类情况。例如,该著把署名为"平凡"的《中国青年的时代使命》(《新动向》1941 年第 1、2期)、《民族意识与民族复兴》(《新动向》1941 年第 6 期)、《三个职业妇女的叙诉》(《现代妇女》1947 年第 8 卷第 6 期)等均归入李达论著,但只要研读原文就知道这是误判。其中,《中国青年的时代使命》文末注明"儿童节于南京",刊载该文的《新动向》1941 年第 1 期于当年 4 月份出版,据此可以推知,该文写于 1941 年 4 月 4 日,①而此时的李达正困居家乡湖南零陵;《民族意识与民族复兴》认为爱国的知识青年当"至诚拥护当代民族革命领袖汪主席"、"痛恨扰乱地方,涂炭民生,断送民族命运的共匪游击队",声称当时中国"最紧急的任务"之一是"促成重庆的醒觉,增厚剿共的势力",作者显然是南京汪伪政府的追随者;而《三个职业妇女的叙诉》则是一篇记叙文,记述的是与作者租住同一间宿舍、从事不同职业却有着相同苦难命运的三位女性的故事,由此推之,作者当也是一位女性。诸如此类的甄别工作,是非常耗时费力的。

陈:接下来肯定就是要进到对李达论著的整理这一《李达全集》编纂的核心环节了,请您谈谈这方面的情况。

汪:好的。对李达论著的整理决不只是把李达论著编排一下那样简单的事情,而是极其繁难的研究和勘校工作,这主要包括以下几个方面。

首先是系统地研究李达的生平和思想。要高质量地整理李达论著和编纂《李达全集》,首先必须深入地考察李达生平特别是李达的学术生

---

① 1931—1949 年期间中国的儿童节为每年 4 月 4 日。

涯、深刻地理解李达思想,包括李达论著形成的理论场域、思想源流、基本内容、主要特点、精神实质及重要贡献和意义。为此,我们国家社会科学基金重大招标项目"李达全集整理与研究"课题组分"李达论著和思想的理论场域研究"、"李达论著和思想综合研究"、"李达哲学论著和思想研究"、"李达政治学论著和思想研究"、"李达经济学论著和思想研究"、"李达史学论著和思想研究"、"李达法学论著和思想研究"、"李达社会学、教育学及其他论著和思想研究"等专题,对李达生平、论著和思想进行了比较系统的研究,①为对李达论著的整理打下了坚实的基础。

其次是全面考察李达论著的写作背景。李达的理论生涯,历经自五四运动至"文化大革命"前的各个不同的历史时期。李达的重大理论成就的取得,离不开他所生活于其中的时代条件。另一方面,李达的论著也不可避免地带有特定时代的历史烙印,其中,某些还具有明显的历史局限性。例如,李达在 20 世纪 50 年代中后期反右运动中写作的《费孝通的买办社会学批判》等论著,明显是由当时的政治运动所催生出来的。为了帮助人们正确地理解和以历史的眼光去看待李达论著,我们对李达全部论著的写作背景都作了全面考察,并将相关情况写入了每部著作和一些文章的题注中。

再次是厘清李达论著的版本流变。李达论著,尤其是民国时期的李达论著,其版本情况比较复杂。李达的许多著作都曾多次再版,有的重版多达十几次,如《现代社会学》仅 1926 年 6 月至 1933 年 4 月就已印行 14 版。为了既体现李达论著在中国马克思主义发展过程中的历史地位又再现李达论著的历史全貌,在李达著作有多种不同版本的情况下,我们一般都选择李达著作的初始版本作为基准,将其后续各种版本与其对比研究,对后续版本中的一些重要修订作出注释和说明。当然,也有个别例外,那就是《社会学大纲》。《社会学大纲》最初于 1935 年作为北平大学法商学院教材印行,作者对其作了修订和较大篇幅的增补后于 1937 年 5 月由上

---

① 这方面的主要成果见汪信砚主编:《李达论著和思想研究》,人民出版社 2016 年版;周可、汪信砚:《李达年谱》,人民出版社 2016 年版。

海笔耕堂书店出版。鉴于1935年印行的《社会学大纲》是马克思主义哲学在中国系统传播基本完成的标志,而1937年版的《社会学大纲》被毛泽东称赞为"中国人写的第一部马克思主义哲学教科书",毛泽东读了十遍并写下了大量的读书笔记,对毛泽东哲学思想有重要影响,我们决定将二者都收入《李达全集》。李达的部分文章也有不同的版本,有的以相同题名发表于不同报刊,但内容略有不同;有的以不同题名发表于不同报刊,但内容基本相同;有的将某部著作中部分内容的主题加以发挥,在有关报刊上发表;有的将某部著作中的某一章节加以修订,以与原章节相同或不同的题名在有关报刊上发表。所有这些情况,都需要认真细致地对比研究,并决定是否有必要收入或选取哪一个最为完善的版本。李达论著的版本流变情况,我们也写入了相关论著的题注中。

最后是勘校李达论著中的文字、标点符号和格式问题。李达论著绝大部分都是在民国时期写作、出版或发表的,其中存在许多复杂的文字、标点符号和格式方面的问题。对此,我们作了如下一些整理工作:一是将繁体字转换为简体字,并改正异体字、通假字中那些今天通常已被视为错别字的情况,如"狠象"(很像)等;二是改正原文中文字或标点符号方面的一些明显的笔误或排版印刷错误,对那些尚不能完全确定的存疑之处进行注释,对那些无法辨识的文字或因排版问题而造成的文中空白进行适当处理和说明;三是根据语意和现代汉语语法为那些未曾标点或仅以"·"断句的文字加上标点符号并进行注释说明;四是删除原文中人名、地名、国名等的下划或左划(竖排版)直线,并将论著名的下划或左划(竖排版)波浪线改为书名号,将一般文字下表示强调的下划或左划(竖排版)波浪线改为着重号;五是将原文中的尾注全部转换为脚注;六是根据正文中的内容和表述对正文中与目录中不完全一致的标题进行统一处理;七是对李达全部论著中的标题序号作统一处理。

陈:2016年5月习近平总书记在哲学社会科学工作座谈会上的讲话中称赞李达是十月革命后在中国"运用马克思主义进行哲学社会科学研究"所产生的"名家大师"之一,"为我国当代哲学社会科学发展进行了开拓性努力"。您在前面也曾讲到,李达是以马克思主义为指导构建中国特色哲学社会科学的拓荒者和奠基性人物。这些肯定都会体现在《李达全集》的内容上。下面我想请您介绍一下《李达全集》的主要内容。

汪:《李达全集》共计 20 卷(前 15 卷为民国时期的论著),收录著作 41 部(其中译著 17 部)、文章(含论文、报告、致辞、自传、回忆录)和诗词 268 篇(其中译文 8 篇)、书信 45 封。从内容上看,《李达全集》涉及哲学、政治学、经济学、史学、法学、社会学、教育学等多个领域,可谓是中国马克思主义的百科全书。李达不仅是中国马克思主义史乃至整个中国现代思想史上少有的百科全书式的学者,而且在所有这些领域中都取得了开创性的成就,实现了中国马克思主义研究的综合理论创新,最早对中国特色哲学社会科学的构建作了创造性的探索。

陈:请您更具体地谈谈李达在各相关领域里的代表性著作及其在构建中国特色哲学社会科学方面所作的探索。

汪:好的。下面我简要谈谈李达在马克思主义哲学、经济学、史学、法学等领域里的开创性成就及其为构建中国特色哲学社会科学所作出的突出贡献。

李达在马克思主义哲学领域的贡献是最为突出的,其代表性著作主要有《现代社会学》、《社会学大纲》、《〈实践论〉〈矛盾论〉解说》和《唯物辩证法大纲》。《现代社会学》初版于 1926 年,是马克思主义哲学在中国启蒙传播时期(1919—1927)的代表性著作,它以浅近的文言文构建了一个独特的唯物史观表述体系,并运用唯物史观对中国社会的性质和中国革命的任务、动力、对象、领导者、前途等问题作了深入探索,是唯物史观中国化的标志性成果。《社会学大纲》则是马克思主义哲学在中国系统传播时期(1927—1935)基本结束的标志,被毛泽东称赞为"中国人写的第一部马克思主义哲学教科书"。不过,《社会学大纲》决不只是一般意义上的教科书,即使是作为教科书也与 20 世纪 30 年代的苏联哲学教科书有本质上的区别,因为李达在该书中构建了一个实践的唯物论的马克思主义哲学阐释体系。如果考虑到中国马克思主义哲学界迟至 20 世纪 80 年代后期才通过关于实践唯物主义的讨论而确立起马克思主义哲学的理论实质是实践唯物主义的观点,那么,不难看出,李达在《社会学大纲》中对马克思主义哲学的探索是远远超出他那个时代一般人所达到的理论高度的。《〈实践论〉〈矛盾论〉解说》由《〈实践论〉解说》、《〈矛盾论〉解说》构成,二者最初分别于1951、1953年出版,它们对毛泽东哲学思想的核心文本《实践论》和《矛盾论》进行了准确、深刻、通俗而系统的解说,适应了新中国建立初期提高广大干部群众马克思主义理论水平的需要,为解读马克思主义经典著作提供了一个重要范例,并为推进新中国建立后马克思主义哲学中国化创造了一个良好开端。《唯物辩证法大纲》则是李达于1961—1965年间受毛泽东委托主编的《马克思主义哲学大纲》的上册,"文化大革命"结束后由陶德麟教授根据李达生前的意见对原稿作了必要的修订,于1978年由人民出版社正式出版。该书在《社会学大纲》的基础上,通过恢复马克思主义哲学与以往哲学遗产的联系、突出实践观点及其认识论意义、强调辩证法与唯物论的统一以及对立统一规律在辩证法中的核心地位而开创了一条有别于苏联模式的哲学教科书的马克思主义哲学阐释之路,并通过着重阐发毛泽东哲学思想及其对马克思主义哲学的重要贡献、运用马克思主义哲学总结中国革命的实践经验和回应中国社会主义建设中的问题,赋予马克思主义哲学以鲜明的中国风格,成为李达推进马克思主义哲学中国化的又一典范之作。

李达在马克思主义经济学领域的成就也是引人注目的,其代表性著作主要有《中国产业革命概观》、《经济学大纲》和《货币学概论》。《中国产业革命概观》初版于1929年,是中国人用马克思主义观点研究中国近代经济史的第一本著作,它运用大量翔实的资料系统地考察了中国近代经济演变的过程,科学地分析和论证了近代中国社会的半殖民地半封建的性质,揭示了中国革命与中国产业革命的关系,进一步回答了中国革命的对象、任务和前途问题,开启了马克思主义经济学的中国化。《经济学大纲》于1935年由北平大学法商学院作为教材印行,但直到1984年被收入《李达文集》第三卷,全书才得以公开出版。该书是中国人写的第一部马克思主义经济学教科书,毛泽东曾向延安理论界推荐此书:"李达还寄我一本《经济学大纲》，我已经读了三遍半，也准备读它十遍。"①李达认为，"我们不是为了研究经济学才研究经济学，而是为要促进中国经济的发展才研究经济学。"②由此出发，与那种单纯只研究资本主义经济的狭义经济学立场不同，李达在该书中提出了"广义经济学"的主张。他指出："从来的中国的经济学，或者只是研究资本主义经济，或者并行地研究资本主义经济和社会主义经济，但对于中国经济却从不曾加以研究。这些经济学专门研究外国经济，却把中国经济忽略了。我认为这是一个严重的错误，是极大的缺点。因此，我主张广义经济学，除了研究历史上各种顺序发展的经济形态以外，还必须研究中国经济。只有这样的研究，才能理解经济进化的一般原理在具体的中国经济状况中所显现的特殊的姿态，特殊的特征，才能得到具体的经济理论，才能知道中国经济的来踪和去迹。"③李达的这种"广义经济学"研究，是对构建中国特色的马克思主义经济学的最早探索，即使在今天看来也是难能可贵的。《货币学概论》是20世纪30代前期李达在北平大学法商学院任教时撰写的教材，但直到1949年才公开出版，是中国人自己写的第一部马克思主义货币学专著。它系统地阐述了马克思主义货币理论，批判了西方各种资产阶级货币学说，并且运用马克思主义货币理论对资本主义货币制度进行了剖析，是中国马克思主义货币理论的拓荒性著作。

《中国产业革命概观》既是李达的经济学著作，也是他在史学研究方面的代表性成果。该书所系统地考察的中国近代经济演变过程，包括帝国主义的入侵过程、封建主义的瓦解和挣扎过程以及民族资本主义的形成和萎缩过程。正是这一系统考察，为明辨和确认近代中国社会的半殖民地半封建的性质提供了科学的依据。因此，该书是20世纪20年代末至30年代初中国社会性质论战中少见的极具理论深度和理论说服力的著作，为中国共产党对中国社会性质的科学分析奠定了理论基础。当然，李达最重要的史学著作还是1935年由北平大学法商学院作为教材印行

---

① 参见郭化若：《在毛主席身边工作的片断》，载《解放日报》1978年12月28日。
② 汪信砚主编：《李达全集》第13卷，人民出版社2016年版，第17页。
③ 汪信砚主编：《李达全集》第13卷，人民出版社2016年版，第19页。

的《社会进化史》,它是中国人以马克思主义为指导写作的第一部世界通史。这部著作运用马克思主义的五种社会形态理论考察和阐述了自原始社会至第二国际时代的世界历史的发展过程,并把20世纪20—30年代中国思想界关于中国社会性质论战和中国社会史论战中的一些重要理论问题置于世界历史的广阔视野中加以考察,特别是对亚细亚生产方式、奴隶制和封建制问题进行了深刻的分析和阐述。例如,李达在论述西欧封建社会的基本特征时,将土地所有制置于特殊重要的地位。他指出:"区别生产方法及剥削形态的封建构造的基本标志是:封建的大土地所有(土地归于所谓封建领主的特权的农奴所有者=地主之手);生产手段分配于人格上隶属于封建领主的直接生产者=农民,由这些生产者=农民榨取地租,因而加紧把他们束缚于土地;自足自给的,闭塞的,与其他世界发生薄弱的经济结合的自然经济的支配;时常感受贫乏的农民所耕种的小地面上的独立的农业经营(伴随着极低的技术形态);'农业经营落在为贫乏所压迫,及因人格的隶属和蒙昧而没落的小农民之手'(伊里奇);大土地所有与小生产的结合。""所以土地所有,是封建领主和地主——农民的剥削者——的支配之基础。"①在李达看来,中国不过是世界社会的一个局部,世界历史上的封建社会与中国的封建社会之间的关系是一般与特殊的关系。因此,李达对西欧封建社会的基本特征的分析,对于人们理解中国的封建社会,特别是对于人们认清当时中国社会半殖民地半封建的性质具有重要的启示。

李达在马克思主义法学研究方面的成就也非常显著,其代表性著作主要有《法理学大纲》和《中华人民共和国宪法讲话》。《法理学大纲》是1947年李达在湖南大学法学院任教时编写的讲义,当时曾由湖南大学分上、下两册石印,但下册早已遗失,留存下来的上册于1983年公开出版。该书是我国马克思主义法学领域里的拓荒性著作,它运用辩证唯物主义和历史唯物主义的基本原则对历史上纷繁复杂的各派法学理论条分缕析,把它们整理成一个井然有序的系统,对各派法学理论进行了深刻的分

---

① 汪信砚主编:《李达全集》第14卷,人民出版社2016年版,第111页。

析和批判,对历史上和现实中的各种法律现象做出了科学的阐释,并对国民党当局玩弄"制宪"的把戏作了巧妙的揭露。著名法学家韩德培先生指出:"从这部讲义中,可以看出他(指李达——引者注)为我国法学研究开辟了一条新的路子。我们不妨说,他是我国最早运用马克思主义研究法学的一位拓荒者和带路人。他的这部讲义是我国法学研究中的重要文献,也是他对我国法学的重大贡献。"①《中华人民共和国宪法讲话》于1956 年出版,是对中华人民共和国 1954 年颁布的第一部宪法的系统阐释。在该书中,李达运用历史唯物主义的基本观点考察了宪法的本质、国家和法律的历史演变以及社会主义类型的宪法与资产阶级宪法的根本区别,深刻阐明了我国宪法的性质、目标和任务,深刻论述了我国的国家制度、社会制度、国家机构、公民的基本权利和义务等一系列重要问题,并由此构建了一个中国化的马克思主义宪法学体系。他强调指出,中华人民共和国宪法贯穿着辩证唯物论的观点,体现了一切从客观实际出发的辩证唯物主义精神,②同时也是我国历史经验包括中国人民一百多年以来英勇斗争的历史经验、中国近代关于宪法问题和宪政运动的经验、新国家成立以后新的历史经验的总结,是全国人民为建成社会主义而斗争的宪法,因此,"这个宪法是马克思列宁主义的宪法理论和中国革命具体实践的结合"③。在这里,李达对宪法问题的研究和阐释,在方法论上鲜明地体现了马克思主义中国化范式。

陈:在李达在这么多学科领域里的拓荒性和奠基性探索中,有没有某种一以贯之的东西呢?

汪:当然有。李达是以马克思主义为指导构建中国特色哲学社会科学的,他在各个学科领域里的探索都是他对马克思主义的整体研究的一个有机组成部分,而其根本旨趣则在于回答"中国向何处去"这一近现代中国所面临的时代的中心问题。在各个学科领域里的研究中,他都自觉

---

① 韩德培:《一位少有的马克思主义法学家》,载《武汉大学学报》(哲学社会科学版)1981 年第 1 期。

② 参见汪信砚主编:《李达全集》第 17 卷,人民出版社 2016 年版,第 217 页。

③ 汪信砚主编:《李达全集》第 17 卷,人民出版社 2016 年版,第 218 页。

致力于马克思主义中国化,注重运用马克思主义特别是唯物史观考察和探究各种理论问题,特别是有关中国社会的问题。李维武教授甚至认为李达在唯物论(特别是实践的唯物论)、政治学、历史学、经济学、法学等领域里的研究不过是他的唯物史观研究的不同向度,即分别属于李达对唯物史观的本体论向度、政治学向度、历史学向度、经济学向度、法学向度的开展。他认为,李达对唯物史观的理解视域,"从历史与逻辑的结合上看,包含了一纵一横两个大的向度,而在这两个大的向度中,又包含了若干不同的具体向度。所谓纵的大的向度,是指唯物史观在马克思主义哲学内部的开展:唯物史观首先向更具体的政治哲学层面伸展,以回答'中国向何处去'这一时代大问题,继而向更抽象的本体论层面提升,以说明作为'实践的唯物论'的马克思主义哲学。所谓横的大的向度,是指唯物史观向马克思主义哲学外部的开展,建立起与历史学、经济学、法理学等不同学科的联系,既使唯物史观从这些学科中获取思想资源,以充实和发展自己的内涵,又使唯物史观深入这些学科研究之中,为其提供思想方式,开拓思维空间"①。这一看法至少从一个侧面阐明了李达在构建中国特色哲学社会科学过程中的统一追求。

陈:您在上面已用比较详尽的事实说明了李达在构建中国特色哲学社会科学方面的巨大理论贡献。现在我想请您谈谈《李达全集》编纂的特色。

汪:关于这个问题,我们还是来看看他人是如何评价的吧。2017 年 4 月,人民出版社和武汉大学在北京联合主办了《李达全集》出版座谈会。会上,国家新闻出版广电总局出版管理司许文彤副司长在致辞中总结出了《李达全集》编纂的四大特色:

一是"全面"。《李达全集》收录了目前国内外所能搜集到的全部李达论著和书信,抢救性地开掘出了李达论著这笔中国共产党和中国马克思主义理论界的宝贵的精神财富,是最完整、最准确地反映李达思想的

---

① 李维武:《李达对唯物史观的多向度展开》,载《武汉大学学报》(人文科学版)2011 年第 1 期。

文献。

二是"信实"。《李达全集》的编纂综合运用文献学方法、文本学方法、编纂学方法以及历史与逻辑相统一的方法，因而在考证、甄别、勘校李达论著过程中，在准确把握文本理念、文本建构过程、文本结构和文本意义并理解不同文体的论著的内容与形式之间的辩证关系的基础上，有效克服和校正了李达早期论著所存在的原始信息不全、多样化署名、译名不统一、版本差异、印刷错误等问题，并在按时序编排李达论著过程中较好地应对了各种棘手的难题。

三是"新颖"。《李达全集》的编纂体现了全新的历史人物全集编纂理念，遵循尊重历史、忠于原文的指导思想，不掩盖历史、不粉饰历史人物，不以今天看来"不合适"为由删节李达论著，而是完整地收录了所能搜集到的全部李达论著，是一部真正意义上的全集，它完整地再现了李达作为一位"杰出的马克思主义宣传家、教育家、理论家、著作家"和"名家大师"的真实心路历程。

四是"厚重"。《李达全集》的编纂坚持整理与研究相结合的原则，把对李达论著的整理建立在对李达论著和思想的深入研究的基础之上，因而融入了丰富的学术含量，这不仅体现在对李达笔名的考证和李达论著的甄别上，体现在对李达传播马克思主义的史实勘误上，体现在对李达论著中所涉及的许许多多的历史事实和知识点的核准上，也体现在对李达论著的写作背景、版本流变和重要影响的考察上。

我想，这一总结是符合实际情况的。

陈：最后，我想请您谈谈《李达全集》编纂和出版的重要意义。

汪：在我看来，《李达全集》的编纂和出版至少有以下几个方面的重要意义。

首先，它填补了中国马克思主义史上文本整理与研究的一项空白，为李达思想研究提供了最准确、最完整、最权威的文本。《李达全集》20卷中有15卷是李达民国时期的论著，它们以往处于极其零散难觅、根本不可能被人们系统阅读的状态；更为重要的是，《李达全集》中的许多内容是由编纂者经过抢救性收集和整理后首次公开面世的。这样一套经过精心编纂的《李达全集》,全面地展示了李达一生的丰硕学术成果和重大理论贡献,它对于深化人们对李达思想的研究的特殊重要意义是不言而喻的。

其次,它为中国马克思主义史研究提供了第一手的翔实资料,有助于人们通过李达对马克思主义的传播和研究这一个案更全面、深刻地理解中国马克思主义的历史。中国马克思主义发展的历史是一幅色彩斑斓、经纬交错的宏伟画卷,如果说毛泽东思想和中国特色社会主义理论体系是其一脉相承的经线,那么,像李达那样的"名家大师"的马克思主义理论创造则构成了其中的重要纬线。李达对马克思主义的传播和研究,曾对毛泽东思想的形成和发展产生了重要影响;李达早在 20 世纪 50 年代就曾思考和研究过包括中国在内的各国社会主义道路的特点,可谓是中国特色社会主义的最早探索者之一。《李达全集》能够使我们深切地感受到,中国马克思主义的历史决不是平面的,而是立体的、极其宏富的。

再次,它为推进马克思主义中国化、时代化和大众化提供了重要的思想资源。《李达全集》所展现的李达对马克思主义的坚定信仰、他的博大精深的学术思想、他的治学方法和开拓精神、他的理论联系实际的优良学风,在中国马克思主义史上都堪称楷模,对今天推进马克思主义中国化、时代化和大众化具有多方面的重要启示。著名哲学家陈先达先生在《李达全集》出版座谈会上指出:"我钦佩李达同志,不仅是因为他的卓越的马克思主义理论水平,而且也因为他坚持马克思主义理论的意志和决心。在白色恐怖下,在极其危险的情况下,他的信仰毫不动摇,始终坚持和传播马克思主义。这种精神永远值得我们现在从事马克思主义理论工作的人学习。如果说要不忘初心的话,我看李达同志为我们所有马克思主义理论工作研究者树立了一个光辉的榜样。我总是想,我们现在的工作环境,我们现在的学习和研究马克思主义的条件,和李达同志等老一辈革命者是无法相比的。我们有有利的条件,也有不利的条件。有利的条件是,现在我们有时间和安定的条件从事工作;不利的条件是我们无法体验到那种以生命相搏、以热血追求信仰的内心的激情。这种精神在年轻的马克思主义者里面太缺少了。如果说老一辈的马克思主义者有着非常明确的政治方向和坚定的信仰,这种信仰有如经过淬火的宝剑,那么,我们中一些年轻的马克思主义者,则常常是经不起摔打的瓷瓶。"所以,"《李达全集》的出版的重要意义,不仅是纪念他的书出版,而且是纪念一个人,纪念一种精神"。

最后,它为构建中国特色哲学社会科学的学科体系话语体系树立了典范。李达一生都不遗余力地构建中国特色哲学社会科学,在马克思主义哲学、经济学、货币学、史学、法学的学科体系的构建上成就卓著、影响深远;在所有这些学科中,李达都始终坚持把马克思主义与中国的具体实际相结合,特别注重探求唯物史观所揭示的人类社会发展的一般规律在具体的中国社会各个领域中所显现的"特殊的姿态"、"特殊的特征",并由此构建了具有鲜明中国特色的话语体系。上述李达在相关领域中的那些代表性著作,都是他致力于构建中国特色哲学社会科学的拓荒性成果,能够为我们今天推进构建中国特色哲学社会科学的学科体系话语体系提供极其重要的启迪。

（原载《江汉论坛》2019 年第 2 期,

《新华文摘》2019 年第 9 期全文转载）

后　记

多年来,我的学术研究方向之一是马克思主义哲学中国化。马克思主义哲学中国化,即把马克思主义哲学与中国的具体实际相结合。中国的具体实际总是处于一定时代中的,并且总是随时代的发展而不断变化发展着的。因此,把马克思主义哲学与中国的具体实际相结合,也包含并内在地要求把马克思主义哲学与时代特征相结合。所谓把马克思主义哲学与时代特征相结合,既包括在马克思主义哲学研究中密切关注时代的变化和发展,特别是密切关注实践的新发展和科学的新成就,及时总结和概括时代精神中出现的新内容,也包括根据时代的变化和发展来反思马克思主义哲学自身,总结马克思主义哲学发展的经验教训,探寻马克思主义哲学发展的未来方向。本书的内容虽然并没有刻意追求严整的逻辑体系,但它体现了我在把马克思主义哲学与时代特征相结合方面的一些努力,书名中的"当代视域"就内含着把马克思主义哲学与时代特征相结合的两个向度。从这个方面看,本书也是我所致力的马克思主义哲学中国化研究的一个重要组成部分。

这部《当代视域中的马克思主义哲学》曾于 2004 年由湖北人民出版社出版。这次收入《人民文库》而由人民出版社出版前,我对书中的内容作了较大篇幅的修订,并对有关体例作了调整。其中,上篇第七章、第十一章分别是与程通、王雨辰合撰的。马克思主义理论与中国实践湖北省协同创新中心和人民出版社马列编辑部主任崔继新编审对本书的修订出版给予了大力支持。武汉大学哲学学院马克思主义哲学专业研究生高欣雨、杨小叶、邓志坤帮助我仔细核对了书中的引文。在此一并致以诚挚的谢忱！

汪信砚

2021 年 3 月 30 日于武昌珞珈山

责任编辑：崔继新

装帧设计：肖　辉　王欢欢

图书在版编目（CIP）数据

当代视域中的马克思主义哲学/汪信砚 著. —北京：人民出版社,2022.3
（人民文库. 第二辑）
ISBN 978－7－01－024010－7

Ⅰ.①当…　Ⅱ.①汪…　Ⅲ.①马克思主义哲学-研究　Ⅳ.①B0-0

中国版本图书馆 CIP 数据核字（2022）第 026501 号

当代视域中的马克思主义哲学

DANGDAI SHIYU ZHONG DE MAKESI ZHUYI ZHEXUE

汪信砚　著

人民出版社 出版发行
（100706　北京市东城区隆福寺街 99 号）

北京新华印刷有限公司印刷　新华书店经销

2022 年 3 月第 1 版　2022 年 3 月北京第 1 次印刷
开本：710 毫米×1000 毫米 1/16　印张：33. 25
字数：481 千字

ISBN 978－7－01－024010－7　定价：138.00 元

邮购地址 100706　北京市东城区隆福寺街 99 号
人民东方图书销售中心　电话（010）65250042　65289539